北海道南西沖地震・津波と災害復興

激甚被災地 奥尻町の20年

関 孝敏・松田光一［編著］

北海道大学出版会

まえがき

　激甚被災地奥尻への坂道をあえぎながら登ってきたこの 20 有年余であった。やっと峠に辿りついたように想われる。それもこのたび，北海道大学出版会より，待ったなしに私どもの背中をしっかり押していただいたことが大きい。理事会をはじめ関係者各位にお礼申し上げたい。

　これまでお会いした多くの奥尻の被災者の方々，折に触れて出版の激励をしてくださった方々，繰り返し出版はまだかと催促をいただいた方々，そして早くに寄稿してくださった方々に対しまして，刊行が大幅に遅れたことをお詫び申し上げたい。

　ところで，本書は 4 部（第 1 部四つの章，第 2 部三つの章，第 3 部四つの章，第 4 部二つの章と付録 1，2）から構成されている。各部のタイトルは，それぞれの部に収録された章や付録の内容をできるだけ示すように，表示した。ただ論考の初出から時間が経過し，現在との時制の一致が難しいことがある。また類似の統計的データといえども，執筆者の視点と取り上げ方によって，解釈の違いや微妙なくい違いも生じうる。その点の曖昧さは残されるが，読者のご賢察を仰ぎつつ，激甚災害はいかに大きな爪痕を残すか，被災者・被災地域・被災自治体，そして関係当事者の苦慮と見えざる尽力に想いを馳せていただけるならば，幸甚の至りである。

　災害は，すこぶる個性的である。同じ災害因であっても，発災した場所，時間帯，タイミング等により，そして当然のことながら，災害因の規模によって，被災状況は大きく異なる。被災後の対処も異なる。加えて，単一の災害因にとどまらず，第一次的災害因が，第二次的災害因や第三次的災害因を誘発し，複合災害となることは多い。しかも「3・11」東日本大震災に見るように，地震・津波・火災・原子力事故といった災害因による複合災害は，人類史上稀有である。今後の我が国では，この 4 重の災害因による発災の可能性が少なくない。その確率的な予想値は，むしろ徐々に高まってきているように受け止められる。したがって，発災による被災状況は，大変深刻にならざるをえない。

　1990 年代以降に限定しても，我が国の災害状況を一瞥するにつけ，今日，「災害は忘れた頃に来る」というナイーブな表現は通用しないほど，忘れないうちに繰り返し深刻な災害が襲来してきている。それだけに，日常生活において，身の周りにおけるリスクとリスク因を把握しつつ意識化し，対処に備える減災・防災への自助努力が求められていることも事実であろう。とはいえ，自助努力に大きな限界があることは明白である。したがって，減災・防災はもとより，被災後をも考慮した公助・共助・協助を総動員する体制と態勢づくりは待ったなしの課題と言わざるをえない。

　このたびの刊行に際して，株式会社シン技術コンサル代表取締役社長 志村一夫様には，表紙の写真をご提供いただいた。ここに記し厚くお礼申し上げる。また，編集担当の上野和奈さんには，分野や文体が異なる多くの原稿に根気よく緻密に，そして精力的にお付き合いしていただいた。本書が少しでも読みやすくなったならば，彼女の貢献が大きい。記してお礼申し上げておきたい。

関　孝　敏・松田光一

目　　次

第2部　「災害復興・生活再建」過程の諸相（Ⅱ）
──意識・態度／地域経済・行財政

第3部 災害研究の多角的視点——地理学・医学・社会学

第8章 人文地理学における災害研究の動向 …………………………… 祖 田 亮 次……203

第9章 激甚災害と地域医療——島嶼部を中心として ……………………… 前 沢 政 次……227

第4部 激甚被災地の記憶・記録・教訓化

第 1 部

「激甚災害の緊急時対応」と
「災害復興・生活再建」過程の諸相（Ⅰ）
──組織・地域コミュニティ・集団

第 1 章

激甚災害の緊急時における自治体行政組織の対応過程
——北海道南西沖地震における奥尻町の場合

関　孝　敏

はじめに

　かつて A. H. バートンは，災害問題を二つの次元——災害過程における時間軸の側面と考察対象となる行動の社会的単位の側面——の組合せによるマトリックスとして提示し，都合 25 のセルごとにその諸特徴を指摘した[1]。各セルは，たしかにセルごとの災害問題の諸特徴を示しているが，それは同時に不充分とはいえ，災害研究における具体的な考察テーマの位置づけをも意味している。

　災害研究における本章の表題をこのような文脈に位置づけると，本章はバートンの設定した社会的単位の次元における「公式の組織」と時間軸の次元における「危険時」・「直後の反応」・「組織化された反応」にそれぞれかかわり，両次元の組み合わせによる三つのセルに該当する。ちなみに，これらのセルにおける災害問題の特徴は「①機動性，②警告に対する反応，③警告の伝達，④メンバーの動員，⑤メンバーの協力，⑥大衆一般・他の組織との関係」となっている。

　しかし，バートンの所説はアメリカ合衆国の災害に関する災害事例に基づき一般化を志向したものであるから，北海道南西沖地震（1993 年 7 月 12 日）の経験に照らし合わせると，社会的単位の次元はともかく時間軸の次元における区分が必ずしも適切でないと思われる。そのために各セルにおける災害問題の諸特徴を今一度，現実に即して問い直す必要がある。そこで，ここでは被災者の視点にたった時間軸の次元を設定し，これを社会的単位の次元と組合せたマトリックスを作成し直した（表 1・1）。これによると，本章がかかわる内容はセル⑫に該当する。すなわち，本章のねらいは，緊急時の「被災時点・被災直後の避難行動の時期」における自治体行政組織の対応過程，そうした過程における課題の考察にある[2]。

1. 災害の緊急時における自治体行政組織

　自治体行政組織の重要な基本的役割として地域住民の生活上のサービスをいかに図るかがある。このような自治体行政の役割は，日常的には当然のことと考えられる。しかし，この住民

表 1・1　災害研究に関するマトリックス

	災害前	緊急時		復旧・復興期	
		被災時点避難行動	避難所生活	仮設住宅生活	恒久住宅生活
個　　人	①	②	③	④	⑤
家族・世帯	⑥	⑦	⑧	⑨	⑩
組 織 体	⑪	⑫	⑬	⑭	⑮
地域社会（コミュニティ）	⑯	⑰	⑱	⑲	⑳
全体社会	㉑	㉒	㉓	㉔	㉕

生活に対するサービスを住民生活の安全にかかわる業務として特定化すると，この業務は日常的業務としてというよりは非日常的な業務として位置づけられることが一般的である。しかも住民生活の安全にかかわるサービス業務といっても，予想される事態が明確で対処しうる内容であれば，その業務遂行は非常時・緊急時においてもなされうる。しかし予想しがたいほど大規模な災害によって地域住民の生活が脅かされる場合，とりわけ地域住民の生命と財産が短時間にしかも急激に剥奪されるといった場合，自治体行政組織による地域住民の安全に関するサービス業務の遂行は困難を極めざるをえない。

北海道南西沖地震における激甚被災地奥尻町では，10 年前の 1983 年の日本海中部地震によって引き起こされた津波により 2 名の犠牲者があったし漁船被害もみられた。そのために被害があった島の南西部では，防潮堤の整備が一部行われていた。島全体では，防災対策として防災無線が設置されていた。そして防災に対する行政組織上の部署として，企画振興課に防災担当が置かれていた。しかし過去の経験をはるかに上回る 1993 年の地震災害と地震に伴う津波災害，さらには火災という三重の複合災害は，自治体行政組織による災害に対する対応のあり方を様々な局面においていっそう問いかけることになった。

このような災害状況下における自治体行政組織の対応は，担当部署や町職員の役割遂行を通じて確認されなければならない。この確認作業は，本章では次の諸点に注目しつつ展開される。

まず第 1 点目は，被災時と被災後の時間的経過という時間の側面である。前者の被災時の場合とは，文字どおり非常事態の緊急時である。この時期は，一般的には時間は最大数時間であり，被災時点から特定の避難所までの避難行動の時期を含む。後者の被災後の時間的経過を経た場合とは，三つの時期に区分される。その一つめは，被災者が避難所において避難所生活をしいられる時期である。この期は，ライフラインを中心とした生活基盤の復旧が最も急がれる時期である。二つめは，被災者が避難所生活から仮設住宅に移行しその仮設住宅生活の終了までを含む時期である。この期では，復旧作業が軌道に乗るとともに復興プランが進展する。災害後における生活再建の第 1 段階はこの期に相当するであろう。三つめは，被災者が仮設住宅の生活を終えて恒久住宅生活に戻る時期である。この期は災害後における生活再建の第 2 段階として位置づけられる。被災後の時間的経過がさらに進むと，復興宣言が出されたり，各種の災害モニュメントが建設されたり，追悼行事が行われたりする。この時期は生活再建の第 3 段

階とみなされる。この段階では一般的に災害後，数年経過しており，被災者，被災地域，そして被災自治体にとって一つの区切りを示す時期といえる。

　自治体行政組織の対応過程は，こうした時間軸に沿った時期区分を設定しつつ考察することが必要である。というのも，時期区分ごとに被災者，被災地域の抱える課題があり，これに対する自治体行政組織の対応も異ならざるをえないからである。したがって，こうした時期区分ごとにおける対応過程の確認は自治体行政組織の対応課題の解明につながると思われる。

　第 2 の注目点は，災害時における自治体行政組織の対応を取り上げるとき，自治体行政組織体としての対応，自治体職員としての対応，そして被災者としての対応という三つの側面である。激甚被災地奥尻町では，居住地区によって被災状況に大きな違いがみられた。このために同じ自治体職員でありながら，職員自身（その家族成員を含む）が深刻な被災状況を背負いつつ自治体職員としての業務遂行が求められる場合と，幸いなことに比較的軽度の被災にとどまり業務遂行ができる場合，といった違いが生みだされた[3]。ちなみに，前者の場合，島の北東部の稲穂地区に居住する職員は庁舎に数時間を要して到達したし，南西部の青苗地区や松江地区の職員は災害翌日になって登庁した。これに対して後者のたとえ被災状況がさほど深刻でなかった場合においても，奥尻町においては親族関係・友人関係・知人関係の重層した網の目が拡がりお互いを熟知した住民が多い[4]。そのために自治体職員とその家族成員には，このような親族・友人・知人の中に災害の犠牲者がいることが少なくなかった。こうした島社会の社会構造上の特徴から，災害に対する自治体職員の対応には複雑な局面が伴う。

　第 3 の注目点は，緊急時における自治体行政組織と他の諸組織との連携のあり方である。北海道南西沖地震は未曽有の大災害であったから，島嶼部の小規模な一自治体によって事態対処ができるものではなかった。国・北海道庁・支庁といった上級の行政組織，自衛隊，海上保安庁，警察，日本赤十字社，その他各種の支援団体による救助・救援・救護の活動が必要であった。そのために被災地の自治体行政組織は，それ自体が被災者や被災地区に対して対応するとともに，これら集団・組織・団体との連携が不可欠であった。緊急時における自治体行政組織の組織間連携の役割はきわめて重要である。加えて自治体行政組織には，救助・救援・救護の活動が少しでもより実効的にしかも効率的に進展するために，組織間の統合的役割が求められる。しかし緊急時における自治体行政組織の役割は，マニュアルに依拠しえない事態に直面することが少なくない。その意味でも，災害の緊急時における自治体行政組織と救助・救援・救護活動を担う自治体外諸組織との連携のあり方が確認されなければならない。

　第 4 の注目点は，島嶼部の地形的側面である。これは第 2 と第 3 の注目点にそれぞれかかわる。すなわち，前者の自治体行政組織内の注目点に関していえば，緊急時には町職員全員の非常招集が指示される。しかし，先に指摘したように，被災状況いかんによって職員の参集が大きく遅れ，緊急時の業務遂行が不可能となる場合がある。奥尻町では，地形の制約から交通手段は海外線に沿って走る幹線道路が 1 本あるにすぎない。にもかかわらず，この幹線道路は地震により分断・破損・土砂崩れが生じ不通となった。この道路の代替交通アクセスの欠如が，後述のごとく，職員の参集はもとより被災状況の確認，被災情報の掌握，各種の指示や連絡を

困難にした。

　さらに後者の当該自治体行政組織と自治体外の諸組織との連携に関していえば，島嶼部ゆえに激甚災害の緊急時における災害情報・被災情報の収集と伝達，救助・救援・救護の諸活動が制約された。陸路・海路・空路のうち陸路のアクセスは当然のことながら欠如していたし，海路の利用は平常時においても多くの時間を要したからである。陸路，海路の制約を補う唯一の救いは，空路のアクセスを可能にした航空自衛隊基地の存置と奥尻空港の存在であった。

　第5に注目されなければならないことは，すでに言及した諸点にかかわるが，内陸部や都市部の地震災害とは性格を異にする島嶼部の地震災害が，さらに津波災害と火災を伴う複合災害であったという点である。とりわけ津波に関しては，わが国の災害史上においてきわめて大規模なものであった[5]。こうした規模の災害因を含む複合災害の緊急時に島嶼部の自治体行政組織が対応しなければならなかったという点である。

　以上の諸点に注目しつつ，本章の標題を考察するために，次節においてまず被災時とその直後の避難行動に関する情報の収集と伝達のあり方を，ついで第3節においてそうした緊急時の救助・救援・救護活動の一端をそれぞれ取り上げることにしたい。

2. 緊急時における災害情報と被災情報

2-1 災害情報

　災害情報は被災情報と同義語的に用いられることがある。しかし災害情報は，災害因によって引き起こされた衝撃や，その衝撃の程度による影響に対する対処のしかたを周知し自覚化するための情報の意味を持っている。このような災害情報は自治体行政組織，マスメディア，災害関連の諸機関，そして地域住民自身によって発信される。この情報の最終的な受け手は個々人であるが，発信された情報がどのように受けとめられるかは多様である。災害に対する日頃の関心，過去における特定の災害因による被災経験の有り様からリスク感に違いが生じて，自覚化した準備体制のあり方に差異が生じる。当然のことながら対処のしかたも異なるであろう。1983年の中部沖地震やその地震による津波を奥尻町の多くの地域住民は経験していた。しかし，10年後に襲来した北海道南西沖地震は地震それ自体が過去の経験をはるかに超えるものであった。それだけに動転し混乱した住民が多かった。中部沖地震の経験から津波被害を予想した者も多かったが，住民個々人が比較しえない規模の津波や，地震後数分で襲来する津波を予測することはきわめて困難であった。たとえ過去の災害経験があり，不測の事態に備えたにしても，対応しえないことが生じることは起こりうるであろう。激甚な地震とその直後の津波に対して，自治体行政の防災担当者が文字どおりの自主的判断により，中部沖地震以前に設置された防災無線を利用して「津波の恐れあり避難せよ」と報じた情報はまさに災害情報であった。しかし改めて後述するように，一部の地区では，防災無線が災害因のために機能しなかった。防災無線が機能した多くの地区でも，混乱のために自覚的な受信はほとんど確認されていない。

　そこで本章では，災害情報とは，災害因の衝撃前および衝撃時までの災害に対する準備体制を含む情報を示すことにする。これに対して被災情報とは，あくまで災害因の衝撃によって引き起こされた被害に関する情報である。災害情報と被災情報とはこのように区別して用いられる。

　さて奥尻町では，7月12日午後10時17分，地震発生と同時に役場所在地の一部地区を除く全地区が停電となった。衝撃の激しさは，多くの被災者の証言から明らかであるし，町職員自身の証言においても明白である[6]。このような地震規模それ自体の激しさに加えて，10年前の日本海中部沖地震の経験から防災担当職員は「地震による津波の恐れがある」と直感した。この状況認識によりいち早く全町民に対して津波警報が出された。「いち早く」としたのは，他の公的機関に先駆けて地震による津波警報が，防災担当職員によって地震発生3分後の午後10時20分に防災無線を通じて「津波発生の恐れあり，避難せよ」という災害情報として流されたからである。ちなみに，札幌管区気象台による北海道の日本海沿岸域に対する「オオツナミ」警報は午後10時22分に発令された。NHK札幌放送局は，午後10時24分，津波警報をテレビとラジオを通じて全国に向けて発信した。海上保安庁は「オオツナミ」警報の発令後，ただちに無線通信，無線電話により航行船舶に警戒を打電した。また海上保安庁管轄下の海上保安署各所に連絡がなされるとともに，巡視船により在港船舶や釣り人にスピーカーで津波警報が伝達された。

　しかし防災担当職員によるいち早い津波警報の発動にもかかわらず，残念ながら，この災害情報は地域住民に行き渡らなかった。これには三つの理由がある。一つは地震の影響により防災無線が機能しなかったこと，二つに住民自身の混乱があったこと，三つに津波の襲来があまりにも早かったことである。ちなみに，津波の第1波は地震発生後5分といわれている。札幌気象台の「オオツナミ」警報の発令は午後10時22分であったから，津波の第1波襲来は「オオツナミ」警報の発令とほぼ同時であった。奥尻地区の一部の地区を除き，島の全地区が地震と同時に停電となったことから，NHK札幌放送局による情報も地域住民には届かなかった。こうしたことから津波警報という災害情報は，被災時点では，自治体行政組織，防災担当者，そしてマスメディアによって個々の地域住民に伝達されうる状況になかった。災害情報の確認は住民自身の状況判断に委ねられた。当然のことながら，被災時の避難も住民個々人の判断によらざるをえなかった。

　被災時において，津波警報と避難の指示が災害の避難情報として被災者に伝達されなかったから，被災者や被災地区の状況に関する被災情報が町役場や防災担当者の手元に届くためにはなおいっそうの時間が必要であった。

　それでは激甚被災地や被災者の被災状況はどのように掌握されたのか。こうした被災情報の収集とその集約の過程は防災担当者による震災直後より翌日昼すぎまでの記録を通じて辿ることができる。この記録（以下，「震災メモ」と称する）はかなり克明である。震度6あるいは震度7ともいわれる地震により混乱した状況下で自治体行政組織は対応を余儀なくされていただけに，防災担当者のこの「震災メモ」は大変貴重であるといわざるをえない[7]。そこでこの

「震災メモ」に依拠し，さらに当該の記録者である防災担当職員および被災者からの聞き取り調査を手掛かりにして，被災情報の収集とその集約の過程についてふれることにしたい。

2－2　被災情報

　被災状況の把握は地震後33分が経過した午後22時50分，町長立ち会いのもと，役場内に「緊急災害対策本部」（以下，「災害本部」と略す）が設置されたことによって集約されることになった。被災状況の収集と被災に対する指示や連絡の拠点はこの「災害本部」となった。この「災害本部」に張り付く形で業務の遂行に従事したのは，庁舎に近接居住する企画振興課の防災担当の責任者であった。「災害本部」が設置されたために役場職員への指示・連絡，被災状況の把握，関係諸機関への救援・救助・救護活動を求める対応などを一元化する体制が整った。全職員に緊急出動命令が出されたのも「災害本部」が設置された時間とほぼ同時であった。

　ところで，「災害本部」にもたらされた奥尻町内における被災情報の第1報は午後10時50分頃であり，その内容は奥尻地区にある観音山が崩落したこと，そのために奥尻地区から島の北東部に至る幹線道路がふさがれたこと，そして観音山の下の道路沿いにあったホテル洋々荘とそれに隣接するレストラン，さらに土建会社の事務所がそれぞれ押しつぶされたということであった[8]（図1・1）。奥尻の表玄関，フェリーターミナルに近接しているこの洋々荘には，折からの観光シーズンのために島外からの観光客が多く宿泊していた。このホテル近くで倒れていた宿泊客1名が救出され，奥尻町国民健康保険病院（奥尻町国保病院）に収容されたという救助報告の第1報，そして津波の第2波襲来の報告もほぼ同時刻（午後10時50分頃）に「災害本部」に入った。

　奥尻町における最大の激甚被災地である青苗地区に関する被災状況の第1報は午後11時であった。それは奥尻消防署青苗分遣所員からの消防無線によるものであり，火災発生を知らせる内容であった。第2報は午後11時17分であり，青苗在住町職員による津波被害の報告であった。津波の被害は青苗灯台下（被災前の5区）から青苗農協所在地（被災前の1区）に至る海岸沿いの広範域に及ぶというものであった。奥尻町における津波被害を実質的に確認しうる第1報はこの情報であった。津波の第1波襲来から津波被害の情報入手まで約1時間が経過していたことになる。

　住民避難に関する第1報は午後11時32分頃であり，青苗地区住民の被災者が「奥尻町青苗支所」横のゲートボール場や特別養護老人ホームおくしり荘等に避難しているという情報であった。この避難状況の報告から8分後の午後11時40分，青苗地区では津波と火災により多くの負傷者がみられることから，緊急の医師派遣要請が「災害本部」に届いた。青苗地区におけるこの救護要請の第1報も奥尻消防署青苗分遣所員からの消防無線によるものであった。

　被災後，約1時間から2時間の時点では，地震によって引き起こされた役場所在地近くの観音山の崩落，津波と火災による青苗地区の被災が主要な被災状況として確認されていたにすぎなかった。しかもこの時点では，それぞれの被災状況の深刻さは未確認であったし，青苗地区と並び津波により多くの犠牲者がみられた島の北東部，稲穂地区や野名前地区，南部の初松前

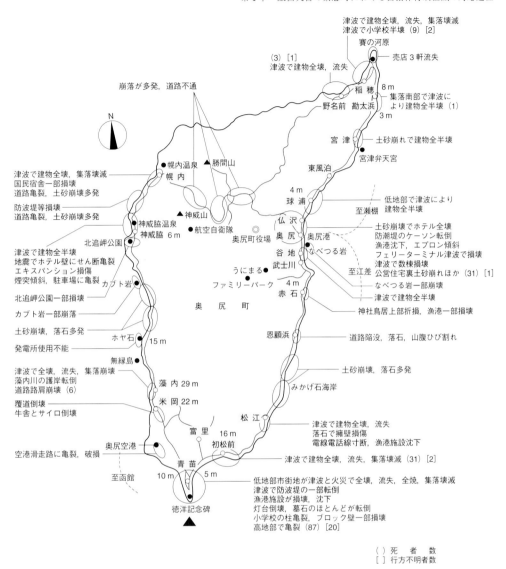

津波で建物全壊，流失，集落壊滅
津波で小学校半壊 (9) [2]
賽の河原
売店3軒流失

(3) [1]
津波で建物全壊，流失

稲穂
8 m
集落南部で津波に
より建物全半壊 (1)
3 m

野名前 勘太浜

崩落が多発，道路不通

宮津 ── 土砂崩れで建物全半壊
宮津弁天宮

東風泊

津波で建物全壊，集落壊滅
国民宿舎一部損壊
道路亀裂，土砂崩壊多発

幌内温泉
幌内
勝間山

球浦
4 m

至瀬棚

低地部で津波により
建物全半壊

防波堤等損壊
道路亀裂，土砂崩壊多発

神威脇温泉
神威脇 6 m
北追岬公園

神威山
航空自衛隊
奥尻町役場

仏沢
奥尻
奥尻港
なべつる岩

土砂崩壊でホテル全壊
防潮堤のケーソン転倒
漁港沈下，エプロン傾斜
フェリーターミナル津波で損傷
津波で数棟損壊
公営住宅裏土砂崩れほか (31) [1]

津波で建物全壊
地震でホテル壁にせん断亀裂
エキスパンション損傷
煙突傾斜，駐車場に亀裂

カブト岩

うにまる
ファミリーパーク

谷地
武士川

至江差

なべつる岩一部崩壊

4 m
赤石

津波で建物全半壊

神社鳥居上部折損，漁港一部損壊

北追岬公園一部損壊

カブト岩一部崩落

土砂崩壊，落石多発

発電所使用不能

ホヤ石
15 m

奥 尻 町

恩顧浜 ── 道路陥没，落石，山腹ひび割れ

土砂崩壊，落石多発

無縁島

津波で全壊，流失，集落崩壊
藻内川の護岸転倒
道路路肩崩壊 (6)

藻内 29 m

みかげ石海岸

米岡 22 m

覆道倒壊
牛舎とサイロ倒壊

松江

津波で建物全壊，流失
落石で擁壁損傷
電線電話線寸断，漁港施設沈下

富里
初松前
16 m

津波で建物全壊，流失，集落壊滅 (31) [2]

空港滑走路に亀裂，破損

奥尻空港

青苗

至函館

10 m
5 m

低地部市街地が津波と火災で全壊，流失，全焼，集落壊滅
津波で防波堤の一部転倒
漁港施設が損壊，沈下
灯台倒壊，墓石のほとんどが転倒
小学校の柱亀裂，ブロック壁一部損壊
高地部で亀裂 (87) [20]

徳洋記念碑

( ) 死 者 数
[ ] 行方不明者数

図1・1 地区別被害状況

地区，そして西部の藻内地区や北西部の湯の浜地区，神威脇地区それぞれからの被災情報は「災害本部」に届いていなかった。その後，午前0時半以降早朝にかけて，被災の深刻さに関する情報とともに町内各地区からの被災情報が「災害本部」に断片的にせよ入り続けた。これらの被災情報から町内の地区によって被災状況に大きな違いがあることが徐々に明らかになってきた。ちなみに，奥尻地区では，すでに確認されていた観音山の崩落関連の被害を除くと「水道の断水が主要な被害」という被災状況であった。そのために，先に指摘した庁舎近くに居住する防災担当職員の責任者は，自宅の被災状況を確認しつつ地震直後，2分で役場に駆けつけることができた。

　奥尻地区に比較的近い島の東部およびその北部に位置する各地区からの被災情報は，他の地区のそれに比べて総じて早かった。ちなみに，島の東部にあり奥尻地区に近い東風泊地区の住民，当該地区のさらに北に位置する宮津地区における住民が高台にある「宮津小学校」にそれぞれ無事避難しているとの情報は午後11時55分，すでに「災害本部」に伝えられていた。

　これに対して，稲穂地区に関する被災情報——津波により多くの住民が流されているという——の第1報は，日付が変わった午前0時38分に至ってからであった。青苗地区からの被災情報に遅れること1時間38分が経過していた。被災者からの聞き取り調査によると，島の北東部に位置する稲穂地区の被害の深刻な状況は，奥尻地区に至る唯一の道路が分断され不通となったために山側に踏み入りつつ，約10kmの道のりを徒歩によって「災害本部」に伝えられたという。この稲穂地区の北側に隣接する野名前地区に関する比較的詳細な被災情報の第1報は，午前2時27分に「災害本部」に伝えられた。すなわち，4〜5名が行方不明，20数戸の住宅は5戸を残しすべてが津波によって破壊されたというものであった。この情報よりさらに39分後の午前3時6分，稲穂地区に関する確実な情報が第2報として「災害本部」にやっと届いた。それは稲穂漁港付近の住宅は全滅というものであった。かくして島の北東部に位置する稲穂地区や野名前地区からの確実でやや詳細な被災情報が届いた頃には，被災後ほぼ4時間が経過していた。

　青苗地区，稲穂地区，そして野名前地区とともに被害が深刻であった初松前地区に関する被災情報は，なんと午前6時12分に至ってからであった。災害前約40戸あった集落が壊滅した初松前地区は，青苗地区の東側約1kmに位置しているにせよ，青苗地区に関する被災情報の第1報が断片的とはいえすでに午後11時に寄せられていたことに比べると，当該地区の被災情報はあまりにも遅かった。たしかに，青苗地区の被災情報は第1報が比較的早く届いていたし，午後11時40分に救護要請の第1報も「災害本部」に届いていた。しかし，二度の津波で蹂躙され壊滅した70世帯余の灯台下の集落（青苗地区の一つで5区といわれるが，通称，岬地区とも呼ばれる）に関する確実な情報は，初松前地区の被災情報より14分さらに遅く午前6時26分に届いた。

　奥尻町の二大拠点集落の一つである青苗地区および当該地区に近い初松前地区について，集落の消滅という深刻な被災情報の確認は，いずれも被災後約8時間が経過していたことになる。情報伝達の手段が失われていたとともに被災者における混乱がいかに大きかったがうかがわれる。

　津波の高さが最高29mないし31mであったといわれる藻内地区（島の西側にあり，青苗地区の北に位置する）および島の北西部に位置する湯の浜地区に関するかなり詳細な被災情報は，いずれも午前5時すぎに「災害本部」に入った[9]。すなわち藻内地区のKI（80歳），TO（71歳），AY（81歳），KO（61歳）の4人，湯の浜地区のKT（58歳），KM（65歳）の2人の方々がいずれも行方不明になっているという情報であった。

　このように深刻な被災情報とともに，午前5時40分には，7.5mの津波が押し寄せた島の北西部，神威脇地区（湯の浜地区に隣接する）の住民14名が船で沖合いに避難，全員無事と

いう朗報も「災害本部」に寄せられた。ほぼ時を同じくして，午前5時43分には，被災状況がさほど深刻ではなかった他地区住民から炊き出し用の生イカの差し入れが「災害本部」に届けられた。事態に追われ続けている町職員にほんの束の間の安らぎが与えられた。

2-3　町職員による被災情報の収集

先に言及した被災情報は，町内各被災地および被災者から，町役場の「災害本部」に寄せられたものであった。それにしても事態の深刻さはおおいがたく，震災翌日の7月13日午後7時5分，避難場所になっていた「青苗研修センター」を青苗地区における犠牲者の遺体収容所にするため，避難所は「青苗小学校」に移されたという情報が「災害本部」にもたらされた。被害の甚大さが明らかになるにつれ，町内各地区および当該地区住民に関するより詳細で確実な被災状況がいっそう早急に収集されなければならなかった。被災状況のより詳細な確認のために自治体行政組織による被災情報の収集が本格的に開始された。

「震災メモ」によると，町職員による被害状況調査の第1陣として，午前7時51分，唯一の幹線道路，道道「奥尻中央線」の被害状況調査に役場職員が向かった。この直後，午前7時53分頃，町職員（33歳）が初松前地区において車中にて死亡という情報が「災害本部」に寄せられた。悲痛な知らせに重苦しい空気がいっそう増した。午前8時25分，町職員が奥尻港の海面監視に出た。町職員による被災情報の収集は，まず役場所在地近くから開始されたが，津波によって集落が消滅した青苗地区や初松前地区の被災調査への出発は午前8時35分であった。陸路はがけ崩れや土砂崩れのために不通となっていたから，海路，漁船により役場A課長，S町議ら6人が情報収集に赴いた。防災担当職員の手記によると，青苗地区の東端に近い初松前地区の全戸が消滅した惨状を目にしたとき，大変な衝撃を受けたという。被害の深刻さは形容しがたいものであった。

被害状況調査者の帰庁第1陣は，庁舎に近い奥尻港からの海面監視員の帰庁であって，午前9時13分に潮位は小康状態という報告がなされた。帰庁第2陣は，午前11時6分，青苗地区および初松前地区からの被害状況調査班であった。このとき，奥尻地区から初松前地区および青苗地区への交通アクセスがなんとか可能になるというライフラインの復旧に関する情報の第1報がもたらされた。この間に，午前9時24分，初松前地区の遺体収容所は当該地区の高台にあった児童館に決定したということ，午前10時35分，K主事より稲穂地区における犠牲者の遺体は奥尻町国保病院安置所に移送するということ，そして午前10時38分には，青苗支所の関係者より特別養護老人ホーム「おくしり荘」入所中の高齢者を「米岡自治振興会館」に収容したこと，ただその中に死亡者がいる模様という情報が，それぞれ「災害本部」に寄せられた。

前項および本項において言及した被災情報が「災害本部」に集約されるとともに，こうした情報に依拠した事態対処が求められ続けた。すなわち，その一つは，自治体行政組織としてなしうる救助・救援・救護活動である。いま一つは当該自治体行政組織の対処能力を超えた課題処理を他の組織に求め，救助・救援・救護の諸活動を早急に図ることであった。そこで以下で

は，こうした諸活動を自治体行政組織と自治体行政組織外とにそれぞれ一応区分しながら，主に「震災メモ」と被災者からの聞き取り調査から跡づけておきたい。こうした救援・救助・救護の活動の展開過程において，深刻さを増す被災情報が「災害本部」に寄せられ続けたことはいうまでもない。

3.　緊急時における救助・救援・救護活動

3−1　自治体行政組織による救助・救援・救護活動への初期対応

　自治体行政組織による可能な限りの救助・救援・救護活動は大きく二つの方向において展開した。その一つは，被害状況の確認が最も早く，しかも役場所在地より約200 mに位置する観音山の崩落による被災者の救助・救援・救護活動に関してであった。もう一つは，詳細な被災情報が遅れた島の南部に位置する激甚被災地，青苗地区および初松前地区の被災者の救援・救助・救護活動であった。

　前者の活動は，ホテル洋々荘の宿泊客およびホテル関係者の救出活動であって，この作業には役場職員はもとより，奥尻地区住民，自衛隊員，奥尻地区に近い東風泊地区および宮津地区の消防団員も従事した。町職員からの聞き取り調査によると，被災者の救出活動に大きな役割を果たしたのは自衛隊員であった。それは，地震当日の夕刻より隊員の人事異動に伴う送別会が偶然，奥尻地区内の飲食店において行われており，しかも当該場所が観音山の崩落現場の近くであったことから，かなりの数の自衛隊員が救出に駆けつけたということであった。周知のごとく自衛隊法に，自衛隊員はその職務の一つとして，災害時における救援・救助・救護活動に従事する責務がうたわれている[10]。こうした法的な規定とは別に，奥尻町の航空基地においては，島社会という地域性のゆえに自衛隊と他の地域住民との生活交流が日常的に図られている[11]。そのために救出活動への参加が，自衛隊法にある公務としてというよりは，1人の地域住民としての参加という性格がみられた。つまり，しかるべき責任者（たとえば北海道知事）による出動要請よりも自主的な救出活動への参加が先行した。

　奥尻町における自衛隊と地域住民とのこのような関係は，他の自治体の場合と異なり，日常的な地域生活における交流基盤を背景として持つことから，災害直後の午後10時35分にいち早く自衛隊奥尻分屯基地N司令に対して，町行政の防災担当者が独自に被災者救援の派遣要請を行うことができたといわれる。

　しかし当初の救出作業は，自衛隊員の思わぬ参加があったとはいえ，装備が手元になかったことから素手とスコップに頼った，何とももどかしいものであった[12]。そこで「災害本部」は，自衛隊奥尻分屯基地に対して，午後11時32分，救出作業に必要な大型重機の第1回目の要請，引き続き午後11時47分には，再度大型の重機とジャッキの要請をそれぞれ行った。なお，ホテル洋々荘の宿泊客人命救助作業を目的とする，地元住民の消防団員に対する「災害本部」からの派遣要請は，午前5時であったと記録されている。「震災メモ」によると，この間における救出作業は，生き埋めになった被災者の生死を確認しつつ進めなければならなかった

から，慎重を要する困難な作業であったことがうかがわれる。そのために，救出活動には想像以上に時間が必要であり，翌朝に至っても作業は継続した[13]。

　救護活動に関していえば，奥尻町には国保病院がある。病院も被害を受けたが，ある程度の治療は可能であった。午後11時43分，役場の企画課職員が病院の被災状況を確認している。その後，ホテル洋々荘の被災者が幸いにも救出され，1名が国保病院に収容されたという報告がある。一方，奥尻地区から離れた島の北東部や南部からの被災者は道路が分断されたために運び込むことができなかった。重傷の被災者は，国保病院の処置能力を超えることから，翌朝以降，ヘリコプターによって札幌や函館に移送されなければならなかった。

　他方，青苗地区や初松前地区の被災者に対する救助・救援・救護活動に関しては，先にふれたごとく，当該地区が奥尻地区から離れていること，加えて海岸線を走る道道奥尻島線が地震のために分断されたことから交通アクセスが遮断された。かくして奥尻地区から陸路による救助・救援・救護の活動に向かうことはできなかった。とはいえ被災状況の深刻さは，一自治体行政組織による対処能力をはるかに超えているという認識は確かであった。そのために，繰り返しになるが，震災直後の午後10時35分，自衛隊奥尻分屯基地に対して，いち早く被災者救援活動要請の第1報が出されていた。引き続いて1時間48分後の午前0時23分に，「災害本部」から自衛隊奥尻分屯基地に対してヘリコプターによる医師派遣の要請が出された。この要請は自衛隊に救護活動を求める第1報であった。先に言及した奥尻消防署青苗分遣所消防所員の無線による医師派遣の要請（午後11時40分）からすでに43分が経過していた。

　「災害本部」から自衛隊奥尻分屯基地に対して，このような救助・救援・救護の活動要請に関する第1報がそれぞれなされていたが，こうした要請が正式に本格化するのは災害対策救助法が奥尻町に適用された午前0時30分以降であった。この災害対策救助法の適用決定以降，自衛隊（陸・海・空）の救助・救援・救護の活動に関する対応記録が「震災メモ」に多くみられるようになる。町内各地区における被災情報も時間の経過とともに「災害本部」にいっそう寄せられるようになった。

3−2　自治体行政組織と関連諸機関における対策本部

　「震災メモ」には自治体内における被災情報と救援・救助・救護の活動にかかわる自衛隊の記録はみられるけれども，国・北海道庁・檜山支庁（奥尻町が属する）といった上級の行政体が激甚被災地奥尻町における被災情報をどのように把握したのか，そして被災自治体である奥尻町がそれら上級の行政体とどのように連携したのかについては，「震災メモ」から充分に明らかにならない。そこで，このような不備を補うために『平成5年（1993年）北海道南西沖地震記録書』（1994年3月15日，北海道檜山支庁地方部振興課企画室），『平成5年7月12日北海道南西沖地震記録書』（1995年3月，北海道南西沖地震記録書作成委員会），そして『広報おくしり』（奥尻町）を主に参考にし，先の課題に接近してみたい。

　さてこれらを照合すると，災害に関する連絡・指令関係と救助・救援・救護の活動関係とに大別される内容が確認される。前者において，国・北海道庁・檜山支庁といった上級の行政体

がそれぞれの災害対策本部を設置し，激甚災害という非常事態に被災自治体と連携して公的に対処する体制を整える過程がうかがわれる。これに対して後者では，前者の過程を踏まえた緊急時における実践的活動の展開過程が示されている。そこで以下では，まず災害に関する連絡・指令関係から取り上げる。

北海道庁総務部防災消防課は，午後10時30分に「北海道災害対策連絡本部」（以下，「北海道連絡本部」と略す）を設置した。この「北海道連絡本部」は，奥尻町における「災害本部」に20分先行して設置された。これに合わせて空知支庁，上川支庁を除く12支庁，そして北海道東京事務所にそれぞれ「災害対策地方連絡本部」が設置された。また同時刻，檜山支庁に「北海道災害対策檜山支庁連絡本部」および北海道警察本部に「災害警備対策本部」がそれぞれ設置された。

奥尻町に「災害本部」が設置されたのは午後10時50分であったから，時間的経緯からすると，被災自治体よりも早く北海道庁や支庁において一連の災害対策本部が設置された。これに対して国家レベルにおいては，午後10時50分，第1管区海上保安本部に「第1管区地震対策本部」が最も早く設置された。これは奥尻町の「災害本部」の設置時間と同時であった。次いで国土庁に国土庁長官を本部長とした「非常災害対策本部」が設置されたのは午後11時であった。警察庁は午後11時30分，「地震災害警察本部」を設置した。警察庁における災害本部の設置をもって主要な関連諸機関の対策本部がほぼ設置された。

かくして上級の行政体および関連諸機関における災害対策本部の設置は，午後10時30分から午後11時30分までの1時間の間に成立したことになる。災害に関する公的機関の連絡・指令体制がここにできあがった。

これら各種の災害対策本部が設置された後，奥尻町の「災害本部」とこれら諸機関の対策本部との間における災害情報や被災情報に関する連絡・指令は，圧倒的に檜山支庁との交信として展開した。檜山支庁からの連絡の第1報は午後11時10分に「災害本部」に届いたが，内容は記録されていない。引き続き午後11時15分，対岸の江差地区の震度4を伝える情報が檜山支庁からの第2報として入った。午後11時32分，檜山支庁職員より被災状況についての問い合わせ指令が二度，第3報，第4報として届いた。約1時間後の午前0時37分の第5報は，自衛隊のヘリコプターにて医師と救急隊員とが奥尻空港へ行くという連絡であった。この連絡は，さらに33分後の午前1時10分に第6報として，檜山支庁より改めて詳細な内容が伝えられた。すなわち，それは医師4名，看護師6名，救急隊員5名が午前2時に丘珠空港を発ち，午前3時40分に奥尻空港に到着する予定というものであった。

午前2時24分の第7報は，警察官36名が乗船した海上保安庁の巡視船が江差港を出港し，午前6時30分に奥尻港に到着する予定という連絡であった。午前3時50分には，第8報として護衛艦「ゆうぐも」が青森県大湊港から出港するとの連絡が入った。この連絡は，結局，午前8時3分に，護衛艦「ゆうぐも」出港キャンセルの情報に変更した[14]。第9報は，午前5時30分にあり，自衛隊輸送艦「ねむろ」が救援物資を積載して青森県大湊港を出港したとの連絡であった。

　午前 5 時 30 分以降では，「震災メモ」には，記録が終了する 7 月 13 日午後 2 時 55 分まで，檜山支庁からの連絡はわずか 3 報告が記されているにすぎない。そのうち一つは先の護衛艦「ゆうぐも」の出港中止の連絡であり，他は午前 7 時 53 分，輸送艦「ねむろ」が午後 4 時 30 分頃，奥尻に到着する予定を知らせる連絡であった。今一つは，午前 9 時 40 分の情報であり，巡視船「しれとこ」が午前 10 時にパンと牛乳 2,000 食分を積載して出港するという内容であった。島外からの本格的な救援活動が開始された。

　以上の連絡・指令はすべて檜山支庁から奥尻町「災害本部」宛てのものであって，「災害本部」から檜山支庁への連絡は，午前 4 時 40 分，消化剤散布の要請が 1 件記録されているのみであった。

　各種の災害対策本部が設置されてから 7 時間 30 分後の 7 月 13 日午前 7 時に至って，気象庁により，このたびの地震が正式に「平成 5(1993)年北海道南西沖地震」と命名された。この命名に伴い北海道庁，各支庁，東京事務所における災害対策連絡本部はそれぞれ名称を変更し，「北海道南西沖地震災害対策本部」，「北海道南西沖地震災害対策地方本部」（ただし渡島，檜山，後志，宗谷，胆振の 5 支庁および東京事務所）となった。

　このような災害対策本部の組織上の名称変更がみられたが，この間に北海道庁の災害対策連絡本部（「北海道連絡本部」）は午後 10 時 47 分，第 1 回目の被災状況を発表している。そして午前 0 時ちょうどには，当該時点における被災状況の取りまとめを指示した。他方，「北海道連絡本部」が入手した最も早い衝撃的な被災情報は午前 0 時 45 分であった。それは，奥尻町のホテル洋々荘が全壊し 20〜30 名が生き埋めになっているという情報であった。さらに午前 1 時 32 分には，青苗地区の駐在所から警察無線によって「北海道連絡本部」に青苗地区における住宅の 1/3 が津波により損壊，さらに火災で炎上，被害の把握は不能という被災情報が伝えられた。

　「北海道連絡本部」による第 2 回目の被害状況の発表は午前 2 時 30 分になされたが，午前 4 時 20 分には同本部から防災無線により，津波に関する避難命令の解除が出されたという記録がある。この後，北海道庁と奥尻町との各本部間における連絡・指令の交信記録は確認できない。しかし午前 10 時に至って，北海道庁において災害対策本部会議が開催された。この会議を経て横路孝弘北海道知事が被災地に視察に出向くことになった。視察をめぐる道庁と奥尻町の「災害本部」との間における情報交換の記録は確認できない。奥尻町「災害本部」の担当者によると，警察無線と自衛隊無線によって詳細な交信がなされたという。

　横路知事が防災ヘリにて，被災状況の確認調査に出発するのは会議約 1 時間後の午前 11 時 7 分であり，奥尻空港到着は午後 0 時 15 分であった。知事の奥尻到着は各種報道機関による取材活動の活発化を伴うものであったから，激甚災害の悲惨さを道内外はもとより国外にまで知らしめることになった。

　「震災メモ」や本項のはじめに挙げた報告書，さらに町職員による聞き取り調査を手がかりにして，上級の行政体との間における被災状況に関する連絡・指令を見ると，被災自治体からの情報発信はあまりにも少ない。北海道庁や檜山支庁といった上級の行政体の間では，被災自

治体に対しての交信記録は道庁よりも檜山支庁が多い。道庁から檜山支庁，そして檜山支庁から被災自治体へという情報伝達経路がより多く活用されたように思われる。被災自治体からの情報発信は記録としてあまりにも少ない。これは，災害規模が大きくそのために種々の混乱がみられたことに加えて，着信記録を残しえても発信記録を残す余裕がなかったことに基因していた。しかしそのような状況であったにしても，被災自治体からの数少ない情報発信の記録は，関係諸機関に対する救援・救助・救護を求める内容であった。そこで次項において，被災自治体の「災害本部」から発せられた救助・救援・救護の要請とそれに対する関係諸機関の対応に言及しておきたい。

3－3 被災自治体による関連諸機関への救助・救援・救護活動の要請

　すでにふれたごとく，災害発生時点から被災者の多くが避難所に至るまでの緊急時において，町内各地区の被災状況の深刻さが情報として明確に確認されたのは，震災翌日7月13日の夜明け以降であった。とりわけそれは，「災害本部」に初松前地区（午前6時12分）および青苗地区（午前6時26分）――特に灯台下の岬地区といわれる5区――がいずれも津波により壊滅的被害を受けた，という内容においてであった。救助・救援・救護活動に関していえば，午前5時35分に，陸上自衛隊倶知安駐屯三科隊が青苗地区商店街において生存者および遺体確認調査作業を開始する，という救助・救援活動の第1報が「災害本部」に入った。この情報入手直前の午前5時30分には，救援物資や救援食料の受け入れ窓口は住民福祉課とすることが決定され，その責任者は当該部署の課長となっていた。

　救護活動の第1報は，丘珠空港を発ちヘリコプターで到着した自衛隊札幌病院の医官，薬剤官，看護師，救護員らが午前6時20分に医療支援を開始したということであった。相前後して防災無線により医師が初松前地区の負傷者救護，そして午前6時33分に医師4名看護師4名が青苗支所に向かうという情報がそれぞれ「災害本部」に寄せられた。

　かくして被災状況の深刻さの明確な確認と被災者の救助・救援・救護活動の本格的な開始は，震災後約7時間から8時間が経過した午前5時半から午前6時半にかけてであった。この間，被災自治体奥尻町の「災害本部」は，被災状況の把握とともに，自治体行政組織として被災者の救援・救助・救護活動に従事した。しかし激甚災害であったことから，いずれの活動も大きく制約された。このために「災害本部」は，自治体外部の関係諸機関に救助・救援・救護の活動を要請しつつ，事態に早急に対処し緊急課題の解決を図らなければならなかった。すでに前項において被災自治体と自衛隊との関係について言及したごとく，激甚災害の緊急時における自衛隊への派遣要請は必須となっていた。そこで，以下では，「災害本部」による自衛隊に対する救助・救援・救護活動に関する要請，そしてこの要請活動に上級の行政体がどのようにかかわったかを今一度確認しておきたい。

　町行政による緊急時の救助・救援要請の第1報は午後10時35分になされた。繰り返しになるがそれは，厳密には正式な手続きを経たものではないが，自衛隊奥尻分屯基地のN司令に対して被災者救援のための派遣要請であった。記録によると，同時刻に檜山支庁は「航空自衛

隊北部航空方面隊」に災害派遣の第1回目の要請をしている（傍点筆者）。檜山支庁による派遣要請場所は奥尻町および北海道西海岸であり，要請内容は「捜索救助被害復旧活動，応急医療救護活動，人員および物資の緊急輸送その他必要な事項」であった。

　自衛隊への派遣要請に関する記録は，この後，檜山支庁による連絡として続いた。午前0時18分に第2回目の派遣要請が「陸上自衛隊第11師団」に対してなされた（傍点筆者）。派遣場所は奥尻町および大成町であり，要請内容は「給水，人命救助，救護，緊急患者輸送，行方不明者捜索，緊急物資輸送，防疫」に関してであった。檜山支庁による第3回目の災害派遣要請は午前4時45分，「海上自衛隊大湊地方総監」に対してであった（傍点筆者）。派遣場所は奥尻町，奥尻島近海であり，要請内容は「人員物資の輸送および警戒，行方不明者の海上捜索」であった。

　かくして檜山支庁が航空自衛隊に災害派遣の第1次の要請をしてから第2次の陸上自衛隊，そして第3次の海上自衛隊への派遣要請に至るまで約6時間が経過していた。空・陸・海の自衛隊に対する災害派遣の要請が時差を持ちつつも出されたことから，激甚被災地および被災者に対する自衛隊を中心とした救助・救援・救護活動の体制が整うことになった。このような体制の整備の約1時間後，本格的な救助・救援・救護の活動が開始されるに至った。

　繰り返すまでもなく，檜山支庁による自衛隊への災害派遣要請は，被災自治体の「災害本部」と檜山支庁との間における交信の結果である。しかしその交信は，「災害本部」と檜山支庁との両者間において直接なされたのではなくて，奥尻分屯基地を通じてなされた。つまり，「災害本部」の担当者の側に張り付いた自衛隊による無線連絡を介してであった。「災害本部」と檜山支庁との回線が機能しなかったからである。

　自衛隊に対する災害派遣要請が被災自治体から上級の行政体を通じて展開される一方，午前4時20分に津波に関する避難命令が解除された。しかしこの16分後，青苗沖において救助した重傷者について，漁船から自衛隊のヘリコプターによる輸送を要請する打診が「災害本部」に入った。これは海上における救助要請の第1報であった。津波による被災者の救助要請が海上からも始まった。

　「震災メモ」によると，悲報の第1報は午前1時9分，N技師により伝えられたものであり，島の東部球浦地区において1名が亡くなったということであった。午前2時3分には，ホテル洋々荘の崩落現場から2遺体発見という第2の悲報が「災害本部」に寄せられた。これらの報告時には，島の南部の青苗地区や初松前地区，そして島の北東部の稲穂地区や野名前地区それぞれにおける犠牲者の多さは「災害本部」に伝わっていない。けれども午前5時以降，町内各地区から犠牲者に関する深刻な情報が「災害本部」に入りだした。午前5時7分には，青苗地区の遺体収容場所が青苗研修センターに決定された。先にふれたように午前5時35分に，「陸上自衛隊倶知安駐屯3科隊」が青苗地区商店街における生存者ならびに遺体確認作業開始という連絡が「災害本部」に入った。島の西部の藻内地区や島の北西部に位置する湯の浜地区から行方不明者の連絡も午前5時すぎであった。

　激甚災害による深刻な緊急事態に対処するために陸・海・空の自衛隊に支援要請が出され

た。この要請に依拠した本格的な救助・救援・救護活動が展開した。被災自治体に自衛隊の航空基地が存したことは，たしかに緊急時の情報の受発信，緊急時における被災者の救助活動に大きな役割を果たした。しかし被災地が北海道渡島半島から最短距離約 25 km といえども離島であったことから，救助・救援・救護の諸活動に島嶼部特有の困難さが加わった。この困難さは，改めて後の章で自衛隊の活動とともに考察するように，海上保安庁第 1 管区海上保安本部の活動によって大きく軽減された。けれども第 1 管区海上本部と被災自治体の「災害本部」との交信記録は見当たらない。しかも自衛隊への要請のごとき支援要請の記録も見られない。法制度のあり方の違いがあるとはいえ，離島における激甚災害の事態対処に際して，海上保安本部の果たす役割は重要であり，かつまた大きいことはいうまでもない。したがって，こうした組織への支援要請のあり方の考察が必要であろう。

　む　す　び

　一部の研究者において，近未来に大規模な地震が発生しうる「空白地帯」の一つとして指摘されていた北海道西部の日本海海域においてマグニチュード 7.8 の地震は起きた[15]。震源地は奥尻島の北西約 60 km であり，震源の深さは 34 km であった。大規模な地震によって引き起こされた大規模な津波が，島嶼部に特徴的な海岸線にへばりつく密居集落を夜間に，しかも短時間に二度急襲した。このような激甚災害の緊急時には，過去の被災経験を超える事態対処が要求された。本章では，こうした状況下における自治体行政組織の対応過程の一端について考察した。

　ここで設定した緊急時とは，災害発生から約 8 時間の期間である。言い換えると，混乱した災害発生直後から緊急避難し避難所に至るまでの期間である。それはまた，町内各地区のかなり詳細な被災状況が確認されるとともに，本格的な救助・救援・救護活動が開始されるまでの期間でもある。

　このような緊急時における自治体行政組織の対応は，まず災害因とそれによって引き起こされるハザードに対して地域住民に適切な災害情報を確実に伝達し，リスク回避の行動を導くことであった。すでに言及したごとく，防災担当職員の適切な判断によって，防災無線を通じて津波に対する避難命令が出された。しかし残念なことにこの災害情報は生かされなかった。そのために，災害因とそれによって引き起こされる衝撃の程度から，いかなる避難のあり方を採択するかは住民個々人に委ねられた。被災者からの聞き取り調査から，北海道南西沖地震に先立つ 10 年前の日本海中部沖地震（1983 年 5 月 26 日）による津波の経験を活かすことで自らの命を救った事例が見出された[16]。

　避難行動を指示する災害情報が適切に，かつ確実に伝わったにしても，加えて過去の被災経験があったとしても，本章における災害因の規模の大きさと衝撃の速効性は自治体行政組織の事態対処能力を大きく制約した。そのために激甚災害の緊急時において自治体行政組織は，被災地区と被災者に関する被災情報を早急に把握することができなかった。救助・救援・救護の

活動は自治体行政組織にとってさらに困難であった。そのために外部組織に救助・救援・救護を求めざるをえなかった。被災情報の収集に関しては，詳細で確実な情報が必要であった。このような被災情報がなければ事態対処の課題設定が曖昧になる。しかも被災情報は可能な限り一元的に集約される必要がある。事態対処のための指示情報も一元化されることが望ましい。というのも災害因による混乱の軽減とともに有効でかつ早急な事態対処のためには，こうした一元化が好ましいと思われるからである。R. R. ダインズのいう緊急表出型の組織的対応が要求される[17]。表1・2に示したごとく，各種の災害対策本部の設置はこうした対応への体制づくりを示している[18]。

　被災自治体奥尻町の「災害本部」は，被災情報の収集を主に各種無線の活用によって進めた。厳密には，無線の最大活用は，他の情報収集手段が制約された結果であるといえる。このようなことから，「災害本部」の防災担当職員の責任者は専任化しデスクに張り付かざるをえなかった。この本部員を自衛隊員と警察官の各1名が各種災害本部とのスムーズな連携をとるためにサポートした。収集された被災情報は改めて指示情報として無線により発信された。これには自衛隊，警察，防災，消防，そして漁船の各無線が活用された。とりわけ，奥尻町における航空自衛隊の基地の存在は町内の被災情報の収集・発信媒体であるばかりか救助・救援・救護活動を要請する太いパイプでもあった。

　激甚災害であったことから被災自治体の行政組織による救助・救援・救護活動は制約された。そのために既成型の組織的対応を外部組織に求めざるをえなかった[19]。しかし表1・2にみられるごとく，事態対処に必要な時間の長さやタイムラグの問題は教訓化されるべき課題として残されたように思われる。集落壊滅という青苗地区および初松前地区に関する詳細で確実な情報の収集に，被災時点より約8時間を要したからである。自衛隊に対する災害派遣の要請は，一部比較的早くなされていたけれども，航空・陸上・海上の各自衛隊間における災害派遣要請には大きなタイムラグがあった。本格的な救助・救援・救護活動の開始と足並みの揃い方もこうした体制づくりの進展に連動した。

　ところで，被害情報の収集の遅れと自衛隊の災害派遣の要請におけるタイムラグに関して注目しておかなければならないことは，島嶼部の激甚災害に基因することが大きいのではないかと思われることである。すなわち，まず何よりも島嶼部であるために交通アクセスが制約された。島内では，唯一の幹線道路が海岸線を走るために，地震の衝撃と津波によりこれが分断された。島外からは，当然ながら陸路コースは存在せず，海路コースは，北海道渡島半島との直線距離が短いとはいえ，船舶の航行にやはりいっそうの時間が必要であった。空路コースが唯一，早急のアクセス手段であった。にもかかわらず，夜間であったためヘリコプターの離発着にはかなりの困難を伴った。

　地震，津波そして火災という複合災害因による激甚災害における緊急時には，よりいっそう一刻の時間を争う被災者の救助・救護が求められる。しかしながら島嶼部の小規模な自治体行政の事態対処の力量は小さく，激甚災害に遭遇したときのもろさは否めない。奥尻町の「災害本部」で格闘した防災担当職員は，災害後，4～5年して「均一な『防災マニュアル』は役立

表1・2　緊急時における災害関連事項

	1993年7月12日 22:17 / 22:22頃 / 22:30頃 / 22:35	7月13日 0:15
災害因	地震発生　津波第1波　津波第2波　火災発生(青苗)	火災発生(青苗)
災害情報	22:20 津波警報（奥尻町防災担当者）／22:22 「オオツナミ」警報（NHK札幌放送局）／22:24 津波警報（札幌管区気象台）	0:30 災害対策救助法（奥尻町・大成町に適用）／4:20 津波の避難命令解除／7:00 北海道南西沖地震（気象庁命名）
対策本部の設置	22:30 北海道災害対策連絡本部 支庁および東京事務所に災害対策連絡本部（北海道、12 連絡本部）／北海道災害対策本部／北海道災害対策檜山地方連絡本部（北海道檜山支庁）／22:50 地震災害警察本部（警察庁）／非常災害対策本部（政府）／第一管区地震対策本部（第一管区保安本部）／緊急災害対策本部（北海道）／災害対策本部（奥尻町）	
被災情報	22:50頃 観音山崩落／23:00 青苗地区住民避難第1報／23:32 青苗地区の被災情報第1報／23:55 東風泊地区・宮津地区住民避難第1報	0:38 稲穂地区の被災情報第1報／0:45 ホテル洋々荘全壊 多数の生き埋め／2:27 野名前地区の確実な被災情報第1報／5:00〜 藻内地区・湯の浜地区被災情報第1報／5:40 神威脇地区住民避難第1報／6:12 初松前地区の確実な被災情報第1報／6:26 青苗（特に旧5区）（集落壊滅）（集落壊滅）の詳細な被災情報
救助・救援・援護活動の要請	22:35 自衛隊「奥尻分屯基地」N司令に救援の要請（檜山支庁）／航空自衛隊北部方面隊に災害派遣派遣要請（奥尻町航空防災担当者）	0:18 陸上自衛隊第11師に災害派遣の要請（檜山支庁）／0:23 自衛隊にヘリコプターによる医師派遣の要請（奥尻町）／4:25 自衛隊ヘリコプター到着／4:45 海上自衛隊大湊地方総監に災害派遣の要請（檜山支庁）／5:35 陸上自衛隊真駒内駐屯三科隊、青苗地区における遺体確認調査作業開始の第1報／6:11 自衛隊札幌病院医官到着、松江地区住民の救護活動開始／6:33 青苗地区住民の医療支援活動開始 自衛隊札幌病院の医官・看護師、青苗

たない，臨機応変の状況判断がそのつど求められる」と述懐していた。自治体行政組織にとって防災の観点は重要ではあるが，災害因を予知的に根絶しえないとすれば，地域住民の生命と財産をより保障するために減災の観点をいっそう組み入れる必要があると思われる。

　すでに言及したごとく，本章における標題に関する考察は，災害の社会学的研究における自治体行政という社会組織の対応過程の一端を取り上げ，激甚災害の緊急時における自治体行政組織の被災情報の収集と集約，自衛隊への災害派遣の要請にふれたにすぎない。そこで次章において，災害派遣要請を受けた自衛隊がどのような救助・救援・救護活動を展開したのか，それを島嶼部の激甚災害に自衛隊と並んで重要な役割を果たした海上保安庁第 1 管区保安部の活動を加味しつつ改めて取り上げ，本章の不備を補うことにしたい[20]。

1）Barton, A.（1969），*Communities in Disaster: A Sociological Analysis of Collective Stress Situations*, N Y: Doubleday & Company, Inc., pp. 50-51. 邦訳：安倍北夫監訳（1974），『災害の行動科学』，学陽書房，47 頁。

2）関孝敏（研究代表者）（1999），『北海道南西沖地震に伴う家族生活と地域生活の破壊と再組織化に関する研究』（平成 7 年度〜平成 10 年度科学研究費補助金［基盤研究 A（2）］研究成果報告書）における筆者担当「Ⅱ-1　災害と自治体行政――奥尻町における緊急時の初期段階」に加筆修正を加えた。

3）ちなみに，被災した 1993 年 4 月 1 日時点の奥尻町総職員は 191 名であった。このうち奥尻地区には 7 割弱が居住していた。青苗地区には 31 名，球浦地区と赤石地区にそれぞれ 12 名，宮津と富里地区に各 2 名，稲穂地区と松江地区に各 1 名が居住していた。

4）関孝敏（2000），「激甚被災地における地域生活の再建過程――北海道南西沖地震における奥尻町青苗地区の場合」，北海道大学文学研究科紀要 102，177-198 頁。本書第 3 章に再録。

5）1993 年 7 月 17 日，北海道新聞によると「奥尻の津波は最大 30 m」と見出しがあり，日本を襲った津波としては今世紀最大であることが分かった，とある。わが国では，1896 年明治三陸津波の 38 m に次ぐ高さであって，これまで今世紀最大であった 1933 年の三陸地震津波の 28.7 m を上回ったという。三陸津波の両者に関しては，下鶴大輔・津村建四朗・宮澤清治監修，岩切信編集（2001），『日本災害史』（日本図書センター）に写真入りで紹介されている。

6）北海道奥尻町（1996），『北海道南西沖地震奥尻町記録書』。

7）注 6 の報告書所収。

8）注 6 の報告書において取り上げられた「奥尻町各地区の地震・津波による被害状況」に計測された地点の津波の高さを書き加えた。津波に関しては石山祐（研究代表者）（1994），『平成 5 年北海道南西沖地震・津波とその被害に関する調査研究』（文部省科学研究費 No.05306012 突発災害調査研究成果）および北海道南西沖地震記録書作成委員会（1995），『平成 5 年 7 月 12 日北海道南西沖地震記録書』を参考にした。

9）奥尻地区を襲った最大の津波といわれる。ただし，気象庁調査は最大 21 m（北海道新聞，平成 5 年 7 月 17 日報道），東北大助教授現地調査では 30 m（北海道新聞，同日），東大地震研究所の調査は 30.6 m（北海道新聞，同日）とそれぞれ発表している。

10）自衛隊法における「民生協力」に関する条文を参照。古い文献ではあるが『便覧・防衛庁』（1979 年，教育社）によれば，自衛隊の民生協力として①災害派遣，②離島の急患輸送，③航空機の救難，④不発弾の処理・掃海（機雷処理），⑤外部土木事業の受託，⑥教育訓練の受託，⑦運動競技会，が挙げられている。

11）奥尻町では，自衛隊の基地に対する理解と隊員と地域住民との交流を図ることをねらいとした「自衛隊協力会」がある。この会は昭和 30 年代後半に設立されたといわれているが，会員には奥尻町の主要な社会組織の長が加入している。本書第 2 章参照。

12）聞き取り調査によると，緊急事態に際して，人事異動の送別会に参加していた自衛隊員約 40〜50 名が

　　自主的判断により救助活動に参加したといわれる。なお，町内の土木建設業の I 組，K 組，そして H 組は仕事柄，大型機械を所有していた。しかし被災のためそれらを活用することができなかった。

13）結局，観音山の崩落によるホテル洋々荘の犠牲者は 31 名が死亡，行方不明 1 名となった。このうち町外からの宿泊客 24 名が含まれていた。

14）「災害本部」担当者の説明によると，出航キャンセルの事情は，壊滅的打撃を被った青苗地区の被災状況がマスメディアによって大きく報道されたとき，奥尻町が全滅したために出航を見合わせるという，被災情報に関する誤認があったことによるとされた。自衛隊側の情報がないから，真偽は確認しきれないが，適切で確実な被災情報が必須であることはいうまでもない。

15）震災翌日（7 月 13 日）の北海道新聞には，「本道南西沖は観測網の空白地帯」（予知連の茂木清夫会長は「この周辺は地震が少なくマークしていなかった」という），「北海道南西沖と佐渡島から能登半島の間の 2 ヵ所が地震の空白域で危険だと考えていた」（三好寿・前東京水産大教授），さらに 7 月 15 日の北海道新聞には「じつは私は日本海中部沖地震のような地震が北海道の西沖にもおきる可能性がある，と 4 ヵ月前に書いたばかりである」（島村秀紀・北海道大学教授），「本道南西沖の地震と大津波が起きる可能性を東大海洋研究所の研究者が先月発売の週刊誌で指摘，警告していた」（指摘していたのは同研究所の玉木賢策助教授と徳山英一助手）と記事がある。事後的な災害情報とはいえ，島嶼部に関するハザードマップの必要性があることを示している。

16）日本海中部沖地震を生かした次のような事例がある。①枕元の袋に大事な書類や印鑑，そして当座の現金等を入れるようにしていたので，それを持ってすぐに避難した。②物にこだわらないで体一つで避難した。③逃げる時に車を使わないで走って避難した。④海から離れて高台に向かって一直線に避難した。

17）ここでの緊急表出型組織は Dynes, R. R.（1970/1974），*Organized Behavior in Disaster*, D. C. Heath & Company, chap. 6 を主に参考にした。この組織は，災害時に新たに現れ非常時の課業を行う集団である。この集団は，各種災害関連組織の長からなるアドホックグループで災害前には存在しないし，災害後に解体する。災害対策本部はこうした例と考えられる。秋元律郎・浦野正樹「防災体制と組織」（安倍北夫・秋元律郎（1982），『都市災害の科学』有斐閣，10 章所収）も参照した。なお，Drabek, T. E.（1994），'Disaster in aisle 13 revisited', in Dynes, R. R. and K. J. Tierney ed., *Disasters, Collective Behavior and Social Organization*, University of Delaware Press, pp. 26-44 において示された緊急時の指令センター，運営センター，運営調整センターはこの集団と重なる。

18）表 1・2 の作成において，時間の特定化が難しい項目は「頃」と表記した。被災情報は記録として判明した項目のうち第 1 報に限定した。災害因から救助・救援・救護の要請に至る四つの災害関連間の時間的配列とずれに注目したい。

19）ここでの既成型の組織的対応も，注 17 の Dynes の所説を参考にした。この組織的対応は，災害に対する対応が通常の課業であり，これを旧来の構造のもとに遂行することに特徴を持つ。警察や消防が代表的とされるが，わが国の自衛隊もこれに該当すると思われる。激甚災害の緊急時には，既成型の組織的対応は必須不可欠であり，かつまた T. P. O. に即応した判断と活動が求められる。Kreps, G. A. and S. L. Bosworth（1993），"Disaster, organizing, and role enactment: a structural approach," *American Journal of Sociology*, 99-2, pp. 428-63 において，組織過程における四つの構成要素として①活動領域 Domains，②課業 Tasks，③資源 Resources，④活動 Activities が設定された。彼らは，これらのうちいずれが優位になり，他の三者とそれぞれ連関しつつ事態対処にあたるかを動態モデルとして示したが，本章において取り上げた被災情報の収集と集約，そして自衛隊への災害派遣要請に関する考察は①活動領域優位パターンに該当するように思われる。

20）本章の初出は，同じタイトルで，北海道大学文学研究科紀要 108，2002，165-194 頁。

第 2 章

激甚災害の初期段階における既成型組織の対応過程
——自衛隊の救援活動を中心として

関　孝敏

は じ め に

　予期しえない災害因によって深刻な被害が特定地域において引き起こされたとき，緊急の事態対処が要求されることはいうまでもない。しかし，どのような災害因がいかなる地域において生じ，どのような被害がもたらされているかによって，当然のことながら事態対処のあり方は異ならざるをえない。ここで取り上げる事例は，1993 年 7 月 12 日夜に突発的に発生した北海道南西沖地震である。特に離島の奥尻町では，地震・津波・火災の複合的な災害因によって多くの犠牲者と被害が生じた[1]。

　このような突発的な災害因が離島の小規模な自治体を夜間に直撃し，そのことによって引き起こされた激甚災害は，自治体行政組織の対応を困難にする。そのために，当該自治体における各種組織の対処能力を越えた事態対処が求められる。R. R. ダインズが提起した「依存的コミュニティ災害」という状況が，ここに生み出される[2]。災害因における突発性，複合性，そして激甚性はより高次元の緊急の事態対処を要求するからである。

　ところで，災害の社会学的研究において，災害に対する諸活動の業務を旧来の構造のもとに遂行するフォーマルな組織は，既成型組織として位置づけられる[3]。しかし，「依存的コミュニティ災害」の出現という状況下において，はたして一般的な防災計画にみられるようなマニュアルに依拠した組織的対応がなされうるのであろうか。現実的には，救援活動の前提となる確実な被災情報さえ得られず，そのために多くの時間が費やされる[4]。したがって，確実な被災情報の収集とその確認がなされない限り，救援・救助・救護といった諸活動の遂行は既成型組織といえども容易ではない。また同じ既成型組織といっても，災害因のあり方いかんによって，加えて災害因が襲撃した場所やその場所の地形によって，当該組織の機能が制約されることがある。北海道南西沖地震によって引き起こされた歴史的な大津波は離島の漁業集落を壊滅させた。このために被災した漁業集落への外部からの緊急な接近が求められた。しかし，そのための島外からのアクセス手段は海路と空路であり，陸路は当初より断たれていた。激甚被災地区および当該地における被災者への接近は，このように海路と空路に限定されたが，この両者においてさえも夜間の天候とともに海面に漂流する残骸物によってさらに制約され

23

た。

　災害発生後，既成型組織が早急に果たさなければならない重要な役割の一つは，災害情報と被災情報の収集およびその確認，そしてそれらの情報の発信であった。しかし町内の激甚被災地の全体的な被災状況が判明するまで，災害後，約8時間を要した[5]。陸路というアクセス手段があったとすれば，激甚災害に伴う被災者の救援・救助・救護の活動はもとより，それに先行する情報の収集と確認のための時間はより短縮しえたと思われる。

　いずれにしても，離島のために島外からのアクセス手段が制約されていたとはいえ，海路と空路による被災者の救援・救助・救護活動には，激甚災害であるために，より高次の専門性とともに組織的動員力を持つ既成型組織が求められた。ここでは，こうした組織として自衛隊を取り上げる[6]。陸上・海上・航空3編成の体制を持つ自衛隊が離島における激甚災害による被災者の救援・救助・救護においてより有効な機動力を有していると考えるからである。そこで以下では，北海道南西沖地震発生直後から，本格的な救援・救助・救護活動が開始されるまでの緊急時の初期段階における自衛隊の救援活動を跡づけることにしたい。なお，ここでいう緊急時の初期段階とは，被災直後から避難所として指定された公的施設への避難行動が進行する時間帯を指している[7]。

1.　激甚被災地と既成型組織としての自衛隊

　激甚被災地奥尻町における緊急時の初期段階は，第1段階と第2段階とに分けられる。前者の第1段階とは，被災時点の7月12日夜10時17分より被災後約8時間が経過した7月13日の早朝午前6時半頃までの時間帯である。被災8時間後におけるこの早朝の時間は，一方で全町の被災状況がやっと確認された時点であり，他方で自衛隊の救援・救助・救護活動が本格的に開始された時点である。これに対して後者の第2段階とは，夜明けとともに本格的な救援・救助・救護活動が開始されてから，被災者が学校，公民館といった公的施設に避難し，当該施設を避難所として避難所生活を開始するまでの時間帯である。13日の午前6時半以降より当日のほぼ午前中がこれに該当する[8]。本章では，一部後者の段階にも言及しつつも，前者の段階に焦点をあてることにしたい。というのも，この初期段階は，離島の小規模自治体を突発的に襲撃した災害因による激甚災害が当該自治体行政組織の対処能力を超えるものであり，そのために自治体外の外部組織の救援・救助・救護活動を最も緊急に必要としたからである。

　先に指摘した「依存的コミュニティ災害」の出現という状況下において，わが国の既成型組織としての自衛隊は，機能的に最も専門的で組織的な動員力を有する組織である。そのために一連の災害救援過程において表2・1にみるように多くの活動貢献を展開した[9]。このような救援過程において，激甚被災地奥尻町では，離島とはいえ，緊急時の初期段階における自衛隊の初動活動が被災直後より展開され，人命の救出につながる過程が見出された。改めて後述するように，それは奥尻町に航空自衛隊の分屯基地があること，加えてこの自衛隊と町内各種の

表 2・1　災害救援における関係機関とその出動状況

機関名		出動勢力		出動人員（延べ）	機関名	出動勢力		出動人員（延べ）
警察	北海道	航空機 潜水士 船　艇	271 385 100	40,227	海 上 保 安 庁	船　舶 航空機 〔潜水士 特殊救 難隊員 を含む〕	677 219 984	40,042
	その他	航空機 潜水士	110 504					
消防	北海道	航空機 潜水士	11 149	849	日 本 赤 十 字 社	医師等	186	186
	その他	航空機 潜水士	48 68		日 本 水 難 救 済 会	船　艇 人　員	594 2,071	2,071
自衛隊	陸　上	航空機 人　員	558 19,709	19,709	奥尻漁組潜水部会	潜水士	15	15
	海　上	航空機 潜水士 艦　艇	113 626 200	12,999	合　　計	船　舶 航空機 潜水士	1,571 1,700 2,731	119,751
	航　空	航空機 人　員	370 3,653	3,653				

出典）第 1 管区海上保安部編（1993），『平成 5 年北海道南西沖地震における捜索救援活動の記録』81 頁，92 頁。

社会組織の代表者とによって形成されている「自衛隊協力会」の日常的活動が，被災直後における救援活動の初動態勢をいち早く起動させることにつながったからである。具体的には，非公式でありながら，町の防災担当者が分屯基地の司令官に災害派遣の要請を直接しえたし，非番の自衛隊員が地域住民としていち早く被災者の救出活動に参加しえたからである。奥尻町における分屯基地の存在と日常の地域生活における「自衛隊協力会」のあり方は，緊急時における既成型組織間の早急な連携や柔軟な組織的対応，そうした業務遂行の意思決定のあり方に関して，示唆することが少なくないように思われる。

　周知のごとく，昭和の戦後史における自衛隊の基地の存在と位置づけに関しては重要な争点がある。また自衛隊の民生協力の一つとしての災害派遣は期待されるところが多大であるにもかかわらず，初動態勢の立ち遅れが指摘される[10]。こうした課題が一方でみられるけれども，他方で，自衛隊が激甚被災自治体と被災者の救援活動に対して大きな役割を担い，かつまたそうした役割を果たしてきたことも動かしがたい事実である[11]。こうしたことに注目しつつ本章の標題に以下，接近したい。

2.　「自衛隊協力会」

　被災地の「自衛隊協力会」に言及する前に，わが国における当該組織の形成の経緯およびその全国的分布について一瞥しておく。昭和の戦後史における日本の再軍備は，アメリカ合衆国の国益に沿って展開し，朝鮮動乱を決定的な契機としたといわれる[12]。この流れに即して，1950（昭和 25）年 7 月に国家警察予備隊が設けられた。1962（昭和 27）年 10 月には，国家警察予備

隊は保安隊に解消され，1964（昭和29）年7月，日本の軍隊史上はじめての陸・海・空三軍編制の自衛隊が誕生したとされる[13]。改めて指摘するまでもなく，自衛隊の存在は憲法9条の解釈をめぐり，その発足時はもとより今日においても，重要な争点を有している。当然のことながら，自衛隊の基地の存在も同様の意味を持つ。

　しかし，1950年から全国各地に設立され始めた駐屯地は，1998（平成10）年3月末現在，陸上自衛隊のみに限定しても160の自衛隊駐屯地がある。160の自治体に駐屯地があると言い換えることができる。自治体内に自衛隊の駐屯地が存する場合，当該自治体行政は，基地の存在が地域社会と対立的ではなく，可能な限り調和的であることを好ましいとするであろう。憲法解釈やイデオロギーの問題が容易に解決されない状況にあっても，自治体当局の行政運営上，自治体内に存する自衛隊基地と基地に駐屯する隊員とが円滑な地域生活を展開することは望まれるところである。けれども，個々の地域住民においては，基地の存在を明確に否定する立場の者，逆に，基地の存在による利己的利害や地域的利益を主張する者，そしてさらにどちらの立場にも立たない者，といったごとく，自衛隊に対する立場は，必ずしも一様ではないと思われる。

　ともあれ，「自衛隊協力会」は，自衛隊の基地が自治体内，地域社会内に存し，この存在を少なくとも受け入れていこうとする立場に立つ自治体，自治体行政，地域住民を中核として形成された。とりわけ，昭和30年代に入り，日米安全保障体制の強化と高度経済成長とが後押しする形で，防衛意識の普及と昂揚を図ることと自衛隊の激励支援を目的として，自衛隊の基地を持つ自治体を中心に当該自治体内に「自衛隊協力会」が結成された。「自衛隊協力会」が全国各地に組織されることに伴って，「自衛隊協力会」の都道府県連合会がさらに結成された。この「自衛隊協力会連合会」は，自衛隊の師団の範囲内における「自衛隊協力会」が連合して成立した。ちなみに，やや古い資料になるが1993（平成5）年2月末現在，表2・2にみるように，全国に1,989の「自衛隊協力会」があり，協力会員数は660,484名となっている。単位「自衛隊協力会」当たりの平均会員数は約332人となる。これらを連合する「自衛隊協力会連合会」の全国組織の正式名称が「全国防衛協会連合会」である。

　「全国防衛協会連合会」の初代会長は松下幸之助であり，現会長（平成10年8月調査時点）は旭化成の社長が務めている。ところで，一般的な「自衛隊協力会」（以下，「協力会」と略すことがある）の概要を指摘しておくと，以下のようになる。まず会員の職業は，財界人，商工会の会員，自治体の首長，農協漁協の組合員など多様である。各「協力会」は，当該「協力会」が存在する駐屯地と自衛隊広報室を窓口とする。そして両者は連携しながらも，各「協力会」ごとに活動を行う。ちなみに，「自衛隊協力会」の活動内容は，自衛隊の情報受容，自衛隊の活動研修，行事主催・応援（音楽祭等），自衛隊の活動の応援（隊内競技応援等）である。定例会は年1回開催される。その際，自衛隊からは駐屯地の代表者が数名参加する。この定例会において，役員選出や予算の決定，次年度の活動計画作成などが審議される。自衛官の募集手伝いは「自衛隊協力会」の重要な活動である。

表 2・2 「自衛隊協力会」結成状況（1993 年 2 月末現在）

地域	区　　分	協力会数	会員数
北海道	北海道自衛隊協力会	223	64,801
	自衛隊協力会道北地区連合会	62	10,193
	自衛隊協力会東北海道連合会	40	6,615
	自衛隊協力会第 7 師団管内連合会	52	19,993
	自衛隊協力会第 11 師団管内協力会	69	28,000
	小　　計	223	64,801
東北	東北防衛協会等連絡協議会	354	47,013
	青森県自衛隊協力会連合会	69	8,334
	自衛隊協力会岩手県連合会	62	12,558
	宮城県防衛協会	72	7,280
	秋田県防衛協会連合会	66	6,490
	山形県自衛隊協力会連合会	44	5,276
	福島県自衛隊協力会連合会	41	7,075
	小　　計	354	47,013
東部	東部防衛協会	388	178,081
	東京都防衛協会	43	33,800
	茨城県防衛協会	27	12,475
	栃木県防衛協会	1	340
	群馬県自衛隊協力会	14	1,914
	埼玉県防衛協会	20	12,225
	千葉県自衛隊協力会連合会	58	27,401
	神奈川県（結成準備中）	24	5,942
	新潟県自衛隊協力会連絡会	51	9,087
	長野県防衛協会	49	11,290
	山梨県自衛隊協力会連合会	49	12,329
	静岡県防衛協会	52	51,278
	小　　計	388	178,081
中部	富山県防衛協会	50	2,935
	石川県防衛協会	57	2,829
	福井県防衛懇話会	40	25,054
	岐阜県防衛協会	55	8,957
	中部自衛隊協力会	132	110,543
	中部防衛協会	59	5,779
	小　　計	393	156,097

地域	区　　分	協力会数	会員数
近畿	滋賀県防衛協会	4	3,701
	京都府防衛協会	18	8,114
	大阪防衛協会	3	3,448
	兵庫県防衛協会	21	2,571
	奈良県防衛協会	13	3,500
	和歌山県防衛協会	12	1,780
	小　　計	71	23,114
中国	鳥取県防衛協会	1	401
	島根県防衛協会	5	1,269
	岡山県防衛協会	5	1,520
	広島県防衛協会	12	1,929
	山口県防衛協会	4	1,978
	小　　計	27	7,097
四国	四国防衛協会	11	5,406
	徳島県防衛協会	4	2,065
	香川県防衛協会	1	1,030
	愛媛県防衛協会	1	811
	高知県防衛協会	5	1,500
	小　　計	11	5,406
九州	九州地区防衛協会連絡協議会	522	178,875
	福岡県自衛隊協力会連絡協議会	97	18,798
	佐賀県防衛協会	49	11,011
	長崎県防衛協会	78	6,202
	大分県防衛協会	58	34,260
	熊本県防衛協会	84	34,366
	宮崎県自衛隊協力会	44	5,539
	自衛隊協力会鹿児島連合会	92	63,000
	沖縄県防衛協会	20	5,699
	小　　計	522	178,875
	総　　　　計	1,989	660,484

出典）自衛隊北部方面隊所蔵資料。

3．奥尻町における自衛隊と「自衛隊協力会」

　奥尻町には航空自衛隊が駐屯している。第二次世界大戦後，米軍が駐屯していたこの駐屯地は，1955（昭和 30）年から自衛隊に移管された。米ソの冷戦期においては，奥尻の航空自衛隊レーダー基地は，稚内と三沢の両レーダー基地を結ぶ中間点にあり，対ソ戦略基地の意味があった。1976（昭和 51）年 9 月 25 日，ソ連軍ミグ戦闘機が函館空港に強制着陸した事件では，自衛隊機も緊急発進し，それらが奥尻上空を低空で飛行したこともあって，当時，話題となった。大きな国際ニュースとなったこの事件は，離島とはいえ，海の資源に恵まれた「観光の

町」奥尻が，「基地の町」というもう一つの顔を持つことを垣間見せる事件でもあった。ソ連邦崩壊後，いわゆる冷戦構造が大きく変化したことから，奥尻に駐屯する自衛隊員は漸次減少しつつある。それでも 1997(平成 9)年度（調査時）では，隊員約 330 人，その家族を加えると約 600 人の自衛隊関係者が居住する。1998(平成 10)年 4 月 1 日（調査時）現在，奥尻町の人口は約 4,400 人であるので，自衛隊関係者の人口比率は約 14％を占める。町全体の 10 人に 1 人余が自衛隊関係者となる。特に，奥尻地区は，自衛隊関係者の官舎が集中していることから，当該地区における自衛隊関係者の人口比率はさらに高い。このような人口構成からして，自衛隊関係者が他の地域住民と日常生活上，交流し合う機会も多い。ちなみに，隊員と地元住民との結婚例は少なくない。過去 40 年余の間に，70〜80 件の婚姻例があるのではないかともいわれている。こうしたことから，退任後，奥尻に永住した元自衛官もいる。

　自衛隊基地の存在は，先に指摘したように，立場の違いがあり抱える課題を持つけれども，地域社会の盛衰を左右しかねない面を持っていることは見逃しえない事実である。たとえば，自衛隊駐屯地が存在することによって，基地対策費として交付金が交付されること，自衛隊が使用するという名目によって塵芥処理場や道路整備を計画しうること，就学期の児童を持つ既婚隊員が少なくないことから小学校の廃校が免れること，そして特別国家公務員という職業上，安定した税収入源と一定の消費者を地域社会に提供することから自治体財政や地域経済への効果は大きい，といった諸点が地元住民からも指摘されている。自衛隊基地の存在がまさに自治体と地域社会の動向の鍵を握っている。このような地域社会の特性をもつ奥尻において，「自衛隊協力会」が設立された場合，他の自治体のそれとどのような違いがあるのか，いかなる特徴を持つのかを確認しておく必要がある。繰り返し指摘してきたごとく，北海道南西沖地震の災害救援活動に対する島内の自衛隊駐屯地の存在と隊員の活動は，自衛隊の災害派遣の意味を改めて問うことになると思われるからである。

　さて，奥尻町における「自衛隊協力会」は，昭和 30 年代後半から成立したといわれる。正式名称は「奥尻町自衛隊協力会」であり，奥尻町商工会に事務局を置いている。1998(平成 10)年 4 月 1 日（調査時）現在，会員は 96 名である。会員数は，先に示した全国の平均会員数からすると少ない。年会費は 5,000 円であり，会費としては少額ではないかもしれない。そのために会員数が限定されるということも考えられる。しかし，「奥尻町自衛隊協力会会則」や会員名簿から確認すると，この会員数は，会員数や会費に関する量的側面よりは協力会会員それ自体の質的側面において重要な意味を持っているように思われる。そこで質的側面に関して，まず上記の会則を手掛かりにすると，総会において会員より役員として顧問 2 名，会長 1 名，副会長 1 名，理事 3 名，幹事 1 名が選出される。任期はいずれも 2 年である。ちなみに，選出された顧問には元町長と現町長，会長に町議会議員，そして副会長に奥尻商工会会長がそれぞれ就いている。理事には奥尻地区の有限会社，株式会社の責任者がそれぞれ選出されている。

　次に，会員名簿を手掛かりにすると，他の会員の職業構成が確認される。ちなみに，会員の職業構成は，町議会議員 8 名（町議会議長を含む），議会事務局長，消防署署長，ひやま漁協組合長，奥尻郵便局長，青苗郵便局長，農業委員会事務局長，国保病院院長，国保病院事務

長，教育長，教育委員長，教育委員会管理課課長，役場職員 18 名（収入役をはじめ役場内各部署における課長および課長補佐がほぼ加入），町内企業（株式会社および有限会社）の各代表者 18 名，奥尻町建設協会事務局長，商店主・飲食店主 9 名，他の自営業経営者 5 名，旅館・民宿経営者 4 名，元自衛官 3 名，漁家 1 名等となっている。

　会員の職業構成が示すように，「奥尻町自衛隊協力会」は町内の社会階層をほぼ網羅しているといってよい。奥尻町における主要な社会組織とその代表者がほぼ確認されるからである。文字どおり全町あげての支援体制がうかがわれる。

　それでは，このような「奥尻町自衛隊協力会」の活動はどのようになされているのであろうか。この点を会則の目的と事業の項目において確認しておきたい。まず，協力会の目的は会則の第 3 条に「本会は，防衛思想の普及と隊員，隊友を激励後援し，自衛隊員の健全なる育成を国民的理解で協力するとともに，自衛隊と地域社会との緊密なる連携と相互の親睦発展を期することを目的とする」とある。また事業に関しては，会則の第 5 条に「本会は，第 3 条の目的を達成するため次の事業を行う。(1) 防衛思想の普及宣伝，(2) 自衛隊の諸行事への参加及び援助，(3) 自衛隊と地域社会との調和ある発展への対策の調査研究，(4) 自衛隊員，隊友会，父兄会等関係団体との協力及び援助体制の強化，(5) その他必要な事項」が挙げられている。

　「奥尻町自衛隊協力会」の目的と事業は，先に「協力会」の一般的概要として指摘した内容のうち「自衛官の募集手伝い」を除きほぼ同様であるといってよい。ちなみに，「奥尻町自衛隊協力会」の実際の活動はどのような内容であるのかを，「平成 10 年度定期総会議案」から具体的に確認してみたい。1998(平成 10)年 4 月 28 日に行われた総会では，平成 9 年度の事業報告がなされている。これによると次のような事業が行われた。1997(平成 9)年 4 月 15 日「協力会監査」（奥尻商工会より 1 名参加），4 月 26 日「役員会」（会員の飲食店に 4 名参加），同日「平成 9 年度定期総会」（会員の飲食店に 36 名参加），6 月 15 日「ヘリコプター体験搭乗」（基地内に 29 名参加），6 月 21 日「分屯基地記念行事」（基地内に 27 名参加），7 月 5 日「協力会員と基地幹部会との親睦会（グランドゴルフ）」（町内ファミリーパークに 52 名参加），10 月 14 日～22 日「沖縄基地視察研修」（沖縄県へ 4 名参加），10 月 25 日「隊員と協力会員とのレクリエーション」（町内ファミリーパークに 60 名参加），平成 10 (1998) 年 1 月 26 日「分屯基地体育館落成式」（基地内に 46 名参加），1 月 31 日「自衛隊員と協力会員との新年交流会」（会員の飲食店に 64 名参加）。

　「奥尻町自衛隊協力会」の活動は，このように自衛隊員と「協力会」会員との間のみに限定されていることが分かる。それでも，活動の頻度は少なくないし，活動それ自体は慣例化した行事に加えて年次による特別企画もある。参加者数からすると，会への参加率は必ずしも高いとはいえない。特に，フォーマルな総会への参加は，会員の 37.5% とやや低い。これに対して，レクリエーションや新年会への参加率は 60% を超える。協力会の親睦会的性格がうかがわれる。しかし，協力会会員の職業構成にうかがわれるように，会員には商店主，飲食店主，自営業者，建設・土木経営者がかなり含まれている。このような会員は自衛隊員および自衛隊員家族の日常の消費生活に関連する。そして基地にかかわる建設・土木事業との関連も想起さ

れる。ガソリン・ガスといった燃料は，個々人はもとより自衛隊基地にとってとりわけ重要な必需品である。このようにみると，「奥尻町自衛隊協力会」は，単に会員のみとの交流にとどまるのではなくて，自衛隊の基地と自衛隊員（自衛隊員家族）とが地域経済に離れがたく結びついている。

さらに，すでに指摘したごとく，地域住民と隊員との出会いの機会は少なくないことから，婚姻関係の成立がかなりの件数にのぼる。これは「協力会」をコアとしつつも基地・自衛隊・自衛隊員と地域経済・地域社会・地域住民とが離れがたく緊密に結合していることを物語っている。「協力会」の目的の一つである「自衛隊と地域社会との緊密なる連携と相互の親睦発展を期すること」とは，このような状況を指している。したがって，このたびの大規模な地震災害によって深刻な緊急事態が発生したとき，奥尻分屯基地の自衛隊と自衛隊員とが被災した地域住民の救援活動をいち早く開始したということには，このような背景を踏まえておく必要があるであろう。しかし，銘記されなければならないことは，他の地域住民と同様に，自衛隊員とその家族も被災者であったということである。このようなことを確認しつつ，被災時点において災害対応にかかわった自衛隊員の活動記録の一端を，新聞記事と町の防災担当職員に関するインタビュー結果とを照らし合わせつつ取り上げておきたい。

4. 自衛隊奥尻分屯基地 N 司令の災害対応

災害にかかわる既成型組織におけるテーマの一つは，いうまでもなく当該組織の人員による災害の対処行動のあり方である。特にそれは，災害状況下における役割葛藤と呼ばれる課題として設定される。緊急時の課業遂行において，公的領域におけるフォーマルな業務と私的領域におけるインフォーマルな課題とのいずれに優先順位が置かれるかが問われ，そこに葛藤が生じる[14]。また，災害の対処を業務の課題として受け持つ組織，部署，およびその業務遂行者は，個々の対処業務における実際の意思決定や業務遂行過程にあって適切な状況判断を求められることから，多くの葛藤が生じがちである。このような葛藤の軽減，緩和，最小化のために事前の訓練が行われ，災害対処マニュアルが作成される。しかし，実際の災害に直面したとき，残念ながら訓練やマニュアルが役に立たないという場合がある。実際，このたびの災害では，マニュアルどおりに対処できなかったという奥尻町防災担当者の述懐がある。それでも，過去の被災経験が，爾後の災害状況に対する適応性を高めるという「災害文化」や「災害の下位文化」の考えは，被災を最小限にくいとめるために，また災害の対処にかかわる葛藤を回避するためにも有力な経験律であるように思われる[15]。なお「災害文化」および「災害の下位文化」については，第3部第11章を参照されたい。

自衛隊奥尻分屯基地の N 司令は，東京の航空幕僚監部勤務時代（1982年より2年間）に，航空自衛隊における災害派遣の調整・連絡業務を担当した。自衛隊の災害派遣業務として中部日本海沖地震（1983年5月26日）にかかわった経験が N 司令にはある。この N 司令の奥尻分屯基地在任中に北海道南西沖地震が起きた。しかも N 司令には，8月に人事異動が予定さ

れていたという。Ｎ司令は，隊員自身の家族やその親戚にも被災者がみられた状況下にあって，緊急時における公務としての災害対処業務に，組織として，かつまた職階上の地位とその役割から適切な状況判断を求められる立場にあった。朝日新聞の記事（1993年8月3日）「大津波の証言：7月12日夜」は，このようなＮ司令の被災時点の対処行動を取り上げている。そして緊急事態における当該人物の状況判断，意思決定，対処行動がインタビュー結果として記載されている。これは，被災時点から約3週間後の貴重な回顧的記録であるので，記事を抜粋しつつ論点を辿っておきたい。

　さて，地震発生時点の夜，奥尻地区の役場近くの飲食店において，人事異動の歓送会の席で地震に遭遇したＮ司令は，激しい衝撃を受けて外に飛び出した。Ｎ司令は，数分間の揺れが収まるのを待ちながら，地震の規模確認，基地機能の被災状態，災害派遣の有無とタイミングを考えた。いずれも地震災害にかかわる重要でかつ適切な状況判断が求められる内容である。これらの課題を踏まえて，氏は，次のような対処行動を隊員に指示した。すなわち司令自身は，神威山（標高585 m）の山頂付近にあるレーダー基地に戻ること，奥尻地区の官舎居住者は自宅に戻り被災状況を確認し待機すること，他の隊員は被災状況を調査することであった。この指示に基づく調査活動にあって，隊員はホテル洋々荘の被災現場に直面した。隊員が急行し救援活動に従事することについては，改めて後述する。

　レーダー基地に戻るために，Ｎ司令は役場庁舎前から約200 m程度に位置する奥尻港近くに駐車していた司令専用車を呼び戻すことを隊員に指示した。この車を待っていたとき，Ｎ司令は津波が来るという叫び声を聞き，また防災無線による津波警報を耳にしている。専用車が到着するまでの数分間において，役場の防災担当者は地震発生3分後の午後10時20分に津波の避難警報を発信した。札幌管区気象台や海上保安庁は午後10時22分，オオツナミ警報を発令した。午後10時35分には，役場の防災担当者がＮ司令に被災者救援の要請を直接している。Ｎ司令は，その後，到着した専用車で基地に向かった。しかし，基地に通じる1本道は，土砂崩れのために不通となっていた。やむなく無線により，基地にいる隊員に他の車を要請し，崩れた土砂の上を徒歩で越え車に乗り込まざるをえなかった。結局，基地に到着しえたのは，地震後約1時間が経過してからであった。山上から見た島の南部の空は赤かった。Ｎ司令は青苗地区が火災であることに気がついた。基地は，幸いにも，大きな被災を受けていなかったことを確認しつつ，Ｎ司令はすぐに災害派遣活動の開始を指示した。まず，夜間勤務中の施設小隊員ら約30名を道路の土砂崩れ現場に派遣し，復旧作業に従事させた。基地にはヘリコプターがないことから，上空からの被害状況把握はできなかった。したがって，自衛隊のヘリコプター出動は，島外からの自衛隊の救援によってはじめてなされた。それは午前4時25分であった。

　町当局とは，役場前に待機させた司令車の無線によって連絡がなされた。13日午前0時過ぎ，島北部に隊員十数人を派遣するとともに，基地の医官を官舎から町の病院に派遣した。救援活動の指示が次々に出された。観音山の崩落によって押しつぶされたホテル洋々荘の現場では，すでに非番の隊員が地震直後から救出作業に当たっていたが，これらの隊員に加えて，奥

尻地区の官舎に居住する隊員にも救出活動派遣の指示が出された。その時点において，従事した隊員は総勢60人といわれる。おりしも，三沢基地の北部航空方面隊司令官から，三沢基地と千歳基地の両基地から増援することの打診が入った。N司令は，災害派遣と合わせてトラックや重機を操縦できる要員の必要性を訴えたという。午前4時58分には，奥尻町緊急災害対策本部（以下，「緊急対策本部」と略す）に，奥尻地区に近接する東風泊地区と宮津地区の消防団員から出動可能という連絡が入った。「緊急対策本部」は，午前5時ちょうどに，両地区の消防団員にホテル洋々荘の現場における人命救助作業への派遣要請をした。この時点において，自衛隊員と地域住民による合同の救助活動が展開されることになった。この間，基地から奥尻地区に至る道路が復旧し開通したことから，基地のブルドーザーと交代要員の隊員20名がさらに派遣された。基地のブルドーザーが出動するまで，地元建設会社の重機やブルドーザーがいち早く救出作業に当たっていたから，午前5時すぎに至って，自衛隊と地域住民との大型機材による合同の被災者救出活動が展開されることになった。

　基地の自衛隊員全員が非常呼集されたのは，最終的には午前5時20分であった。隊員数300人程度の規模であり組織的訓練を持つ自衛隊といえども，激甚被災に遭遇したとき，組織全体としての完全掌握には7時間を要した。奥尻分屯基地の自衛隊に関して，この時点から，災害対処のための役割分担が明確化される。すなわちそれは，基地機能の維持，基地における被災した上下水道などの復旧作業，そして災害派遣活動である。しかし島内の自衛隊の災害救援活動は，まだ奥尻地区にとどまっていた。激甚被災地区の青苗地区，松江地区への災害派遣は，午前8時に，隊員20名をまず松江地区における捜索活動に派遣し，次いで午前10時20分，町からの要請に従って，青苗地区に非常食を増援部隊のヘリコプターによって運ぶという指示となったからである。青苗地区における島外からの自衛隊救援活動の第1陣が午前5時35分であったことを考えると，島内の自衛隊の災害救援活動は，観音山崩落現場におけるホテル洋々荘の宿泊客，従業員，経営者家族の救出作業に文字どおり釘付けにされていたといってよい。

　したがって，島内外の自衛隊両者による合同の災害救援活動は，島の中央部の奥尻地区と南西部の青苗地区や松江地区においては，かなりの時間的ずれがある。前者では，島外からの自衛隊ヘリコプターが奥尻航空自衛隊レーダーサイトに午前4時25分に最初に到着したから，合同の災害救援活動はこの時点以降である。これに対して，後者における合同の救援活動の開始は，島外からの救援部隊の到着から遅れること約3時間半，つまり午前8時，初松前地区における被災者の捜索活動のために島内自衛隊隊員が派遣された時点以降ということになる。両地区における，救援活動のこのような時差は，たしかに一方における深刻な被災状況による救援活動の遂行という理由があったけれども，今一つは，奥尻地区から松江地区，青苗地区に至る約16kmの道路が1本のみであり，しかもこの道道奥尻島線が土砂崩れと道路の亀裂によって不通となったことが大きく影響している。地震によるライフラインの破壊が救援活動を制約したといえる。奥尻島の道路事情が，町内地区間におけるこのような救援活動の時差を引き起こした。

　それにしても，災害に直面したとき，災害派遣という業務を持ち，実際，災害派遣の経験を有するN司令であっても「これだけ大規模な災害支援の指揮は初めてであった。書類上の仕事と現実に被災地で行う仕事とはやはり違うと実感した」という述懐は，災害の脅威と災害に対する事態対処の困難さを端的に示している。これは，町の防災担当者がマニュアルどおりに対処できなかったという指摘といみじくも符号する。

　「自衛隊協力会」という組織を背景に，日常生活において自治体行政組織，自治体職員，自衛隊，自衛隊員，地域社会，地域住民が緊密な関係を持っていたために，いち早い自衛隊の災害派遣が展開したことは事実である。これは奥尻における激甚災害への事態対処を特徴づけるといってよい。とりわけ，災害発生後の緊急時の初期段階（第1段階）において顕著である。しかし，7月13日夜明け以降の緊急時の第2段階では，青苗地区，松江地区における事態の深刻さは覆いがたく，総力を挙げての救援・救助・救護活動が必要であった。

5.　自衛隊の災害派遣活動

　陸・海・空の自衛隊の活動状況については，すでに表2・1で示したように，陸上自衛隊の活動期間が7月13日～7月31日であって，その間，自衛隊員延べ5,421人が人命救助・緊急物資輸送等のために動員された。海上自衛隊については，その活動期間は7月13日～8月10日であり，この間，延べ人員12,993人が救援物資・人員輸送等のために動員された。航空自衛隊の場合，7月12日～8月12日が活動期間であり，当該期間中に人員5,630人が動員された。総延べ動員数は24,044人になる。このような陸・海・空の自衛隊の動員は，海上保安庁の場合と同様に，その大部分が奥尻町における被災者と被災地域に対してなされた。

　こうした動員状況において，被災地における自衛隊の救援・救助・救護活動はどのようなものであったのか。組織体としての自衛隊は，緊急時のしかも大規模な災害に対して，組織的にかつ多面的に対応しうる態勢を持っている。訓練された隊員が組織的に行動することによって災害状況の確認・連絡，そして被災者の救援・救助・救護活動が機能的に行われうる。しかし，自衛隊の災害救助活動への参加は，従来，数多くみられるけれども，一般的には，自衛隊員個々の災害救助行動は記録として現れてこない[16]。そうした状況において，北海道新聞社編『1993年7月12日　北海道南西沖地震全記録』（「7・12奥尻震災　捜索と救助」の項），奥尻町役場『北海道南西沖地震奥尻町記録書』（「対策本部物語」の項），そして『朝日新聞　1993年8月3日「大津波の証言」』には，自衛隊と自衛隊員が救援・救助・救護活動をどのように開始したかを理解する記録が断片的ではあるが見出される。後者二つは島内に駐屯する自衛隊員に関する記録であるが，前者は島外から奥尻町に到着した自衛隊員の記録である。興味深いことは，こうした記録においては，いずれの場合も活動に参加した自衛隊員自身がインフォーマントとして語ったことが記録されているということである。記録は，災害後，比較的早い時期に回顧しつつ語られたものであるため，臨場感が伝わる。災害の救援作業にかかわる自衛隊と自衛隊員の活動は，組織体としてかつまた組織人として，裏方に徹するという暗黙のポリ

シーに支えられているように思われる。それだけに断片的とはいえ，このような活動に関する経験の一部が公表され，記録されたことは少ない。その意味でも，上の資料における記載は注目されてよい。そこでこのような記録を手掛かりにして，自衛隊と自衛隊員の救援・救助・救護活動の一端にふれておきたい。

それでは，まず島外からの自衛隊員の記録についてみておく。島外からの最初の救助隊は，陸上自衛隊北部方面隊航空隊第11飛行隊のヘリコプターであった。班長のK一尉（当時41歳）は，13日午前2時頃，札幌丘珠空港から他の2機とともに奥尻に向かった。しかし，悪天候のために蘭越町上空手前から進めず，いったん自衛隊倶知安駐屯地に降り待機した。視界不良であったが，午前3時50分，これら自衛隊機は夜明けを待って再度，奥尻に向かった。上空から見た海岸線の被災状況と被災地奥尻に関する最初の光景について，K班長は「寿都［町］あたりからひっくり返っている船が次々と目に入った。とくに島牧［村］がひどかった。（中略）瀬棚［町］から奥尻［町］が見えた。かなたに黒い煙が上空まで伸び，普通の火事ではないと直感した」（括弧内は筆者）という。35分後の午前4時25分，地震発生後約6時間が経過して，これら3機は自衛隊機として奥尻到着一番機となり，奥尻町航空自衛隊レーダーサイトに到着した。町内被災地区に関するK班長の被災状況の第1報は「青苗［地区］の煙がすごく油火災のようだ。稲穂［地区］も家がつぶれている」（括弧内筆者）であった。10年前の日本海中部沖地震における奥尻の被災状況を経験していた同班長は，当時と比較して，このたびの惨状についてさらに次のごとく語っている。「前は火事もなかったし，死者も少なく，家もあんなにつぶれていなかった。今回は（中略）家が崩れ，建材が海に流されていた。最初，まるで材木置き場かなと錯覚した」と。

編隊に加わった他の中型ヘリコプター2機は，自衛隊員を降ろすと，直ちに重傷の被災者を乗せて引き返した。「漁船が青苗沖で重傷者を救助した。漁船から［自衛隊］ヘリコプターへの移送を願いたい」（役場の防災担当者の「震災メモ」による。括弧内筆者）という救援要請の打診があったのは午前4時36分であったから，この自衛隊機が被災者を島外に移送する救助活動の第一歩であったといえる[17]。というのも，当時，東京サミットの警備を終え，母港小樽に向けて偶然にも奥尻島南東沖を航行中であった小樽海保の巡視船「しれとこ」が，午前1時，地震直後いち早く同島に救助に向かい，青苗漁港沖約3kmまで到着したにもかかわらず，海面いっぱいに広がる漂流物によりそれ以上は近づけなかったからである[18]。

「緊急対策本部」には，午前5時35分，「陸上自衛隊倶知安駐屯三科隊が，青苗地区商店街における生存者ならびに遺体の確認調査作業開始」という陸上自衛隊による救援・救助活動の第1報が入った。午前6時6分には，「［島の北西部にある］神威脇地区のホテル緑館に収容された重傷者に対して自衛隊のヘリコプターによる救助要請」が「緊急対策本部」にあったし，午前6時11分には，奥尻空港に到着した自衛隊ヘリコプターから「自衛隊医療班が早速，松江地区の負傷者救護に向かった」という自衛隊の救護活動の第1報も相次いで入った（括弧内筆者）。自衛隊機とならんで北海道警察のヘリコプターも次々に奥尻空港に到着しだした。孤立していた被災地と島外がつながり始めた。救援・救助・救護活動が本格化し始めた。さらに午

前6時33分，「震災メモ」には，「[自衛隊医療班の]医師5名，看護婦5名が奥尻空港に到着。うち医師4名，看護婦4名が青苗支所に向かう」（括弧内筆者）とある。

　青苗地区や松江地区に犠牲者が多かったことから町，北海道警察，自衛隊などによる合同の現地警備本部が「青苗研修センター」（奥尻町青苗支所に付設）に置かれた。そのために自衛隊救護班の本部も同センターに置かれた。このセンターは災害当初，緊急の避難所となっていたが，午前7時5分には遺体安置所になった。そのために避難所は青苗中学校に移ることになった。自衛隊札幌病院の総勢31名（医官・看護師）による医療班の救護活動は，4人一組で行われた。救護活動とともに遺体の検死も行われたが，4日間における72遺体の死因は圧倒的に水死であって，焼死は2名であったという。これらの活動にかかわった医官，F外来診療科部長の次のコメントがある。「初日[13日]はとにかく夕方まで患者を診た。やけどが多いと思ったが，実際にはゼロ。けが人や内科疾患，精神的に不安定な人がたくさん来た。これからの医師派遣は，内科医や精神科医が必要と思った」（括弧内筆者）[19]。ここには，自衛隊医療班の活動それ自体とともに，被災状況に照らした医師派遣のあり方が指摘されている。

　ところで，島内の自衛隊員の救援・救助活動に関する記録は，観音山の土砂崩れにより被災したホテル洋々荘の関係者に対する救援・救助活動にかかわる。この活動の一端は，前節でふれた奥尻分屯基地N司令および隊員たちの行動を追った新聞記事（1993年8月3日　朝日新聞「大津波の証言」）に掲載されたし，島内の自衛隊に非公式に救援・救助活動の要請をした防災担当者の回顧として記載されている[20]。これらを手掛かりに当時の状況に言及しつつ，前節を補う意味において隊員の活動にふれておきたい。

　地震後しばらくして，緊急出動し始めた奥尻在住の役場職員たちに，各種の役割分担が伝達されていた午後10時30分すぎ，ホテル洋々荘の瓦礫の下から九死に一生を得た被災者の一人が役場に駆け込んできた。これが，役場に寄せられた最も深刻な被災情報の第1報であった。しかも，被災地点は役場庁舎から約200mのところであった。連絡担当者のみを残し，緊急出動した職員全員がホテル洋々荘に駆けつけた。被災現場には，すでに私服で人命救助を行っている一群の人々がいた。彼らは奥尻分屯基地の非番の隊員たちであった。彼らは地震発生時，偶然にもホテル洋々荘近くで定期異動者の歓送会を行っていた。前節でふれたN司令は揺れが収まるのを待って，「自分は基地に戻るから，官舎の居住者は戻り，被害状況を調べて待機すること，他の者は町の被害状況を調査すること」と指示した。この指示による行動から，隊員は洋々荘の土砂崩れ被災を知り，自主的な救助活動を開始したのであった。役場の防災担当者が，非公式に，自衛隊奥尻分屯基地N司令に直接，被災者救援の派遣要請をしたのは，この直後，午後10時35分であった。「N司令は，その後，夜間勤務中の施設隊員たちにも出動を命じる一方，司令車を役場の前に待機させて，無線で逐一連絡をとりながら，島内の救援活動の指示を出し続けた。結局，緊急出動した隊員全員を非常呼集できたのは，翌13日，午前5:20であった」[21]。

　ここで，今一度「震災メモ」を手掛かりに，島内の自衛隊員がホテル洋々荘の被災者救援活動を開始して以降，隊員全員の非常呼集が可能となった時間までのおよそ7時間において，

「緊急対策本部」に寄せられた島内外の自衛隊関連の連絡情報を指摘しておきたい。というのも，この時間帯はまさに緊急時の第1段階であり，当該段階における自衛隊の活動が記録としてかなり確認されるからである。そしてこの時間帯以降は，救援・救助・救護活動が本格化する新たな局面となるからである。

　さて，「緊急対策本部」に寄せられた島内外の自衛隊関連の連絡情報記録を拾うと次のごとくである。「午後11：47，ホテル洋々荘の現場から重機とジャッキの要請。午前0：19，ホテル洋々荘の瓦礫の下から1名救出，いまなお2名の救出作業中。午前0：23，自衛隊にヘリコプターによる医師の派遣要請。午前0：29，青苗地区［町役場］担当者にヘリコプターによる医師派遣の決定を無線連絡。午前0：37，［檜山］支庁よりヘリコプターで医師と緊急隊員が奥尻空港に来るとの連絡。午前1：10，［檜山］支庁より医師派遣のヘリコプターのフライト連絡。午前1：54，ホテル洋々荘の現場より1名救出。午前2：00，ホテル洋々荘の現場より1遺体収容。午前2：00に自衛隊札幌病院の医療班［医師4名，看護師6名，救急隊員5名］が丘珠空港を発ち，奥尻空港に午前3：40頃到着予定との連絡。午前2：03，ホテル洋々荘の現場より2遺体収容。午前3：50，青森県大湊港から護衛艦「ゆうぐも」が出港の情報。午前3：52，自衛隊に給水車を要請。午前3：52，ホテル洋々荘の現場にて生存者を発見，救出作業続行中との連絡。午前4：25，自衛隊のヘリコプターから，［島の北西部にある］幌内地区において電灯による光の信号が確認されたとの連絡。午前4：36，青苗沖で漁船が重傷者を救助，この被災者を漁船から自衛隊ヘリコプターに移送することについて自衛隊に連絡。午前5：06，ホテル洋々荘の現場から1遺体収容。午前5：21，ホテル洋々荘の現場から1名救出。午前5：30，［檜山］支庁より，自衛隊輸送船「ねむろ」が救援物資を積載して大湊港を出港したとの連絡。物資は，衛生関係資材164kg，食料［缶詰め］8,500缶，衣服1,200着，毛布1,300枚」（括弧内は筆者）。緊急時の混乱した状況下において，このような「震災メモ」が記録されたことは貴重であるといわざるをえない。緊急時の対応は，マニュアルがたとえあったにしても，マニュアルどおりにはならないとしばしば指摘されるが，このような記録を辿ることから緊急時の対応のあり方を考えるヒントは少なくないであろう。

　先に言及したごとく，島外からの自衛隊ヘリコプターは，第1陣として，奥尻の航空自衛隊レーダーサイトに午前4時25分に着陸している。午前5時35分には，島外の陸上自衛隊倶知安駐屯三科隊が青苗地区において救援活動開始，という救援活動の第1報が「緊急対策本部」に入っている。これらのことから，午前4時25分から午前5時35分の間において，島内島外両者の自衛隊による救援・救助活動が奥尻町全域において展開し始めたといえる。先に指摘した「震災メモ」の内容は，島外の自衛隊については，当該自衛隊関連の予定動向に関する情報にとどまる。しかし，島外からの自衛隊の到着以降は，救援・救助・救護の具体的な行為レベルに関する情報が加わる。そこで，13日午後2時55分まで続く「震災メモ」において記録された自衛隊の活動関連部分について，さらに指摘しておきたい。

　「午前6：06，神威脇地区のホテル緑館に収容されている重傷者を自衛隊のヘリコプターにより救助願いたい旨の要請。午前6：11，自衛隊医療班の医師到着。午前6：33，医師5名・看護

婦5名が奥尻空港に到着。そのうち医師4名，看護婦4名は青苗支所に向かうとの連絡。午前7:50，自衛隊のヘリコプターにてHさん，Iさん，Kさん，Aさんなどの重傷者を函館に移送したとの連絡。午前7:53，自衛隊輸送船「ねむろ」は，午後4:30頃に奥尻到着予定との連絡。午前8:03，自衛隊護衛艦「ゆうぐも」が［奥尻に向かう予定を］キャンセルしたとの連絡。午前10:52，自衛隊ヘリコプターにてNYさん，KIさん，STさん，SJさん，MSさんなどの重傷者を函館に移送したとの連絡。午前11:17，自衛隊奥尻分屯基地N司令より，赤十字社関係者を奥尻町国保病院に移送するとの連絡。午前11:36，ホテル洋々荘の現場で遺体収容。午後0:53，自衛隊給水車，奥尻十字街にて住民に給水作業中との連絡。午後1:10，自衛隊奥尻分屯基地に避難している町職員を迎えに行く。」

島内島外の両自衛隊による救援・救助・救護活動は，激甚被災地区ないし激甚被災地点から全町へ，そして重傷者の島外への緊急移送へと広がってきたことが明確である。これは緊急を要する活動が多面的になったことを意味する。それだけに活動は組織的にかつ機能的に行われなければならなかった。そのような状況下にあって，地震・津波・火災という複合災害が襲った青苗地区の惨状は筆舌に尽くしがたいものであった。青苗の火災は，午前9時すぎ，ようやく鎮火に向かった。これに合わせて，本格的な行方不明者の救出・捜索活動が開始された[22]。

む　す　び

災害の社会学的研究における組織論的アプローチの基本的視点の一つは，次の点にあると思われる。すなわち，災害因によって引き起こされた災害結果に社会的諸組織がいかに機能的に事態に対処するかを組織内的および組織間的に明らかにすることであろう。概して，災害結果の事態対処に関して，組織内的には，当該組織自体の初動態勢の立ち遅れ，組織内成員に対する指示のあり方や成員の役割葛藤が指摘される。組織間においては，組織間の連携や調整の仕方が問われる。さらに組織内と組織間の両者に共通して，災害情報や被災情報の収集・発信・交換がいかに図られ共有化されるかということも重要な課題とされる[23]。

本章で取り上げた自衛隊の救援活動は，上のような災害結果の事態対処に従事する社会組織の課題を同様に持ちつつも，初動態勢の起動が早急に展開し被災者の人命救助につながったことを示していた。しかしすでに指摘したように，本章における事例は，突発的な災害因が，さらにそこから派生した災害因を伴いながら，しかも大規模な衝撃をもって離島の漁業集落を直撃したために，「依存的コミュニティ災害」の状況下における既成型組織の事態対処能力と事態対処戦略が問われる格好例となった。章を閉じるにあたり，激甚災害に対して既成型組織としての自衛隊の救援活動から得られたいくつかの課題とその教訓化の方向性を指摘しておきたい。

第1に，被災地が離島であるために，救援活動のアクセスが限定されたことである。この限定されたアクセスは，さらに悪天候によって夜間のフライトが制約されることになった。海路のアクセスは津波被害によるおびただしい残骸の漂流物によって，船の接岸が制約された。激

甚災害の場合，被災後の初期段階における緊急の救援活動において，こうしたアクセス手段にかかわる阻害要因が予想以上に大きいことが明らかにされた。わが国は島嶼部が多く，しかも海岸にへばりつく形の漁業集落が少なくないことから，島嶼部型ないし離島型，さらには漁業集落型の災害における事態対処戦略が特定化されなければならないであろう。

第2に，被災地における救援活動の前提には，すばやい確実な被災情報の収集が必要である。一刻を争う人命救助には，確実な被災情報に基づく，より適切な救援活動がなされなければならないからである。確実で的確な被災情報の収集・発信には，自治体の防災無線のみならず，多チャンネルの無線——自衛隊，警察，消防——の活用が不可欠である。今日的には，被災情報にかかわる携帯電話の有効活用が考えられるであろう。さらに，収集された確実で的確な被災情報は，集約されつつ，救援活動に従事する関係諸組織間に共有化されなければならない。

第3に，自治体内における自衛隊基地の存置と「自衛隊協力会」の存在に関する評価の問題が災害派遣の論議において改めて問われなければならない。たしかに激甚被災地奥尻町は離島であり，一島一自治体の島社会である。航空自衛隊分屯基地の存在は，行論中に指摘したように，この島社会ゆえに自治体行政組織，地域社会，地域住民と日常生活において不可分に結合している。このことから，「自衛隊協力会」は，実質的機能を持つ主要な地域集団として位置づけられた。災害派遣の要請を受けた島外の自衛隊の救援活動が開始されるまでに，被災直後より6時間余が経過したことを考え合わせると，島内の自衛隊による被災直後における災害派遣とその救援活動の意味は大きいといわなければならない。この島内の自衛隊は，「依存的コミュニティ災害」の状況下にあって，自治体行政組織が一つの光明を托しえた組織であったといえる。

かくして，奥尻町と同様に，他の自治体においても自衛隊の基地があり「自衛隊協力会」が組織されている場合，災害派遣の要請がどのようになされ，いかなる救援活動がどのように展開するかは一考に値するであろう。このことは，災害に対する自治体の危機管理のあり方を改めて問い直すことにもつながると思われる[24]。激甚災害における救援活動の本旨が地域住民の人命の救出にあることを想起するとき，自治体における自衛隊の基地と「自衛隊協力会」の存在に関する歴史的評価は災害との関連において回避できないであろう。

ここでは，離島における激甚災害の初期段階に限定し，自衛隊という既成型組織の対応過程の一端を取り上げた。本章には，本書第1章において取り上げた同じ既成型組織に含まれる自治体行政組織による激甚災害の対応過程に関する考察を補足するというねらいがあった。激甚被災自治体と災害派遣を要請される自衛隊とは，災害への事態対処の過程において，組織間連携が最も要求される関係の一つとして位置づけられるからである。表現を変えると，いうまでもなく激甚災害への事態対処は，被災者に対する早急な救援・救助・救護が至上命令であるから，R. R. ダインズが指摘する「災害因が生みだした要求と対応が生みだした要求との組み合わせが新しい複雑性を創りだす」という事態を少しでも回避しようとした実践事例を跡づける，というねらいもあった[25][26]。

1）北海道檜山支庁編（1994），『北海道南西沖地震記録書』によると，人的被害として死者 192 人（うち奥
　尻町 172 人），行方不明者 27 人（うち奥尻町 26 人）となっている。また物的被害の総額は，同記録書，
　被害状況報告書市町村別個表によると，999 億 1,051 万円（1993 年 11 月 25 日現在）であり，このうち奥
　尻町は 664 億 2,027 万円（66.6％）となっている。

2）Dynes, R. R.（1998），"Coming to terms with community disaster," in Quarantell, E. L. ed., *What Is a
　Disaster*, Routledge, pp. 109-126 において，組織論に基づくコミュニティ災害を三つのタイプに分けてい
　る。すなわち自律的コミュニティ災害，依存的コミュニティ災害，非コミュニティ災害である。

3）Dynes, R. R.（1970），*Organized Behavior in Disaster*, Heath Lexington Books, Chap. 6.

4）たとえば，1995 年の阪神・淡路大震災に関して，自衛隊の組織的対応について取り上げた松島悠佐
　（1996），『自衛隊かく戦えり』時事通信社，および藤本幸也（2002），『心の断層——阪神・淡路大震災の
　内面をたずねて』みすず書房，特に第 1 章を参照。前者は自衛隊，自衛隊員，自衛隊と自治体行政組織と
　の関係が自衛隊の関係者によって集約された記録である。後者は，ジャーナリストによる自衛隊関係者に
　対する地道な取材活動より得られたものである。いずれも数少ない貴重な事例である。

5）関孝敏（2002），「激甚災害の緊急時における自治体行政組織の対応過程——北海道南西沖地震における
　奥尻町の場合」『北海道大学文学研究科紀要』108，172-178 頁。本書第 1 章 8-12 頁参照。

6）関孝敏（研究代表者）（1999），『北海道南西沖地震に伴う家族生活と地域生活の破壊と再組織化に関す
　る研究』（平成 7 年度～平成 10 年度科学研究費補助金［基盤研究 A(2)］研究報告書）における筆者担当
　「Ⅱ-2　災害と自衛隊——緊急時の初期段階における救助・救護・救援活動」に大幅な加筆・修正を加え
　た。

7）関孝敏（2002），前掲論文，166 頁における表 1「災害研究に関するマトリックス」を参照。本書第 1 章
　4 頁に再録。

8）7 月 13 日午後 0 時 15 分，北海道知事がヘリコプターにて奥尻町に到着し，町内の被災地区と被災者を
　訪問し視察した時点がほぼ目安となる。

9）北海道南西沖地震記録書作成委員会編（1995），『北海道南西沖地震記録書』241 頁。激甚被災地である
　奥尻町が離島であるという地理的状況，とりわけ津波による多くの犠牲者がみられたことから，海上保安
　庁の救助・救援活動は，自衛隊のそれに匹敵するか，むしろそれを凌ぐ活動を展開した。ちなみに，7 月
　12 日午後 10 時 50 分，「第一管区北海道南西沖地震対策本部」の設置に続き，13 日午前 11 時，海上保安
　庁において「北海道南西沖地震対策室」が設置された。前者の対策本部が 8 月 31 日に解散するまでの 51
　日間において，巡視船延べ 677 隻，航空機延べ 219 機，特殊救難隊・潜水士延べ 984 名，総人員 40,042
　人が動員され，被災者の救援・行方不明者の捜索・被災状況の調査等が行われた。このような活動は，北
　海道内の被災地全体にかかわるものであるが，圧倒的な部分が奥尻町の被災者と被災地域に対して動員さ
　れたことはいうまでもない。

10）注 4 の文献においてもこの点が重要視されている。なお，自衛隊の民生協力について指摘しておく。そ
　もそも，自衛隊が被災者や被災地域にかかわる前提に，「自衛隊の民生協力」という本旨がある。自衛隊
　の民生協力として，次の協力が挙げられる。すなわち①災害派遣，②離島の急患輸送，③航空機の救難，
　④不発弾の処理・掃海（機雷処理），⑤部外土木事業の受託，⑥教育訓練の受託，⑦運動競技会である。
　本章のテーマは，いうまでもなくこれらのうち①に該当する。ただ，奥尻町は離島であるし，町内に自衛
　隊の分屯基地があることから，②離島の急患輸送は，日常生活に密着している。したがって，このたびの
　災害に際しては，①に②を加えた民生協力の項目が該当することになる。七つの民生協力の内容は，いず
　れも独自の訓練に直結し，専門的な知識・技能に基づき，業務遂行が組織的になされる。しかし，過去の
　経験に照らしていえば，①の災害派遣は，他の協力内容に比べて，多くの地域住民や地域社会にかかわ
　り，そのために多くの自衛隊員の動員，そして大量の車輌や航空機の動員が要請されることが少なくな
　い。しかも，その活動期間は長期にわたることがありうる。加えて，災害派遣に関するこの民生協力の頻
　度は，他の項目に比べて圧倒的に高い。

11）ちなみに，北海道を管轄する自衛隊北部方面隊のみについていえば，自衛隊の災害派遣回数は，1951
　（昭和 26）年の自衛隊発足時から 1997（平成 9）年度までに 2,854 回あり，年間単純平均すると約 60 回
　の派遣回数となる。驚くべき回数である。最近時の平成期についてみても，わずか 10 年たらずの間に多

くの被災者や多大な損失を伴う大規模な災害が頻発し，それらへの災害派遣がなされている。たとえば，平成 3（1991）年における雲仙・普賢岳の噴火（人命救助・火山活動の監視・警戒），平成 5（1993）年の北海道南西沖地震（人命救助・人員輸送・救援物資輸送・緊急物資輸送・救護活動・捜索活動），平成 7（1995）年における阪神・淡路大震災（人命救助・医療・給水支給），同じく平成 7 年の東京都地下鉄サリン事件（車内の除染），平成 8（1996）年の蒲原土石流災害（行方不明者の捜索），平成 8 年に起きた北海道豊浜トンネル崩落事故（行方不明者の捜索），平成 9（1997）年のナホトカ号海難・流出災害（漂着重油回収作業）等への派遣がある。主要な災害に限定しても枚挙にいとまがないほどである。動員された自衛隊員の総延べ人員は，平成 3 年度から平成 9 年度までの 7 年間において，実に 346,000 人を数えている。

12）講談社編（1989），『昭和——2 万日の記録』9 巻，92-93 頁。

13）講談社編（1990），『昭和——2 万日の記録』10 巻，181 頁。

14）Thomson, D. T. and W. T. Hawkes（1962），"Disaster, community organization, and administrative process," in Baker, G. W. and D.W. Baker, *Man and Society*, Basic Books Publishing, pp. 268-300 では，22 の命題群として提起されている。Dynes, R. R.（1987），"The concept of role in disaster research," in Dynes, R. R., B. DeMarchi and C. Pelanda, *Sociology of Disasters*, Milan, Itary: Frnco Angeli, pp. 71-102.

15）Wenger, E. D. and J. M. Weller（1973），*Disaster subcultures: the cultural residues of community disasters*, Preminary Paper #9, Disaster Research, University of Delaware, pp. 1-18.

16）注 4 を参照。

17）「震災メモ」については，奥尻町役場編（1996），『北海道南西沖地震奥尻町記録書』，「対策本部物語」の項を参照。この点は，さらに防災担当者に対する筆者の聞き取り調査によって補った。

18）北海道新聞社編（1993），『1993 年 7 月 12 日北海道南西沖地震全記録』「7・12 奥尻震災捜索と救助」の項。第一管区海上保安部編（1993），『平成 5 年北海道南西沖地震における捜索救援活動の記録』27 頁，「巡視艇『ゆきぐも』の無念」の項を参照。

19）北海道新聞社編，前掲書，85 頁。

20）奥尻町役場編，前掲報告書，161 頁。

21）奥尻町役場編，前掲報告書，162 頁。

22）北海道南西沖地震の特徴の一つとして，地震によって引き起こされた大規模な津波のために多くの水死者とともに多くの行方不明者があった。しかし，被災直後のおびただしい残骸の浮遊物が災いして，行方不明者の発見に多大な困難が伴った。特殊救難隊・潜水士による捜索活動・人命救助活動が展開されたにもかかわらず，27 名の行方不明者が残された。注 9 で言及した海上保安庁の記録によると，特殊救難隊・潜水士が 51 日間で延べ 984 名動員された。

23）松島悠佐，前掲書の「5　自衛隊の災害派遣を考える」「6　自治体の対応を考える——その能力と限界」では，適切な指摘がなされている。

24）ちなみに，2001 年 8 月 17 日の朝日新聞（朝刊）によると，同社が行った 48 都道府県と 12 の政令指定都市を対象とした調査では，災害に備え自衛隊と共同訓練を行う自治体が増え，自衛隊との連携強化がみられることを指摘している。また同新聞の同年 8 月 27・28 日には「自衛隊と災等派遣」（上・下）の記事が特集として組まれている。

25）Dynes, R. R.（1998），*op. cit.*, p. 119.

26）本章の初出は，同じタイトルで，北海道大学文学研究科紀要 111，2003，157-183 頁。

第 **3** 章

激甚被災地における地域生活の再建過程
——北海道南西沖地震における奥尻町青苗地区の場合

関　　孝　敏

は じ め に

　激甚被災地における地域生活の再建過程とは，被災した地域生活が災害前の機能的状態に戻る過程であり，かつまた災害が襲来していなければ達成しえていたであろう生活水準ないし生活の質の進展段階に至る過程として把握しうる。復旧と復興の両過程の概念に即していえば，前者の「地域生活が災害前の機能的状態に戻る過程」は復旧過程に，後者の「災害が襲来していなければ達成しえていたであろう生活水準ないし生活の質の進展段階に至る過程」は復興過程にそれぞれ対応するであろう[1]。

　しかし，ここでいう地域生活の再建過程とは，上の含意に加えて，一定の地域的範域における被災者が被災者間，「第二次的被災者」[2]，非被災者，そして社会的諸機関・諸制度・諸集団との相互作用を通じて地域生活の立て直しを図る過程であるということをも含意している。本章において再建過程と表現するとき，この用語は上のような含意を加味して用いられる。

　地域生活の再建過程をこのように概念化するとき，地域的範域がどのように設定されるかによって，それぞれの地域生活の再建過程は異なる。設定された地域的範域において被災者がかかわり合う人々・機関・制度・集団，そしてそれらとの間における活動のあり方や関係性は，それぞれ量的・質的に異なるからである。たとえば，地域的範域を自治体全体に設定すると，地域生活の再建過程はかなりマクロなレベルにおいて論じられ，被災自治体の再建過程として特定化される。そのようなレベルにおける地域生活の再建過程における課題，すなわち課題の設定，課題への取り組み，課題の達成水準等は，他の地域的範域における場合のそれとは異なるであろう。したがって，被災自治体内における特定の被災地区を取り上げる場合，当該地区に固有の内容を踏まえた個別の再建課題があるといえよう。当該地区における被災者がかかわり合う人々，機関・制度・集団，そしてそれらとの間における活動のあり方や関係性は，被災自治体レベルのそれとは共通点がたとえみられるにしても，そこにはやはり異なる部分を持つものと考えられる。

　かくして，被災地における地域生活の再建過程に関する考察では，当該地における再建課

題とその課題克服の水準を明確にするために，被災自治体という地域的範囲と被災自治体内における特定の地域的範囲である被災地区とを一応区別して取り上げる必要があると思われる。

　ところで，被災後の地域社会の再建過程についてJ. E. ハースらは図3・1に示すように，災害後の対処活動を時間的経過に即して把握しようとする「復興活動」モデルを提示している[3]。このモデルの特徴は，災害によって通常の活動と資本のストックとがそれぞれどのように破壊されたり阻害されているのか，またそうした状態が時間軸に沿っていかに回復し改善されていくのかを量的に把握しようとすることにある。災害後の対処活動は，通常の活動と資本のストックを災害前の状態に回復させ，さらにこの状態を改善しつつ発展させるために投入される。地域生活における日常の活動や資本のストックに関するこのような破壊・回復・改善・発展の進展段階は，四つの重なり合う時期として設定され，しかも各時期には必要とされる対処活動の異体的な時間（週を単位とする）が組み込まれている。

　ちなみに四つの時期とは，①緊急時，②復旧期，③再建期Ⅰ，そして④再建期Ⅱである。これらの時期を敷衍すると，①緊急時は，通常の活動が変化し，停止もする。資本のストックは被害を受け破壊される。いうまでもなく，この期に被災者の捜索や救出・救護・救援の活動がなされる。これらの活動は数日から数週間にわたり続く。

　これに対して②復旧期は，通常の活動が戻り，機能的となる。資本のストックには手当てがなされる。この期には，瓦礫が除去され，被災者へのサービスも提供される。こうしたことから，避難者が被災地に戻ってくる。このような復旧期は数週間から数十週間に及ぶ。③再建期Ⅰでは，通常の活動が災害前のレベルかそれ以上の水準に達し，資本のストックも再建されたり増強されもする。この期では数十週間から百週間を超える日数が必要とされる。最後の④再建期Ⅱでは，通常の活動が被災前よりも改善されたり発展したりする。資本のストックも同様である。さらに災害の記念碑や追悼の意を表すモニュメントが建造され，主要な構築物の建設が終了する。この期では再建期Ⅰよりさらに多くの時間が経過する。

　このようなハースらのモデルは，アメリカ合衆国における三事例，すなわちサンフランシス

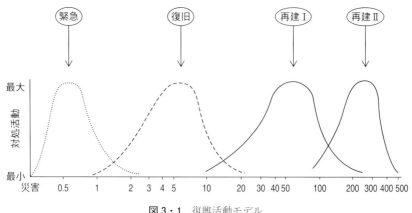

図3・1　復興活動モデル

コの地震災害（1906年），アンカレッジの地震災害（1964年），サウスダコタ州ラピッド・シティの洪水災害（1972年），そして中南米ニカラグアにおけるマナグアの地震災害（1972年）の都合，四事例に適用された。これらの比較考察から，災害因や被災状況によって対処活動の量と質は異なるし，災害後の時間的経過に伴う復旧・改善・発展の進展状況も異なることが明確にされた。

　こうした「復興活動」モデルは，北海道南西沖地震の激甚被災地に対しても同様に適用しうるように思われる。しかし，彼らのモデルでは，被災地が災害前にどのような社会的経済的水準にあり，いかなる社会発展の進展方向にあったのかという与件ないし前提条件があまり明確ではないし，当該被災地がどのような社会変動の方向に進展するかについては曖昧であるように思われる。被災自治体の全体であれ自治体内の特定の被災地区であれ，被災地の再建過程には，このような与件と前提条件を確認しつつ再建過程の方向性が見極められる必要があるであろう。そこで，本章では，こうした課題を少しなりとも克服する意味において，図3・2のごとき復興過程のモデルを試論的に提示してみたい。ハースらのモデルと区別してこのモデルは，復興・再建過程モデルと名辞しておく。本章の冒頭で指摘したように，このモデルは，再建過程に関する第3の含意によりいっそう注目している。なお，この復興・再建過程モデルは，被災地という地域社会レベルを想定しているが，基本的には被災家族ないし被災世帯のレベルに対しても適用しうるものと考えられる。

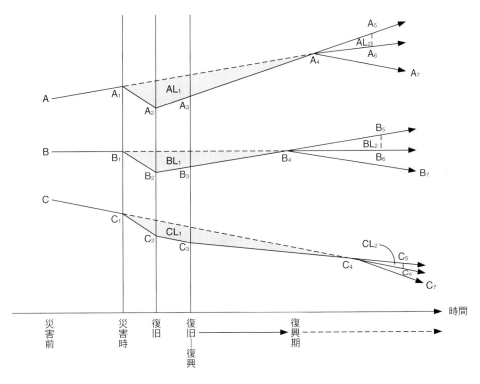

図3・2　復興・再建過程のモデル

　さてここで復興・再建過程モデルの図中における A，B，C の三つのタイプ，および各タイプの再建過程について説明を加えておきたい。まず A，B，C という再建過程の三つのタイプを区別しつつふれる。A は災害前における当該社会の社会的経済的水準が右肩上がりの成長過程にあることを示す。したがって A は，災害がなければ破線の方向において推移していくものと想定される。この A に対して，逆のタイプである C は，当該地域社会が衰退過程にあることを示す。C における破線は，将来，地域社会が衰退的に移行していくことを仮定している。これらに対して B は両者の中間であり，大きな変動がなく停滞的にとどまっていることを示している。被災前の地域社会の変動を予測的に成長・停滞・衰退という三つのタイプに分けたが，このような設定は，地域社会を自治体として措定する場合，改めて後述するように，人口・世帯・産業・所得，そして財政といった諸変数によって量的に把握しうるであろう。たとえば，災害前の自治体における，特定時点間の人口・世帯・産業別就業者・所得，そして財政の諸変数に増加がみられる場合，当該地域は成長過程にあるものとして把握しうる。逆の状況が確認される場合，地域社会は衰退過程にあると考える。そして両者の中間には停滞過程にある地域社会が位置づけられる。

　いうまでもなく，地域社会の変動過程を把握しようとするこれらの変数は一応の目安として手掛かりにされるのであって，すべての変数が終始，相互に一貫して増加・停滞・減少のパターンを示すとは限らない。一部の変数間に不一貫な変動パターンがみられることもありうる。しかしそれでも，変数間の組み合わせによって，かなりの程度において地域社会の変動に関する三つのタイプを把握することは可能であろう。

　以上の断りを踏まえて，まず図中の A_1，B_1，C_1 にふれておく。これらの表示は，各タイプの地域社会が災害に出くわした時点を示している。被災によって物的および人的な喪失を被った結果，三つのタイプとも災害前に想定されたような変動の推移をせず，A_2，B_2，C_2 へとそれぞれ落ち込む。破線の方向と落ち込み線（A_1A_2，B_1B_2，C_1C_2）との間にできた角度の大きさは，それぞれダメージ（被災影響）の大きさを示している。モデル図では，A タイプが最も大きなダメージを受けたと想定して図示している。

　A_1—A_2，B_1—B_2，C_1—C_2 はハースらのモデルでいえば緊急時と復旧期であり，いうまでもなく救助・救護・救援の諸活動が最も必要とされる。合わせて，この期において電気・電話・ガス・上下水道・道路といったライフラインの復旧作業が進行する。こうした作業がほぼ完了した時点が A_2，B_2，C_2 である。換言すると，この期は，地域生活が災害前の機能的状態に戻ろうとする時期である。このような時期においては，同時的に，本格的な各種救援事業のプランが検討されつつ復興事業計画の立案が進展する。被災者と被災地に対してこうした復興プランが明示される段階が A_3，B_3，C_3 である。このような A_3，B_3，C_3 は本格的な復興過程の出発点として位置づけられる。したがって，A_2—A_3，B_2—B_3，C_2—C_3 は，復旧期から復興期への移行期にあたる。

　今一度，ハースらのモデルに照らし合わせると，A_1—A_2，B_1—B_2，C_1—C_2 が緊急時と復旧期に，そして A_2—A_3，B_2—B_3，C_2—C_3 は再建期Ⅰにそれぞれ対応するであろう。いうまでも

なく，再建過程がいっそう進展するのは A_3，B_3，C_3 以降である。各種の復興事業，支援事業が遂行される。図中の A_3—A_4，B_3—B_4，C_3—C_4 がこの時期であり，ハースらのいう再建期Ⅱに該当する。そして各種の事業はやがて終了する。A_4，B_4，C_4 はこの時点を示している。この時点において，復興宣言が出されたり，モニュメントの建設と式典が行われたりする。しかし，A，B，C の各タイプによって，この段階に到達するために要する時間は異なり，一様ではない。いうまでもなく，それは，被災前における地域社会の歴史的社会的経済的状況，災害国の種類や規模，被災状況，被災への対処行動のあり方，対処のための再生力や潜在能力等が異なるからである。

　ところで，$A_1A_2A_3A_4$ と A_1A_4，$B_1B_2B_3B_4$ と B_1B_4，$C_1C_2C_3C_4$ と C_1C_4 によってそれぞれ囲まれた部分，すなわち図中における灰色で示した AL_1，BL_1，CL_1 は，各タイプの地域社会が災害によって喪失した部分を表している。この AL_1，BL_1，CL_1 には人，物，組織，そして精神等にかかわるすべてが含まれる。これらの喪失物は量的側面のみによっては把握しえない質的な側面があることはいうまでもない。災害がなければ進展していたであろう破線部で示した社会変動の方向性は，負の変動を背負いつつ当該の各被災地が $A_1 \rightarrow A_4$，$B_1 \rightarrow B_4$，$C_1 \rightarrow C_4$ に到達したことを物語っている。このような過程に着目するとき，各種の支援事業，復興事業の終了，復興宣言の時点は，まさに負の部分を克服しつつ経過しなければならないスタート地点といえるであろう。

　したがって，各タイプの被災地においては，A_4，B_4，C_4 からそれぞれどのような方向において再建過程がさらに進行するのかが見極められなければならない。また実際に，どのような方向において再建過程が展開しているのかが確認されなければならないであろう。

　ちなみに，モデル図に即していえば，A_4A_5，B_4B_5，C_4C_5 は，いずれも，災害がなければ当該地域社会が推移していたと想定される水準を超えて再建過程が展開していることを示している。しかし，このような再建過程が展開せずに，災害がなければ推移していたと想定される水準に被災地の地域社会が移行するならば，すなわち A_4A_6，B_4B_6，C_4C_6 にそれぞれが至るとすれば，当該被災地は災害によって喪失した部分（AL_1，BL_1，CL_1）を軽減しえないことになる。さらにいえば，被災がなければ推移していた水準以下に再建過程が展開しているならば，すなわち A_4A_7，B_4B_7，C_4C_7 という方向に移行すれば，事態の深刻さはいっそう増大するものといわざるをえない。

　かくして，被災地の再建過程は，災害によって喪失された負の部分を軽減していくために，少なくとも A_4A_5，B_4B_5，C_4C_5 の水準方向に推移する必要がある。したがって，$A_4A_5A_6$，$B_4B_5B_6$，$C_4C_5C_6$ によって囲まれた AL_2，BL_2，CL_2 は，AL_1，BL_1，CL_1 を軽減するために必要とされる。A_4，B_4，C_4 以降における被災地の再建過程では，この AL_2，BL_2，CL_2 を量的および質的の両面においていかに創り出していくかが問われ続けることになるであろう。そのために，どのような取り組みが必要であるのか。真の再建過程ではまさにこのような問いかけが要求される。真の復興とは何かという問いかけも，このようなモデル図に位置づけることができるであろう。

1. 激甚被災自治体奥尻町の地域特性

「はじめに」において言及したような位置づけを踏まえるとき，激甚被災地における地域生活の再建過程を解明するためには，次のような諸点が問われなければならない。まず，災害前の当該自治体の地域特性はどのような状況であったか。その地域特性は災害によってどのような影響を受けたか。さらにダメージを被ったその地域特性は，復旧・復興・再建の諸過程によってどのように変化してきているのか。こうしたことが時点別ないし時系列的に大局的に把握される必要がある。というのも，このような確認作業がなされなければ，被災自治体という地域社会の復旧・復興・再建の諸過程の全体像は見えにくいと思われるからである。被災自治体内における激甚被災地区の復旧・復興・再建の諸過程もこのような全体像を背景として展開するであろう。

こうした課題に接近するために，本節において，被災自治体である奥尻町の地域特性をまず把握したい。このような地域特性の把握は，被災自治体全体および当該自治体内における激甚被災地区の地域生活の再建過程を考察するための予備的作業である。

1-1 地域特性への接近法

地域特性の把握には，大別して二つの接近法があると思われる。その一つは，特定の地域社会のみに限定した地域特性の把握であり，いわゆるインテンシヴな研究手法が有効である。この手法は，参与観察に基づく個性記述的な質的アプローチとして位置づけられる。このような接近手法は，従来，主として人類学が得意としてきた。被災自治体においても，この手法は適用されうる。いま一つは，客観的指標を設定し，それに依拠して不特定多数の地域社会を対象にそれらの地域特性を量的に把握するエクステンシヴな手法である。この計量的アプローチによると，客観的な各指標に依拠し，被災自治体と他の不特定多数の自治体との地域特性が量的に比較されつつ，考察される。アメリカ合衆国におけるリージョン研究において採択された手法は，この計量的アプローチの代表例である[4]。いうまでもなく，両者は，いずれも長所と短所を併せ持っている。したがって，激甚被災地（被災自治体全体および自治体内の被災地区）に関するより充分な地域特性を把握するためには，両者の併用が望ましい。しかし本章は，激甚被災自治体内の激甚被災地区を主眼にしているために，本節においては計量的アプローチが，次節では質的アプローチがそれぞれ有効であると考え，使い分けをしている。この点をあらかじめ断っておきたい。

さて本節では，計量的アプローチを用いることによって，北海道全体の自治体，212市町村における量的な指標に照らした奥尻町の位置づけが可能であるし，それを踏まえて当該地域が災害によってどのような影響を被っているかを量的に客観的に把握しうる。そのために設定された指標は次の5項目に基づく。すなわち，①人口，②世帯，③産業，④所得，⑤財政である。もとより，これらの項目のみによって自治体という地域社会の地域特性を把握することは充分とはいえないであろう。そのために新しい項目を加えたり，各項目における指標をさらに

細分化することも可能である。しかし，ここでは五つの大項目に依拠して，全道における奥尻町の地域特性に関する最小限の位置づけをすること，加えて当該自治体における災害前の地域特性が，災害によってどのような影響を受けたか，そして復旧・復興・再建の諸過程を通じてどのような変化が見出されつつあるのかを確認することが目的である。災害研究における災害と社会変動というテーマは，このような基礎的な予備的作業を必要とする。5項目の設定は，以上に指摘した目的に最小限応える指標となるであろう。以下，①〜⑤を順次取り上げることにしたい。

1−2　人　　口

　奥尻町の人口は，2000（平成12）年4月31日現在（執筆時），4,073人である。表3・1に示すように，人口は1960年以降，減少の一途を辿っている。表示していないが，昭和戦前期では，1935年が8,206人と最も多い。戦後期では，最多の人口は1960年の7,908人であり，高度経済成長期以降，人口の過疎化が顕著となった。国勢調査における5ヵ年間ごとの減少率は，つねに4〜10％を示してきた。1993（平成5）年7月12日の災害をはさみ，災害前の1990（平成2）年の国勢調査と災害後の1995（平成7）年におけるそれと比較してみると，この5年間に人口は303人（対1990年比6.6％）減少した。この減少数と減少率は，過去30年間では2番目に少ない。いうまでもなく，この人口減少の最大の原因は災害によるものである。したがって，この期における人口減少は，他の期間における人口減少が主に社会移動と自然動態によってもたらされた減少であるのとは質的に異なる。

　奥尻町における1990年と1995年との間における人口変動を，北海道212市町村のそれに比較しつつふれておこう。北海道全体では，この5年間に0.9％の人口増加がみられた。市町村別でいえば，34市の人口は2.1％増加しているのに対して，154町24村の人口はそれぞれ3.1％，4.2％減少している。奥尻町は6.6％の人口減少であったから，全道や町の平均値に比較して人口減少率は高くなっている。

　ところで奥尻町では，65歳以上人口の全人口数に占める割合，すなわち高齢者人口比率

表3・1　奥尻町の人口推移

年　度	人　口	増　減
1960	7,908	
1965	7,142	△766（ 9.7）
1970	6,425	△717（10.0）
1975	5,746	△679（10.6）
1980	5,490	△256（ 4.5）
1985	5,069	△421（ 7.7）
1990	4,604	△465（ 9.2）
1995	4,301	△303（ 6.6）
2000	4,073	△228（ 5.3）

注）カッコ内は過去5年間の増減百分比。
出典）国勢調査。

は，1990 年が 15.6%，1995 年が 18.2% であった。ちなみに，全道および市町村別の高齢者人口比率に比較すると，奥尻町のそれは両年次とも全道の平均値より高いが，154 町の平均値にほぼ等しい（表 3・2）。北海道における高齢者人口比率の一つの特徴は，地域的にみると，旧産炭地域（高度経済成長期以前において炭鉱で栄えた地域社会）の自治体と日本海沿岸部の自治体において，高齢者人口比率の増加が顕著にみられ，これら両地域において人口の高齢化が最も進展しているということであった[5]。このことを考えると，北海道南西部日本海上に位置する奥尻町の高齢者人口比率は，日本海沿岸部にある他の自治体の中で高いわけではない。

　将来的な人口高齢化の動向は，全人口における 15 歳未満人口の占める比率，いわゆる年少人口比率によって影響される。そこで年少人口比率を確認しておくと，奥尻町は，両年次間において 20.0% から 16.5% に 3.5 ポイントの減少をしている。しかし表 3・2 からも明らかなごとく，奥尻町の年少人口比率は，1990 年および 1995 年とも全道，市町村のすべての平均値を上回っている。高齢者人口比率が高い地域は，年少人口比率が反比例して低くなることが想定される。奥尻町の場合においても，このような仮定は当てはまる。しかし，ここで注目しておきたいことは，奥尻町の年少人口比率が全道平均を上回ることである。この理由は，奥尻町に自衛隊基地があり，隊員に就学期ないし就学期前の子供をもつ家族が少なくないということに求められる。実際，町内の小学校の統廃合問題が生じたとき，自衛隊の官舎がある地区では，児童数が確保され小学校が存続することになった[6]。

　奥尻町における年少人口比率は，たしかに全道や市町村の平均値に比較して高い比率を示している。しかしこのことが，将来的にいっそう進展すると思われる人口の高齢化を押しとどめるという見通しにつながるとは考えにくい。先に指摘した自衛隊の隊員は，勤務上，定期的な移動者であり，多くの者が奥尻町における定住者にはなりにくいからである。さらに基幹産業の漁業における後継者不足と漁業就業者の高齢化が顕著になっているからである。高齢者が今後，島に留まり自立的生活をするのか，それとも公的施設に入居しようと考えるのか，さらには離島し都市の既婚子と同居生活を選択するのかといった課題が今後さらに見極められなければならないであろう。それでも明るい見通しは，災害後に若い就業者の出現や自営業の後継者が島に戻って生活をし始めたことに見出される。それだけに，町内二つの中学校（奥尻中学

表 3・2　高齢者人口比率と年少人口比率

	高齢者人口比率		年少人口比率	
	1990 年	1995 年	1990 年	1995 年
奥尻町	15.6%	18.2%	20.0%	16.5%
全　道	12.0%	14.9%	18.3%	15.8%
市	10.8%	13.6%	18.3%	15.7%
町	15.4%	18.9%	18.5%	16.2%
村	17.6%	21.9%	17.3%	15.5%

注）1990（平成 2）年は 32 市 156 町 24 村，1995（平成 7）年は 34 市 154
　　町 24 村。表 3・3，表 3・5，表 3・6 も同様。
出典）国勢調査。

校，青苗中学校）や奥尻高校の卒業者の社会移動とともに地域移動に関する動向は，災害前の動向と災害後のそれとを比較するとき，いっそう注目されなければならない。

1−3　世　　帯

　今日，いずれの自治体にとっても高齢者と高齢者世帯に関する課題は重要な行政課題の一つである。この行政課題に関連して，2000（平成12）年4月における介護保険制度の導入は，自治体が当該自治体内における高齢者世帯の状況をいっそう適切に把握することの必要性とともに，従来以上に財政的裏づけの整備を要請している。にもかかわらず，災害という予期せぬ出来事は，高齢者と高齢者世帯が災害後における生活再建の建て直しを図る際に，準拠すべきモデルをいっそう想定しにくいものにしている。被災自治体では，当然のことながら，このような被災高齢者世帯を念頭においた行政的対応が要請される。大きな犠牲を伴った災害後の自治体行政は，今後，災害を経験していない他の自治体における緊急時の自治体行政のあり方を示す教訓的意味を持つであろう。高齢者世帯に対する行政的対応は，このような意味において遂行される必要がある。

　それだけに被災地奥尻町の高齢者世帯が，災害前と災害後とにおいてどのような状況にあるかを確認しておく必要があるであろう。そこで高齢者世帯比率を設定し，これを手掛かりにしたい。なお高齢者世帯比率は，［高齢者世帯（夫婦どちらか一方が65歳以上＋夫婦どちらも65歳以上）数＋65歳以上の高齢者単独世帯数］÷一般世帯総数×100として算定した。このようにして得られた高齢者世帯比率に関して，災害前の1990（平成2）年について国勢調査結果をまずみると，奥尻町の高齢者世帯比率は15.3％であった。北海道全体の比率は14.4％であり，32市，156町，24村の平均比率はそれぞれ13.3％，14.4％，15.6％であった。奥尻町の高齢者世帯比率は，全道平均よりやや高く，村の平均値に近い。

　高齢者世帯比率に関して，北海道全体をみたとき，この比率が高い自治体は人口高齢化比率に類似した傾向がみられた。すなわち，日本海側の沿岸部に位置する自治体と旧産炭都市の諸地域において高い高齢者世帯比率を有する自治体が多くみられた[7]。世帯レベルにおける北海道の高齢化は，他の諸地域に比べてこうした日本海側の諸自治体と旧産炭都市のような諸自治体において顕著であるといえる。

　他方，災害後における1995（平成7）年の国勢調査に関しては，国勢調査項目の集計それ自体に修正がなされたために，残念ながら1990年と同様の資料的整理が得られない。そこで北海道庁保健福祉部によって集約された1998（平成10）年10月1日現在の資料を参考にしておきたい。しかし，この資料においても，二つの自治体に関する資料が一部欠けているから，212市町村を網羅しえていない。このような制約があるために，災害後の奥尻町における高齢者世帯比率を全道・市町村すべてに比較することができない。それでも34市24村については整理しえたからそれを示しておく。まず奥尻町における1998年の高齢者世帯比率は，21.0％であった。これに対して，市と村の高齢者世帯比率それぞれの平均値は，19.6％，22.3％となった。このような比率を参考にすると，奥尻町の比率は村の平均値よりやや低くなっている。また同

じ檜山支庁管内における他の自治体に比べると，奥尻町の高齢者世帯比率は上ノ国町（22.0％）に次いで低い。

　以上のことから，災害前の1990年と災害後の1998年についていえば，奥尻町の高齢者世帯比率は，道内24村の平均値に近い数値を示すが，日本海側沿岸部における他の諸地域に比べると，それらよりも低い比率となっている。島嶼部であるために，人口の高齢化，世帯レベルにおける高齢化は他の諸地域に比べて高いのではないかと想定されるが，必ずしもそのように高いわけではない。しかし，奥尻町の高齢化は確実に進展するであろうから，災害後における被災高齢者世帯の動向は注目されなければならない。

1－4　産　　業

　奥尻町の産業構造を単純に，第一次，第二次，第三次の各部門における就業者比率によってみると，表3・3に示すように，1990（平成2）年のそれはそれぞれ24.0％，23.0％，53.0％であった。1995（平成7）年のそれは，それぞれ12.0％，29.0％，59.0％となっている。注目されることは，第一次産業就業者比率が5年間に半減していることである。いうまでもなく，これは災害によってもたらされた。漁業就業者に災害の犠牲者が多くみられたこと，災害後，漁業就業者に転業や廃業をしいられた被災者がいるからである。これらの影響が第一次産業部門におけるこのような激減につながった。漁業就業数の減少に伴い，奥尻町の漁獲高も1990年の16億3,300万円から1995年の7億2,400万円にまで半減した。

　このような産業別就業者比率の変化は，全道，市町村別のそれぞれに比較したとき，どのような意味を持つのであろうか。1990年についていえば，奥尻町は，一次，二次，そして三次の各産業において道内156町の平均的な数値を示している。これに対して，1995年では，災害の直接的な影響から第一次産業就業者が半減したことによって，第二次産業と第三次産業の両部門の比率が増大した。すなわち，北海道内全町の平均値である24.6％（第二次産業）と49.97％（第三次産業）をそれぞれ約4％，10％上回ることになった。奥尻町における第二次，第三次の各産業就業者比率は5年間にそれぞれ6％ずつ増加したが，全道の各自治体の変化に比較すると，実質的には第三次産業部門へのシフトが注目される。このような傾向は，全道の24村における平均値のシフトに類似している。ただ奥尻町では，先に指摘したように，災害による漁業就業者の半減に対し，自衛隊基地の町内存置によって特別国家公務員が全人口数に

表3・3　産業別就業人口比率（％）

	1990（平成2）年			1995（平成7）年		
	一次	二次	三次	一次	二次	三次
奥尻町	24.0	23.0	53.0	12.0	29.0	59.0
全　道	10.8	23.5	65.2	9.0	23.7	67.3
市	3.9	23.5	72.5	3.2	23.5	73.3
町	29.4	23.6	47.0	25.5	24.6	49.9
村	41.5	19.2	39.3	37.2	18.2	44.7

出典）国勢調査。

おいて多いこと，しかも全就業者数における彼らの比率も高いこと，そして町の基幹産業の一つである観光産業に関連する民宿・旅館，飲食店といったサービス産業就業者が少なくないこと，これらのことが第三次産業就業者比率を引き上げたといえる。

　第三次産業就業者比率増加へのシフトに関連していえば，奥尻町の基幹産業である観光産業が第三次産業部門の重要な位置を占める。具体的には，民宿・旅館関係と飲食店関係が観光産業の動向を左右する。この観光産業の変化は，島外者の入り込み数の推移によって大局的に把握することができる。そこで奥尻町観光協会資料によりこの島外者の入り込み数をみておくと，1990（平成2）年の入り込み数は，島への最大のアクセス手段であるフェリー利用者が54,570人，函館からの飛行機便が2,605人，合計57,175人であった。これに対して，1995（平成7）年のそれは，フェリーが40,081人，飛行機が4,489人，合計44,170人となった。災害後2年が経過した段階では，災害前の入り込み数にまで達していない[8]。観光産業の動向の一端は，民宿・旅館関係，飲食関係の売り上げ高を通じてさらに把握されうる。災害の前年である1992（平成4）年，災害後の1995（平成7）年，そして1997（平成9）年の3時点に関する資料が一部得られたので，これを手掛かりにしてみよう。

　奥尻町における民宿・旅館，飲食店は奥尻地区と青苗地区の両地区に集中している。これらの民宿・旅館，飲食店のうち，奥尻地区の民宿・旅館7軒，飲食店11軒，そして青苗地区の民宿・旅館5軒，飲食店8軒，それぞれに関する売り上げ状況が得られた。そこでこれを整理したのが表3・4である。両地区間，業種内容，そして年次のそれぞれにおいていくつかの注目される傾向がうかがわれる。まず第1に，両業種とも地区間では，奥尻地区に対して青苗地区の方が3時点間における変動が大きい。災害の影響がそれだけ青苗地区にみられるからである。第2に，1992年から災害後の1995年の4年間と，災害後の1995年と1997年の3年間とをそれぞれ比較してみると，両地区とも民宿・旅館関係では，前者の2時点間では売り上げ高が大きく増大しているのに対して，後者の2時点間では売り上げ高が減少に転じている。1995年は，災害後の復興作業が大きく進展したことから売り上げ高が大きく増大した。しかし1997年は，復興作業が終了し始めた結果，売り上げ高が減少に転じたといえる。これは，青苗地区に顕著にうかがわれる。第3に，飲食店関係では，青苗地区において災害による売り上げ高の急激な落ち込みを経て，自営業者の生活再建が進展し始めた1995年から1997年にかけて売り上げ高が増加に転じている。これに対して奥尻地区では，1995年から1997年にかけて逆に，売り上げ高がかなり減少している。

表3・4　サービス産業部門における売上げ状況　（単位：千円）

	奥　尻　地　区			青　苗　地　区		
	1992年 （平成4）	1995年 （平成7）	1997年 （平成9）	1992年 （平成4）	1995年 （平成7）	1997年 （平成9）
民宿・旅館	88,671	127,724	123,781	123,687	257,532	159,973
飲　食　店	170,852	182,368	127,707	108,089	96,253	125,383

出典）奥尻町商工会資料。

　表には含めていないが，1998年についても同様の整理をすると，両地区とも民宿・旅館関係，飲食店関係両者の売り上げ高がいずれも減少している。この結果を勘案すると，1995年から1997年の段階では，災害後の復興に伴う不安定な変動がみられる。したがって，第三次産業のうち，特に観光産業にかかわる業種の今後の動向は，1999年度以降の売り上げ高において，改めて確認されなければならない。いずれにしても，奥尻町における基幹産業の二大部門である漁業と観光産業の動向は，前者の漁獲高と後者の売り上げ高の推移によっていっそう見極められなければならないであろう。

1－5　所　　得

　自治体における所得構造は，一方において，当該自治体の人口の高齢化や高齢者世帯の増大，そして産業構造や産業別就業者数の変動に規定されるが，他方において，改めて次項で言及する自治体財政の動向を規定する。自治体レベルにおいて所得が取り上げられるとき，自治体全体における所得の平均値がまず把握される必要があるであろう。しかし所得の平均値は，自治体全体の課税対象総所得を分子として，分母がどのように設定されるかによってかなり変動する。したがって自治体全体の所得に関して，最も適切な実質的な所得とは何かが問われなければならない。本節では，分母は納税義務者総数として整理してみた。このような算定基準が自治体全体における所得の平均値を最も実質的に示すのではないかと考えた。つまりここで得られた所得の平均値は，納税義務者一人当たりの所得を指している。というのも，単純に自治体の人口総数を分母にすると，人口構造による影響が所得の平均値を左右することになると考えた。また世帯を分母にすると，世帯構成における諸特徴によって所得の平均値がかなり相殺された結果になるように思われた。このようなことを考慮して，所得の平均値は，納税義務者一人当たりにおける所得の平均値を算出することにした。納税義務者数と非納税義務者数それ自体が自治体における平均所得の意味をより明確にするから，それぞれの多寡を見極めつつ所得の平均値を算出することが自治体全体として実質的な値になるのではないかと判断したからである。こうして得られた所得の平均値は北海道内212市町村相互の間で比較されうる。

　このような所得の算出方法に関する断りを踏まえて得られたのが表3・5である。災害前の1990（平成2）年における所得の平均値と災害後に入手しえた1996（平成8）年のそれとを確認して

表3・5　納税義務者一人当たりの所得

（単位：千円）

	1990（平成2）年	1996（平成8）年
奥尻町	2,869	3,517
北海道	2,718	3,299
市	2,807	3,365
町	2,695	3,088
村	2,748	3,031

出典）市町村税務研究会監修『個人所得指標』（日本マーケティング教育センター）より。

みよう。まず 1990 年の奥尻町における所得の平均値は，286 万 9,000 円であった。北海道全体の平均値は 271 万 8,000 円であり，市町村はそれぞれ，市が 280 万 7,000 円，町が 269 万 5,000 円，村が 274 万 8,000 円であった。したがって，災害前における奥尻町の所得の平均値は，全道の平均値を上回り，34 市の平均値とほぼ同じであった。これに対して，1996 年の奥尻町における所得の平均値は 351 万 7,000 円であり，全道および市町村における所得の平均値は，それぞれ道が 329 万 9,000 円，市が 336 万 5,000 円，町が 308 万 8,000 円，村が 303 万 1,000 円となり，この年次においても奥尻町における所得の平均値は，全道および市の平均値をかなり上回っている。

　このような結果に関して注目しておかなければならないことは，1996 年が復興事業遂行の真っ只中であって，これに伴う復興特需が納税義務者一人当たりの所得に影響していると思われることである。したがって，少なくとも物的な復興事業がほぼ完了し，復興宣言（1998（平成 10）年 3 月 17 日）が出された以降の年次において，とりわけ復興事業の最終的な大プロジェクトである平成 12 年度事業の奥尻島津波館の完成をみた段階以降における平均所得は注目される。短期的には，これらの年次において，災害が被災自治体の平均所得にどのような影響をもたらしているかがさらに明らかになるであろう。

1－6　財　　政

　本節では，災害が自治体全体にどのような影響を及ぼしているのかを把握するために，災害前の自治体の地域特性を明らかにしておく必要があると考えた。そのために客観的指数を設定し，それらに依拠して災害前の時点と災害後の時点とを比較しつつ取り上げてきた。もっとも，量的指数といっても限定された指数であるし，時点も 2 時点ないし 3 時点に限定されており時系列的ではないから，得られた結果は充分とはいえないかもしれない。そのために，一部，商工会や観光協会の事例的な資料を活用させていただいた。しかしそのように限定されていても，災害前と災害後とを比較するとき，被災自治体における変化は見出されるし，確認もされる。一言でいえば，災害によって攪乱的な変化がうかがわれるといえる。このような攪乱的な変化は，人口，世帯，産業，所得に比較して自治体財政においていっそう顕著であるように思われる。そこで，以下，奥尻町における財政上の変化についてみておこう。

　1990（平成 2）年における奥尻町の総歳入は 35 億 7,100 万円であったが，1995（平成 7）年では 127 億 1,000 万円と一挙に 3 倍に膨らんだ。執筆時に近い 1999（平成 11）年度は 81 億円である。自治体財政の変動がいかに大きいかは明らかであろう。いうまでもなく，これは災害復旧と災害復興に関する予算措置の結果である。総歳入のパイそれ自体の大きな変化は顕著であるが，表 3・6 によっていくつかの歳入・歳出費目について両時点間における変化を確認してみたい。そのために手掛かりにした費目は，歳入費目として地方税，地方交付税交付金，そして地方債であり，それぞれは総歳入における比率として把握された。他方，歳出項目として公債費を取り上げ，これも総歳出における公債費の比率として集約した。これらに加えて，自治体財政の概要が把握しやすい指数として財政力指数を挙げておいた。

表3・6　自治体財政の主要項目

| | 1990（平成2）年 | | | | | 1995（平成7）年 | | | | |
| | 歳入における | | | 歳出における公債比率 | 財政力指数 | 歳入における | | | 歳出における公債比率 | 財政力指数 |
	地方税比率	交付金比率	地方債比率			地方税比率	交付金比率	地方債比率		
奥尻町	6.7%	57.7%	19.5%	13.0%	0.11	3.6%	20.0%	18.6%	15.8%	0.10
北海道	13.2	45.8	9.2	10.4	0.23	22.2	27.2	13.9	10.3	0.24
市	23.8	29.6	8.8	9.7	0.41	29.6	18.8	12.9	9.7	0.44
町	11.9	47.9	10.0	11.6	0.20	10.3	40.5	15.7	11.2	0.20
村	7.1	53.5	8.7	11.3	0.21	9.9	45.3	12.5	12.0	0.23

出典）財団法人北海道市町村振興協会・北海道企画部地域振興室市町村課監修『市町村の財政概要』および
財団法人地方財務協会『平成10年度　市町村別決算状況調』。

　まず奥尻町の地方税の比率は，両時点とも北海道全体，市町村の平均を下回っている。しかも1990（平成2）年の6.7％から1995（平成7）年には3.6％へと，かなり落ち込んだ。災害のダメージが顕著となった。地方交付税交付金比率は，1990年においては，地方税比率とは逆に，北海道全体，市町村の平均値をすべて上回っていた。この年次の地方交付金が総歳入に占める割合は57.7％と過半数を超えていた。交付金依存は，離島という地域特性があるにせよ明確であった。しかし1995年では，この割合は一挙に20.0％にまで激減する。激甚災害の指定を受けたことによる財政支援とからみ地方交付金の大幅な変動の結果が，このような比率になって現れている。地方債の比率は，災害前からすでにかなり高い比率を示しており19.5％であった。これは北海道全体，市町村の平均値をいずれも凌いでいた。この傾向は，1995年においてもほぼ同様であり，5年前と近似した18.6％となっている。

　歳入費目に対して歳出費目では，取り上げる費目は公債費のみである。この公債費についてみると，奥尻町における総歳出に占める公債費の比率は，両年次とも全道と市町村の平均比率をそれぞれ上回っている。しかもその傾向は1990年より1995年において増大している。すなわち奥尻町の公債費比率は，13.0％から15.8％へと上昇している。災害後の自治体財政では，地方債比率とともにこの公債費比率の動向がいっそう注目されるであろう。これら両者の比率は，地方税比率，交付税交付金比率とともに自治体財政のバランスシートにおける鍵を握っているからである。

　以上の歳入・歳出に関する費目からみた奥尻町の自治体財政は，災害前に比べて災害後では変動が大きく，災害による撹乱的状況はこの財政に関する指数において顕著である。このような傾向は，2000（平成12）年度の予算編成においても継続している。ちなみに，『広報おくしり』（2000年4月号）によると，奥尻町の2000年度の総予算は，一般会計56億1,000万円に特別会計31億円を加えた87億1,000万円である。この総予算のうち，一般会計に依拠していえば，歳入のうち主要な費目である地方（町）税，地方交付税交付金，地方（町）債は，それぞれ6.4％，43.1％，9.5％となっている。これに対して，歳出費目の一つである公債費は19.8％を占めている。このように各費目の比率は，1995年度に比べてかなり変動していることが分か

る。

　ところで，自治体財政の概要を端的に示す財政力指数をみると，奥尻町の災害前後の1990年，1995年のそれは，意外なことにほぼ同じ値であるが，両年次とも表に示したごとく北海道全体，市町村の各平均値に比べてかなり低い。なお，1998年度では，財政力指数は両年次の0.11および0.10に比べてやや高まり0.17となっている。しかし，この財政力指数の底上げに至るまでには，多くの課題が残されているといわざるをえない。たとえば，総歳入における地方税の占める比率の向上，逆に地方（町）債比率や公債費比率の縮小といった課題があり，これらの克服が総歳入のパイそれ自体の大きな変動下において進められなければならないからである。本章の冒頭で言及したごとく，災害後の復興過程や生活再建過程の進展にはかなりの時間が必要と思われるから，時間的経過を踏まえた財政諸費目における変化の動向がさらに見極められなければならないであろう。

1−7　小　　括

　激甚被災自治体を一つの地域社会としてとらえると，災害は当該地域社会にどのような影響を与えているのか，災害後の被災自治体における復旧・復興・再建の諸過程の全体像はどのように展開しているのかといった基本的課題が設定される。こうした課題の解明は，時間軸に依拠した当該自治体の地域特性とその変動過程の跡づけを通じてなされることが必要であろう。このような視点は，アメリカ合衆国における災害研究の知見の一つとして指摘される「継続性の原理」にかかわる[9]。

　本節で言及した内容は，この「継続性の原理」に直結する「災害と社会変動」という，より大きなテーマに含まれる。1993（平成5）年7月12日の北海道南西沖地震発生後，7年を経過した調査および執筆時点では，災害の激甚さとそれに対する復旧から復興・再建への移行はたしかに確認される。しかし，「1−2　人口」から「1−6　財政」の各項において言及したことから，激甚被災自治体という全体としての地域社会が災害によっていかに変動していくかは，まさにこれから問われる課題であるように思われる。そこで，節を閉じるに際して，執筆時点における復旧・復興・再建の移行段階を，冒頭において提起した復興・再建過程モデルに今一度立ち返って確認しておきたい。

　ところで，モデルでは，災害前における地域社会は三つのタイプとして設定された。災害後における被災自治体の復旧・復興・再建の移行段階は，災害前の地域社会がいずれのタイプに該当するかによって異なる展開を示すと考えたからである。そこで，ここでは激甚被災地奥尻町がいずれのタイプとして措定されるかを，人口と基幹産業という二つの指標を手掛かりにして確認してみよう。というのも，これらの指標は，当該自治体を時間軸に即して把握するとき，他の指数に比べて時間軸に即した地域特性の変化をよりいっそう明示していると考えるからである。

　まず図3・3は，奥尻町の人口推移を経年的にみたものである。最大の人口規模であった1960（昭和35）年以降，人口減少は加速し，人口の過疎化は顕著となった。災害前の1990（平成

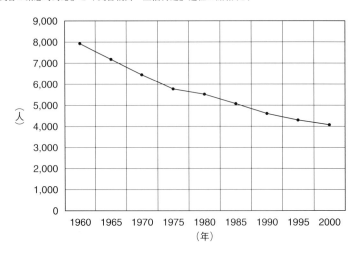

図3・3　奥尻町の人口推移
出典）役場資料。

表3・7　奥尻町の漁業・水産養殖業の
就業者数の推移（15歳以上）

	漁業・水産養殖業
1955（昭和30）年	2,354
1965（昭和40）年	1,865
1975（昭和50）年	714
1985（昭和60）年	524
1990（平成2）年	418
1995（平成7）年	208

出典）国勢調査。

表3・8　奥尻町漁業生産高の推移

（単位：千円）

年　　次	生　産　高
1980（昭和55）年	1,995,063
1990（平成2）年	1,633,916
1992（平成4）年	1,436,800
1993（平成5）年	729,496
1994（平成6）年	437,734
1995（平成7）年	724,484
1996（平成8）年	863,300
1997（平成9）年	1,097,645

出典）『ひやまの水産』（北海道檜山支庁）。

2)年から災害後の2000（平成12）年にかけての10年間をみると，1993（平成5）年における175人の災害による犠牲者を含む531人の人口減少がこの期においてみられ，過疎化はさらに進行してきている。

　このような人口推移に対して，基幹産業である漁業就業者の時点別推移（表3・7）および漁業組合員数の時系列推移（図3・4）をみると，いずれも人口推移以上に大幅な減少がみられた。ちなみに，漁業就業者数全体は，高度経済成長期の1965（昭和40）年に比べると，災害前の1990（平成2）年ではこの時点間の25年間に1,447人の減少となり，対1965年比22.4％にまで落ち込んだ。災害後の1995（平成7）年では，災害後の復旧・復興事業に伴う就業機会の一時的増大があり，就業者数全体はやや増えた。しかし，注目されなければならないことは，全就業者に占める漁業・水産養殖業就業者の割合の大幅な減少がみられたということである。すなわち，1970年の53.0％から，1990年の19.3％，そして1995年の9.2％へというこの推移は，まさに激減といわざるをえない。

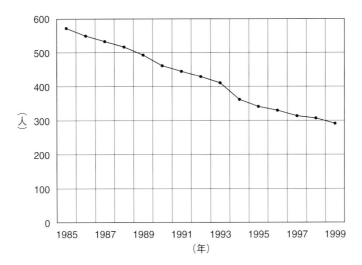

図 3・4　奥尻の漁協組合員数の推移
出典）ひやま漁協奥尻支所の資料。

　奥尻町における基幹産業である漁業の衰退は，資源枯渇と 200 カイリ問題による日本海漁業の衰退，漁業後継者不足，漁業就業者の高齢化等の複合的要因によるところが大きい。しかし，このたびの地震による津波災害は，漁業就業者の全就業者に占める割合をさらに縮小した。奥尻町の基幹産業が根底から揺るがされた。漁業組合員の時系列推移はその端的な現れである。さらにその結果は，表 3・8 に示した漁業生産高の激減においても顕著である。

　かくして，激甚被災地奥尻町は，復興・再建過程モデルにおけるタイプのうち C タイプに位置づけられる。このような社会の進展状況にあった自治体を災害が襲ったのである。モデル図における C_1 がその時点（1993（平成 5）年 7 月 12 日）である。それでは，この C_1 以降の C_2，C_3，C_4 の各時点への移行は，どのように確認されるのであろうか。そこで，すでに別途，報告書で示した北海道南西沖地震の災害特性に関する記述からこの課題，つまり復旧・復興・再建に関する移行の各段階を時間軸に即して把握しておく[10]。

　まず C_2 は，復旧がほぼ終了した時点である。すでに「はじめに」でふれたごとく，C_1—C_2 は緊急時と復旧期であり，ここでは復旧過程として位置づけられる。この復旧過程は，主としてライフラインを中心に把握されうる。奥尻町では，交通手段の復旧が最も早かった。すなわち道路は，被災後ほぼ 1〜2 日して，7 月 13〜14 日にかけて復旧した。しかし，激甚被災地区青苗の場合，道路の復旧は本格的復旧のための応急的なものであり，残骸を取り除くことが精いっぱいという状態であった。島という立地条件から，島と島外を結ぶ東日本海フェリーによる二つの航路は 15 日（瀬棚便），16 日（江差便），そしてエアーニッポンによる函館—奥尻間の空路は 17 日にそれぞれ復旧し，就航した。電気の復旧は交通手段の復旧に次ぐものであり，7 月 21 日全島に電気が灯った。電話の完全復旧は 7 月 24 日であった。ライフラインの主要なもののうち最後に復旧したのは水道であった。島内の一部の地区は被災後 1〜2 日で復旧

したが，青苗地区では 25 日に至って復旧した。しかし，青苗地区は沿岸部にある地区と高台地区とに大別され，前者では津波と火災のために壊滅した地区があったから，実質的な復旧は被災後 2 年以上が経過した住宅復興を待たなければならなかった。したがって，ここでの復旧は青苗地区のうち，被災状況が比較的軽微であった地区に当てはまるものであった。なお，ガスについては全島プロパンガス使用であるので，海上保安庁の巡視船による緊急ボンベの補給によってカバーされた。

さて C_3 は，復興への本格的な取り組みに着手する主要な組織が成立し，そしてこうした組織による復興計画の策定がなされる段階である。ちなみに，8 月 9 日，北海道庁内に「北海道南西沖地震災害復興対策推進委員会」がまず設置された。続く 8 月 20 日と 8 月 30 日に，いずれも道庁内に「北海道南西沖地震災害復興対策室」および「北海道南西沖地震津波検討委員会」がそれぞれ設置された。これらの組織は被災自治体外において先行して成立した。奥尻町は，これら諸組織の成立後，10 月 1 日に至って「災害復興対策室」を設置した（2000（平成 12）年 3 月末，同対策室は解散した）。こうした復興への取り組みの組織化を経て 10 月 25 日に道庁内に学識経験者を加えた「北海道南西沖地震災害復興計画（まちづくり）検討会」が設置された。この段階以降，復興への本格的プランの策定とその実施が進展する。この期に至るまで，災害後，ほぼ 14 週間が経過した。

災害時の C_1 から C_2 まではライフラインの復旧期であり，この期間はほぼ 2 週間であった。しかし被災者（被災世帯）にとっては，この期は避難所生活の時期であった。そして C_2 から C_3 にかけての時期は，避難所生活から仮設住宅への移行期であり，住宅再建をはじめとした被災生活の本格的な復興は C_3 以降を待たなければならなかった。国土庁による「防災集団移転促進事業」や水産庁による「漁業集落環境整備事業」を柱とした復興事業への取り組みが，翌 1994（平成 6）年度より本格化するからである。復興元年として位置づけられた 1994 年度から，1998（平成 10）年 3 月 17 日，町長による復興宣言が出されるまでの丸 4 年間は，まさに被災自治体および被災者が復興に必死に取り組んだ時期であった。

C_4 は，復興期の一定の到達段階とみることができる。というのも C_3 以降，C_4 に至る間に各種の復興事業がほぼ終了するからである。先の「防災集団移転促進事業」と「漁業集落環境整備事業」をはじめ，1998 年 6 月の慰霊碑「時空翔」がモニュメントとして完成，そして 2000（平成 12）年 10 月における「津波資料館」の完成予定があり，これらが災害後における自治体としての大きな事業計画となったからである。C_4 に至る復興期までには，被災後，ほぼ丸 7 年が経過したことになる。

復興・再建過程のモデル図における C_4 以降は，すでに冒頭で指摘したごとく，次の復興・再建過程の段階といわなければならない。復興期における可視的な各種の復興事業は，ほぼすべて終了してきたが，不可視的な側面に力点を置き，災害によって喪失した部分を補いつつ，さらに災害前の地域社会の量的質的水準を超える再建過程への取り組みがなされなければならないからである。そのために，漁業と観光という基幹産業の水準を災害前のレベルまでに回復させること，さらに大きく攪乱された自治体財政の安定化を図ること，そして被災世帯におけ

る生活の質の向上を図ること等は，重要な課題といわざるをえない。これらの課題の克服は，被災自治体や被災住民の自助努力，国や道に対する新たな生活支援事業の要請と導出，そして島外における社会的諸組織・各種の団体・個人とのネットワークの形成を通じて，またこれらの連携を通じて促進させられなければならないであろう。

　2000 年度に国によって予算化された奥尻空港の滑走路延長を図るための調査は，奥尻町の今後の復興・再建過程に重要な意味を持つであろう。それは，就航機種の規模が従来より大きくなることが予想されることから，多くの乗客確保，新しい就航ルート開発が見込まれるからである。さらに空港は米岡地区に位置するために，空の玄関口の充実は町内の二大拠点地区の一つである青苗地区のまちづくりに刺激を与える可能性があると思われるからである。かくして滑走路延長問題は，激甚被災自治体全体の今後の復興・再建過程において一つの重要な鍵を握っているといわざるをえない。

2. 激甚被災地区における地域生活の再建過程

　奥尻町における激甚被災地区は，地震による津波災害が大きかった島の北東部の稲穂地区，東部の球浦地区，南部の松江地区，青苗地区，そして西部の藻内地区であり，これらの地区に加えて地震に伴う崩落災害によって多数の犠牲者がみられた島の中央部の奥尻地区である。とりわけ青苗地区は，地震・津波・火災の複合災害による被災規模からみて，まさに激甚被災地区であった。本節では，この青苗地区に焦点を当て，この地区における地域生活の再建過程についてふれてみたい。行論に際して，注目される諸点は次のごとくである。すなわち，①被災世帯は現在，いかなる地区に居住しているか。災害前の居住地との関連は，どのようになっているか。②居住地の選択はどのようにしてなされたか。③災害前の居住地における住民特性はどのようなものであったか。④近隣関係は，災害前に比べて災害後，違いがみられるか。⑤日用品の購買圏は，災害前と災害後において，いかなる違いがあるか。⑥災害によって地域集団の衰退・消滅・再編・形成がみられたか。⑦青苗地区におけるまちづくりへの取り組みは，どのように展開しているか。これらの諸点の把握から，激甚被災地区における地域生活の再建過程の一端が明らかになるのではないかと考える。

2−1　被災世帯の居住地区

a. 災　害　前

　年次的に古くなるが，1986（昭和 61）年当時では，青苗地区のうち海岸部に位置する下町は約 350 世帯であった。これに対して高台地区は約 120 世帯となっている（役場資料，住宅地図より）。両地区を合わせた青苗地区は，昭和 30 年代の高度経済成長期の開始期では，役場所在地の奥尻地区を凌駕する世帯数と人口規模を有していた。青苗地区は，役場所在地ではないけれども奥尻地区を凌ぐ地位にあったといえる。青苗港には，対岸の渡島半島江差町と奥尻島を結ぶ定期航路の船も入港していた[11]。しかし高度経済成長期におけるわが国の産業構造の

変化，都市への人口移動，日本海漁業の衰退，200 カイリ規制といった一連の外的状況は，奥尻町における青苗地区のステータスを徐々に低下させることになった。江差―青苗航路も廃止された。このような地域社会の変動下において，北海道南西沖地震が当該地区を襲った。

　激甚被災地区青苗における災害直前の1993（平成5）年6月末の世帯数は，504 世帯（1,401人）であった。この期における青苗地区は，町内会の単位地区として1区から7区に地域区分がなされていた。このうち，1区から5区までが海岸沿いの平地に，6区と7区が海抜10～20 m 程度の高台にそれぞれ位置していた。通称，前者は下町（シタマチ），後者が高台（地区）ないし団地と呼ばれていた。下町地区には，青苗漁港を中心に民家，特に漁家が密集し，漁協，農協，江差信用金庫，診療所，郵便局，江差営林署，漁協倉庫，寺院，神社，保健福祉館といった社会的機関・施設をはじめ飲食店，商店，民宿・旅館が数多くあった[12]。また1区の東端には，青苗保育所，青苗中学校が位置している。中学校の東，数百 m のところに青苗小学校がある。この小学校は青苗地区と東北部を接する富里地区にあり，青苗川を伝わってきた津波に襲われた。しかし，一段高くなった青苗中学校は，地震の影響が少なく，しかも津波の影響がなかったために，災害時に多くの被災者の避難所となったばかりか，壊滅的打撃を受けた青苗地区における社会的諸機関の仮事務所にもなった。小学校が新築される（1995（平成7）年7月29日，落成・祝賀会が開催）まで，青苗小学校の授業は，この青苗中学校に仮住まいをしつつ行われた。

　下町地区は，青苗地区の中でも文字どおり激甚被災地区であった。青苗港の防潮堤を越えた5～10 m の津波は，防潮堤の外側にあったテトラポットや港内に繋留中の5 t 級の漁船を軽々持ち上げて，1区から5区を襲った。特に，海抜1～2 m 程度の低地帯である岬地区（5区）は，日本海側からの12 m に達する津波によって集落約80世帯の住宅が跡形なく壊滅した。かくして1区から5区までの居住区は，すべて地震に伴う津波による被害が大きく，全壊の住宅被害が圧倒的に多くみられた。さらに2区および3区にかけての居住区は地震，津波に加えて火災に見舞われた。災害後，丸7年余が経過した時点でも，高台下に目につく焼けただれ黒くくすんだ木の燃え残りが，火災の激しさとともに火災が及んだ空間的広がりをも如実に物語っていた。下町における被災世帯は，このように地震に続く津波と火災によって蹂躙された。この結果，新しい居住区として，1区から4区は漁業集落環境整備事業，5区は防災集団移転促進事業により居住区の再編成がそれぞれ行われることになった。

　下町地区に対して高台地区には，災害前の町内では数少ない団地，緑ヶ丘団地があった。これに加えて町営住宅，奥尻町役場青苗支所，支所に付設された青苗研修センター，消防署，警察署，青苗歯科診療所，老人ホームといった公共施設，地震によって大きく斜めに傾斜し衝撃の激しさを象徴的に映し出した青苗灯台，そして奥尻航路標識事務所等が存置した。青苗研修センターは，災害時に下町の被災者の避難所になったばかりか，犠牲者の遺体仮安置所にもなった。さらにこのセンターは，緊急時における自衛隊や日赤の救護班，北海道警察の前線基地にも活用された。あまりにも犠牲者が多くなったために，災害の翌日には，被災者の避難所

は青苗研修センターから青苗中学校へと移された。この高台地区は，地震の影響を受け半壊や一部損壊の住宅がみられたけれども，高台であったがゆえに，津波の影響はなかった。火災もこの地区ではみられなかった。そのために，災害時において，下町の多くの地域住民は避難路を伝って，標高差が 10〜20 m 程度あるこの高台地区にまず避難した。災害直後の緊急時の避難行動として，屋外に飛び出した後，この高台地区にさらに避難したという被災者の証言記録は多い。災害当夜から翌朝にかけて，津波の襲来後に発生した火災は，下町の住宅，倉庫，事務所を燃やし続けた。風に煽られて火勢は大きくなり，火の粉，ガスやアンモニアの匂いがこの高台地区を襲い，当該地区に第二次的な災害を起こしかねない状況がみられた。そのために被災者は，高台地区を離れ安全と思われる奥尻空港がある米岡地区にさらに避難するという有り様であった。この避難者の中には高台地区の一部の住民も含まれた。奥尻空港近くの空き地や道路，米岡自治振興会館に避難し，そこで一夜を明かした被災者は多い。車の中で一夜を明かした被災者も少なくなかった。

　高台地区における町有地や国有地をはじめ，当該地区および米岡地区における私有地は，下町地区の被災世帯が災害後，島内に留まり生活再建を図ろうとしたとき，代替地の候補地となり多くの新しい住宅地となった。これらの土地は，道営住宅の建設地，さらに災害後建設された多目的利用施設「新生ホール」（1994（平成6）年3月21日完成）の建設地にもなった。その結果，災害前の青苗地区は7区に地区区分がなされていたけれども，災害後の仮設住宅生活期における 11 区の一時的区分を経て，8区に再編成された。すなわち，下町地区は1区から3区，高台地区は4区から8区までとなり，災害前に比較して，高台地区が地区数において下町地区を上回り青苗地区の地区数構成は逆転した。特に旧5区は，津波によって集落が壊滅したことから，この地区の被災世帯は全戸移転しなければならなかった。ちなみに，執筆時の1999（平成11）年4月1日現在，各区の世帯数ならびに人口数は以下のごとくである。すなわち1区：63世帯176人，2区：68世帯190人，3区：54世帯123人，4区：31世帯83人，5区：59世帯159人，6区：100世帯235人，7区：59世帯137人，8区：61世帯136人である。総世帯数と総人口数は，495世帯1,239人である。したがって，世帯数および人口数は，災害前の1993（平成5）年6月のそれに比べると，9世帯162人の減少となっている。

b. 災　害　後

　被災世帯の新しい居住地区は，復興計画図に基づいていえば，下町の1区：79区画（教員住宅がこれに加わる），2区：85区画，3区：70区画の合計234区画となる。これに対して，高台地区は4区：35区画，5区：89区画，6区：102区画，7区：69区画，8区：82区画の合計377区画となる。各区画には，現在，空き地ではあるが，将来における住宅や事務所の建設が予定される居住区が含まれている。さらに同一世帯が2区画を購入し，所有している場合もある。したがって，厳密な居住世帯数と区画数との間にはずれが生じる。そのために，さきにふれた1999年4月1日における世帯数との間に差がみられる。この区画地は，元の住民から町が災害前の住宅地を坪単価2万円で一旦買い上げてから，土地購入と住宅再建の予定者に再配分された土地である。

　下町における1区から3区の居住地区は，災害後，復興事業の一環として，水産庁による漁業集落環境整備事業として6〜7mの盛り土のうえ，新しい区画整理が行われた区画地である。この盛り土として青苗中学校に隣接した高台の土が削り取られ，これが利用された。奥尻地区における観音山の土砂崩れの土砂も用いられたという。前者の削り取られた跡地は，被災世帯の新規の代替地に利用され，1区の新しい居住区の一部となり，復興計画におけるC団地，通称，壁山団地となった。

　このような下町において，1区の教員住宅を除くと，3区に隣接し高台の真下にある法隆寺を含む約40世帯が津波と火災を免れた。法隆寺は，青苗研修センターとともに犠牲者の安置所になった。多くのマスコミが取材活動を展開したのもこの法隆寺においてであった。災害前，この一角は，旧4区の一部であった。しかし災害時に，これらの世帯は幸いにも災害の難を最小限に止めえた。というのも，青苗港を越えた正面（東側）からの津波の規模はやや小さかったから，この居住区への影響は他の地区に比して少なかった。しかも規模の大きかった西側からの津波は，青苗灯台下の高台が防壁となり，津波の影響を回避しえたからである。加えてこれらの世帯は火災の難も免れた。旧3区からの延焼が旧4区に及ぼうとするとき，旧3区の住宅を壊し道路幅を生かしつつ，消火のための空間を作った。この消火活動によって延焼が食い止められたからである。しかし旧4区において最小限の被災にとどまった世帯のうち，高台の真下にある9世帯以外の世帯は，いずれも復興事業のために立ち退きになった。次項で改めて取り上げるごとく，これらの立ち退き世帯を含む被災世帯が生活再建のための居住地として下町を選択したとき，その下町におけるどの区画を選択するのかに関して，災害前の従来の居住地に近い場所を選択した被災世帯が見出された。また災害前の居住地区は相互に異なっていたけれども，災害後の住宅再建に際して，親戚同士が隣り合わせに居住することを希望し，居住区を選択した被災世帯もみられた。

　ところで，下町における被災世帯の居住地区に関して注目される特徴は，復興計画におけるまちづくり対策との関連において，商店や事業所を下町の盛土をした新しい幹線道路（道道）沿いに集積するということにある。そのためにこうした場合の一区画あたりの面積は，一般住宅の2倍ないしそれ以上の面積に及ぶこととなり，幹線道路沿いの商店や事業所の土地区画は大きく，見た目に実に立派な景観となっている。その景観をさらにいっそう余裕ある構図にさせているのは，幹線道路それ自体が幅員約8mあることに加えて，その両サイドに3m幅の歩道を配し防災の観点を取り入れた構造になっているからである。1区・3区ではこの幹線道路の高台側に，そして2区では両側に，商店と事業所が位置している。2区の幹線道路沿いは，文字どおり災害後の新しい青苗商店街となった。なお，2区と3区の間には，緑地公園が設けられた。この公園も防災を考慮して造られた。

　それでは，高台地区における被災世帯の居住地は，下町に比較してどのような特徴がみられるのであろうか。高台地区における4区から8区のうち5区と6区は，災害前においてすでに高台地区における地域住民の主要な居住地区であった。これらの地区には，先に指摘した町営団地のほか，各種の社会的機関や公的施設があり，下町に比べて数は少ないが，商店，民宿も

あった。したがって災害後，被災世帯がこの両地区において住宅再建を図ろうとした場合，モザイク状に残された空き地が利用されることになった。このような空き地は，下町の被災世帯が災害前から土地所有をしていた場合も含まれた。この地区に土地を所有していた被災世帯は，居住地の選択に逡巡することなく所有地に新しい住宅を再建した。しかし，そのような条件を持たない被災世帯が圧倒的に多かったから，下町の被災世帯は，復興事業計画に依拠しつつ代替地を求めることになった。4区・7区・8区は，そのような居住地区である。しかもこれらの地区の土地は，災害前，居住者が少なく空き地であったところも多かった。この中に町有地や国有地も含まれていた。

　壊滅した下町の旧5区における被災世帯は，防災のために元の居住地区に戻ることができなかった。防災集団移転促進事業により，全世帯が他地区に移転せざるをえなかったからである。こうして旧5区の被災世帯の大多数が，新しい居住地として高台地区を選択した。特に，4区の望洋台団地や7区山の手地区を選択した被災世帯が多い。ちなみに，4区の34世帯について，災害前の居住地区名を確認してみると，旧5区であった世帯は19世帯，旧4区が14世帯，旧6区が1世帯となっている。

　4区が一戸建ての持ち家住宅のみによって構成されるのに対して，7区・8区には，一般住宅のほか，公営住宅が含まれる。7区（山の手地区）の場合，26世帯の道営住宅が，8区では，24世帯の道営住宅（米岡団地）がそれぞれ含まれている。7区についても，調査時点の居住世帯に関して災害前の地区名を確認しておくと，旧1区：12世帯，旧2区：6世帯，旧3区：10世帯，旧4区：2世帯，旧5区：25世帯，その他：5世帯となり，旧5区の被災世帯が最も多く含まれている[13]。この7区は文字どおりの新地区であり，災害前の出身居住地区別からみて，かなりの多様性がうかがわれる地区である。8区は7区と類似している。すなわち災害後の新地区であること，公営（道営）の米岡団地があること，そして地区住民の災害前の居住地区が多様であるということである。この地区は高台地区における5地区のうち最も地理的に高い位置にある。空の玄関口奥尻空港を含む地区でもある。

　以上に指摘したように，災害後における新しい居住地区の主要な特徴は，下町の1区・2区・3区と高台の4区・7区・8区にみられるように，災害前の居住地区を異にする被災世帯が交じり合う形で構成されることになったという点である。被災世帯は，元来，漁業集落の地域住民であり，しかも後述するように，緊密な親族ネットワークの中でお互いを熟知し合った住民である。けれども，このような被災世帯の新居住地区は，大多数が元の近隣とは異なる被災世帯同士が顔を寄せ合う新しい近隣社会となった。このような近隣社会を形成する新居住地の選択はどのようにしてなされたのか，それを次項において取り上げることにしたい。

2－2　居住地の選択

a. 制度的枠組における居住地選択

災害後における居住地の選択は，基本的に復興計画に基づく。このような居住地選択は，制

度的枠組内の選択といえる。しかし実際には，一部において，必ずしもこの制度的枠組に依拠しない選択もなされた。前者の居住地の選択に関する経緯は，都市防災美化協会『北海道南西沖地震復興過程に関する調査研究』（1995 年 7 月，以下，『復興過程研究』と略す）に記載されているので，それを手掛かりにして，以下にやや詳しくしてみておこう。

　最終的な第 4 次仮設住宅の建設がなされる 10 日前の 1993 年 8 月 18 日，奥尻町長によって旧 5 区（岬地区）約 80 世帯の全面移転計画が表明された。これが青苗地区の被災世帯にとって新居住地に関する最初の公的な方向づけであった。もっとも，水面下では当初，建設省による復興区画整理案が北海道庁住宅都市部に出され，それを受けて北海道庁都市整備課・奥尻町長・奥尻町企画課長が「区画整理の方針」を検討した。しかし検討の結果，「青苗地区の地籍は古く，しかも不明な土地所有権が多いことから，区画整理は難しい」という結論になった。この結論は，北海道庁企画振興部南西沖地震災害復興対策室（この対策室は北海道庁における緊急対策本部の中核組織である。以下，「道庁災害復興対策室」と略する）より建設省区画整理課に報告された。町長の公的な表明は，このような経緯を踏まえてのことであった。実際，壊滅した旧 5 区に関しては，8 月 19 日，国土庁による防災集団移転促進事業の事業認可が得られた。こうして旧 5 区の被災世帯の新居住地は，国土庁の集団移転促進事業による復興計画に依拠して進められる方針が打ち出された。

　しかし建設省による区画整理案は，その後，青苗臨海地区である旧 1 区から旧 4 区に関しても出された。この提案に対しても，10 月末において，やはり区画整理案は困難であるという回答が，「道庁災害復興対策室」より建設省に対して提出された。その後，数度の検討会を経て，翌 1994（平成 6）年 2 月 22 日に至ってやっと，旧 1 区から旧 4 区については，水産庁の管轄である漁業集落環境整備事業によって復興事業を行うことの了解が建設省との間に得られた。かくして，旧 1 区から旧 5 区すべての下町地区について，区画整理案に依拠しない復興事業計画が決定されるまで，災害後，約 7 ヵ月を要した。

　ところで，青苗地区住民に対する町の説明会に際して，被災者との話し合いにおける最大の争点は，被災世帯が移転する場合の移転先についてであった。被災者に対する移転先の説明会は 10 月 19 日に行われたが，北海道庁住宅都市部内に設置された奥尻町災害復興支援プロジェクトチームや北海道立寒地住宅都市研究所によって，奥尻町に対して 3 案の素案がすでに 8 月 20 日に提示されていた。すなわち，それは①全戸高台案，②折衷案（旧市街地は漁師まちとする），③旧市街地再生案である。この素案をめぐり関係部署において議論がなされるとともに，9 月 14 日から 25 日にかけて，道庁住宅都市部と奥尻町は地域住民に対して意向調査を行った。この期間中の 16 日から 17 日には，北海道庁水産部による漁協組合員を対象にした意向調査も行われた。

　被災住民にとって災害の痛手が大きかったことから，9 月 11 日の「合同慰霊祭」が行われるまで，多くの被災地域住民は，このような復興計画案の動向に即，鋭敏に反応しうる状況になかった。地域住民が精神的に落ち着くためにはなお時間を必要としたからである。意向調査は，このような被災者の心のダメージを汲み，タイミングを計りつつなされなければならな

かった。このような状況下において，9月24日に北海道庁は奥尻町に対して，先の3案を2案に修正した①全戸高台移転案，②一部高台移転案（低地に90戸の漁師まち）を第1次案として奥尻町に正式に提示した。しかもそれは，10月25日までに回答を求めるという期限付きであった。初期の素案における③案は，防災の観点から実現見込み少なしと判断され，削除されていた。

　かくして9月30日，奥尻町議会において復興計画案の第1次案が論議の俎上に載ることになった。翌10月1日には，北海道庁から奥尻町への職員派遣とともに，奥尻町に災害復興対策室が設置された。この奥尻町災害復興対策室（以下，「町復興対策室」と略す）によって，災害後の奥尻町自治体行政は，「復旧」への対応から本格的な「復興」態勢へと転換していくことになった。

　この時期に至ると，復興計画に関する情報が住民にとって不足していること，被災者の意向がどのように計画に生かされるのか，といった基本的な課題が問われ始めた。そのために10月9日，青苗地区住民によって「奥尻の復興を考える会」が組織された。10月19日には，青苗地区住民を対象にした説明会が行われた。この会において，青苗地区復興計画素案が初めて提示された。具体的には，旧5区の被災世帯を念頭においた防災集団移転促進事業について説明がなされるとともに，すでに9月24日に北海道庁が奥尻町に示した計画素案，①案：全戸高台移転，②案：一部高台移転（低地に90戸の漁師まち）を内容とした復興計画第1次案が提示された。しかしこの段階では，先に指摘したように，旧1区から旧4区の青苗臨海部は建設省の区画整理案がからみ，旧1区から旧5区を総合的にとらえた説明は難しかったし限度もあった。このために奥尻町の対応が，被災住民の意向を充分に汲んだ対応ではないと，一部の地域住民に受け取られる状況が生み出された。説明会では，「何故，北海道庁が復興案を作成するのか」，「何故，北海道庁案に依拠するのか」，「何故，地区住民に情報開示を早くしないのか」といった疑問や不信が被災地域住民から出されることになった。

　引き続き，10月28日に奥尻町は，今度は青苗地区の各区ごとに，防災集団移転，まちづくり計画，復興基金案について説明会を行った。この説明会において，旧5区の住民は，10年前の日本海中部地震による津波の被害の経験，そしてこのたびの決定的なダメージから，住民の総意として全面移転案に賛同した。集団移転促進事業は，地域住民の側においてスムーズに了解された。しかし他の地区では，事態は容易に進展しなかった。そこで「奥尻の復興を考える会」は，11月8日から12日にかけて独自に住民調査を行い，改めて地域住民の意向を問うことになった。この結果に対応して，11月16日，町長は第1次案における②案の修正案を提示した。すなわちそれは，低地部における漁師まち90戸の建設から300戸の建設へと大幅な変更を盛り込む一部高台移転案であった。青苗の下町地区には漁業従事者が多い。そのために船の繋留，仕事に対する作業導線を考え，職住近接，海岸にできるだけ近い居住地を希望する住民の意向はたしかに強いものがあった。300戸となれば，災害前の戸数の大半を意味することから，このような修正案は，被災地域住民における災害前の居住地へのこだわりを汲もうとしたものであった。

事態の大きな展開は11月22日であった。その一つは，奥尻町の町議会対策特別委員会において，一部高台移転の基本方針が承認されたことである。具体的には，「青苗旧5区（岬地区）は全面移転，青苗旧1区から旧4区（臨海地区）は一部高台移転」となり，旧5区と他の区とで移転方式が異なるというものであった。もう一つは，同日，奥尻町と「奥尻の復興を考える会」が共催し，まちづくり計画，復興基金案に関する青苗地区住民全体を対象にした説明会が開催された。この説明会において，青苗地区住民の総意として町の一部高台移転方針に賛同が得られ，住民と町との間に最終的な合意が得られたことであった。

　町と被災地域住民との間における移転方針に関する公的な合意は，12月20日，町議会において第2次案（第1次案の修正案）が了承されたことによって形成された。加えて当日の議会において，北海道庁の復興計画素案を基本として復興計画を進めることも了承された。しかし青苗臨海部に300戸を建設するという町長案は，北海道庁側との擦り合わせから，さらに修正されることになった。というのも，すでに12月3日，北海道庁は，青苗臨海部の旧市街地に対する195戸（このうち，漁師まちは140戸）案を回答していたからである。この195戸案も，検討の結果さらに226戸に落ち着くことになる。この内訳は，平均規模70坪の一般住宅204区画，平均規模100坪の商業系宅地22区画であった。第2次案の内容に関しては，被災地域住民からの問題提起はあまりなかった。12月22日には，折から建設中であった道営住宅52戸への入居が開始された。

　被災世帯の新居住地は，復興計画との関連において青苗臨海部が226戸となったことから，8月20日段階においてみられた北海道庁による内々の素案③案，つまり旧市街地の再生案が，9月13日には削除されていたけれども，結局，第2次案に至ってそれが再浮上した形にさえなった。復興計画第2次案は，高台地区に予定されていた造成地が文化財埋蔵地であることから，該当地における規模縮小，そして他の地区における規模拡大という微調整が行われた。これが第3次案であり，1994年4月に作成されることになった。この時点において，最終的には，青苗臨海部は180戸が計画されていたから，臨海部の居住地における区画数の確定にはかなりの時間が必要であった。

　第3次案によると，復興計画に依拠し高台地区に三つのニュータウン地区が計画された。すなわち，高台ニュータウンA地区：この地区は新地名が山の手であり，宅地38区画に加え道営住宅（新生第2団地）26戸，高台ニュータウンB地区：奥尻空港に最も近い米岡新生団地56戸，そして高台ニュータウンC地区：青苗中学校横の壁山団地40戸がそれぞれ予定された。これらに加えて青苗灯台下にあった国有地ビーコン跡地（国有地であったために国より払い下げを受け，ここに望洋台団地が造成される）に28戸が予定された。都合，188戸（移転予定全世帯の51％）が高台地区移転可能となった。前項においてふれたごとく，旧5区の被災世帯は，復興計画案によるA地区（山の手）と望洋台団地に移転した世帯が多い。これに対して臨海部には180戸（移転予定全世帯の49％）が予定されたが，1994(平成6)年10月31日時点における奥尻町の試算では，この地区に新築し再定住する被災世帯は，結局，最大100戸程度に留まるのではなかという見通しであった。被災世帯の新居住地の選択は，基本的に復

興計画に依拠した制度的枠組内における選択であったが，内実はこのように大変流動的であった。

b. 任意的な居住地選択

　復興計画の制度的枠組に依拠しない新居住地の選択をした被災世帯もあった。これらの被災世帯のうちで，高台地区において最も早く住宅再建をした被災世帯は，災害が発生した年の年末までに新築をし，年明けに入居した場合であった。1994(平成6)年9月時点では，高台地区に移転し，新築をした被災世帯がすでに40戸以上もみられたという指摘がある。この時点は，仮設住宅生活が丸1年を経過した段階である。先にみたごとく，復興計画に依拠した移転方針について町と地域住民との間に合意がなされたけれども，1994年の年末時点では，どの区画地をいつ，誰にどのように宅地割するのかということは未確定であった。町は，事業計画の工期との関係から，1995(平成7)年1月から3月には宅地割を完了したいという意向であった。区画地の選定に関するこのような状況と時間的経緯から，復興計画のスケジュールに合わせて生活再建を図ることができないと判断した被災世帯があった。しかし先の事例のごとく，実際，土地を取得し住宅を建設しうるには，そのための必要性とそのような対応を可能にする条件を保持していることが前提であった。

　前提条件を保持した被災世帯とは，災害前において，すでに高台地区に土地を所有していた被災世帯，土地を持たないが土地購入のうえ新築をしうる経済的基盤を持つ被災世帯，そして災害前より民宿・旅館経営をしていたために，経営を再開し生活再建にいち早く取り掛かりたいという被災世帯等であった。こうした被災世帯は，居住地選択の意思決定において他の被災世帯と異なる決定過程を持つといわなければならない。被災地域住民の側から地域生活の再建過程をみるとき，災害前の社会階層の違いが，災害後の居住地選択のあり方を左右していることが理解されなければならない。

　以上のごとく，激甚被災地青苗地区における地域生活の再建過程には，被災世帯の居住地選択という側面からみたとき，復興計画の立案過程における行政体（被災自治体，北海道庁，所轄の省庁）間の意見調整，復興計画の事業実施にかかわる町と被災地域住民との合意形成，被災世帯間における社会階層による対応の分化といった課題が伴った。これらの課題解決は，地域生活の再建過程において克服されなければならなかった。被災地域住民の側に視点を据えると，災害後における地域生活の再建過程は，災害前の居住区を異にする，あるいは近隣を異にする住民相互による新しい地域社会の形成，つまり一種の「混住化社会」を形成する方向において展開することになった。このような意味における災害後の「混住化社会」の形成過程が，地域生活の再建過程における一つの側面であるとすれば，災害前の居住区および近隣区における地区特性を把握しておく必要があると思われる。そこで次項では，激甚被災地の災害前における世帯の職業，世帯形態，親族ネットワークのあり方を取り上げ，これらを通じて地域生活の社会的性格を判断するための最小限度の手掛かりとしたい。災害前におけるこれらのあり方は，災害後の地域生活の変容を見極めるうえにおいても確認しておく必要があると考える。こうした点を踏まえたうえで，さらに災害後の地域生活の再建過程における近隣関係や生活圏

が問われるべきであろう。

2－3　災害前の居住地における地区特性

a.　職業構成からみた地区特性

　災害時より約6年前の時点ではあるが，旧1区から旧5区の地域住民に関する職業構成の全体がほぼ確認された。地域生活の再建過程は，災害後の時間的経緯において跡づけられることはいうまでもないが，災害前との比較によって再建過程の意味がいっそう跡づけられるであろう。居住世帯の職業構成の確認は，そのために重要な客観的手掛かりであろう。そこで，やや煩雑になるが，職業構成を各区ごとに記しておく。以下の職業構成の整理は，具体的なイメージが得られやすくなるように，国勢調査において用いられる職業分類に必ずしも依拠していない。確認しえた世帯の職業を多い職業の順から単純に並べてみる。

　旧1区：78世帯における職業は，漁業25，公務18（教員13，地方公務員等5），自営業9（精米所2，製材1，鉄工所1，板金・美容院1，専売品店1，貸金業1，布団店1，木工所1），建設・土木労務8，その他6，無職12である。

　旧2区：71世帯における職業は，漁業24，自営業20（飲食店3，理髪店2，専売品・食料品・雑貨品店2，食料品・雑貨品店1，時計店1，金物・釣具店1，美容院1，ガソリンスタンド1，食料品店1，土木・建設業1，水産・貸間業1，冷菓卸業1，呉服店1，薬局店1，電器店1，貸金業1），民宿・旅館4，建設・土木労務4，公務3（地方公務員1，郵便局員1，寮母1），建設業2，会社員2，寺院1，漁協職員1，会社経営1（ガス・電気），大工1，無職8である。

　旧3区：78世帯における職業は，漁業35，自営業22（飲食店3，鉄工所2，建設業2，水産加工業1，家具店1，板金業1，青果店1，石油販売店1，豆腐店1，食料品店1，専売品・雑貨品店1，食料品・雑貨品店1，理髪店1，生コンクリート1，パチンコ店1，製材業1，造船業1，珠算塾1），公務4（診療所職員2，地方公務員2），民宿・旅館2，会社経営1（運輸業），その他2，無職12である。

　旧4区：38世帯の職業は，漁業9，自営業8（運輸業2，金物店1，専売品・野菜・雑貨品店1，水産加工業1，理髪店1，建具店1，本屋1），運転手3，建設・土木労務3，公務1（地方公務員），寺院1，無職13である。

　旧5区：75世帯の職業は，漁業42，建設・土木労務13，自営業4（水産加工1，食料品・雑貨1，食料品2），公務2（地方公務員），漁協職員1，会社員1（船員），大工1，民宿1，その他1，無職9である。

　確認された世帯の職業の総計は，表3・9に集約したように340であるが，職業構成からみる地区特性としていくつかの特徴が確認される。その第1は，いずれの地区においても漁家の構成比率が最も多いということである。下町全体では，約4割が漁家である。青苗地区は漁業基地であるということが改めて確認される。その中でも特に旧5区は，漁家が56%となり過半数を占めることから，漁業集落の特徴は，通称，岬地区と呼ばれるこの地区にうかがわれる

といってよい。これに続くのは旧3区である。漁家の職業構成比率が高いこれら二つの地区に対して，他の地区では，その比率がやや低くなっている。しかしこの点は，第2の特徴であるいずれの地区においても無職が多い，ということに関連するように思われる。それは，無職層にはかつては漁家であった世帯が含まれているからである。たとえば旧4区の場合，漁家の構成比率は23.7％と5地区の中では最も低い値であるが，それは確認しえた時点における数値にすぎない。他の地区についても同様のことがいえる。高齢化の進展とともに，このような傾向は増大すると思われるから，あくまで一つの目安である。

　第3の特徴は，旧2区・旧3区・旧4区に共通して指摘しうることであるが，自営業がこれら三つの地区に多いことである。先に言及したごとく，多種多様な業種がこの自営業に含まれている。第4に，旧1区は，公務に分類される職業階層が下町地区では最も多く，23.1％を占めるということである。この区内に青苗中学校が位置することから教員住宅があり，この住宅に居住する教育公務員が多いことによってこの職業階層の比率が高くなっている。さらに役場職員，学校職員，奥尻空港職員，消防署職員といった地方公務員もこの地区に比較的多く居住している。

　奥尻町内における二つの中核地区である奥尻地区と青苗地区は，両者間が約16～17km離れていることから，日常的には，当該地区それぞれがかなりの自律性を持った自己完結的な地域生活を展開せざるをえない。このことは，上述した自営業の多さと多様性にうかがわれる。災害後，この自営業層は，高台地区に移転し経営活動を再開し生活再建を図る場合と，復興計画に依拠したまちづくりの一環として下町の臨海部の商店街地区において経営活動を再開する場合とに二分されることになった。災害後における自営業層と他の地域住民との関係性の再構築は，自営業層における居住地の分化との関連において改めて問い直されることになる。この点は，近隣関係の再編成とともに日常生活における買い物圏の再編成として次項において改め

表3・9　災害前の青苗下町地区における職業構成

	旧1区	旧2区	旧3区	旧4区	旧5区	合　計
漁　　業	25 (32.1)	24 (33.8)	35 (44.9)	9 (23.7)	42 (56.0)	135 (39.7)
自　営　業	9 (11.5)	20 (28.2)	22 (28.2)	8 (21.1)	4 (5.3)	63 (18.5)
公　　務	18 (23.1)	3 (4.2)	4 (5.1)	1 (2.6)	2 (2.6)	28 (8.2)
建設・土木 労　　務	8 (10.3)	4 (5.6)	—	3 (7.9)	13 (17.3)	28 (8.2)
そ　の　他	6 (7.7)	12 (16.9)	5 (6.4)	4 (10.5)	5 (6.7)	32 (9.4)
無　　職	12 (15.4)	8 (11.3)	12 (15.4)	13 (34.2)	9 (12.0)	54 (15.9)
合　　計	78 (22.9)	71 (20.9)	78 (22.9)	38 (11.2)	75 (22.1)	340 (100.0)／(99.9)

注）「その他」には数が少ない職業も含めて表にしている。聞き取り調査より。

て取り上げる。

　職業構成の側面からみた地区特性は，旧1区から旧5区までの下町地区全体を視野において
ふれた。その結果，漁家層と自営業層の占める高い比率が注目された。しかもそれは，地区間
における特徴が浮かび上がる形であった。やや大胆な表現をするとすれば，下町の地区特性を
集約的に示す地区は，その職業構成のあり方によって表しうる。その一つは，漁家層が災害前
において最も多くみられた旧5区である。他は，自営業層が災害前に多くみられた旧2区・旧
3区・旧4区である。特に前者二つの地区は，自営業層の比率が3割近くを占めた。これらに
対して，旧1区は，区内に教員住宅が位置することから公務員が多くなっていた。

　地区ごとにおけるこのような特定職業の高い構成比率は，災害後の地域生活の再建過程にお
いて，当該地区住民はもとより地域社会全体にとっても大きな意味を持つ。漁家層中心の旧5
区の住民は，全戸高台移転に伴い，新しい近隣関係および生活圏の再編成，そして職住分離に
伴う漁業経営のあり方が他の旧地区住民に比べていっそう問われることになったからである。
自営業層は，災害後のまちづくり計画の中核をなす社会層として位置づけられ，青苗地区の地
域活性化において果たす役割が期待されている。このために，自営業層の衰退は，青苗地区の
衰退につながりやすい。結果として，奥尻町における二大中核地区のうち，その一つである青
苗地区の衰退は，町全体の衰退につながる恐れが予想される。というのも，すでにふれたごと
く，災害前に下町に居住していた自営業層の一部が高台地区に移転したために，自営業層にお
ける高台地区と下町地区とにおける居住地区分離によって，自営業層間における乖離の兆しが
すでに見受けられるからである。またまちづくりの中心拠点が青苗臨海地区に置かれたため
に，高台地区の自営業層に比較して，災害後の経営活動再開地区として下町を選択した自営業
層は，青苗地区における商店街の今後の動向を左右する中軸に位置づけられるようになってき
ているからである。

　以上のごとく地区別の特性が鮮明になったことから，漁業層を中心とする旧5区と，自営業
層がより多くみられる旧2区と旧3区に焦点を据えた地区特性の把握がさらに必要になる。そ
こで次に，漁業層が多い旧5区の災害前の地区特性を，世帯形態と親族ネットワークの側面か
ら取り上げてみたい。なお自営業層については，まちづくりの取り組みに関連して改めて後述
したい。

b.　世帯形態と親族ネットワークからみた地区特性

　別途報告書で災害特性において言及したごとく，年齢別に被災者をみたとき，60歳以上の
高齢者の比率が最も高かった[14]。いわゆる災害弱者といわれる人たちに犠牲者が多くみられ
た。地域社会における高齢者の比率が高ければ高いほど，このような結果がもたらされること
になろう。激甚被災地区の旧5区においては，67名の犠牲者と5名の行方不明者が確認され
ている。この数は，青苗地区全体の犠牲者と行方不明者のうち67.3％を占めている。これらの
犠牲者の中で，高齢者はどのように位置づけられるのだろうか。図3・5は，この目的のため
に整理された。旧5区において犠牲者がみられた世帯は灰色で表示している。さらに灰色で表
した世帯の中で，○印の世帯は，60歳以上の人が犠牲者となっていることを示している。36

世帯中 27 世帯が該当している。

　このような犠牲者の世帯の位置関係に注目すると，津波は図の上方から，つまり日本海に面する西側から襲ってきたので，東側の世帯に比べて，犠牲者は西側に位置する世帯にやや多いように思われる。図の左側は方角的には南となり，左端に「徳洋記念碑」の搭がある。これに対して図の右側は北の方角であり，青苗灯台下に近い位置にある。したがって高台に逃れる距離の近さからすると，右端の世帯ほど条件がよいから犠牲者は少なくなると考えられる。しかし図をみる限り，そのようなことはいえない。このような旧5区内の被災世帯の位置関係からすると，方角と高台への距離によって犠牲者の多寡の傾向を指摘することは難しい。これに比べて，〇印を付した 60 歳以上の犠牲者が確認された世帯は，犠牲者がみられた 36 世帯のうち 75％を占めていることから，年齢層の違いがいっそう注目される。災害弱者に犠牲者が多いといわれることは，旧5区ではこの 60 歳以上の年齢層に当てはまるように思われる。この年齢層は犠牲者の多さに関連するとともに，災害後の地域生活や家族生活の再建過程に深くかかわるから，旧5区全体における世帯形態をここで確認しておこう。

　さて表3・10 は，世帯主の年齢層別に世帯形態を整理したものである。表からうかがわれる旧5区の災害直前における世帯形態の特徴は3点ある。その一つは，世帯主の年齢が 50 歳代

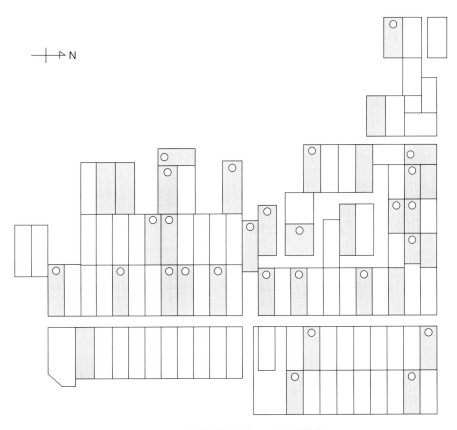

図3・5　高齢被災者世帯における犠牲者

表3・10　災害前の旧5区における世帯形態

世帯主の 年齢 ＼ 世帯形態	一人世帯	夫婦のみ の世帯	夫婦＋子 供の世帯	三世代 世帯	そ の 他	合　　計	
80 歳代	1	1	0	1	1	4	（ 5.3）
70 歳代	3	6	0	1	2	12	（16.0）
60 歳代	0	19	1	7	3	30	（40.0）
50 歳代	1	13	0	1	1	16	（21.3）
40 歳代	0	3	5	1	0	9	（12.0）
30 歳代	0	0	3	0	1	4	（ 5.3）
合　計	5 (6.7)	42 (56.0)	9 (12.0)	11 (14.7)	8 (10.7)	75 (100.1)	（99.9）

注）聞き取り調査より。

以上である中高年齢層の世帯が圧倒的に多く82.6％を占めているということである。特に60歳代の世帯主世帯だけでも4割になる。二つには，中高年齢層の世帯主世帯では，夫婦のみの世帯が大多数である。三つには，三世代世帯は漁家層に多いということである。ちなみに，三世代世帯11戸中10戸が漁家である。しかし，この三世代世帯においても世帯主が50歳代以上の世帯が多く，11戸中10戸となっている。このような特徴が確認された世帯形態について，犠牲者は30世帯においてみられた。これらの世帯のうち，50歳台以上の世帯は24世帯であった。このうち最も多い世帯はやはり60歳代であり，16世帯を数えた。職業との関連においていえば，21世帯の漁家において犠牲者がみられた。

　前節の産業構造に関連して，漁協組合員における年齢構成の変容を指摘したごとく，高度経済成長期以降，漁業就業者の後継者不足とともに漁業就業者の高齢化が進展してきた。町内の漁業基地である青苗地区でも，事態は同様であった。そのような状況下にあって，災害の襲来は漁家それ自体に多くの犠牲者を生み出したことはいうまでもないが，残された中高年齢層の漁家が災害のダメージから災害後の漁業経営を断念するという事態をも生み出した。ちなみに，災害後，旧5区から島外に転出した世帯は5世帯ある。これらのうち4世帯が漁家であり，すべて函館に転出した。島に留まり生活再建を図ろうとする中高年齢世帯は，今後，さらに高齢化が進展する。このような世帯の増大は，漁家層に限定されるわけではない。しかも旧5区にみられるこのような傾向は，激甚被災地青苗全体に当てはまるものと思われる。災害後の高齢化の進展に地域社会はどのように対応しなければならないか。高齢化に関する一般的課題とともに災害という個別課題が加わった高齢化への対応が余儀なくされている。

　地域社会における構成員として，今後，高齢者世帯のいっそうの確実な増大が予想されることから，高齢化を一つのキーワードとして，災害後における地域社会の再建過程が注目されなければならない。高齢者世帯は，それ自体が有する資源によって自立的に災害後の様々な事態に対処するとともに，世帯外の社会的制度に依拠した専門機関の活用によっても事態に対処するであろう。災害後の事態に対する対処の仕方として，自立的な対処，専門機関に依存した対処のいずれかのタイプに比重を置くのか，それとも両者を課題に応じて均等に活用するのかは，当該世帯の置かれた状況によって左右されるであろう。このような論点は，改めて次章で

述べるように，「被災世帯家族の生活再建」という世帯レベルにおいて展開される。本節では，事態対処のあり方に関連して，地域社会レベルにおいて確認しておかなければならない前提がある。それは被災者や被災世帯が自立的に事態に対処しうる資源の一つにかかわる。すなわち，アメリカ合衆国の従来の災害研究において解明されてきたことは，災害時の被災者や被災世帯に対する第一次的関係の存在の重要性であり，そうした関係による援助的機能の遂行である[15]。高齢者世帯にとってこの第一次的関係は，他の年齢層世帯の家族よりもいっそう重要であるように思われる。この第一次的関係とは，同居家族成員や他出家族成員，家族成員の周囲に位置する親族，そして近隣・友人・知人によって構成される。

　地域社会が親族関係の網の目によって構成されている場合と，そのようなネットワークをほとんど持たない場合とでは，災害後において被災者や被災世帯が事態に対してとる対処のあり方に違いが生じるように思われる。とりわけそれは，高齢者世帯について当てはまるのではなかろうか。しかし従来の災害研究は，災害時における親族の援助機能の存在を明らかにしているけれども，残念ながら，被災地域における親族や親族ネットワークの存在それ自体の確認が必ずしもなされていない。災害後の時期的経過に伴う親族機能の変容も跡づけがなされていないように思われる。このような論点を明確にするために，災害前の被災地域が，R. ヒルらの表現である「親族に指向したコミュニティ」と「個人に指向したコミュニティ」のいずれの特性をもつかを確認しておく必要がある[16]。そこで以下に，旧5区についてこの点を確認してみよう。

　さて図3・6は，災害前における旧5区の各世帯が，お互いどのような親族関係にあるかを表したものである。親族関係は，系図とともに類別的に確認しえたけれども，図中には，最小限の情報を表示するにとどめた。マス目は各居住世帯を表し，マス目内における上のゴチックの数字は各世帯番号，そして下の数字は，当該世帯が旧5区内において親族関係にある世帯の番号をそれぞれ示している。これによると，区域内の他の世帯と親族関係にある世帯は61世帯であった。親族関係がみられないという世帯については，地域的範域を広げて青苗地区内における親族関係の存在を確認した。同様に，旧5区内と青苗地区内のいずれの地区内においても親族関係がみられない場合，さらに広範域の奥尻町全体における親族関係の存在を確認した。その結果が，各世帯のマス目内における「青」，「奥」の表示である。すなわち，「青」の表示は，旧5区内に親族はいないが，青苗地区内にはいるということ，同じく，「奥」は，旧5区内および青苗地区内のいずれにも親族はいないが，奥尻町の他地区に親族がいるということである。

　こうしたことを踏まえると，旧5区の地区特性として，被災前の当該地区が「親族に指向したコミュニティ」であるということの前提を確認したことになる。他の区に関する聞き取り調査においても，同様のことが指摘された。したがってこのような意味における「親族に指向したコミュニティ」は，旧5区に限定されないといえる。加えてこのような親族関係の存在を前提として，この親族が同時に近隣であったり，かつまた親しい友人・知人でもあるという重なりを持つことが少なくない。かくして旧5区をはじめ青苗地区では，異なる関係性が重なり合

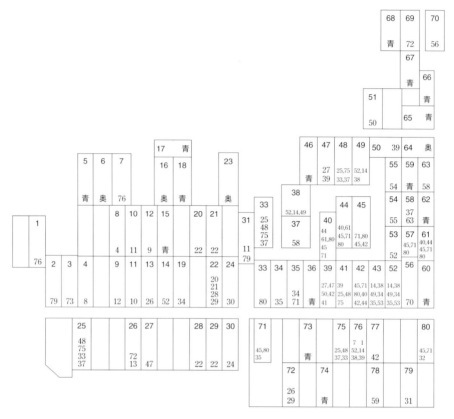

図3・6 災害前における旧5区の親族ネットワーク

う，いわゆる重層化した第一次的関係のネットワークを持つ世帯が多いといえる。このような地区の特性を前提として，近隣関係は位置づけられる。災害後の近隣関係の変容や日常の生活圏もこのような親族ネットワークを前提にすることによって，いっそう明確になるであろう。

2－4　近隣関係と日常の買い物圏

a. 近隣関係

　災害後の執筆時における近隣関係について，災害前の近隣関係に比較しつつ事例的に行った聞き取り調査によると，近隣関係の変化としていくつかの点が明らかになった。その一つは，災害前では自宅を留守にするとき鍵をかけることはなかったが，災害後においては施錠するようになったということである。この変化の原因として次のことが指摘される。まず，最も大きな原因は，災害後，復興計画によって高台地区への住民移転がなされたことである。このために，漁家層を中心に職住の空間的分離が大きくなった。高台にある自宅から離れた海と海岸において就業する場合，両者に距離があることから留守宅の管理に目が届きにくくなった。しかも災害前であれば，熟知し合った近隣がいたから，島外に出かける場合でも，施錠しないで留守宅をこの近隣に依頼することができた。しかし災害後は，居住地が復興計画に依拠して展開

したことから，近隣それ自体が災害前の近隣とは異なることになった。そのために，近隣に留守宅を頼みうる関係性がまだできあがっていない。それゆえ住宅に施錠しなければならない条件が生じた。さらに，住宅が近代的な様式の新築住宅となったことから施錠が容易になった。特に，公営住宅に入居する世帯は，アパート形式の住宅であることから鉄の扉に施錠することが習慣とならざるをえなくなった。いずれにしても，住宅の施錠行為の出現は，地域生活の再建過程に伴い顕著になった現象である。このような施錠行為が習慣化するか否かは，今後における近隣関係の展開を見極める論点の一つになるものと思われる。

　二つに，災害後，朝起きてから屋外に出て近隣に出会ったとき，気軽に「おはよう」という挨拶ができにくくなったということである。単純なこの挨拶の言葉がかけにくくなったというこのような変化は，災害後の居住地が復興計画に依拠して展開したことから，近隣それ自体が災害前の近隣とは異なることになったということにかかわる。同じ青苗地区の住民であるから，災害前からお互いは顔見知りではあるけれども，災害前の近隣とは異なる隣人の存在は，知り合いの度合いにおける微妙な違いから一種の違和感がみられるようになった。馴染みの程度の微妙な差異が挨拶のしかたに現れているといえる。もっとも，区画割に際して，親戚同士が隣り合わせに居住区を希望したり，元の住居跡に近い区画を希望した結果，元の近隣と隣り合わせになったという場合がある。こうした場合の近隣関係は，微妙な違和感は回避しやすい。

　近隣間における挨拶の仕方の微妙な変化は，居住区の選択とともに住宅形態によってももたらされている。住宅の形態として，一戸建て住宅ではなく公営住宅に入居した被災世帯では，従来，経験したことがない鉄の扉によって仕切られた近隣生活を展開することになったからである。漁村集落の生活様式からアパート形式の都市的生活様式への変化は，近隣間における「勝手の違い」を生み出している。扉を開いて出くわす隣人が元の近隣ではなく，しかも職業，年齢，性別，家族形態が異なるとき，近隣関係の構築には時間が必要となる。このような公営住宅にみられる近隣関係のあり方ほど顕著ではないが，災害前に比較して，災害後の一戸建て住宅は，復興計画に依拠して隣家との間に空間が設けられることになった。前後左右の両者ではなくても，どちらか一方の側には，空間的距離が可能な限り設けられている。災害前の下町地区の住宅景観を高台地区から撮影した写真と，現在の景観とを比較したとき，この違いは一目瞭然である[17]。これは防災の観点からも必要であった。しかし，数mとはいえ，隣家との空間的距離が設定された場合の近隣同士の挨拶は，軒下が重なり合うほどに接近していた被災前の近隣間における挨拶の交わし方とは，やはり微妙な違いを生み出している。

　いうまでもなく，災害後の近隣関係がいかに展開しているかを確認することは，災害後における地域生活の再建過程を見極める重要な内容の一つである。その近隣関係における隣人同士の挨拶における変化は，日常的でシンプルな側面であるだけに災害後の近隣関係がどのような状況にあるかを確認する目安の一つにもなりうる。さきにふれたごとく，災害前の近隣関係に比べると，居住地，住宅の形態，そして隣家間における空間的距離によって隣人同士における挨拶の仕方に微妙な違いがもたらされた。近隣関係の変化には，このような事情が介在した。しかし，近隣関係の変化に影響を及ぼす原因として，決定的に重要であると思われることは，

被災状況のあり方である。同じ近隣間において被災状況が異なる場合，近隣間の挨拶に微妙な違いが生じる。とりわけ，犠牲者があった世帯とそうでなかった世帯とが隣人同士になった場合，近隣間における言葉のやりとりと行動には，他者に対する慎重な配慮が必要にならざるをえない。実際，聞き取り調査によると，同じ被災者であるけれども，災害の衝撃が大きかった被災者や被災世帯に対して，被災の程度において軽微であった者は，気兼ねや遠慮があるという意見がみられた。

1998（平成10）年3月17日に，町による復興宣言が出された。また同年6月には，秋篠宮ご夫妻の臨席を得た慰霊碑の除幕式典があった。これらを経過して，つまり災害後，丸5年目に至って，同じ地区住民として，先に指摘した被災者間における気兼ねや遠慮をしないでかなり自然にふるまえるようになるのではないか，という述懐が一部の被災者にみられるようになった。このようなことを踏まえると，近隣関係における微妙な違和感や緊張感，そして被災の軽重による被災者間における一種の後ろめたさといったことが，被災者間や被災世帯間において少しずつ緩和されつつあるように思われる。

被災者や被災世帯の心情の深層レベルにおける変化が現れるためには，時間という「とき薬」が必要であろう。新しい近隣関係の構築は，「とき薬」に伴うこのような心情の変化を汲み入れつつ進展している。被災者や被災世帯の心情について言うは易い。しかし，その心情を理解し共有し合うことは難しい。

b. 日常の買い物圏

被災者や被災世帯の心情における不可視的な微妙さに比べると，日常的な買い物行為は，地域生活の再建過程における可視的な部分の一端を垣間見せてくれる。そこで，以下において被災世帯の日常的な買い物行為とその変容を取り上げることにしたい。

すでに2−3a「職業構成からみた地区特性」において指摘したように，災害前の青苗下町地区の旧2区や旧3区には，自営業世帯が多くみられた。災害後，このような世帯は半減した。しかも復興計画によって，災害前に下町地区にあった自営業世帯は，高台地区と青苗臨海部の下町地区とに分離した。ちなみに下町地区では，災害後の執筆時現在，自営業として14世帯〜15世帯が営業している。災害前の下町地区の自営業が63世帯確認されたことに比べると，これはまさに激減である。このような自営業被災世帯は，まちづくり計画の力点が下町に置かれたことから，新居住地である1区2区そして3区の幹線道路沿いに集中した。これが災害後の新しい青苗商店街を形成することになった。災害前では，地域住民は距離的に近接した自営業世帯から日常生活において必要な商品を購入していた。しかし，災害後，自営業層の居住地が再編成されたことから，日常の買い物圏もまた再編成されなければならなくなった。

漁家を中心としていえば，いうまでもなく魚介類は自前であったから，購入品の中にはこの副食品は含まれない。非漁家世帯においても，漁業基地の青苗地区では，水揚げされた魚介類が無償ないし低廉に入手しうる。そのために奥尻町では，魚屋は1軒もない。こうしたことから，消費生活の側面では，食費の負担は最小限にとどめられうる。したがって，自営業世帯からすると，魚介類を除いた生活必需品を商品として扱うことになる。

　このような消費生活の特徴に加えて，災害前の日常の買い物は，すべて即金の現金払いではなくて，数少ないとはいえ一部にはつけ払いもあった。このような支払いは，2−3 b「世帯形態と親族ネットワークよりみた地区特性」において確認したように，地域住民が親族関係をコアにしたお互い熟知し合う社会関係の網の目を有することによって支えられていた。購入する商品に関しては，親族関係を中心とした関係性の中で，どの自営業者からどのような商品を購入するかがほぼ決まっていたといわれる。同じ商品を扱う自営業が複数存在する場合がある。このような場合，暗黙の了解として，どちらか一方に片寄らない共存共栄の原理，相互依存の原理を尊重するという地域生活のシステムがみられた。親族関係が重複し合う場合についても同様の社会規範が成立し，地域生活における秩序化が保証されてきた。したがって，消費者の側における自営業者の任意的な自由選択，自営業者の側における自由競争の原理は，地域生活における秩序破壊の一因として危惧された。

　しかし災害後，このような秩序原理が揺るぎ始めている。それは，いくつかの日常品の購入に関する新しい買い物行動においてみられる。一例を示すと，それは，災害後，仮に近くに商店があっても当該の商店から商品を購入しなくなったことであり，親族関係にある世帯が，災害後，自営業を再開したにしても，当該の商店から商品をつねに購入しなくなったことである。これらの新しい現象は，災害後，青苗臨海部の端に進出してきたスーパー「つるや」の存在が大きい。函館市に拠点を持つ道南地方中心のチェーン店「つるや」は，島外資本による町内への初の本格的進出である。進出当初の位置づけは，被災者と被災世帯に低廉で豊富な商品の提供ということであった。この進出は，青苗地区における消費行動の単なる変化を引き起こしたばかりではない。低廉で選択の幅がある商品を求めて，青苗地区のみではなく 16〜17 km 離れた奥尻地区からの集客がみられるようになった。売り出し企画日には，さらに遠い島の反対側にある稲穂地区からも買い物客がみられるようになった。町レベルの消費行動における大きな変化が生じた。さらに時として，商店がこのスーパーから低廉な商品を多く購入し，それを自宅商店において販売するということもみられるようになった。消費者側にとどまらず，自営業者側の反応も敏感になってきた。

　こうしたことから，消費者は，災害前にあっては遠慮気味であった「どの商品は，どちらの店の方が安い」という言葉が，明確に公言されるようになってきた。このような変化は，日常品の購入に際して，災害前においてはみられなかった，商品の購入者に商店が車で商品を届けるというサービス行為を引き起こすようになった。自営業世帯にとっては，消費者のニーズにサービスという付加価値を加えるという営業姿勢の変更が余儀なくされ始めた。スーパーの進出による直接的なインパクトに加えて，災害前では，商店から商品を自宅に届けてもらうというような行為は予想しえなかったが，復興計画によって高台地区に多くの被災世帯が移転したことから，臨海部における商店と高台地区にある住宅までの距離がこのような行為を後押しすることになったといえる。災害前における共存共栄，相互依存の原理に，災害後における競合と競争の原理が導入され始めたことによって，地域生活の再建過程は，これらの諸原理を組み入れつつ新しい秩序化を志向しなければならなくなった。

　自営業の被災世帯は，災害による衝撃を克服し，生活再建を図ろうとするとき，このような外的諸力とともに，同じ被災者でありながら消費者としての被災世帯，そして同じ自営業被災世帯の動向に敏感にならざるをえなくなってきた。二重三重の課題が顕在化してきている。この課題に関する考察は，「被災自営業世帯の生活再建過程」としてテーマを設定し，改めて稿を起こす必要があるように思われた。

　このように，災害前の地域生活においてなじみにくかった新しい原理の導入は，好むと好まざるとにかかわらず，抗しがたい諸力になってきた。これに伴い，災害というインパクトは，新しい行動様式を被災住民と被災地域に要求し始めてきているように思われる。このような諸力が，買い物行動という側面や先に言及した近隣関係における変化の側面にとどまるのか否かは，さらに見極められなければならないであろう。そこでさらに，このような方向性を地域生活の再建過程におけるいくつかの地域集団の衰退・消滅・形成・展開を通じて探ってみたい。

2－5　地域集団の消滅・衰退・形成・展開

　災害研究においては，救助・救護・救援の活動にかかわる重要な集団として，主として，第二次的集団が取り上げられる。その際，集団という用語は用いられることは少なく，一般的には，組織という用語が用いられている。しかもその組織は，規模の大きい組織であることが多い。組織の明確な目的，訓練された人員，高度な技術や技能，装備，そして動員力によって災害に対する対処能力が大きいことから，このような組織が注目されてきた。しかし他方において，近代社会における官僚制組織の原理に依拠した場合，そうした組織は災害に対して必ずしも機能的ではないという論点も提起されてきた。官僚制組織のマイナス面が問題にされる。災害時におけるこのような官僚制組織の機能的弱点は，親族・友人・知人といった第一次的関係に依拠した集団や任意的なボランティア組織によって補完される。したがって現実的には，官僚制組織，第一次的集団，ボランティア組織の三者による相互の機能的補完によって，災害へのより効果的な対処がなされているといえる。

　組織，集団という用語の問題はさておき，災害時および災害後の対処行動において，意外と見落とされがちであるのは，地域集団である[18]。本節で言及したごとく，被災地区の特性として親族関係のネットワークが確認された場合，このようなネットワークを一つの地域集団，つまり親族集団として位置づけることができよう。こうした地域集団の存在は，前項にみたように，近隣関係や日常の買い物行動に影響を及ぼすものであった。すでに報告した「被災経験と生活再建過程の事例」にうかがわれるごとく，このような地域集団の存在が緊急時において一次的な避難所になったり，各種の援助機能を果たしていた[19]。また災害後，一度離島した被災者や被災世帯を再度，呼び戻す吸引的機能を果たすこともみられた[20]。地域集団としてのこうした親族集団は，同じ地域集団のうちでも第一次的集団である。この親族集団については，すでに一部言及したので，以下では，むしろ第二次的集団に焦点を据えて言及しておきたい。

　さて，災害後における青苗地区の第二次的集団として注目される地域集団は，①町内会，②老人会，③宗教集団，④「商栄会」，⑤「復興を考える会」，⑥「南奥尻の活性化を考える会」，そ

して⑦遺族会である。これらの集団においては，集団の目的，集団規模，集団構成員の性格，集団としての範域，集団の成立時期がそれぞれ異なっている。しかしこれらの集団は，いずれもが地域住民の日常生活において深くかかわっているし，地域生活の再建過程を考える場合，重要であると思われる。順次，これらを取り上げてみよう。

a. 町　内　会

すでに指摘したごとく，災害後，青苗地区の行政上の地域区分は 8 地区に再編された。この各地区が，町内会のユニットであり，これらが全体として青苗連合町内会を形成する。この各地区の再編成は，地区区分の単なる再編成ではなくて，その構成員自体の大きな組み替えを伴うものであった。しかもこの構成員は，家族成員や親族，親しい近隣や友人・知人を失った人たち，生活の物的基盤を一瞬のうちに奪われた人たちによって占められている。新しい居住地における近隣は，災害前の近隣とは相互に異なる。これらの近隣によって新しい近隣生活が展開する。住宅の形態も 2 階建てアパート形式の住宅が加わったし，減災・防災上の観点から住宅間にオープンスペースが可能な限り設けられた。こうした近隣と近隣社会とともに，新しい町内会が形成された。したがって町内会の活動は，当然のことながら，これらの諸状況を前提にして展開されなければならない。周知のごとく町内会は，一方において，自治体行政の下支え組織という性格がある。しかし他方において，町内会は地域住民の日常の生活ニーズを充足したり，地域住民の安寧を図るための，住民に最も密着した組織的単位でもある。そのために時として，町内会は自治体行政に対して，異議申し立てを行い改善を要求する圧力集団になる。青苗地区の町内会は，このような町内会の一般的な性格を当然のことながら有している。

けれども災害後の町内会は，復興計画による地区の構成のあり方と構成員の被災経験に照らして，従来の町内会とは性格を異にした位置づけと活動が必要になるのではないかと思われる。というのも，復興計画に伴う居住地の設定とその区画の選択，住宅様式の変容，地域住民における近隣関係や買い物行動における変容，これらを通じてうかがわれる地域住民の規範意識の変容が見出されるからである。換言すると，漁村的生活様式から都市的生活様式への変容がうかがわれる。このようなことから，新しい町内会活動の位置づけのためには，災害後における地域住民の社会的性格の変容を前提にした取り組みが必要になるであろう。つまり激甚被災という非日常的な経験を，町内会という組織それ自体と町内会の活動にそれぞれどのように組み入れていくのかということが問われる。もっともこのような視点は，なにも町内会のみにとどまるものではない。ここに取り上げる地域集団すべてに当てはまるであろう。

このような視点に関して，災害研究においてしばしば指摘される「治療コミュニティ」や「愛他的コミュニティ」の概念が手掛かりとなる[21]。すなわち，被災時と被災後に顕著にみられた被災者間，そして被災者と救助・救護・救援にかかわった人たちとの間における互助協力と共有感情に支えられた非日常的な生活世界が，「治療コミュニティ」ないし「愛他的コミュニティ」を形成するといわれる。被災者をめぐる非日常的な生活世界の出現は，緊急時の一時的現象として位置づけられがちである。被災者がお互い痛みを共有し合って地域づくりを展開せざるをえない被災地区では，町内会組織と町内会活動は，「治療コミュニティ」や「愛他的

コミュニティ」と概念化される内容をいかに組み入れつつ継承・展開させていくかという課題を持つように思われる。

　激甚被災地区の犠牲者の世帯形態に関してふれたように，旧5区では，災害前においてすでに高齢者世帯が多くみられた。この人口や世帯の高齢化傾向は，災害後の青苗地区全体において確実に増大することから，激甚被災地区における地域生活の再建は，今日的な「福祉コミュニティ」の形成という課題に直結していくことになる。このような視点は，「治療コミュニティ」や「愛他的コミュニティ」が合意するところに着目するとき，災害後の時間的経過に伴って，被災高齢者世帯をめぐる「福祉コミュニティ」をいかに構築していくかに応えていく大きな手掛かりを与えてくれているように思われる[22]。この課題は，町内会レベルにおいてのみ解決しうるものではない。自治体全体，さらには国家レベルにおいて取り組まなければならない課題であることも確かである。町内会レベルにおいてみたとき，ささやかな動きは，どのようにみられるのか。将来的な方向性はいかに模索されているのか。それを老人会の再組織化と活動再開を通じて探ってみよう。

b.　老人クラブ「寿会」

　町内会は，災害の前後で組織的変容がみられつつも，継続した。これに対して，老人クラブ「寿会」は，災害時より災害後の1998（平成10）年4月まで活動が停止した。もっとも，災害前から会の活動はあまり積極的ではなかったといわれる。会の性格や活動内容が曖昧であったからである。しかし，1998年を迎えて，会の復活を図ろうとする動きが生じた。これは，被災者が町内会のレベルにおいて，災害後，本格的に取り組みを再開した代表的な活動である。奥尻町が1998年3月17日に復興宣言をすることになっていたから，このような動きとも連動した。しかし当然のことながら，被災者自身において活動を再開しようという気運が高まらなければ，賛同者は得られにくいし，組織化は難しい。その意味では，「寿会」の再開は，災害の衝撃から何かに取り組もうとする被災者の側における心情の変化として受け止められる。4月に高齢者の名簿づくりが開始され，5月20日には総会が青苗支所において開かれた。総会後には花見が行われた。5月の時点では，58名の会員ということであったが，7月下旬においては，会員81名となった。ゲートボール，花壇の世話，道路沿いの花植えといった身近なところからの活動がようやく開始された。被災者にとって，ささやかなことが一つ一つ複雑な思いにつながることがあるから，手探りをしつつ気持ちを確かめて進めようとしている状況がうかがわれた。

　「寿会」の成員は，たしかに増加した。年会費2,000円の納入率もほぼ100％である。しかし他方において，会に加入していない高齢者も多い。漁業を生業にする地域住民には，生涯現役という信条がある。小型の磯船をあやつり，早朝から海に出て漁をすることが生活に染みついている。漁をすることが，即，生活であるし，生活の保障につながるという信条である。青苗地区では，最高80歳代の現役漁師の被災者がいる。70歳代の現役漁師や災害後に漁師をやめた被災者らの意見によると，老人クラブに加入することは，漁師をやめ引退することと同義であるから，現役中は加入しないという。良い意味における一種の抵抗感や緊張感がうかがわ

れる。いずれにしても，被災高齢者における災害からの立ち直りの一端は，まだまだ手探りの状態とはいえ，このような「寿会」の再開と再組織化においてうかがわれたといってよい。

c. 宗 教 集 団

ここで宗教集団という場合，氏子集団，伝統的な寺檀関係にある檀徒集団，そして新興宗教の三者が含まれている。まず，氏子集団からふれておく。海という自然を相手に生業活動をする漁業就業者は，意識的か否かはともかく，「生と死」につねに対峙させられている。海の仕事は男性の仕事であるといわれる。女性は，岸にあって海の幸の陸上げとその後の作業に従事する。この性別分業は青苗地区の漁業，さらには奥尻町の漁業に一般的である。それだけに，男性は女性に比較していっそう「生と死」に直面する機会が多い。漁業という生業活動に伴うこのような「生と死」は，就業者や地域住民の宗教意識および宗教活動においても投影される。大漁祈願とともに海上における安全祈願，そして家族の安寧，さらに地域社会の平穏祈願は，地区内（旧2区）における青苗神社の存在と青苗神社の祭典においてみられる。恵比寿様を奉った神社の社殿は，地震後に発生した火災によって消失したが，御神体自体は被災を免れた。青苗神社の祭典は8月12日夜から14日までの3日間行われる。青苗地区では，この青苗神社の祭典と並び奥尻三大祭りの一つである「室津祭り」（他の二つは，奥尻地区における「なべつる祭り」，稲穂地区における「賽の河原祭り」である）が，7月20日（かつては10月20日であったが，この頃になると海が荒れることから，祭典期日が早くなった）に行われる。青苗岬から海上数km先の沖合いにあり，岩礁の上に建立された室津神社は，八大龍神を奉る。この岩礁周辺は，奥尻島近海でも有数の豊かな海域であるといわれている。

陸における青苗神社，海における室津神社というこれら二つの神社は，漁業基地青苗地区，漁家を中心とした地域住民にとって漁業における大漁，そして地域住民全体の生活の安全と安寧を祈願するシンボルである。同時に，これら神社の祭典は，地域住民にとってお互いが一体感を共有し合う機会であり，祭典への参加は地域社会全体にとって社会統合の意味を持つものである。海を生業の基盤とする地域住民が多いだけに，「生と死」に関する意識は，住民の意識構造の深層に内面化したり，逆に，機に応じて顕在化するという両面性があるように思われる。両神社の存在と祭典は，そうした意識を集合表象として確認しうる機会の一つである。

神社の存在と神社の祭典への参加活動は，一般的には，地域住民と地域社会にとって求心的機能を果たすといわれる。災害はこれらの機能を奪った。しかし再建された青苗神社とその祭典に続いて，1998年7月19日と20日の2日間，丸5年ぶりに「室津祭り」が再開された。災害後，はじめての「室津祭り」ということから，特別に前夜祭が加えられた。筆者もこの祭典に参加したが，地域住民自身による出店があり，水揚げされた海の幸がふんだんに振る舞われた。この祭りの再開は，被災者にとって，災害後の打ちひしがれた気持ちの整理を確かめる機会であったし，地域社会全体にとって明日に踏み出す一つの区切りであったかと思われた。

地域住民は，神社に対する氏子としてかかわるとともに，地区内にある4寺院とも関係が深い。前者の氏子集団は，町内会と同様に全地域住民を対象とする地域集団である。災害後に再

編成された町内会の単位である8区より，各区5名（4名の地区もある）の総代が選出され，彼らを世話人として運営がなされる。この氏子集団は，町内会以上に，地域社会の統合と住民の一体化を図る重要な機能を果たす集団であり，地域集団である。これに対して，寺院は信仰のあり方，先祖とのかかわりから，宗派を異にすることがある。このために，宗教は統合とともに分離の機能を併せ持つ。青苗地区では，旧1区に萬徳寺と耕養寺，旧2区に日潮寺，旧4区に法隆寺と4寺院がそれぞれ存在した。災害前における青苗地区の世帯規模504世帯と人口規模1,401人からすると，4寺院の存在は多いように思われるかもしれない。しかしこれは，高度経済成長期の初期やそれ以前に遡ると，青苗地区が奥尻町のむしろ中心地であり世帯数や人口規模も町内で最も多かったこと，そして先にふれた海上の生業活動による「生と死」のかかわりの大きさから，4寺院の存在の必然性は理解されうる。

　ところで，これらの寺院のうち，法隆寺以外の3寺院は，津波と火災によって壊滅した。とりわけ，津波によって流された寺院がその大きな屋根のみを無残に示した被災光景は，津波の威力のすさまじさを物語るものであった。これらの寺院に対して，法隆寺は，すでに2-1において旧4区に関して言及したように，幸いにも，被災が最小限にとどめられた。このために，法隆寺は，災害直後から被災者の緊急避難所になったばかりか犠牲者の安置所になり，宗派を超えて犠牲者の弔い場所となった。法隆寺は，マスコミ各社がこぞって活発な取材活動を展開する現場にもなった。この光景は，被災者はもとより住職とその家族にとっても複雑な感情と戸惑いをもたらすものであった。

　家族成員や親族，親しい友人や隣人，そして知人を亡くした被災者が，災害後，避難所生活や仮設住宅生活をしながら法隆寺に足を運ぶようになるには，時間が必要であった。法隆寺にとっても，災害前の寺と檀家との関係に戻るまで時間が必要であった。仏壇はもとより先祖の位牌も失った被災者宅への法要訪問は，手探りで行われなければならなかった。被災者における避難所生活から仮設住宅生活への移行は，その手探りの第一歩であった。仮設住宅に入居後，犠牲者を持つ被災世帯は，まずなにはともあれ，不充分とはいえ位牌の仮安置場所を住宅内に確保し始めたからである。そして新築住宅が建設されることによって，新しい仏壇や犠牲者の位牌が各世帯において本格的に安置されるようになった。しかし被災者にとって，新築住宅におけるこのような仏壇や位牌の安置は，災害の悪夢を呼び起こしたり，思い出したくない被災経験を意図的に回避しようとしたり，災害の痛手を癒そうとしたりする輻輳した意味を持つシンボルになった。さらにいえば，住宅再建後における仏壇や位牌の安置は，被災者にとってココロの復興を静かに見つめ直そうとする契機を与えるものでもあった。法隆寺による被災世帯に対する毎月の法要訪問は，この住宅復興に伴い進展することになった。

　被災世帯の住宅復興に伴い，被災した寺院の再建も行われた。法隆寺以外の他の寺院では，各寺院とその檀家との関係において，寺院の再建それ自体が課題であったから，その課題を被災した檀家とともに審議しながら進めなければならなかった。寺院の再建には，教団からの義援金が寄せられたし，檀家からの寄付行為も伴った。被災世帯は各自の住宅再建とともに寺院の再建にもかかわらざるをえなかった。寺院の再建は，被災した檀家にとって先祖と犠牲者の

法要が行われる態勢の第一歩となった[23]。地域社会の再建過程において，このような寺檀関係の再構築は，モノの復興とともにココロの復興を考えることにつながるであろう。

　宗教集団とココロの復興に関連して，上述したことに加えて，青苗地区内に存在する寺院の宗教や宗派以外の他の宗教が，災害後，被災者の心をつかみ，ココロの復興にかかわり始めた。災害という予測しがたい出来事に遭遇し，多くのものを失った被災者が，災害のダメージから立ち直ろうとして，既存の宗教とは異なる地の宗教にその立ち直りの契機を求めようとすることがあるからである。少数例ながら，被災者からこのような意見が見出された。地区内に存在する既存の宗教集団が，このような被災者のココロの復興にどのような役割を果たしうるかは重要な課題であろう。宗教は社会統合機能とともに分離機能を持つだけに，被災者のココロの復興と宗教集団との関係は，災害後，新しい秩序形成を図ろうとする地域生活の再建過程においても見逃しえない課題であるといえる。

d.「商栄会」

　この集団は執筆時点では存在しない。「商栄会」は，災害前には存在したが災害時になくなった。「商栄会」は，1954(昭和29)年頃から災害時まで約40年間継続した集団である。この会は，10軒ほどの自営業者によって形成された。災害前では，自営業の経営が成り立つためには，最低50～60戸の固定客が必要であったといわれる。会の主要な活動は，函館市の問屋と提携をし，そこから共同の仕入れをしたり，地域住民から中元商品や歳暮商品の注文を取り一括購入してお客に配送するという営業活動であった。自営業経営におけるコストダウンを図るとともに，顧客へのサービスが企図された会であった。さらに会員は，定期的に毎月3,000円の積立をし，それを財源として会の運営費に当てた。懇親会の開催は，積立財源からの金利を活用して行われた。この会は，奥尻商工会が発足するまでは，商工会の代替をするほどの活動と役割を果たしたといわれた。しかし残念ながら，災害前からの会員間のトラブルを引きずっていたこともあり，災害をきっかけにして，「商栄会」は解散することになった。災害後，一部に再組織化の動きがみられたけれども，会としては復活していない。この会が災害後，再組織されていれば，商店街の活性化につながり，地域の活性化にも寄与するであろうという意見が一部にはみられた。会員におけるトラブル，自営業層の世代交代，時代状況と会の目的や活動のあり方との関係といった課題がみられたにせよ，災害後の地域生活の再建過程には，このような自営業層間における結束とそれに依拠した営業活動は，重要な役割を持っているといわなければならない。

e.「奥尻の復興を考える会」

　この会は，災害後，復興計画との関連において全町レベルで組織されたが，実質的には青苗地区住民が多くかかわった（105世帯が加入）ことから，青苗地区の地域集団という性格がみられた。災害後，被災者の意見を復興計画に反映するためにこの会は組織された。この会が被災者の窓口となり，町との交渉や説明会の開催を行った。たとえば，復興計画における居住地の移転と住居地の選択，まちづくりのあり方，そして被災者に対する義援金の配分や補助金の算定のあり方は，被災者や被災地域にとって重要な課題であったから，会としての独自な案も

町に対して提案された。会が被災者の意向を復興計画に反映するために，会による住民意向調査が計画され実施されもした。このような復興計画の立案それ自体への参加とともに，復興計画の透明さ，情報開示を求めるという活動もみられた。さらに罹災の認定いかんによって義援金に差が生じることになるから，被災者間における義援金に関する公正さを訴えることも重要な活動であった。

　もとより，「奥尻の復興を考える会」の独自案や活動が，復興計画にすべて盛り込まれたわけではなかった。しかしこの会は，被災者における意見の分散化を防いだり，表明しにくい意見を取り入れたりしながら，結果として被災者の意向調整をしつつ復興計画の共有化を進めることになった。部分的であれ，この会は復興計画に被災者が参画する役割を担った。けれども激甚被災地区によって依拠する事業計画に違いがあったから，地区住民間における最大公約数の合意が得られた後，復興計画の具体的な進展に伴い，会の組織的活動は縮小した。そして執筆時では，残念ながら，この会は，実質的には形骸化してきている。それでも初期におけるこの会の組織化と組織的活動は，被災者自身が災害後の復興計画に関する立案にかかわるという貴重な経験を与えることになったといえる。うがったとらえ方をするならば，このような経験を通じて，災害後における地域社会の活性化のためにこうした組織の必要性が，潜在的にせよ被災者の一部に教訓として残されたのではないかと思われる。被災地域の活性化には，このような被災者自身による組織づくりとともに組織への参加による活動が欠かせないことを示しているからである。このような観点に立つとき，次に取り上げる「南奥尻の活性化を考える会」は，そのような可能性を持つ地域集団といえるであろう。

f.「南奥尻の活性化を考える会」

　この会（以下，「活性化を考える会」と略す）は，青苗地区の有志（町議，商工会の役員，漁協の婦人部部長・青年部部長などを役員とする）によって災害前年の1992（平成4）年に発足していた。会の目的は，青苗地区の活性化を図るために，当該地区に航空自衛隊の施設や官舎の設置，青苗川および青苗漁港周辺に緑を増やすこと，高齢者のためのゲートボール場，子どもの遊び場所やグラウンドの設置等を，町内に存在する自衛隊基地の司令や町に要請し，そしてそれらの実現を図ることであった。こうした個別課題の達成を通じて，青苗地区のまちづくりを促進することが会のねらいであった。というのも高度経済成長期以降，災害前に至るまで，すでに奥尻地区との格差が広がり青苗地区の地域社会としての地位の低下は顕著となっていた。「活性化を考える会」が発足したのは，このような地区間格差に対する青苗地区住民の危機感の現れであり，地区間格差是正を図るために住民の組織化と組織的活動が必要であるという現状認識が背景となっていた。

　自衛隊の施設や官舎の設置については，幹線道路が海岸線を走る道路（道道奥尻島線）1本ということによる交通アクセスの問題，そして自衛隊の施設や官舎がある奥尻地区との間における距離（約17km）の問題から，自衛隊の関連施設の設置は難しいとのことであった。これに対して，他の課題である青苗川と青苗漁港周辺を整備することによって緑を増やすこと，ゲートボール場，グラウンド，子どもの遊び場，さらにイベントホールの設置等は，可能であ

るという回答が得られていた。実際，この整備計画は町の長期計画における青写真に盛り込まれていた。

　しかし，このような会の運動が開始されてまもなくして災害が襲った。「活性化を考える会」が目的とした課題に比較しえないほど，緊急かつ重要な課題が一挙に噴出する事態が生じた。そのために「活性化を考える会」は存続しつつも先に言及した「奥尻の復興を考える会」の設立によって，現実の緊急事態のために「奥尻の復興を考える会」に軸足を移さざるをえなかった。したがって，復興計画の策定とその漸次的進展に伴い，「奥尻の復興を考える会」がその役割を縮小化し，実質的に形骸化するに及んで，「活性化を考える会」が，再度，顕在化してくる。本来，町ないし「奥尻の復興を考える会」によってなされるべき災害ボランティアに対する被災者からの災害後における復興過程に関する報告が，青苗町内会と「活性化を考える会」のまちづくり事務局によってなされていることは，以上にふれた経緯によって理解しうる。ちなみに，1995（平成7）年9月12日付，第1回目の全国災害ボランティア宛ての報告内容は，①救援物資や義援金の使われ方，②復興の状況，③産業の状況，④島民の生活状況，⑤島民の心の立ち直り，⑥ボランティアへの感謝，⑦その他，となっている。そして1996（平成8）年9月12日付，第2回目の全国災害ボランティア宛ての報告内容は，①義援金の使われ方，②街なみの変化，③産業の復興，④島民の生活，⑤島民の心，⑥ボランティア，⑦その他，となっている。

　「活性化を考える会」は，その活動面からみると，町内会と重複する。というのも，この会によって災害前から要望された課題は，町内会によって提出されてよい内容であるからである。それゆえ会としての活動の独自性は曖昧にならざるをえない。にもかかわらず，会が発足したことは，従来の町内会活動の脆弱さをカバーする意図があったといえる。それは，構成員が有志となっていることからうかがえる。災害後の地域生活の再建過程において，このような「活性化を考える会」が存在感を示すことは重要な意味を持つであろう。この会が青苗地区の将来に対する危機感を持つ有志によって構成される会として明確に位置づけられるとすれば，こうした有志による会は，災害後における新しい地域社会づくりの方向性を見定める可能性を持っていると思われるからである。このような方向性を持つ組織づくりと組織運営がなされる会であれば，災害前と異なる会の活動が鮮明になるであろう。さらにいえば「活性化を考える会」は，町内会活動を補強するにとどまらず，町内会活動をむしろリードする可能性も有しているように思われる。

　災害前における自営業層の有志による「商栄会」は，特定社会層の利害にかかわるとともに地域社会全体に対するサービス提供という役割を担っていた。「活性化を考える会」は，有志による会ということにおいては「商栄会」と同じである。有志によって新しい動きを創り出した経験はすでに存したといわなければならない。この経験は，災害後の現状に照らした評価を踏まえて教訓化しうるものであろう。「活性化を考える会」の初期の目的は，「商栄会」と異なり，特定層の利害ではなく，地域住民全体にとってのニーズに応えようとすることに主眼が置かれていたから，災害後における地域生活の再建過程において，被災者に共通する課題とその

克服，したがって地域社会全体に共通する課題の設定とその克服に関する担い手としての可能性をこの「活性化を考える会」は持っていると思われる。

　以上に取り上げた地域集団は，災害前から存在していた集団，存在していたが災害時に一時的に機能停止し，災害後再組織された集団，災害後組織されたがすでに衰微ないし消滅した集団，災害時に消滅した集団等々であった。これらの地域集団に対して，次にふれる「遺族会」は，災害によって新しく創り出された集団であり，しかも被災者の中でも犠牲者を抱える被災者によって構成されている集団である。さらに奥尻町全域をカバーする集団であり，各地区の遺族会の連合体でもある。青苗地区は，その犠牲者の圧倒的な多さから「遺族会」の成員も当然のことながら多い。したがって，青苗地区としての遺族会がここでいう地域集団としての「遺族会」である。この新しい集団が，地域生活の再建過程において持つ意味について言及してみたい。

g.「遺族会」

　災害から5年後の1998（平成10）年5月28日，犠牲者を抱えた被災世帯61名によって，当該世帯が抱える課題を共有しつつその解決を図ることを目的としてこの会は設立された。この「遺族会」は，青苗地区，初松前地区，奥尻地区，稲穂地区それぞれにおける遺族会の連合体組織である。激甚被災地奥尻における被災状況は，空間的広がりにおいて重層構造を持っている。すなわち，それは町内の各地区間，各地区内（同じ激甚被災地区内における町内会の下位単位）間，そしてさらに町内会の下位単位区内における世帯間といったごとく，それぞれにおいて被災状況が異なる。したがって，少なくとも3層をなす被災状況の構造が存在する。「遺族会」は，第3の空間的広がり，つまり町内会の下位単位である各区レベルの世帯間において被災状況が異なるということに依拠している。しかもこの「遺族会」は，最も深刻な犠牲者の有無によるという被災状況に基づいている。したがって，「遺族会」の成員と非成員とでは，同じ被災者でありながら，災害のダメージの大きさは異なるし，災害後の生活再建のあり方も異なってくる。「遺族会」の会員を多く持つ青苗地区は，当然のことながら，最も深刻な被災状況を背負っている地域社会である。このために，この「遺族会」の存在と活動のあり方は，今後，地域生活の再建過程を通じてつねに注目されなければならない。

　1998年3月17日，町議会において奥尻町長によって復興宣言が出されるまで，慰霊祭の開催は，災害後丸5年間，町の主催によって行われていた。しかし1999年度より，7月12日の慰霊祭は，節目の10周年や15周年を除き，「遺族会」によって主催されることになった。「遺族会」は，犠牲者を抱える被災世帯相互の物的な生活保障に関する課題，ココロの復興にかかわる課題といった共通課題を持ちつつ，それらを解決していかなければならない。「遺族会」は，これらの課題に加えて，慰霊祭の主催という重大でかつ象徴的な役割を持つことになった。

　過去に過酷な被災経験を持ったことから，人々は，犠牲者を哀悼し残された肉親に対する思いといたわりを示すこと，被災経験を風化させないという願望，また犠牲を起こさせない・起こさないといった一連の願望を込めて慰霊祭を行うという歴史的経験を持っている。8月6日

の長崎市と8月9日の広島市における被爆者追悼と慰霊式典は，その代表である[24]。これらと北海道南西沖地震とでは，慰霊祭への参集者や地域的広がりの規模は異なるであろうが，込める意味に違いはないであろう。慰霊碑の存在，メモリアル・デイ，そして慰霊祭への参集は，被災者はもとより地域社会にとっても過去への追憶，現在の見極め，そして将来の展望を探る機会とならざるをえないように思われた。

青苗地区の旧5区跡には，慰霊碑に加えて奥尻島津波館の建設が進められていた。災害の脅威と被災経験は，これらの構築物を通じて確認されたり継承されたりするであろうが，災害研究における災害の下位文化の概念が意味するところからすると，自治体行政はもとより，被災者，被災世帯，地域社会，公教育を通じて，そしてまたこのような慰霊碑の参拝や奥尻島津波館の見学による学習を通じても，形成・継承されなければならないであろう[25]。

地域生活の再建過程は，災害前と災害後とにおける主要な地域集団の衰退・消滅・再編・形成・進展に着目する限り，災害後丸6年を経過して本格的な再建過程を踏み出したというのが実情かと思われた。このような地域生活の再建過程において，地域内集団間はもとより町内外の集団や組織との連携は，今後いっそう必要になってくるであろう。それだけに，地域生活の再建過程が確かな足取りをもって進展するためには，災害前以上に，地域リーダーの存在と育成が重要にならざるをえない。激甚被災地区における地域生活の再建過程の舵取りは，この地域リーダーのあり方に左右されると考えられるからである[26]。

2−6　小　括

本節の主題である激甚被災地区における地域生活の再建過程は，以上に言及した諸点に加えて，地域経済の側面からの検討が必要である。すでに指摘したごとく，青苗地区は奥尻町における二大拠点地区の一つであって，この青苗地区における地域経済の再建は，当該地区全体の復旧・復興・再建の根幹をなすことはいうまでもなく，ひいては奥尻町全体の地域経済の復興・再建に直結するからである。その意味で，「はじめに」における復興・再建モデル図に当該地区が適用されるとき，事態の持つ意味はいっそう鮮明になる。

第1節の小括で確認したように，激甚被災自治体奥尻町は，災害前の社会発展の進展方向がCタイプとして位置づけられた。自治体という地域社会全体に関するこのような変動方向に関して，高度経済成長期において町内の二大拠点地区である奥尻地区と青苗地区との地位関係は，両者の拮抗的な状態から奥尻地区に比重が傾く方向に変化してきた。この変化に伴って，両地区の対照的な社会的経済的性格がいっそう顕著になった。すなわち，奥尻地区は行政・交通・流通の中心地区であることから各種の社会的機関が集積し，町内諸地区のうちで人口が最も多い地区となった。住民層の特徴としていえば，給与生活者とその家族が支配的である。とりわけ，自衛隊の航空基地が町内に存在することから，隊員とその家族の官舎が奥尻地区にあり，当該地区には公務員層が多い。

他方，青苗地区は，昭和30年代後半には，町内における基幹産業の最大の基地として奥尻町で最も多くの地区人口を有していたし，江差—奥尻航路の寄港地でもあった。しかし，昭和

40年代には，海の玄関口は奥尻地区のみになった。すでに言及したごとく，高度経済成長期において，町内の基幹産業である漁業が下降に向かったことから，その漁業の最大基地である青苗地区に衰退化の兆しがみられるようになった。その後の低成長期においても青苗地区の地位低下の歯止めはならず，島外への人口流出も続いた。かくして災害前における青苗地区の社会的発展の方向性は，奥尻町全体の縮図としてとらえることができる。こうした状況下において，奥尻地区とは異なり，漁業就業者とその家族が圧倒的に多い青苗地区に大災害が襲来した。青苗地区の衝撃は大きかった。

　ところで，青苗地区の地域経済の側面からみた地域生活の再建過程は，本来，本節において取り上げられるべきである。しかし，遁辞ではないが，以下の理由により，この考察課題は，後日改めて稿を設定したい。というのも，①漁業就業者，②水産加工業者，③民宿・旅館業者，④飲食店・商店経営者，⑤建設・土木業者といった地域経済の主要な担い手に関する経済的復興・再建をめぐる資料収集がまだ充分に得られていないからである。もっとも，①〜④について，聞き取り調査結果や統計的な資料の一部はすでに収集し終えているが，青苗地区の地域経済全体に論及するためには，こうした資料に加えて，未収集の業種に関する資料の整備が必要である。残念ながら，激甚被災地におけるこのような主要な業種に関する資料収集には制約が少なくない。災害後の各業種における経済的な復興・再建は多様であり，かつまた各種の支援事業の関連が一様ではないからである。

　さらに大変皮肉なことに，災害後の復旧・復興事業により，業種によっては業績が一時的に大きく伸長し，災害特需という現象がみられ，地域経済の実質的な把握が難しいからである。モデル図に即していえば，$C_1 C_2$から$C_2 C_3$，そして$C_3 C_4$の各期間のいずれにおいても，こうした状況が確認される。このような一時的な業績の伸長には，反動が伴うことも事実である。$C_3 C_4$の時期においては，こうした反動が確認された。C_4以降，このような反動が加速するのか否かは見極められなければならない。この見極めをしつつ地域経済の再建過程が論及されるほうが，内容の実質的な深化が図られると思われる。聞き取り調査より得られた事業主や経営者の厳しい見解によると，大多数の業種では，$C_3 C_4$において，災害からの経済的復旧・復興のめどが立ちうるか否かが問われ続けているという。したがって，青苗地区の地域経済における再建過程は，各種の支援事業と自助努力によってまさに態勢を整え始めた段階かと思われる。執筆時点の地域経済の復興・再建過程はモデル図のC_4に至った段階である。今後，青苗地区の地域経済の発展がC_5，C_6，そしてC_7のいずれの方向に向かうかが見極められなければならない。

　このような青苗地区の復興・再建のあり方は，繰り返し指摘したように，当該地区が奥尻町内の二大拠点地区の一つであり，かつまた基幹産業の最大基地であるだけに，自治体全体の動向を左右すると思われる。この意味においても，青苗地区における地域経済の復興・再建の進展過程に関する解明は，改めて取り上げられるべきかと考える[27]。

1）災害の概念規定に対して復旧・復興の概念に関する論及は少ないように思われる。復旧・復興の概念規定については，Bates, L. F. and W. G. Peacock（1987），"Disaster and Social Change," in Dynes, R. R., B. DeMarchi and C. Pelanda, *Sociology of Disaster*, Franco Angeli, pp. 302-304. を参考にした。また実証的な考察は，Haas, J. E., *et al.*（1977）が有益である。注3を参照。

2）ここでいうこの概念は，直接の被災者ではないが，被災者や被災地域の救助・救護・救援の諸活動にかかわり，被災者に類似した経験を有する人たちを指している。Jones. C. D. R.（1983），"Secondary Disaster Victims: The Emotional Effects of Recovering and Identifying Human Remains," *American Journal of Psychiatry*, 142-3, pp. 303-307 を参照。

3）Haas, J. E., Kates, R. W. and M. J. Bowden（1977），*Reconstruction Following Disaster*, The MIT Press, p. 4.

4）たとえば Bogue, D. J. and C. L. Beale（1961），*Economic Areas of the United States*, The Fee Press of Glencoe を参照。

5）関孝敏（1996），『低成長期における地域社会の変動』平成5年度文部省科学研究費報告書，Ⅰ章参照。

6）平成7年国勢調査結果によると，公務は449人となっている。この中には，特別国家公務員（自衛隊員）が約300人含まれている。

7）関孝敏（1996），前掲報告書，Ⅱ章参照。

8）奥尻町観光課によると，1998（平成10）年度および1999（平成11）年度の入り込み数は，それぞれ52,336人，51,837人となっている。

9）Quarantelli, E. L. and R. R. Dynes（1977），"Response to Social Crisis," *Annual Review of Sociology*, 3, pp. 33-34.

10）関孝敏（研究代表者）編（1999），『北海道南西沖地震に伴う家族生活と地域生活の破壊と再組織化に関する研究』平成11年9月，文部省科学研究費報告書，Ⅰ章参照。

11）奥尻町役場（1969），「奥尻町史」，263頁，267頁。

12）関孝敏（研究代表者）編（1999），前掲報告書，86頁（写真1・写真3）参照。100〜101頁，109頁。

13）本節において集約した数値は，1999（平成11）年8月調査時点である。なお，被災地と被災者に関する聞き取り調査は，1993（平成5）年6月より執筆時の2000（平成12）年8月以降も継続中である。

14）関孝敏（研究代表者）編（1999），前掲報告書，10頁および37頁（表Ⅰ-3-1）参照。

15）Drabek, E. T. and K. S. Boggs（1968），"Families in Disaster: Reactions and Relatives," *Journal of Marriage and the Family*, 30, pp. 443-451. Drabek, E. T., *et al.*（1973），"The Impact of Kin Relationships," *Journal of Marriage and the Family*, 37, pp. 481-493. Bolin, R. and P. Trainer（1978），"Modes of Family Recovery Following Disaster: A Cross-National Study," in Quarantell, E. L. ed.（1978），*Disasters: Theory and Research*, Sage Publications, pp. 233-247.

16）Hill, R. and D. A. Hansen（1962），"Families in Disaster," in Baker, G. W. and D. W. Chapman eds., *Man and Society in Disaster*, Basic Books, pp. 185-221.

17）関孝敏（研究代表者）編，前掲報告書，86頁（写真1・写真3），87頁（写真6・写真7）参照。

18）兵庫県南部地震に関する社会学的研究において，日常的な地域集団の機能が被災時点においても重要な役割を担ったことが報告された。岩崎信彦他編（1999），『阪神・淡路大震災の社会学』，昭和堂，1巻Ⅴ・2巻Ⅲ・3巻参照。

19）関孝敏（研究代表者）編（1999），前掲報告書，165-211頁参照。

20）関孝敏（研究代表者）編（1999），前掲報告書，154-164頁参照。

21）Fritz, E. C.（1961），"Disaster," in Merton, R. K. and R. A. Nisbet eds., *Contemporary Social Problems*, Harcourt, Brace & World, pp. 684-692. Barton, A. H.（1967），*Communities in Disaster: A Sociological Analysis of Collective Stress Situations*, NY: Doubleday & Company.

22）倉田和四生は，阪神・淡路大震災の経験に照らして，『防災福祉コミュニティ』（ミネルヴァ書房，1998）という新しい概念を提示している。

23）耕養寺，日潮寺の両寺院は，1996年7月3日，1996年7月5日にそれぞれ再建されたが，萬徳寺は2000年6月の調査時および2016年2月においても未再建である。

24）Lifton, J. R.（1967），*Death in Life*: *Survivors of Hiroshima*, NY: Random House.

25）「災害の文化」ないし「災害の下位文化」の概念に関しては，Fritz, E. C.（1961）前掲論文。Anderson, J. W.（1968），"Cultural Adaptation to Threatened Disaster," *Human Organization*, 27（4），pp. 298-307 および Wenger, D. E. and J. K. Weller,（刊行年次が未掲載），Disaster Subcultures: The Cultural Residues of Community Disaster, Univeristy of Delaware Disaster Research Center, Preliminary Paper ♯9, pp. 1-17 参照。

26）2000（平成 12）年 6 月 2 日，聞き取り調査の結果，2000 年 1 月からの約半年間における新しいいくつかの進展事項を確認することができた。それらを補足として付記しておきたい。まず 1 月より，新しい町内会会長の選出を経て，町内会の活動に新しい取り組みがみられるようになった。具体的には，町内会の活動内容が会員に広報によって周知されることになった。100 万円の予算化とともに 2 年計画で花いっぱい運動を行う。町内 2 区にある公園に会員負担（材料費 35〜40 万円および維持費）によるイルミネーションを設置する。お年寄りの生きがいづくりを重視し，レクリエーションや婦人会の踊りの企画をする。また盆踊りの企画も始める。町長が参加する行政懇談会の開催。祭典用の新しい御輿の建造が計画された。御輿の建造には，5 年計画で 1,250 万円という高額の予算が必要であるため，町内会員にその是非を問うアンケート調査を実施した。その結果，新しい御輿を必要とする意見は会員の 80％を占めた。すでに協賛会員の募集を行い，56 名からの賛同を得て予算措置の方向性が具体化した。奥尻町の三大祭りの一つである青苗地区の「室津祭り」をあくまで町民中心で行うこととし，他の二つの祭り（奥尻地区の「鍋釣祭り」，稲穂地区の「賽の河原祭り」）が行政中心であることとの違いを明確にした。地域の祭り（8 万円），野球チーム（3 万円）に町内会より助成をした。4 月 29 日には，有珠山噴火災害の被災地に町内会より見舞金を募り手渡した。

　以上の町内会の活動に加えて，青苗地区より新しい町議 3 人が選出された。この新しい町議のうち 2 人は 40 歳代と 30 歳代である。新しい町内会長も 40 歳代である。世代交代が確実に進み始めた。若い世代の新しいリーダーが出現し始めた。青苗地区のこうした新しい動きは，当該地区の復興・再建過程を推し進めるうえで不可欠な要素である。

27）本章の初出は，同じタイトルで，北海道大学文学研究科紀要 102，2000，129-202 頁。

第4章

被災世帯・家族の生活再建過程
——1993年北海道南西沖地震における

関　孝敏

はじめに

　被災世帯・家族の生活再建は災害の社会学的研究にとって重要なテーマの一つである。しかもこの考察課題は多くの局面を持っている。そのために課題への接近方法も多様にならざるをえず，統一化することは容易ではない。ちなみに，研究法上の問題として，いくつかの課題を指摘することができる。たとえば第1に，被災地域における地域社会レベルの生活再建と被災世帯・家族のそれとの関連性をどのように見極めるのかという問題がある。これは被災世帯・家族と被災地域社会の関連について前者が独立変数，従属変数，そして媒介変数のいずれに位置づけられるかという争点にかかわり，この議論に明確な統一的見解があるようには思われないからである。

　第2に，災害の社会学的研究における世帯・家族の位置づけと世帯・家族の社会学的研究における災害のそれとがどのように有機的に結びつけられているのかは重要であろう。現実的には，両者間にかなりの乖離があるのではなかろうか。そのためにそれぞれの分野における研究成果が必ずしも有効に活用されていないように思われる。さらに第3に，被災後の生活再建は，一般的に一時点において取り上げられることが多い。しかし被災世帯・家族の生活再建は一時点のみよりは少なくとも複数の時点ないし多時点において論じることの方が，内実によりいっそう接近しうるであろう。本章のように，対象とする被災世帯・家族が激甚災害によってもたらされた場合，こうした被災世帯・家族にとっての生活再建は長期的な対応を余儀なくされる。時間軸に即した長期間にわたる生活再建課題が現出する。

　以上に指摘した諸点は，災害の社会学的研究において克服されなければならないであろう。そこで本章では，こうした点を少しなりとも明確にするために，次の4点において1993年の北海道南西沖地震による被災世帯・家族の生活再建過程を取り上げ考察してみたい。

　まず第1に，被災世帯・家族の生活再建は，地域社会の生活再建との違いに言及しつつ取り上げられる。そのために「傷つきやすさ」と「復元力」という二つの軸による被災世帯・家族の類型を設定し，これを生活再建のための資源と関連づける。第2に，一口に被災世帯・家族といっても多様であるので，ここでの対象世帯・家族は，激甚被災に鑑みて「激甚被災世帯・

家族」と名辞しておきたい。これら被災世帯・家族の生活再建では，年齢層と職業，そして生活再建地のあり方，の三者に焦点が当てられる。第3に，生活再建は過程として位置づけられるために，生活再建過程の諸側面が生活再建の3段階，生活再建の7領域，そして生活再建の9援助源において把握される。第4に，生活再建の援助源は，激甚被災世帯・家族の生活再建マトリックスとして位置づけ直される。さらにこれら援助源（外的資源）と被災世帯・家族それ自体が持つ内的資源との組み合わせから，四つの資源動員のパターンが提示される。そしてこれを踏まえて，被災世帯・家族の類型と資源動員のパターンとの関連から，生活再建過程の方向性が指摘される。

1.　被災世帯・家族の生活再建──「傷つきやすさ」と「復元力」の概念に関連して

　豊富な研究蓄積をもつアメリカ合衆国の災害に関する社会学的研究は，五つのレベルに集約される。すなわち，それは全体社会のレベル，地域コミュニティのレベル，組織体のレベル，世帯ないし家族（以下，世帯・家族と略す）のレベル，そして個人のレベルである[1]。各レベルにおける研究には，たしかにそれぞれ災害に備えた減災や防災についての考察がある[2]。しかし，量的および質的に圧倒的に多いのは，災害時（被災時点）と災害後における事態対処に関する研究である。被災時点の緊急時段階では，各レベルにおける非常事態への集中的取り組みが出現する。一刻を争う救助・救護・救援の活動はその最たるものである。

　災害後の時間的経過に伴い復旧・復興・再建といった段階が続く[3]。このような災害後の各段階に注目するとき，先に指摘した五つのレベル，すなわち研究対象の各レベルのそれぞれの段階において取り組まなければならない対処課題は一様ではないことに気づかされる。ちなみに，復旧はライフラインの復旧に示されるように災害前への機能的回復を指す。これに対して復興は「モノ」，「ココロ」，「ヒト」の復興を含む広義の概念であり，災害がなければ喪失されなかった生活水準への回復である[4]。さらに再建は，災害によって喪失されたものを取り戻し，かつそれを災害がなければ達成されていたと想定される生活水準に加える取り組みといえる。いわゆる「真の復興」といわれることは，この取り組み過程を指すものとして位置づけられうる[5]。かくして，各段階における課題解決に必要なコストや時間，そして資源も一様ではない。災害の規模が大きく被災状況が深刻であればあるほど，このような状況が生み出されるであろう。

　本章において取り上げる北海道南西沖地震では，集落全体が消滅したり壊滅的打撃を被った激甚被災集落がある。そのために，建物や施設の被害はいうまでもなく，死者や負傷者も数多くみられた[6]。こうした被災地では，地域社会の復旧・復興・再建に困難な課題を伴うことが多い。地域社会の再生が不可能という事態も起こりうる。とりわけ，多くの死者を伴う激甚被災地であるとき，地域住民の喪失は当該地域社会の復旧・復興・再建を大きく左右する。地域社会レベルに比べて世帯・家族のレベルや個人のレベルでは，災害によるこのような人員喪失は，いっそう決定的な意味を持つ。周知のごとく世帯・家族は小集団であるために，一名たり

といえども当該成員の喪失は，被災世帯・家族によりいっそう直接的な影響を及ぼすからである。しかも，人員補充や人員代替はそれぞれの可能性も含めて，地域社会レベルに比べていっそう容易ではないからである。

このような世帯・家族のレベルや個人のレベルに注目するとき，災害後の時間的経過に伴いそれらのレベルにおける災害からの立ち直りには，地域社会レベルに比べて，厄介な事態が見出されるように思われる。たとえば，激甚災害であれば，地域社会レベルの場合，災害後の課題解決に国家的支援をはじめ各種の支援対策が一定期間に集中して大規模に講じられる。そのために，支援結果は，ライフラインの整備に顕著にみられるように可視的に確認されやすい。これに対して，世帯・家族のレベルや個人のレベルでは，復旧・復興・再建に関する課題は表面的可視的というよりはむしろ内面的不可視的である場合が少なくない。被災世帯・家族において返済を必要とする二重三重の経済的負担は外からは見えにくい。とりわけ，災害による心的外傷後ストレス障害（PTSD）に象徴されるような心的側面における課題はしばしば指摘されるように内面的であり，かつ長期的である。このような災害の後遺症は，災害後の時間的経過とともに引き延ばされたり，いっそう深刻化することがある。もとよりこうした状況は，世帯・家族，個人それ自体の個々の属性や力量（能力）によって違いが生じるであろう。当然のことながら，被災後の取り組みにも差違が生じてくる。

表現を変えると，このような事態は，災害の社会学的研究が指摘するように，当該の被災世帯・家族，あるいは個人がもつ「傷つきやすさ」や「復元力」の違いにかかわる。前者の「傷つきやすさ」は，どちらかといえば，被災世帯・家族が被災前にもつ属性ないし力量に即して立論されるのに対して，後者の「復元力」は被災後に比重があるように思われる[7]。いずれにしても，「傷つきやすさ」と「復元力」の両者は，それ自体が世帯・家族，個人の重要な属性ないし力量の一つと考えられる。それだけに，これらが被災時における被災世帯・家族の被災状況を左右する一因といえる。加えてこれらは，災害後の取り組みを比較的容易にしたり，逆に困難なものにしたり，さらには後遺症を長引かせたりする一因ともみなしうる。

しかし，「傷つきやすさ」と「復元力」の両概念は，それぞれ別個に論及されることが多く，両者を相互に関係づけた考察は災害研究において意外と少ないように思われる[8]。いかなる世帯・家族，そして個人であれ，程度の違いがあるもののこれら両者を有していることはたしかであるから，相互の関係性を問うことは必要であろう。とりわけ，災害現象とのかかわりを念頭に置くとき，「傷つきやすさ」と「復元力」は表裏の関係にあるといえる。この両者に共通する要素として，経済力や精神力がまず想起される。ついで，これらに専門的知識や技能，資格，そして人的ネットワーク等を加えることもできる。このように考えると，「傷つきやすさ」と「復元力」の両者に通底するのは，大胆ではあるが，一言でいえば広義の資源ではなかろうか[9]。

以上のことを踏まえて被災世帯・家族の生活再建過程を考えるとき，当該世帯・家族は「傷つきやすさ」と「復元力」にどのように関係づけられるのかを類型的に把握する視点が必要であると思われる。図 4・1 がこの類型化である。「傷つきやすさ」と「復元力」をそれぞれ軸と

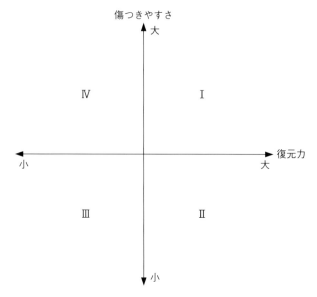

図4・1　被災世帯・家族の類型

して組み合わせると，四つの象限が設定できる。この類型は，被災後はもとより被災前についても適用しうる。というのも，先に指摘したように，「傷つきやすさ」や「復元力」は，いかなる世帯・家族においても，程度の差こそあれ，被災前から保持されていると考えられるからである。この類型に依拠すると，災害弱者として指摘される被災者，そうした被災者を含む被災世帯・家族（たとえば高齢者世帯や障がい者世帯）は，当該世帯・家族が持つ「傷つきやすさ」と「復元力」と他の被災世帯・家族のそれとの違いを見極めつつ位置づけられる。このような位置づけは，他の被災世帯・家族相互間における違いについても適用される。

　ちなみに，災害弱者といわれる被災世帯・家族はここでいうタイプⅣ（「傷つきやすさ」が大きく，「復元力」が小さい）に含まれる。経済力がありしかも負債がない被災世帯・家族はタイプⅡ（「傷つきやすさ」が小さく，「復元力」は大きい）に該当する。しかし，いうまでもなく，各被災世帯・家族がいずれのタイプに含まれるかは相対的である。たとえ災害弱者の被災世帯・家族であってもタイプⅠ（「傷つきやすさ」が大きいけれど「復元力」も大きい）に位置づけられる場合もありうる。当該世帯・家族成員の意志が強く，加えて支援のためのサポートシステムを充分に活用しうることがあるからである。同様に，たとえ経済力があったにしても，当該世帯・家族成員間に意思疎通が欠けたり，精神的絆が弱い場合，タイプⅢ（「傷つきやすさ」は小さく，「復元力」も小さい）に含まれる被災世帯・家族がある。いずれにしても被災世帯・家族がいずれのタイプに属するかを見極めることは必要であろう。このような見極めの作業は，個々の被災世帯・家族がいかに個別的な課題を持っているのか，そのための課題対処のあり方をいっそう明確にすることにつながるのではないかと思われるからである。

　災害はいかなる人にもふりかかるといわれることがある。厳密にいえば，この指摘は，災害はいずれの人に対しても等しくふりかかる可能性があるということである。しかし実際には，

災害の影響範域が大きく，地域社会の全成員が災害に遭遇したとき，被災世帯・家族が災害前に持っていた「傷つきやすさ」と「復元力」の違いが個々の被災世帯・家族の被災状況を大きくしたり小さくしたりする。その結果，被災後における被災世帯・家族の課題および課題処理に違いが生み出されることになる。表現を変えると，被災世帯・家族の生活再建は，当該世帯が持つ「傷つきやすさ」と「復元力」，そしてそれら両者に通底する資源がそれぞれいかなる状況にあるのかによって左右されるといえる。いうまでもなく，被災世帯・家族が持つ「傷つきやすさ」を軽減したり克服することは，「復元力」を大きくしたり強めたりすることにつながる。したがって，「傷つきやすさ」と「復元力」の両者のこのような関係はシーソー的関係といえるものであり，この関係は，被災世帯・家族がもつ資源の有り様（保有したり獲得したりする資源の量と質，そしてそうした資源への接近のあり方）によって左右される。

　かくして，被災世帯・家族の生活再建過程には，「復元力」の継続的な増大と強化を図ることが求められる。そのために資源のいっそうの動員と有効活用が必須不可欠となる。

2.　激甚被災世帯・家族と生活再建地

2−1　被災世帯・家族の概念

　被災世帯・家族という概念には，世帯と家族という類似の概念が並置されることからやや不自然さが伴う。これは森岡らが明確に把握しているように，世帯と家族の両概念は，部分的に重なり合いつつも，それぞれの独自性を併せ持つということに基因する[10]。したがって，状況によって被災世帯ないし被災家族としてどちらか一方のみを用いることがより適切である場合があるし，並置して被災世帯・家族と称してもあながち不適切でない場合もある。特に，本章で被災世帯・家族を用いる理由は次の点に求められる。すなわち，奥尻町は北海道内212市町村の中でも高齢化率が高いことから高齢者の単独世帯ないしは高齢者夫婦世帯が多い[11]。これらの高齢者世帯は，他出した都市の既婚子（とりわけ跡取りと位置づけられる長男・長女）家族を自己の家族成員と考え，将来，彼らとの同居を考える者が少なくない。とりわけ，このたびのような高齢者の激甚被災世帯にとって，生活再建の重要な選択肢の一つが都市の既婚子との同居をするか否かという問題にかかわることから，都市の既婚子を抜きにして生活再建は論じられないという側面がある。このことを考慮して，本章では，すでに「はじめに」および第1節において，多少の不自然さがあるが「被災世帯・家族」を統一的に用いることにした。

　さて，以下においてこのような被災世帯・家族を取り上げるに当たり，その被災世帯・家族とはどのように概念把握されうるのであろうか。ここでは次のごとく把握しておきたい。すなわち，被災世帯・家族とは，「このたびの災害によって，当該世帯・家族が人的および，あるいは物的に被災した家族である」。具体的には，物的な被災として，家屋および，あるいは生産と消費の両活動に必要な手段の消失，破損，破壊（一部損壊，半壊，全壊をそれぞれ含む）といった状況が認められる場合である。これに対して，人的被災とは，災害によって世帯（家族）成員の少なくともいずれか一人が身体的損傷を受けたり，精神的な疾患をきたしたり，さ

らには離死別を余儀なくされた場合である。本章では，被災世帯・家族をこのように，ひとま
ず概念把握しておきたい。

　このように概念的に把握した被災世帯・家族がいかに生活再建に取り組むかは，そもそも当
該世帯・家族の被災状況によって異なる。当該世帯・家族がもつ資源や社会的属性によっても
生活再建の取り組みは異なる。そこでまず，これらを加味した被災世帯・家族の主要な形態を
指摘しておきたい。というのも，被災地における生活再建の課題を考えるとき，このような被
災世帯・家族の指摘は明確な論点を整理するために有意味と思われたからである。そこで本章
における被災世帯・家族は，職業，世帯主の年齢を基準にした。職業によって被災の状況が明
確に異なるし，被災後の取り組みにも違いが大きく見出されたからである。また世帯主の年
齢，特に高齢者の場合，被災後の生活再建への取り組みが他の年齢層に比べて異なることが確
認されたからである。こうしたことから，具体的には①高齢者世帯・家族，②漁業従事者世
帯・家族，③民宿・旅館業世帯・家族，④自営業世帯・家族，そして⑤企業家世帯・家族とい
う五つのタイプを指摘しうる。これらの被災世帯・家族の設定は，先に指摘した被災状況，資
源，社会的属性を視野に入れ，かつ生活再建の取り組みのあり方を考慮したとき，有意味であ
ると考えた結果である。

　これら五つのタイプを少し敷衍しておこう。①高齢者世帯・家族は，先に指摘したように，
奥尻町における高齢化の進展から量的に多い世帯形態である。と同時に，これらの世帯・家族
は高齢者単独の年金生活者が多いことから，被災後の生活再建への取り組みが都市の既婚子と
の関係を前提とすることが少なくない。

　②漁業就業者世帯・家族および③民宿・旅館業世帯・家族の両者は，奥尻町における基幹産
業が漁業と観光にあるということから，これら両世帯・家族の生活再建は当該世帯・家族の生
活のみならず地域経済の根幹にかかわる問題を含む。特に漁業従事者世帯・家族の場合，住宅
のみならず生産手段としての漁船や加工場の損失があり，物的な被災度合いが大きい。しかも
このような世帯・家族は高齢者世帯・家族とともに量的に多い。奥尻町の中でも激甚被災地の
青苗地区，松江地区，そして稲穂地区は漁業従事者が最も多い地区である。

　④自営業世帯・家族の生活再建は，被災世帯・家族の消費生活の再建に大きくかかわるし，
逆に被災世帯・家族の生活再建の有り様によって自営業世帯・家族それ自体の生活再建が規定
される。あわせてこの自営業世帯・家族の生活再建がなければ，被災地における地域内経済の
再建，さらには地域の活性化が進展しにくい。この意味において，自営業世帯・家族の中で，
特に飲食店や生活必需品の販売店といった被災世帯・家族の生活再建は重要である。

　⑤企業家世帯・家族は，奥尻町全体において量的には少ない。町内における激甚被災地区で
ある青苗地区，松江地区，稲穂地区ではさらに少ない。これら3地区の中で，松江地区や稲穂
地区では，企業家世帯・家族は皆無に等しい。これに対して青苗地区では，数少ないとはい
え，また経営規模はともかくとして，水産加工業，建設・土木業，輸送業，燃料販売業といっ
た当該地区のみならず町全体の地域経済を左右する企業がある。したがって，これらの企業家
世帯・家族の生活再建は，当該家族それ自体の生活再建とともに企業活動・経営の再建，そし

て地域内経済や地域経済の再建という三重の大きな課題を持つことになる。

2－2　被災世帯・家族の生活再建の場所

　被災世帯・家族の生活再建は，被災地において図られる場合と被災地を離れて行われる場合とに大別することができる。量的には，前者が圧倒的に多い。しかし，これらの被災世帯・家族には，被災直後，あまりにも災害のダメージが大きいことから離島し，新しい土地（地域社会）において生活再建を図ろうとした家族が少なからず含まれていた。こうした家族は，奥尻町における生活再建を一旦断念した。しかし，このような被災世帯・家族は，主として次の二つの理由によって奥尻島に戻り，生活再建に取り組んでいる。すなわち，一つは，義援金が被災世帯・家族に新しい住宅の再建を可能にするという展望を与えたことである。二つに，離島し，新しい地域社会（土地）において生活を始めてみたところ，当該地における生活に馴染めなかったという生活上の不適応が挙げられる。この理由は高齢者世帯・家族に比較的多くみられた。高齢者世帯・家族の場合，都市における既婚子家族と同居する形で生活再建を図ろうとする事例があり，既婚子家族との生活適応，近隣生活や友人生活との適応に関する課題が指摘されているからである。

　かくして，被災地を離れて生活再建に取り組む家族とは，被災によって家族生活が物的および，あるいは人的に破壊されたことにより，新しい地域社会における生活を余儀なくされた場合である。たとえば，肉親の死によって離島せざるをえなかった子どもや都市の既婚子と同居したり，同居しないまでも既婚子と近接居住することによって生活再建を図るといった場合が，このような該当事例に含まれた。

　いずれにしても，激甚被災地である奥尻町では，被災者世帯・家族が生活再建を図ろうとする場合，どこで生活再建に取り組むのかといった場所（地域）を特定化する必要がある。このたびの災害は激甚災害であっただけに，被災地に留まる場合，被災の厳しさと重たさが伴う。他方，新しい土地に移住するという選択肢には，先に指摘したような当該地における適応の問題がある。いわば留まるも行くもいずれにおいても抱える課題の大きさがある。したがって，これら両者をどのように裁量するのかということに関する逡巡が生活再建地の選択に大きくかかわっている。被災世帯・家族の生活再建の取り組みはこのような生活再建地の選択の結果である。

　ところで，激甚被災地奥尻町の被災世帯・家族における生活再建過程の考察に際して，当該被災地の持つ地域社会の構造的特質を指摘しておく必要がある。繰り返すまでもなく，奥尻町は，漁業と観光を基幹産業にした地域社会である。基幹産業のうち観光は漁業に依拠している。こうしたことから奥尻町では，漁業従事者と漁業集落が多い。したがって，地域社会の構造はこの漁業従事者と漁業集落によって規定されるところが大きい。一般的に漁業集落は海岸線に立地し集村形態をとる。奥尻町についてもこのことは当てはまる。加えて，奥尻町における漁業集落では当該地域社会内に濃密な親族ネットワークがみられる。北海道における地域社会は，明治以降の開拓移住者によって形成された新しい集落が圧倒的に多いことから，当該地

域に親族ネットワークは少ないことが想定される。実際にそのことが当てはまる集落が少なくない。しかし奥尻町の漁業集落では，青苗地区のように，親族ネットワークの累積が確認される[12]。しかも婚姻は，奥尻町内の他地区住民との間において相互に成立することが少なくないから，親族関係は婚姻圏の広がりに伴って島全体に拡大する。実際，被災世帯・家族にはこのような婚姻圏に依拠した親族ネットワークを持つ者が多い。さらに近隣関係が同時に，親族関係でもあるという社会関係間の重層したネットワークがみられることから，いっそう濃密な社会関係が累積する。したがって島民は，お互いに熟知した社会関係，とりわけ親族関係を中核にした地域生活を展開することになる。さらに奥尻町は，北海道南部の渡島半島側から地理的に分離された一島一自治体である。このことから空間的外枠がはめられる。激甚被災地奥尻町は，このような意味での社会的地理的に独立した「島社会」であり，かつ島民相互の親族ネットワークに支えられた「親族指向のコミュニティ」という性格を持っている。それだけに島民は，地域社会として社会的文化的に一元化しうる条件を持っている[13]。

　激甚被災地における生活再建は，このような「島社会」と「親族指向のコミュニティ」の存在を前提として位置づけられる。

3．生活再建過程の諸側面

　被災世帯・家族における生活再建は三つの側面において把握することができる。すなわちそれは，①生活再建の段階，②生活再建の領域，そして③生活再建の援助形態の側面である。

3−1　生活再建の段階と領域

　①生活再建の段階は，1．避難所の生活段階，2．仮設住宅の生活段階，3．恒久住宅の生活段階の 3 段階が設定される。避難所の生活段階と仮設住宅の生活段階はそれぞれ部分的に重なる。というのも被災世帯・家族すべてが一度に避難所の生活段階から仮設住宅の生活段階に移行したわけではないからである。仮設住宅への入居状況は，高齢者や乳幼児がいる被災世帯・家族，そして被災により疾病に陥った者がいる被災世帯・家族は早期の入居が必要であった。そのような高い緊急性を持たない被災世帯・家族は仮設住宅への入居は遅れた。このように仮設住宅の入居時期にはずれがあった。入居時期のこのようなずれは，仮設住宅それ自体が被災世帯・家族すべてを一度に収容しうるほど多く設置されたわけではなかった，ということが最大の原因である。ちなみに，最も早い仮設住宅への入居は，被災後，約 2 週間後の 1993（平成5）年 7 月末であるし，最も遅い入居は同年 8 月 26 日である。すべての被災世帯・家族が仮設住宅に入居し，避難所生活者がゼロになるまでおよそ 1 ヵ月半が経過している。

　仮設住宅の生活段階と恒久住宅の生活段階は文字どおり段階的である。最も早い恒久住宅の建設は，被災後の翌年の 1994 年 12 月末である。他方，すべての仮設住宅の撤去が 1996（平成8）年 12 月末であったことから，少なくとも 2 年間以上において両住宅の生活段階の同時的な並存がみられた。しかし，1997（平成9）年度に至っても恒久住宅の建設が行われていたし，最

終的な恒久住宅の生活段階への移行は，1998(平成10)年 3 月 17 日の「復興宣言」が出された時点であり，災害後約 4 年 8 ヵ月が経過していた。

このような住宅生活の段階は，②生活再建の領域における住宅領域にほかならない。ただこの住宅生活領域の場合は，各生活領域の一つとして位置づけられているにすぎない。これに対して，生活再建段階における住宅生活の各段階は，時間の経過に依拠した住宅生活領域の再建過程を位置づけていることになる。

ところで，生活再建の領域では，七つの下位領域を考えることができる。それはまず，先に指摘した 1. 住宅領域，2. 生産（生業）生活の領域，3. 消費生活の領域，4. 医療保健衛生（身体的・精神的）領域，5. 地域社会（近隣関係）生活の領域，6. 地域社会（集団参加・社会組織）生活の領域，7. 家族・親族関係領域である。いうまでもなく，これらの各生活領域は単に平板に位置づけられるわけではなく，相互に関連し合っている。しかし，それぞれの生活領域には，被災世帯・家族の生活再建における個別の意味があると思われるから，各領域ごとの課題設定とその分析上の位置づけが必要である。ここではそのような意図に依拠して七つの下位領域を設定した。

3－2　生活再建の援助源

激甚被災世帯・家族の生活再建の援助形態に関しては，九つの主要な援助源を考えることができる。なお，ここで用いる援助という用語は，緊急事態における救援・救助の活動から復旧・復興過程における各種の支援活動といった内容の広がりを含んでいる。この点をあらかじめ断っておきたい。このような援助内容を含意した場合の援助源として，まず第 1 に，行政体による援助がある。これには被災地の自治体はもとより北海道，国といったより上級の行政体による援助が含まれる。この援助源は，被災直後の被災者に対する緊急の救助・救援の活動からその後における復旧・復興という時間的経過の中で，他の援助源を調整したり組織化したりする中核的な役割を持っている。

第 2 は自衛隊による援助である。自衛隊による災害救助活動は，救助のための装備，機動力，訓練された技能そしてそれらの組織的対応によって緊急事態において最も重要な援助をなしうる組織体の一つである。奥尻町には航空自衛隊の基地があり，しかも日常的に自衛隊関係者と地域住民とが「協力会」組織を通じて協力し合う体制が見出された。このことが激甚被災地の緊急事態における救助活動に大きな役割を果たした[14]。

第 3 に，日本赤十字社（以下，日赤と略す）による援助がある。日赤による救助と救援とは，先に指摘した自衛隊の場合に劣らず，あるいはそれ以上に大きな役割を担っている。とりわけ日赤の医療保健班の活動，義援金や救援物資の収集窓口およびそれらの配分機能は，激甚災害の場合であればあるほど，大きな意味を持っている。

第 4 に，金融・保険機関による援助を指摘することができる。物心両面における被災に際して，金融・保険機関による支援は直接であれ，間接的であれ被災世帯・家族の生活再建にとって大きな役割を持っている。これらの機関は，被災世帯・家族に対して，特に経済的支援とい

う側面において生活再建の有り様を左右する場合がある。北海道南西沖地震における被災世帯・家族の場合，金融・保険機関の支援がどのようになされたのかを解明する必要がある。というのも，北海道南西沖地震は，災害が地震災害，津波災害，火災という三重苦を伴うものであったために，これらの被災に対する保険認定をめぐる課題が指摘されているからである[15]。

　第5は漁業協同組合（以下，漁協と略す）による援助である。繰り返すまでもなく，激甚被災地奥尻町では，基幹産業の一つが漁業であることから，漁業従事者が多い。この漁業従事者に被災者が多いことから，漁協による援助は，組合員の漁業活動それ自体の再建はもとより組合員世帯・家族の生活再建に直結する。組合員の生活再建がなければ，漁協それ自体の存立も危うくなる。地域産業にかかわる主要な組織体としての漁協は，被災世帯・家族の生活再建の援助に欠かせない存在である。奥尻漁協は1996（平成8）年4月より，北海道南西部における檜山支庁8漁協との合併によって檜山漁協に組み入れられた。このような漁協組織の再編成が，被災後における組合員の漁業活動と漁家の生活再建にどのような役割を果たすかは注目される。

　第6に，ボランティアおよびボランティア組織による援助を指摘しうる。これまで言及した生活再建の援助形態はフォーマルな組織体による援助源である。激甚災害の被災者にとって，フォーマルな組織体による援助は大変大きな役割であることはいうまでもない。しかし，被災者世帯・家族の生活再建にこのような組織体のみがかかわるわけではない。緊急事態の救助・救援や復旧・復興過程における援助には，そうした組織体の役割遂行によってカバーできない日常的で微細な事柄に対する援助が必要とされる。したがって，被災世帯・家族にとってフォーマルな組織体による援助は緊急事態に大規模に対応しうる，そして長期的な援助の性格を持つものであり，それだけに専門的援助として位置づけられうる。これに対して，ボランティアやボランティア組織による援助は，どちらかといえば隙間を埋める日常的な細々した事柄に対する短期的な援助であり，しかも臨機応変的に事態に対処しうる非専門的な援助といえる。いずれにしてもこれら両者の援助源は，被災世帯・家族の生活再建にとって欠かせない。

　第7に，専門家による援助がある。ここでいう専門家とは，主要には医療保健機関の専門的業務従事者（医者・看護師・保健師・栄養士など），各種の市民相談に従事する法曹家，教育機関や研究機関における専門的業務従事者（研究者・教員・民間研究員・コンサルタント業務遂行者など）である。これら専門家は，被災者や被災世帯・家族が抱える課題を摘出するとともにその解決に当たり，これら被災世帯・家族の生活再建に寄与することが求められる。被災直後から8年余が経過した時点においても，未解決な課題を抱える被災世帯・家族がある。その意味でも，このような専門家の果たさなければならない役割は少なくない。

　第8の援助源として近隣関係がある。この援助は，近隣同士が被災世帯・家族である場合，お互いが被災という共通の経験を持つことから，生活再建に際して近隣としてお互い協力し合い，支え合うことを意味する。もちろん近隣とはいえ，被災状況に違いがみられることから，生活再建の有り様も異なる。たとえば，成員をなくした被災世帯・家族とそうでない場合，住宅を全壊した世帯・家族と一部損壊の場合では，生活再建の展開や生活再建過程における課題は異ならざるをえない。それにしても，共通の被災経験があることから，近隣が近隣として助

け合い協力し合いながら生活再建を進めるような場合，近隣による援助は重要な援助となる。加えて，近隣が近隣であると同時に親族関係である場合，次に述べる第9の援助が重なる。すでに言及したごとく，漁業集落の場合，親族ネットワークが地域社会の構造を規定することが少なくない。奥尻町の激甚被災地区においてはこのことが当てはまる。したがって，このような「親族指向のコミュニティ」と概念化される地域社会では，被災世帯・家族の生活再建に際して，近隣が果たす援助はいっそう注目されなければならない。

　第9に，家族・親族関係による援助がある。フォーマルな組織体の援助に対して，家族・親族関係による援助と近隣によるそれとはインフォーマルな援助である。先に言及したボランティアおよびボランティア活動もインフォーマルな性格をもっている。しかし，ボランティアやボランティア活動は，一部フォーマルな組織体としての活動もみられるから，文字どおりインフォーマルな家族・親族関係や近隣関係とは異なる。しかも家族・親族関係は，多面的でかつ継続的で，さらに情緒的な性格をもつ援助源である。それだけに被災世帯・家族にとって，家族・親族関係による援助は，災害時・災害直後から復旧・復興の過程のあらゆる段階において重要な援助源といえる。いずれにしても，被災世帯・家族の生活再建は，当該被災世帯・家族が持つ援助源，つまり資源（人的資源・物的資源）の有り様に左右される。

4.　生活再建過程における生活再建マトリックスと資源動員パターン

　前節で言及した生活再建過程の諸側面は，いうまでもなく相互に連関し合っている。本節では，この連関を次の3点において取り上げ，さらに深めてみたい。まず第1に，生活再建過程の3段階と各段階における七つの生活領域において，生活再建援助源がどのように位置づけられたかということ。これを生活再建マトリックスとして位置づける。第2に，被災世帯・家族における資源動員のパターンを提示すること。第3に，このパターンについて「傷つきやすさ」と「復元力」の組み合わせによる被災世帯・家族の類型との関連を明確化することである。

4−1　被災世帯・家族における生活再建マトリックス

　被災世帯・家族における避難所生活・仮設住宅生活・恒久住宅生活という各段階における七つの生活再建領域ごとに，九つの生活再建援助源がそれぞれどのように位置づけられたかを生活再建マトリックス（組み合わせ図）として示したものが図4・2である。このマトリックスは被災世帯・家族からの聞き取り調査によって得られた情報をもとに作成されたものである[16]。この図について説明すると，各セルはいずれの生活再建段階（Ⅰ，Ⅱ，Ⅲ）のどのような生活再建領域（a〜g）において，いかなる生活再建援助源が活用されたかを示している。マトリックスでは，七つの生活再建領域×九つの生活援助源により都合63のセル（マス目）が設定される。

　これらのセルのうち，図中の記入があるセル（以下，「記入セル」と略す）は，生活再建の段階，生活再建領域，そして生活再建援助源の三者が結節していることを示している。この結

節の意味を敷衍すると次のごとくである。すなわち仮に，生活領域の特定項目について，図の上から下を一瞥し，すべてのセルが「記入セル」であるとすると，この生活領域では，九つの生活再建援助源がすべて活用されたことを意味している。これに対して未記入（空白）のセル（以下，「未記入セル」と略す）は，生活再建援助源の活用がみられないことを表している。したがって，「記入セル」が多ければ多いほど，生活再建援助源が活用されたことになる。逆に，「未記入セル」が多ければ多いほど，生活再建援助源が活用されていないことを示している。同様に，生活再建援助源の特定項目について，それを左から右に一瞥したとき，すべてのセルが「記入セル」であるとき，当該援助源は七つの生活領域すべてにおいて活用されたことになる。逆に，すべてのセルが「未記入セル」であるとき，当該援助源はまったく活用されなかったことになる。なお，セルが「記入セル」であったにしても，セル中にⅠ，Ⅱ，Ⅲのいずれが記入されているかによって，生活再建のいずれの特定段階において生活再建援助源が活用されたかが識別される。

　北海道南西沖地震による被災世帯・家族では，図に示されたごとく，三つの生活段階すべて

		a 住宅	b 生計	c 消費	d 医療保健衛生 身体的・精神的	e 近隣	f 集団参加	g 家族・親族
		生	活	再	建	領	域	
生活再建援助源	1. 行　政　体	Ⅰa1, Ⅱa1, Ⅲa1	Ⅰb1, Ⅱb1, Ⅲb1	Ⅰc1, Ⅱc1, Ⅲc1	Ⅰd1, Ⅱd1, Ⅲd1	Ⅰe1, Ⅱe1, Ⅲe1	Ⅰf1, Ⅱf1, Ⅲf1	Ⅰg1, Ⅱg1, Ⅲg1
	2. 自　衛　隊	Ⅰa2		Ⅰc2	Ⅰd2		Ⅲf2	Ⅲg2
	3. 日本赤十字社	Ⅰa3, Ⅱa3	Ⅰb3, Ⅱb3, Ⅲb3	Ⅰc3	Ⅰd3, Ⅱd3			
	4. 金融・保険会社	Ⅰa4, Ⅱa4, Ⅲa4	Ⅰb4, Ⅱb4, Ⅲb4	Ⅰc4, Ⅱc4, Ⅲc4	Ⅰd4, Ⅱd4, Ⅲd4			Ⅲg4
	5. 漁　　　協	Ⅰa5, Ⅱa5, Ⅲa5	Ⅰb5, Ⅱb5, Ⅲb5	Ⅱc5, Ⅲc5			Ⅲf5	
	6. ボランティア ボランティア組織	Ⅰa6, Ⅱa6		Ⅰc6, Ⅱc6	Ⅰd6, Ⅱd6			
	7. 専　門　家 専　門　機　関	Ⅰa7, Ⅱa7, Ⅲa7			Ⅰd7, Ⅱd7, Ⅲd7			Ⅲg7
	8. 近　　　隣	Ⅰa8, Ⅱa8, Ⅲa8	Ⅱb8, Ⅲb8	Ⅱc8, Ⅲc8	Ⅰd8, Ⅱd8, Ⅲd8	Ⅰe8, Ⅱe8, Ⅲe8	Ⅰf8, Ⅱf8, Ⅲf8	Ⅰg8, Ⅱg8, Ⅲg8
	9. 家　　　族 親　　　族	Ⅰa9, Ⅱa9, Ⅲa9	Ⅰb9, Ⅱb9, Ⅲb9	Ⅰc9, Ⅱc9, Ⅲc9	Ⅰd9, Ⅱd9, Ⅲd9	Ⅰe9, Ⅱe9, Ⅲe9	Ⅰf9, Ⅱf9, Ⅲf9	Ⅰg9, Ⅱg9, Ⅲg9

生　活　再　建　の　諸　段　階

Ⅰ　避難所生活 ──→ Ⅱ　仮設住宅生活 ──→ Ⅲ　恒久住宅生活

図4・2　生活再建マトリックス

において，しかも七つの生活領域を通じて活用された生活援助源は「行政体」と「家族・親族」である。ちなみに，生活再建援助源としての「行政体」欄を横にみると，七つのセルすべてが「記入セル」であり，しかもそれはⅠ，Ⅱ，Ⅲの３段階すべてにおいてみられる[17]。「行政体」の果たす役割がいかに大きいかが分かる。「家族・親族」についても同様のことがいえる。災害時における家族・親族結合の重要性は，このようなマトリックスにおいても確認できる[18]。「行政体」や「家族・親族」のように三つの生活段階すべてではないが，少なくとも，いずれかの段階のすべての生活再建領域において活用された生活再建援助源は「近隣」である[19]。「近隣」は「家族・親族」と並ぶ主要な第一次的集団である。被災世帯・家族にとって，これら第一次的集団は，第二次的集団である「行政体」に比肩しうる生活再建援助源として位置づけられていることが理解される。災害研究において指摘された第一次的集団の重要性はここでも確認されるであろう[20]。

マトリックスにおいて明らかであるように，「行政体」，「家族・親族」，「近隣」は，被災世帯・家族にとって被災時および被災後の生活再建過程における援助源として，継続的で多面的な機能を持っているといえる。これに対して，特定の生活段階における特定の生活領域に限定して位置づけられる生活再建援助源がある。これは単純に，マトリックスにおいて「記入セル」と「未記入セル」がいずれの位置にあるかによって把握しうる。このようにして確認された援助源は「自衛隊」，「日本赤十字社」，「金融・保険（機関）」，「漁協（漁業協同組合）」，「ボランティア・ボランティア組織」，「専門家・専門機関」である。これらの生活再建援助源は，緊急時の救助・救護・救援の諸活動に組織的専門的に，しかも大規模に被災世帯・家族にかかわっている。それだけに，これらの援助源は生活再建過程の初期段階（避難所の生活段階と仮設住宅の生活段階）に集中している[21]。

被災世帯・家族にとって生活再建過程における生活再建援助源は，いうまでもなく有力な資源として位置づけられる。しかもそれは被災世帯・家族にとって外的資源である[22]。これらの外的資源がいかに有効に配置され活用されるかは，被災世帯・家族にとって重要である。そこで次項では，これを資源動員パターンとして取り上げてみよう。

4－2　被災世帯・家族における資源動員パターン

被災世帯・家族が災害後の生活再建を図ろうとするとき，前項で言及したマトリックスにおける生活再建援助源は，当該世帯・家族にとって外的な資源として位置づけられる。これら外的資源は人や人的ネットワークに関する資源と組織や組織ネットワークに関する資源とに大別することができる。図4・2に即していえば生活再建援助源の「1. 行政体」から「5. 漁協」までは組織・組織ネットワークに，「8. 近隣」，「9. 家族・親族」は人と人的ネットワークにそれぞれ含まれる資源である。ただ，「6. ボランティア・ボランティア組織」と「7. 専門家・専門機関」は，両者を兼ね備えた部分がある。しかしこれらは，基本的には組織化されていたり組織化される性格を持つ援助源であると考えられる。

いうまでもなく，被災世帯・家族の生活再建過程は，こうした外的資源のみによって展開す

るわけではない。すでに第2節において提示した被災世帯・家族の「傷つきやすさ」と「復元力」は，当該世帯・家族それ自体が持つ資源によっても左右されるからである。災害からの生活再建を前提とすると，このような資源は当該世帯・家族成員が持つ内的資源として位置づけられる。具体的にいえば，主に経済力・精神力・行動力・体力・交渉力が含まれる。これらが，被災世帯・家族の総和としての内的資源を構成するといってよい。

　したがって，被災世帯・家族が災害後の生活再建過程を進めるとき，これら両資源をいかに配置しどのように有効かつ適切に動員するかが問われる。もとより資源が災害前より充分に存するとは限らない。むしろ災害によって一挙に新しく獲得される資源，改めて接近しなければならない資源が少なくない。これらの資源を動員して事態に対処することが被災世帯・家族に求められる。こうした資源動員のあり方それ自体を裁量する力量（能力）は，被災世帯・家族の持つ一つの重要な資源であり，これもここでいう内的資源に含まれる。その意味では，内的資源は外的資源の基礎をなすといえる。

　それではこれらの両資源が被災世帯・家族の生活再建のための資源として位置づけられると，どのような動員パターンが考えられるのであろうか。ここでは四つの生活再建資源動員のパターンを設定することができる。すなわち，第1のパターンAは，当該の被災世帯・家族がもつ内的資源を主要に動員するタイプである。しかし，このAにおいて外的資源がまったく動員されないということではない。災害に際して，外的資源動員がゼロということは考えにくいからである。Aは，あくまで相対的に主要に内的資源を動員するということを意味する。逆に，内的資源が最小限にとどめられ，外的資源が主要に動員されるパターンがBである。このタイプはさらに二つに分けられる。すなわち一つは，外的資源のうち人と人的ネットワークに主要に依拠しつつ事態に対処するタイプ（B1）である。これが第2のパターンである。これに対して，もう一つは組織や組織ネットワークに主要に依拠するB2であり，これが第3のパターンである。

　A，B1，B2に対して第4のパターンCは，内的資源と外的資源とをバランスよく相補的に資源動員するタイプである。両資源の均衡ある動員とは二重の意味を含んでいる。一つは，内的資源と外的資源両者のバランスであり，もう一つは外的資源内における人と人的ネットワークと組織・組織ネットワーク両者のバランスである。

　いうまでもなく，A，B1，B2，Cの各タイプは各被災世帯・家族にとって状況適合的に位置づけられる。この状況適合的とは，同じ被災世帯・家族であっても被災直後の避難所生活から仮設住宅生活，そして恒久住宅生活の各段階において，いつも同じ資源動員のパターンがみられるとは限らないということである。資源動員のパターンは固定されるわけではない。あくまで各被災世帯・家族がいずれの時点であれ，当該の生活再建にとって状況適合的に資源動員のパターンとしていずれかのタイプを有意に選択しつつ事態に対処するということである。四つの生活再建資源動員のパターンの設定はこうしたことを含意している。

　このような生活再建資源動員のパターンの設定は，各被災世帯・家族にとって生活再建過程においていかに状況適合的に，しかも願わくば最善の資源動員のタイプをいかに選択しうるか

を問うことでもある。これはすでに指摘したように，被災世帯・家族がもつ内的資源の一つである資源動員のあり方を裁量する力量（能力）にかかわる。たとえ内定資源や外的資源が不足したり欠如していたにしても，それを補い獲得するための資源動員のあり方を裁量する力量（能力）が状況適合的に発揮されるならば，事態対処は進展するものと思われる。換言すると，資源動員のための「知恵の出しどころ」ともいうべき戦略的手腕が内的資源の重要な内容をなすといえよう。したがって，被災前において各世帯・家族がたとえ「傷つきやすさ」をもち，「復元力」が弱いにしても，そのことが被災後においても固定して継続するのか否かは，いずれの生活再建資源動員のパターンをいかに状況適合的に選択しきるかにかかっていると思われる。そこでこの点を今少し敷衍するために，第2節でふれた被災世帯・家族の類型に，本項において示した生活再建動員のパターンを関連づけてみたい。

4－3　被災世帯・家族の類型と資源動員パターン

　図4・3は，被災世帯・家族の類型と生活再建資源動員のパターンとを組み合わせたものである。図中における被災世帯・家族の類型を表すローマ数字Ⅰ，Ⅱ，Ⅲ，Ⅳは，すでに第2節（図4・1）において詳述したし，生活再建資源動員の4パターン（A，B1，B2，C）も先に言及したところである。

　ここで確認しておかなければならないことは，図中における被災世帯・家族の4パターンが，内的資源外的資源のいずれであれ，それら資源の保持のあり方を示しているということである。すなわち，Ⅰ（傷つきやすいが復元力は大きい）とⅡ（傷つきにくく復元力が大きい）は，Ⅲ（傷つきにくいが復元力は小さい）やⅣ（傷つきやすく復元力も小さい）に比べて生活再建過程における資源の保持・獲得の可能性が大きいと考えられる。これは被災後の生活再建という将来（未来）志向に照らして，「傷つきやすさ」よりも「復元力」を重視するという意味においてである。またⅠとⅡ，ⅢとⅣのそれぞれの間では，「傷つきやすさ」の大小によっ

		資　源　の　保　有			
		Ⅳ　→　Ⅲ		→ Ⅰ	→ Ⅱ
資源動員	A	4	3 G3	2	1
	B1	4	3	2	1
	B2	4	3	2 G2	1
	C	4	3	2	1 G1

図4・3　資源の保有と資源動員

て生活再建過程における資源の保持・獲得の可能性が強められたり弱められたりすることから，ⅡはⅠより，またⅢはⅣよりそれぞれ生活再建過程における資源の保持・獲得の可能性が大きいと考えられる。

　したがって，被災世帯・家族の4タイプの間では，Ⅳ→Ⅲ→Ⅰ→Ⅱの順に生活再建過程における資源の保持・獲得の可能性が大きいと位置づけられる。かくしてこれらの各タイプの被災世帯・家族がどのような資源動員のパターンを選択するかによって，現実的な生活再建過程のあり方がよりいっそう明確に把握されるのではないかと思われる。そこで，これら両者を組み合わせた16のセルにおいて，いずれの被災世帯・家族がどのような資源動員のパターンに位置づけられるかによって，生活再建がより進展しやすいかを仮説的にとらえてみたい。そのために図に順位づけの数値を記入してみた。この数値の設定は，被災世帯・家族が被災後の生活再建過程において，いずれの資源動員のパターンであれ，当該世帯・家族が資源動員をしつつ復元力をいかに変化させるかということ，つまり生活再建進展の大小ないし強弱を意味している。

　ちなみに，4はⅣの被災世帯・家族（傷つきやすく復元力が小さい）の資源動員が最も小さいことを示している。これに対して1は，Ⅱの被災世帯・家族（傷つきにくく復元力が大きい）の資源動員が最も大きいことを示している。これらに対して2（傷つきやすく，復元力が大きいⅠの被災世帯・家族）と3（傷つきにくいが復元力は小さいⅢの被災世帯・家族）は中間に位置づけられる。ただⅠとⅢとでは，生活再建の将来的展望が「傷つきやすさ」よりも「復元力」によるところが大きいのではないかと考え，前者の被災世帯・家族を2，後者を3として順位づけた。

　要するに，図4・3は，被災世帯・家族において，Ⅳ→Ⅲ→Ⅰ→Ⅱの順に生活再建の進展の可能性が増大することを示している。しかし，この図はまた，被災世帯・家族がたとえⅣのタイプであるにしても，資源動員のタイプを状況適合的に有意に選択することによって，他のⅢ，Ⅰ，Ⅱに移行しうる可能性があることをも示唆している。被災後の生活再建の進展のためには，このような移行が望ましいことはいうまでもない。このような移行の可能性は，図中におけるG1，G2，そしてG3という被災世帯・家族のグループ化によってさらに補うことができるのではないかと思われる。

　まずG3のグループには，被災世帯・家族のⅣとⅢのうち内的資源を主に動員するタイプが含まれる。これに対して，同じⅣとⅢであっても内的資源よりも外的資源を主に動員するタイプはG2（さらに状況によってはG1）に位置づけることができる。こうしたⅣとⅢに比べてⅠは，生活再建の将来的志向において「復元力」の大きさを持つタイプであるために，生活再建の進展可能性をよりいっそう有するものと考え，G2（さらにはG1）に位置づけられる。第3のグループであるG1には，「傷つきにくく復元力が大きい」Ⅱの被災世帯・家族が含まれる。このⅡのタイプは内的資源と外的資源とをバランスよく相補的に動員するパターンを持っている。このⅡは被災後の生活再建過程において，最も生活再建を進展させうる可能性を持つタイプとして位置づけられる。このようなタイプが含まれるG1は，生活再建の特定段階にお

いてたとえ G3, G2 に含まれる被災世帯・家族であったにしても，次の段階において志向されるべきは G3 → G2, G3 → G2 → G1，あるいは G2 → G1 であるという被災世帯・家族の移行の方向性を示唆している。

小　　括

北海道南西沖地震の災害後における被災世帯・家族の生活再建過程を考察するには，まず，被災の程度として激甚被災による被災世帯・家族が大変多いことに注目せざるをえない。こうした激甚被災世帯・家族の生活再建のあり方は，災害前における当該世帯・家族が持つ「傷つきやすさ」と災害後の生活再建という未来志向にいっそう深くかかわる「復元力」という両者の力関係に左右されるものと考えられる。この力関係は被災世帯・家族それ自体が持つ課題解決の力量（能力）とそうした力量（能力）に対する外部の支援源の関係のあり方として把握されうる。換言すると，前者は被災世帯・家族が持つ内的資源であり，後者は外的資源である。これら両資源が災害後の時間軸に即して，いかに状況適合的に位置づけられつつ，事態対処のために動員されるかということである。

そのために激甚被災世帯・家族は，当該世帯・家族を取り巻く状況に照らして，生活再建を図るためのより適切な判断と処置を講じることが求められる。激甚被災であるために，生活再建戦略がいっそう考えられなければならない。P. ブレイキーらは，災害後の事態対処とそのあり方について 12 の指針を指摘している。この指針は全体社会，地域社会，組織体，世帯・家族，そして個人のいずれのレベルに依拠するのかは必ずしも明確ではないし，災害後といっても，災害直後，復旧期，復興期のいずれに主眼を置くのかも特定化されていない。その意味では曖昧さが残るけれども，積極的にしかも好意的に受け止めるとすれば，この指針は一般化と抽象化を志向したものとして位置づけられる。そのために本章で取り上げた激甚被災世帯・家族の生活再建過程においても準拠点となる指針が少なくないように思われる。ちなみに，そうした指針のいくつかを示すと，①災害後，被災者と地方の諸機関に関する（それぞれの）対処メカニズムを認識し，両者の統合を図ること。②商業的利用に注意すること。③災害前の制約を認識すること。④救済依存を回避すること。⑤救済から発展への移行を最大化すること，である[23]。

①は，当該の被災世帯・家族が被災の客観的状況を把握し事態対処するとともに，外部の援助源としての諸機関がいかに適切にサポートしうるかということ，また両者の有機的結びつきの必要性を示唆している。②は，災害後の生活再建の混乱期に伴う，そして実際，しばしば見出される悪しき商業主義に対する警戒を被災者および援助源に呼びかけているものと理解しうる。③は，すでに何度も言及してきた「傷つきやすさ」にかかわる内容であり，激甚被災世帯・家族においても，この「傷つきやすさ」は多様な程度において見出される。④は，被災の程度が激甚であればあるほど，災害後の生活再建の処方箋を見出しがたいことがある。しかも，事態対処に数年間ないし十数年といった歳月を必要とすることがある。そのために，被災

世帯・家族は自立的取り組みをすることが困難となり他者依存・外部依存を余儀なくされる。結果として，自立化の道が閉ざされ救済依存が一般化する。このような事態の持つ課題が示されている。この課題を回避するために，⑤の方向性が位置づけられなければならない。救済から発展への移行は，被災世帯・家族の自立的再建への移行を意味している。

　災害後の復旧・復興に関するブレイキーらの指針は，本章の激甚被災世帯・家族および外部の各種の援助源に対して示唆するところが少なくない。ここで例示した五つの諸点にとどまらず，彼らの他の指針は，災害後の事態対処とそのあり方の指針として位置づけられうる。ここでは，それは，激甚被災世帯・家族の生活再建過程に関する適用可能性（の有用性）を考慮して，「復旧の文化」，「復興の文化」，そして「生活再建の文化」といった名辞を想起しうる。というのも，災害に関するアメリカ合衆国の社会学的研究が提起した「災害の文化」，「災害の下位文化」，そして約 30 年余りの後において言及されたわが国の「災害救援の文化」の概念の提示に照らし合わせると，こうした名辞による表現も可能であるように思われるからである[24]。こうしたことの妥当性は，激甚被災地における激甚被災世帯・家族——とりわけ高齢者世帯・家族，自営業世帯・家族，漁業就業者世帯・家族，民宿・旅館業世帯・家族，建設・土木業世帯・家族，企業家世帯・家族——に関して，改めて検討されなければならない[25]。

1）Barton, A. H.(1969), *Communities in Disaster—A Sociological Analysis of Collective Stress Situations*, Doubleday & Company, pp. 50-51. 邦訳：安倍北夫監訳（1974），『災害の行動科学』学陽書房，46-49 頁。

2）Parad, H. J., H. L. P. Resmik and L. G. Parad(1976), *Emergency and Disaster Management*, The Chrles Press Publishers は，そうした一例であろう。これは 63 人の寄稿者による 38 の論文集であり，災害に対する事前の事態対処を導くための学際的研究である。個人レベル，組織レベルを中心とした考察が多いが，災害対策に関する多くの示唆がある。また Drabek, T. E.(1994), "Disaster in Aisle 13 revisted," in *Disasters, Collective Behavior, and Social Organization*, R. R. Dynes and K. J. Tierney ed., University of Delaware Press, pp. 26-44 は，災害後に取り組まれた組織的対応の追跡調査を試みた考察であり，何が，どのように改善されたか，そして実際に効果的になってきたかに言及した数少ない研究である。Aysan, Y. and P. Oliver(1987), *Housing and Culture after Earthquake*, Oxford Polytechnic では，1970 年のトルコの西アナトリア（the Gediz region of Kütahya province）における地震災害の経験に学びながら，住宅再建を中心とした減災および防災に関する実践的な取り組みが提言として簡潔に述べられている。

3）この段階区分については，Haas, J. E., R. W. Kates and M. J. Bowden(1977), *Reconstruction Following Disaster*, The MIT Press を参照した。ほかには，注 1 で示した Barton(1969), p. 49（翻訳書 45-46 頁）では，①前災害期，②脅威の発見と警告の伝達，③即時的，比較的非組織的反応の時期，④組織化された社会的反応の時期，⑤災害後かなり長期にわたる均衡の期間という 5 段階の設定がある。さらに比較的最近（執筆時点）では，Fisher, III, H. W.(1998), *Response to Disasters. Fact Versus Fiction & Its Perpetuation-The Sociology of Disaster*, 2nd Ed., University Press of America, pp. 7-8 において，①衝撃前期，②衝撃期，③衝撃直後期，④復旧期，⑤長期の再建期，の 5 段階設定がある。

4）復興の概念について，「モノ」，「ココロ」，「ヒト」の復興というカタカナ表記は筆者の見解であるが，後段の記述は Bates, F. L. and W. G. Peacock(1987), "Disaster and Social Change," in *Sociology of Disasters*, R. R. Dynes, B. DeMarchi and C. Pelanda, Franco Angel: Milano, pp. 302-303. を参照した。なお「ヒト」の復興とは，失われた成員に対し，結婚，出産による成員補充，他地域から被災地への新しい地域住民の転入，そしてさらに被災後において復興に取り組むリーダーの出現等を含意している。

5）関孝敏（2000），「激甚被災地における地域生活の再建過程——北海道南西沖地震における奥尻町青苗地区の場合」，『北海道大学文学研究科紀要』102，129-136 頁，本書第 3 章に再録。

6）北海道南西沖地震記録作成委員会（1995），『北海道南西沖地震記録書』，360頁，362-365頁では，住家災害21,160件，非住家災害760件，農業被害1,014件，土木被害1,179件，水産被害3,859件，商工被害2,296件等が全道の主な被害件数となっている。この被害件数は，奥尻町，大成町，北檜山町，瀬棚町，今金町，江差町，厚沢部町，乙部町，熊石町，上ノ国町の檜山支庁に多くみられた。これら10町の被害総額は約999億円にのぼった（北海道檜山支庁（1994），『北海道南西沖地震記録書』，17-20頁）。同じくこれら10町における人的被害は死者192名，行方不明27名，重傷70名，軽傷190名であった（北海道檜山支庁，前掲記録書）。このうち奥尻町には死者および行方不明が175名と集中した。これらの犠牲者の約半数の82名（46.9％）が60歳以上であった（奥尻町（1994），『北海道南西沖地震奥尻町記録書』，213頁）。

7）「復元力」に関して，災害の社会学的研究において，災害による解体的・病理的側面が強調される傾向に対して，人間の再建的で再生的な側面に注目し，最も早くその重要性を指摘したのは，Fritz, C. E. であろう。彼は R. K. Merton and R. A. Nisbet ed.（1961），*Contemporary Social Problems*, Harcourt, Brace & World に所収された論文 "Disaster" において，「災害は大規模な社会システムに関する統合，持久力，回復力を検証するための現実的な実験室を提供する」（p. 654），「災害研究は，人間が直接的な脅威に対峙させられるとき，大いに適応的な社会的動物である，ということを我々に教えてきた」（p. 683），「災害研究は，人間社会が，直接的な挑戦に相対峙させられるとき，非常に大きい復元力 resilience と回復力 recuperative power をもっている，ということを示している」（p. 694）という指摘をしている。また International Encyclopedia of the Social Sciences, vol.I, NY: Macmillan（1972）において執筆した "Disaster" の説明に関しても，同様の指摘を繰り返している（p. 202, pp. 206-7）。

　　他方，災害研究に直接関係して言及したわけではないが，いわゆるストレス論の文脈において家族の復元的，状況適合的側面に注目した興味深い次のような考察がある。McCubbin, H. I. and M. A. McCubbin（1988），"Typologies of resilient families: emerging roles of social class and ethnicity," *Family Relations*, 37, pp. 247-254. Hawley, D. R. and L. DeHaan（1996），"Toward a definition of family resilience: integrating life-span and family prospectives," *Family Process*, 35, pp. 283-298. なお，比較的最近では，臨床的視点からの Walsh, F.（1998），*Strengthening Family Resilience*, The Guilford Press が参考になる（特に第1章）。

　　これに対して，災害による「傷つきやすさ」（もろさ，脆弱性とも表現しうる）に関する考察が最も体系的に論じられているのは，Bolin, R. and L. Stanford（1998），*The Northridge Earthquake—Vulnerability and Disaster*, chap. 2, Routledge においてであろう。そこでは，個人や世帯・家族の諸属性による違いが災害の影響のあり方を左右することを第1世界と第3世界を相互に比較しながら言及している。特に，社会階層，ジェンダー，人種／エスニシティ，年齢／ライフサイクル，移住／居住，言語／識字能力，政治的文化と社会参加といった諸点の重要性が指摘されている。B. D. Wisner らも国際比較の視点において，「マージナル化」というキーワードを用いて潜在的なマージナル集団（1. 最も貧しい人たち，2. 女性，3. 子供と若者，4. 高齢者，5. 障がいを持つ人たち，6. マイノリティの人たち）が持つ災害に対する「傷つきやすさ」は，彼らと①天然資源，②物理的および社会的資源，③経済的資源，④自宅と職場の場所との関連においてとらえられるという興味深い視点を提示している（Wisner, B. D. and H. L. Luce（1993），"Disaster Vulnerability: scale, power, and daily life," *GeoJournal*, 30-2, pp. 127-140）。

8）注7で取り上げた文献は，「復元力」と「傷つきやすさ」それぞれを別個に考察している。これに対して，R. Hill らは，「災害と家族」について考察するに際し，家族資源の視点に注目し，すでに1930年代の研究にみられた「危機に負けない」"Crisis Proof" 家族と「危機の傾向にある」"Crisis Prone" 家族という，家族の類型的把握を再評価している。このような着目は，「傷つきやすさ」と「復元力」の両者を視野に置く初期の考察と思われる。Hill, R. and D. A. Hansen（1962），"Families in disaster," in *Man and Society in Disaster*, G. W. Baker and D. W. Chapman, Basic Books, pp. 190-193. こうした視点が鮮明であるのは，Burr, W. R.（1973），*Theory Construction and the Sociology of the Family*, John Wiley & Sons, chap. 10（Families under stress）である。そこでは，ストレス因に対する家族の持つ「傷つきやすさ」（もろさ）と家族の持つ「再生力」（regenerative power）を対置しながら九つの命題群を提示している。この考察は，災害というストレス因と世帯・家族の関係についても当然適用しうる。このように「傷つきやすさ」と「再生力」の両者を正面に据えた論議は少ない。それだけに本章の主題についても，この理論的枠組みは

重要な視点であると思われる。

9) 資源との関係はすでに注8でふれたHill, R. and D. A. Hansen（1962）において提示されている。しかし最も理論的に整序されるのはMcCubbin, H. I. and J. M. Patterson（1983）, "The family stress process: the double ABCX model of adjustment and adoptation," in *Social Stress and the Family: Advances and Developments in Family Stress Theory and Research*, H. I. McCubbin, M. B. Sussman and J. M. Patterson eds., The Haworth Press, pp. 7-37. においてである。この論点は，さらにMcCubbin, H. I. and M. A. McCubbin（1988）において深められる。

10) 森岡清美・望月嵩共（1997），『新しい家族社会学（四訂版）』培風館，6-8頁参照。

11) 関（2000），141-142頁参照。本書第3章49-50頁。

12) 関（2000），176-178頁参照。本書第3章73-74頁。さらに死者・行方不明者107名となった青苗地区と並ぶ激甚被災地初松前地区（33名の死者・行方不明者），稲穂地区（16名の死者・行方不明者）においても聞き取り調査の結果，青苗地区と同様に親族関係の累積がみられた。

13) Hill, R. and D. A. Hansen（1962）, *op. cit.*, pp. 200-205において，理念型としての親族に指向したコミュニティと個人化（個人に指向）したコミュニティを対比しながら，災害状況における家族のストレスについて論じている。

14) 関孝敏（研究代表者），科研〔基盤研究A(2)〕研究成果報告書『北海道南西沖地震に伴う家族生活と地域生活の破壊と再組織化に関する研究――激甚被災地奥尻町を中心として』，1999年9月，56-71頁において，緊急時の救援・救助・救護活動について「自衛隊協力会」が持つ意義の一端を取り上げた。

15) 北海道南西沖地震直後に発生した火災で住宅を失った奥尻町の住民が，火災保険金などの支払いを求めた「奥尻保険金訴訟」がある。原告は「奥尻町青苗・火災保険を請求する会」（75人，うち2人死亡）であり，被告はひやま漁協（本所・檜山管内乙部町），北海道火災共済協同組合（札幌），全国町村職員生活協同組合（東京）の3団体である。北海道新聞によると1999年10月8日「3団体も和解を留保」，同新聞1999年11月4日「函館地裁，総額700万円の和解案提示」といった記事がみられる。さらに同新聞2000年3月31日に「函館地裁では請求棄却の判決があったが，それは裁判長の異例の所見を伴うものであり，（保険契約に関する）情報開示の議論を深めた」という記事がある。『今後につながる判決』という見出しがみられた。災害保険に関する当事者間の契約条項のあり方が注目された。

16) 筆者による1995年6月より2001年6月まで丸7年間，30数回の奥尻町訪問による約70の被災世帯・家族および関係者よりの聞き取り調査に基づく。

17) 生活再建援助源としての「行政体」が七つの生活領域すべてに見出されることについて敷衍しておきたい。「a住宅生活」とは，いうまでもなく緊急時における避難所への被災者の誘導・仮住まいの確保（Ⅰa1），仮設住宅の建設と入居（Ⅱa1），そして住宅被害の評価・住宅復旧・復興のための義援金や見舞金の配分，新しい住宅地の区画地選定（Ⅲa1）に関して行政体が果たす多くの役割を含んでいる。「b生計」は，被災に伴う失職・離職・転職に際して，被災者に生計の手だてを紹介し確保する支援活動を意味している。異なる職業の被災世帯・家族に対する多様な対応が行政体に求められている。自治体，北海道，国と各レベルにおける対応が要求される。「c消費生活」領域におけるⅠc1，Ⅱc1は食事を中心とした，行政体による救援活動である。これに対してⅢc1は，恒久住宅生活の開始後，一定期間，税（特に固定資産税，公営住宅への入居の場合―家賃―，それぞれが免除ないし半免となる）が免除され，消費生活への支援がなされていることを示している。「d医療保健衛生」の生活領域は，激甚災害による多くの死者と負傷者の存在によって，奥尻町内の国保病院の対応能力の限界から，対岸の江差町や函館市における医療機関への依存が緊急時より必要とされた。しかも島嶼部であるという地理的位置から輸送手段として空路が重視された。航空自衛隊による輸送は高次の行政体との連携が必要であった。「e近隣生活」領域におけるⅠe1とⅡe1は被災者と行政体との連携のために，避難所や仮設住宅における緊急時の一時的な近隣を組織化することにかかわる。Ⅲe1は，新しい区画割りによる新しい近隣を設定することである。「f集団参加の生活」は，「e近隣生活」領域と一部重複する（Ⅰf1，Ⅱf1はⅠe1，Ⅱe1と重なる）が，Ⅲf1は町内会，老人会，消防団，氏子組織，祭祀組織の再編，活動再開等に対する行政体のかかわりを意味する。「g家族・親族の生活」領域に関しては，犠牲者の確認・連絡，転居・転出の手続き，扶養親族の設定・変更等を含んでいる。

18）災害後における援助源として家族・親族が果たす役割とその重要性について，Quarantelli, E. L.（1960），"A note on the protective function of the families in disasters," *Marriage and Family Living*, 22-3, pp. 263-4; Drabek, T. E and K. Boggs（1968），"Reactions and relatives," *Journal of Marriage and the Family*, 30, pp. 443-451, Young, M.（1954），"The role of the extended family in a disaster on kin relationships," *Journal of Marriage and the Family*, 37, pp. 481-493. の考察がある。わが国では，藤見純子「自然災害と家族の対応」，石原邦雄編（1985）『家族生活とストレス』，垣内出版，177-196 頁がある。

19）生活援助源としての「8. 近隣」について，「a 住宅」の生活領域では，新しい居住区の選択に際して，元の近隣，親族が隣接することを希望した事例があった。「b 生計」の生活領域に「近隣」が援助源としてみられること（Ⅱb8，Ⅲb8）は，やや奇異な印象を与えるけれども，漁家層の生業活動を非漁家層が手伝うこと（特に女性や元漁師），漁家同士で協同して生業活動に従事することが少なくないからである。「c. 消費」生活の領域では，おすそわけを念頭に置いた（Ⅱc8，Ⅲc8）。「家族・親族」の生活領域では，「近隣」が他出家族成員および親族成員であることがみられたからである（Ⅰg8，Ⅱg8，Ⅲg8）。

20）注 18 において言及した家族結合や親族結合をより厳密化したり一般化した考察がある。たとえば，A. H. Barton は，集合ストレス下における相互援助の出現条件を解明するに際して，「治療的コミュニティ反応のモデル」のためにと題して 71 の命題群を提示している。そのうち第 6，7，9 の各命題がこうした論点に該当する（Barton（1969），Chap. V-2，特に pp. 219-220. 安倍監訳（1974），201-202 頁）。家族結合や親族結合はもとより友人関係，近隣関係を含む考察は Drabek, T. E. and W. H. Key（1976），"The impact of disaster on primary group linkages," *Mass Emergencies*, 1, pp. 89-105. がある。

21）生活援助源としての「2. 自衛隊」について，Ⅰc2（消費）は，避難所における被災者に空路および海路より，水や食糧の補給が行われたことを示す。Ⅲf2（集団参加）およびⅢg2（家族・親族）は，奇異な感じがするかもしれない。しかし前者は，奥尻町では自衛隊の基地があることから自衛隊と地域社会・地域住民との交流，自衛隊への理解を促進するために，町内のあらゆる社会階層・社会組織の代表者が参加している「自衛隊協力会」があり，この組織とその活動を指している。後者は，基地に在職した隊員と島内住民との結婚がみられ，そのために，自衛隊と地域住民との関係が深い。これらのことから，被災時における自衛隊の援助・救援活動は特に注目された。

　　生活援助源としての「4. 金融・保険会社」に関して，Ⅲg4（家族・親族）についてふれておく。北海道南西沖地震では死者，負傷者，そして住宅の全壊が多くみられた。そのために保険金の受け取り，請求訴訟，さらには生活再建のための借入れがあり，家族成員や親族成員が直接・間接にかかわることが少なくないことを示している。なお，この金融・保険会社は「7. 専門家・専門機関」に含めてもよいが，被災状況と被災者からみると，一応区別した方がよいと考えた。

　　生活援助源としての「7. 専門家・専門機関」は，ここでは主として医者・医療機関を指している。被災状況の深刻さに関する対処は，「d 医療保健衛生」の生活領域におけるⅠd7，Ⅱd7，Ⅲd7 にみられる。また，被災時と災害後の入院治療・通院はいうまでもないが，恒久住宅の生活に至って体調を崩した被災者があった。そのため，医者・医療機関による家族成員・親族成員に対する相談・助言がⅢd7 である。なお，この援助源には，住宅再建にかかわる専門家・専門機関による支援がみられ，Ⅰd7 にかかわる認定訴訟がなされているから法曹家・法的機関の果たす役割が注目される。

22）Bolin, R. C.（1982），*Long-Term Family Recovery From Disaster*, Institute of Behavioral Science Monograph Series, Boulder: University of Colorado, p. 19 において，被災家族の災害後の復旧・復興に関する考察について，当該家族の「内的資源」（年齢，社会的経済的地位，人種といった諸特徴によって決定される）と「外的資源」（家族，友人，近隣，そして様々なインフォーマルな集団を含む）という二つの資源を区分した研究に言及している箇所がある。

23）Blakie, P. *et al.*（1994），*At Risk: Natural hazard. people's vulnerability, and disasters*, Routledge, pp. 204-217 において，世界の諸地域における災害事例に加えて，ペルーの地震やスーダンの飢饉に関する様々な観察から，災害からの復旧・復興に対して重要な論点が 12 の指針として提示されている。本章で言及した以外の他の七つの指針とは，①恣意的な救済援助の回避，②（災害後における事態対処に関する）意思決定の分散，③政治的出来事としての災害の認識，④（再建プランニングにおける）変革と保守の均衡，⑤不公平の拡大再生産の回避，⑥（災害後におけるサービス受給者への）鍵となる争点に関する説明責任，そ

して⑦移転は最悪の選択肢，である。

24) Quarantelli, E. L. and R. R. Dynes(1977), "Response to social crisis and disaster," *Annual Review of Sociology*, 3, p. 43 において，「Moore（1964）や Anderson（1965）によって災害文化に関する研究がなされたが，その後，そうした研究を確証する考察がみられない」ということを指摘している。(Moore, H. E., ... *And the Winds Blew*, The University of Texas, Chap X.; Anderson, J. W., "Cultural adaptation to threatened disaster," *Human Organization*, 27-4, pp. 298-307.) わが国では，田中二郎が，一つの「節」として災害文化に論及したことが早い指摘であったかと思われる。田中二郎・田中重好・林春男（1986），『災害と人間行動』東海大学出版会，9-13 頁所収。「災害救援の文化」は，野田正彰（1994），『災害救援の文化を創る』岩波書店，において提起された。

25) 本章の初出は，同じタイトルで，北海道大学文学研究科紀要 105，2001，71-103 頁。

第 **2** 部

「災害復興・生活再建」過程の諸相（Ⅱ）
――意識・態度／地域経済・行財政

第5章

町民調査からみる激甚被災地奥尻町の災害復興

松 田 光 一

は じ め に

　北海道南西沖地震の発生（1993年7月12日）からすでに22年余の歳月が流れた。その間にも災害列島日本では，阪神淡路大震災（1995年1月17日）と東日本大震災（2011年3月11日）を含む数多くの災害が記録されてきた。大きな災害が発生するたびに被災地域の速やかな復旧・復興が叫ばれるが，近年では「事前復興」や「復興災害」の概念が提示されるとともに，災害復興の内容そのものが厳しく問われるようになってきている[1]。

　震災から大きな節目の20年を経て，奥尻町の当時の復興計画，そしてその計画に依拠した復興事業が将来を見据えたものであったのかどうか，検証が求められるときが到来しているように思われる。実際，「3・11」大震災以降，島外から「奥尻モデル」の是非が問われている[2]。

　復興には単に災害以前の状態に回復させるだけではなく，新たにクリエーティブなものを付加する，いわゆる創造的復興の意味が込められている[3]。創造的復興の概念には災害を契機に被災後の地域社会をどのように作り替えていくのかという展望を明示しつつ，その可能性の実現に向けて歩み続けるということが含意されている。その際，不可欠なのは被災者や地域住民の意思を尊重する視点である。しかし，こうした被災者や地域住民の意思を掌握し復興に反映する過程には，相当の時間とエネルギーが必要とされる。そのため復興を急げば急ぐほどこのプロセスが省略されがちとなり，結果としてハードウエアに重点を置く復興計画の策定・実施に偏ってしまうことになる。このような傾向が災害復興に関する取り組みの従来の主な流れであったし，残念ながら奥尻もその例外ではなかったかと思われる。

　震災が発生した当時，奥尻町では1991（平成3）年度を初年度とする第3期奥尻町発展計画が策定されそれが実施に移されていた。そのため，この計画に沿った復興計画がいち早く推進されることになった。それは必ずしも住民の意思と大きく乖離したものではなかった。その当時は1990年代後半の北海道拓殖銀行や山一証券に代表される金融破綻の嵐が吹く前であり，社会全体の復興に対する意識も今日とは大きく異なっていたといえる。

　しかし，バブル崩壊後の長い景気低迷期を経た今日，地方の時代や地方創生という掛け声とは裏腹に地域社会の疲弊が深刻の度合いを増し，いっそうの危機感を表す「自治体消滅」論が

現実味をもって語られるようにさえなっている[4]。このような社会状況の中で起きた東日本大震災は、地震・津波という災害因の共通性により、奥尻の災害被害とその後のあり方に大きな注目を集める契機になった。震災から20年という歳月は、災害の教訓はもとより復興計画・復興事業等のあり方などを検討できる時期とも重なっているように思われる。

　併せて震災を体験し、その後の復興過程の中で生活してきた奥尻の被災者に「東日本大震災がどのように映っているのか」「直下型地震による阪神大震災の復興のあり方をどのようにとらえているのか」を問うことで奥尻における復興の20年を考える機会にもなっている。そこで我々は奥尻の被災経験と復興過程が東日本大震災の被災者や被災地域、とりわけ東北大震災における地震・津波を災害因とする被災者・被災地に少しでも参考に供しうる点が導き出せるならば幸いと考えるに至った。このような趣旨に照らして、北海道南西沖地震・津波災害から20年の節目を目前にした2013（平成25）年1月、町の協力を得て住民意向調査を計画し実施した。その際、使用した調査票は第4部に付録2として掲載してあるので参照していただきたい。この調査結果を踏まえつつ奥尻の災害復興の意味を検討することが本章の狙いである。なお、原発の直接被害を受けた被災地・被災者との関係は別途取り上げられなければならないと考え、ここではそれにはふれてはいない。

1. 調査の方法と調査対象者の概要

1−1 調査の対象と方法

　調査は2013年1月の調査時点で30歳以上のすべての人を対象とした。震災当時、小学校高学年の10歳の子どもだった人も、震災後の復興の過程を実際に体験し、復興事業に関するおおよそのイメージを有していると判断し、震災から20年経過しているため30歳という年齢を設定した。加えて調査時点において、この人たちはすでに地域社会の中堅的な人材として位置づけることができ、災害復興の今後を左右する住民であることを考慮した結果である。

　また、震災後、奥尻に転入してきた人たちにとって奥尻の復興がどのように映っているのかを知ることも激甚被災地奥尻を理解するために重要と考え、30歳以上の町民すべてを対象者とした。

　調査の方法は、奥尻町の協力を得て役場の担当部署より各町内会経由で調査票を各世帯に配布、記入後は町内会ごとに回収し、役場で集約するという方法で実施した。調査の実施時期は2013（平成25）年1月である。30歳以上の調査対象者2,343人に調査表を配布し、963票が回収できたが、調査票を精査した結果、有効調査票は904票で有効回収率は38.6％であった。

1−2 調査回答者の概要

a. 地区別の性別と年齢層構成

　回答者の全体の男女比は表5・1でみるように、男51.2％、女48.8％でほぼ半々といえる。

ただ，地区別にみると稲穂，宮津，湯浜では男女差が大きい。年代別では 60 代以上の人が全体の 53.7％を占め，それに 50 代の 22％を加えると回答者の 75.7％に達する。回答者の年齢別構成比率を 2010（平成 22）年国勢調査における奥尻町の年齢構成と比較すると，国勢調査の年齢別構成比率は 30 代 11.6％，40 代 13.3％，50 代 18.3％，60 代 18.9％，70 代 38.0％であった。表 5・1 で比較すると，30 代と 40 代はほぼ同じ構成比で，50 代と 60 代では国勢調査の比率を上回っている。70 代以上では逆に下回っているが，これは高齢者になるほどアンケート調査への回答が少なくなるためであり，今回の調査回答者の構成比率は現実の奥尻の構成比率を充分に反映したものとみなすことができる。なお，居住地区に関しては，震災後に奥尻町内で居住地区を変えた回答者が 67 名いた。この中には，全戸移転という集落移転事業の対象となった青苗旧 5 区を含む激甚被災地区青苗から他の地区に移転した人が 29 名が含まれていた。

b.　家族構成形態別居住年数

　被災から 20 年余を経過した段階で災害復興の評価を問うには，年齢層とともに居住年数は重要な属性変数の一つとなる。表 5・2 から明らかなように，震災以前に該当する 30 年以上前からの居住者は 73.7％，震災時には居住していた 19 年以上居住の回答者は 6％となり，回答者全体の 8 割が復興過程を経験できる状況にあったといえる。他方，震災後に奥尻に居住し始

表 5・1　回答者の地区別性別・年代構成

上段: 度数 下段: %	性別			年代					
	合計	男	女	合計	30-39	40-49	50-59	60-69	70-
地区	904 100.0	463 51.2	441 48.8	891 100.0	101 11.3	116 13.0	196 22.0	209 23.5	269 30.2
稲穂	62 100.0	28 45.2	34 54.8	62 100.0	3 4.8	7 11.3	13 21.0	17 27.4	22 35.5
宮津	76 100.0	50 65.8	26 34.2	76 100.0	31 40.8	21 27.6	7 9.2	6 7.9	11 14.5
球浦	53 100.0	27 50.9	26 49.1	53 100.0	2 3.8	8 15.1	18 34.0	9 17.0	16 30.2
奥尻	307 100.0	157 51.1	150 48.9	303 100.0	33 10.9	40 13.2	60 19.8	79 26.1	91 30.0
赤石	68 100.0	32 47.1	36 52.9	66 100.0	4 6.1	5 7.6	20 30.3	14 21.2	23 34.8
松江	45 100.0	21 46.7	24 53.3	44 100.0	— —	2 4.5	3 6.8	12 27.3	27 61.4
富里	16 100.0	8 50.0	8 50.0	16 100.0	— —	3 18.8	5 31.3	3 18.8	5 31.3
青苗	203 100.0	100 49.3	103 50.7	198 100.0	21 10.6	26 13.1	49 24.7	54 27.3	48 24.2
米岡	50 100.0	26 52.0	24 48.0	50 100.0	7 14.0	3 6.0	20 40.0	9 18.0	11 22.0
湯浜	24 100.0	14 58.3	10 41.7	23 100.0	— —	1 4.3	1 4.3	6 26.1	15 65.2

表5・2　家族構成別居住年数

上段：度数 下段：％	合計	居 住 年 数			
		10 年未満	10 年以上	19 年以上	30 年以上
家族構成	873 100.0	120 13.7	58 6.6	52 6.0	643 73.7
一人暮らし	180 100.0	51 28.3	8 4.4	6 3.3	115 63.9
夫婦のみ	316 100.0	24 7.6	13 4.1	11 3.5	268 84.8
夫婦・子ども・父母	326 100.0	41 12.6	34 10.4	34 10.4	217 66.6
その他	51 100.0	4 7.8	3 5.9	1 2.0	43 84.3

めた 19 年未満の回答者は 178 名で全体の 2 割であった。これら震災後に奥尻町に移ってきた回答者の以前の居住地を確認したところ，前住地が不明の 15 名を除くと北海道外が 78 名，奥尻町以外の北海道内が 85 名であった。道外の居住地では，沖縄，広島，名古屋，東京，千葉，青森等，全国に及んでいる。この居住地分布の広がりは，この回答者の大半が自衛官であることによる。また道内では，来町以前の居住地は札幌，函館が多く，この中にも自衛官が含まれている。

　ところで，回答者の家族構成の形態は，先の居住年数をさらに意味づけることから，クロス集計によって確認した。表 5・2 に即して家族構成の形態別比率をまず確認しておこう。表に示すように，「夫婦＋子ども＋父母」（37.3％）が最も多い。これに僅差で「夫婦のみ」（36.2％）が続いている。この両者を合わせると 73.5％になる。前者のカテゴリーには，夫婦と未婚の子どもからなる文字どおり「夫婦家族（核家族）」と，夫婦と既婚子の子どもに夫婦の父母を加えたいわゆる「直系家族」との両者が含まれている。今回の調査では，夫婦以外に同居する家族構成員の有無を確認しておくことが最小限必要と考え，このような形態別区分にした。

　なお，ほかの形態では，「一人暮らし」（20.6％）と，「その他」（5.8％）として「夫婦と孫」，「きょうだい」といった構成形態がみられたが，先に指摘した自衛官は，「一人暮らし」で居住年数 19 年未満，とりわけ 10 年未満に多く含まれている。これに対して居住年数 30 年以上の回答者には高齢の一人暮らしの人たちが多く含まれている。

c．職業（仕事）の性別・年齢層別構成

　職業については仕事の実態に即した職業が把握しやすいように，表 5・3 のようなカテゴリーに区分した。回答数が最も多いのは，「無職（26.2％）・専業主婦（16.7％）」で 42.9％を占めている。有職者で多い職業は，「会社員・団体職員」（14.1％），「地方公務員」（12.2％），「漁業」（10.7％）であり，これらに続く主要な職業は「自衛官」（4.9％），「商業（商店経営）」（4.5％），「その他個人経営者」（4.0％）となっている。「漁業」を除くと，奥尻町の基幹産業（漁業・観光）に関わる「旅館・民宿」（1.6％），「水産加工」（1.3％）といった職業の回答者は

表 5・3　職業（仕事）の性別・年齢層別構成

上段：度数 下段：%	合計	男	女	合計	30-39	40-49	50-59	60-69	70-
合　計	870 100.0	445 100.0	425 100.0	858 100.0	101 11.8	115 13.4	188 21.9	202 23.5	252 29.4
漁　業	93 10.7	75 16.9	18 4.2	92 100.0	2 2.2	2 2.2	19 20.7	28 30.4	41 44.6
農林業	11 1.3	8 1.8	3 0.7	11 100.0	1 9.1	1 9.1	3 27.3	3 27.3	3 27.3
水産加工	11 1.3	4 0.9	7 1.6	11 100.0	— —	1 9.1	3 27.3	2 18.2	5 45.5
旅館・民宿	14 1.6	3 0.7	11 2.6	14 100.0	1 7.1	1 7.1	4 28.6	7 50.0	1 7.1
商業（商店 経営）	39 4.5	20 4.5	19 4.5	39 100.0	1 2.6	5 12.8	11 28.2	12 30.8	10 25.6
その他個人 経営	35 4.0	16 3.6	19 4.5	35 100.0	1 2.9	3 8.6	9 25.7	14 40.0	8 22.9
その他会社 経営	13 1.5	10 2.2	3 0.7	13 100.0	1 7.7	1 7.7	6 46.2	2 15.4	3 23.1
会社員・団 体職員	123 14.1	85 19.1	38 8.9	119 100.0	20 16.8	26 21.8	50 42.0	18 15.1	5 4.2
地方公務員	106 12.2	67 15.1	39 9.2	106 100.0	29 27.4	34 32.1	37 34.9	6 5.7	— —
自衛官	43 4.9	43 9.7	— —	43 100.0	17 39.5	22 51.2	4 9.3	— —	— —
専業主婦	145 16.7	— —	145 34.1	144 100.0	26 18.1	13 9.0	29 20.1	47 32.6	29 20.1
無　職	228 26.2	107 24.0	121 28.5	223 100.0	2 0.9	3 1.3	12 5.4	61 27.4	145 65.0
その他	9 1.0	7 1.6	2 0.5	8 100.0	— —	3 37.5	1 12.5	2 25.0	2 25.0

少ない。なお，性別による回答者数の違いは，性別が明確な自衛官と専業主婦を除くと会社員・団体職員，そして公務員で男性がやや多くなっている。

　ここで今一度，年齢層別に回答者の職業について確認しておきたい。年齢層別に職業分布はかなり鮮明である。70歳代以上の高齢の回答者は無職，漁業，水産加工業に多く，60歳代の回答者は旅館・民宿，その他の個人経営，そして専業主婦に多い。50歳代の回答者はその他の会社経営，会社員・団体職員，地方公務員といった職業が多くなっている。他方，30歳代および40歳代の回答者は自衛官と地方公務員にそれぞれ集中している。ちなみに，30歳代では45.5％，40歳代では48.7％がこの二つの職業で占められている。

d. 震 災 被 害

　表で示してはいないが，回答者の被災状況についてふれておく。複数回答の結果，全体で最も多く挙げられた被害は，「建物被害」と「親戚・知人を亡くした」の二つの項目であり，前者が66.6％，後者は47.4％であった。これら両者に比べてかなり少なくなるが，被災項目とし

て「仕事上の被害を受けた」(15.4％)，「漁船・漁具を失くした」(14.6％)，「体調を崩した」
(7.3％）がそれぞれ続いている。職業別に確認すると，当然のことながら漁業者では「漁船・
漁具を失くした」が72.8％で最も多い。旅館・民宿，商業（商店）では，「建物被害」が9割
を占めている。水産加工業者も8割が「建物被害」と回答している。被害状況には，職業の違
いが大きく反映されている。

e．東日本大震災地における親族構成員・その他親戚の存在の有無

　この回答項目は，20年前の激甚被災地奥尻町の被災者が2011年3月11日の東日本大震災
をどのように受け止め，そのことに加えて，かつての被災経験をどのように受け止め直してい
るか，そして奥尻の被災後の復興は東日本大震災を契機にいかに位置づけ直すことになってい
るのか，こうした諸点を見届ける際，「3・11」の被災地に回答者の家族成員や回答者にかかわ
る他出した親族成員，その他の親戚が在住していたか否かによって，先に言及した内容に関す
る受け止め方に違いが生じうるのではないかと考えて尋ねた。

　その結果，回答者の中で東日本大震災の主な被災地である岩手・宮城・福島の3県に他出し
た「家族成員がいた」とする回答者は18名，「他の親戚がいた」という回答者は61名みられ
た。さらに質問の選択肢に加えた「知人がいた」とする回答者は，105名の多くに上った。こ
れらの結果からすると，災害研究において注目される第1次的関係者の存在は，居住地間の距
離を考えると，予想以上に多くみられたといえる。

　この設問項目に関連して，回答者の95.4％は，東日本大震災が起きたとき，北海道南西沖地
震・津波災害を思い出したと回答している。自己の被災経験にフラッシュバックし，「テレビ
の震災報道を見ることを控えた」「テレビの震災報道の画像を見て気分が悪くなった」と貴重
なコメントを加えた回答者が少数ながらみられた。20年の歳月を経てもなおトラウマを抱え
た奥尻の被災回答者が少なくないと受け止められる。

2．調査の分析

2－1　災害復興を実感したもの

　奥尻町の復興はきわめて迅速に進められた。災害発生からほぼ一月後の1993（平成5）年8月
20日，北海道庁に復興対策室が設置され，9月24日には奥尻町に対して復興計画案（第1次
案）が提示された。それを受けて10月1日，奥尻町は災害復興対策室を設置した。その2ヵ
月後の12月には，復興計画修正案（第2次案）が住民の反対もなく町議会で承認された。平
成9年度を目標とする「奥尻町災害復興計画」が策定されたのである。その骨子は，震災前か
ら実施されていた奥尻町の「第3期奥尻町発展計画」の目的に沿う内容であった。そこでの復
興計画では，①生活再建，②防災まちづくり，③地域振興の三つの柱を建て，それに基づいて
様々な事業が推進されることになった[5]。

　津波により甚大な被害を受けた青苗地区では，「防災まちづくり」の一環として「漁業集落
環境整備事業（水産庁の補助事業）」と「防災集団移転促進事業（国土庁の補助事業）＝高台移

転」を中核に据えた復興事業計画が立てられた。同様に，奥尻町の北部で大きな被害を受けた稲穂地区も「漁業集落環境整備事業（水産庁の補助事業）」による復興計画を推進することとなった。他方，青苗地区に隣接し甚大な被害を被った初松前（通称，松江）地区は，「まちづくり集落整備事業（町単独事業）」による復興を目指すことになった。いずれにしても激甚被災地奥尻町の復興事業は，国と北海道庁との密接な連携のもとで推進され，災害から5年後の1998（平成10）年度末には「復興宣言」がなされるほどのスピード感をもって進められた。

　ところで，災害復興はそもそもどのような内容や側面でとらえられるのか，またいつの時点でいかなる状態が復興したと規定されるのか，難しい面を有している。ましてや個々人のレベルにおいてそれを明確に位置づけることはさらに困難なことである。そこで本調査では，災害後のどのようなことをきっかけに「復興したと感じた」のかを尋ね，全体的な復興のイメージを把握することにした。その結果が表5・4である。

　地区別に集計した表5・4(a)にみるように，全体として最も多い回答項目は「町による復興宣言が出されたとき」（37.9％）であり，次いで「仕事や営業を再開したとき」（19.1％），「仮設住宅から新しい住宅に入居したとき」（16.5％）と続いている。この結果を地区別に見直すと，津波による住宅被害が大きかった稲穂，青苗の2地区と高台移転によって移り住んだ住民が多い米岡地区では，「仮設住宅から新しい（恒久）住宅に入居したとき」という回答がいちばん多くなっている。松江地区も津波による住宅被害が大きかった地域であるが，僅差でこの項目が2番目に位置づけられている。逆に，住宅被害が少なかった他の地区では，この回答は少数である。役場の所在地であり，町の中心部である奥尻地区では，「町による復興宣言が出されたとき」という回答が断然多い。地区による回答結果に顕著な違いがみられることに注目しておきたい。

　全体的な復興のイメージは，被災状況が地区別に大きな違いがあったことから，これに対応するかのように「復興を感じるきっかけ」のとらえ方に違いがみられた。この地区別の変数とともに職業の違いからも，「復興したと感じる」きっかけについて，その回答結果に違いがうかがわれるのではないかと想定した。表5・4(b)がその結果である。

　職業別に確認してみると，「公務員（自衛官を含む）」（54％），「会社員・団体職員」（41％），「無職・専業主婦」（37％）では，「町による復興宣言が出されたとき」という選択肢が最も多い。公務員が最も高い比率を示しているが，内訳は自衛官が45.5％，地方公務員が56.3％を示している。これに対して，「農林・漁業・水産加工」，「旅館・民宿・商業・その他」では，「仕事や営業を再開したとき」という回答が最も多くみられた。「旅館・民宿・商業・その他」の直接経営にかかわる職業では，「金融機関などからの借入金を返済し終えたとき」という回答が11.7％あり，被災した経営者として再建に携わった胸の内を示す内容がみられた。

　漁業者の「持ち船の番号が元の船名に変わったとき」という回答は9％で数こそ少ないが，重要な意味を持っている。当初，沈没・流失，破損した漁船を災害復興基金による補助で新規に手に入れた際，形式的には「ひやま漁協」が共同利用船として購入したものを漁民に5年間

表5・4 災害から復興したと思ったきっかけ

(a) 地 区 別

上段: 度数 下段: %	合計	仮設住宅から新しい住宅に入居したとき	町による復興宣言が出されたとき	町と遺族会による慰霊祭が行われたとき	下町に商店街ができたとき	持ち船の番号が元の船名に変わったとき	仕事や営業を再開したとき	金融機関などからの借入金を返済し終えたとき	東日本大震災が発生し，被災者や被災地に思いを抱いたとき	まだ復興していない
地区	739	122	280	18	32	13	141	35	74	24
	100	16.5	37.9	2.4	4.3	1.8	19.1	4.7	10.0	3.2
稲穂	55	17	14	1	—	2	9	1	9	2
	100	30.9	25.5	1.8	—	3.6	16.4	1.8	16.4	3.6
宮津	45	1	16	—	1	2	12	1	10	2
	100	2.2	35.6	—	2.2	4.4	26.7	2.2	22.2	4.4
球浦	45	4	20	1	1	1	10	1	5	2
	100	8.9	44.4	2.2	2.2	2.2	22.2	2.2	11.1	4.4
奥尻	254	14	123	6	12	2	51	12	27	7
	100	5.5	48.4	2.4	4.7	0.8	20.1	4.7	10.6	2.8
赤石	58	2	30	6	—	2	13	—	3	2
	100	3.4	51.7	10.3	—	3.4	22.4	—	5.2	3.4
松江	32	7	6	2	—	2	8	3	2	2
	100	21.9	18.8	6.3	—	6.3	25.0	9.4	6.3	6.3
富里	15	—	8	1	2	—	2	—	2	—
	100	—	53.3	6.7	13.3	—	13.3	—	13.3	—
青苗	170	61	39	1	11	2	27	13	11	5
	100	35.9	22.9	0.6	6.5	1.2	15.9	7.6	6.5	2.9
米岡	43	15	12	—	5	—	4	2	3	2
	100	34.9	27.9	—	11.6	—	9.3	4.7	7.0	4.7
湯浜	22	1	12	—	—	—	5	2	2	—
	100	4.5	54.5	—	—	—	22.7	9.1	9.1	—

(b) 職 業 別

上段: 度数 下段: %	合計	仮設住宅から新しい住宅に入居したとき	町による復興宣言が出されたとき	町と遺族会による慰霊祭が行われたとき	下町に商店街ができたとき	持ち船の番号が元の船名に変わったとき	仕事や営業を再開したとき	金融機関などからの借入金を返済し終えたとき	東日本大震災が発生し，被災者や被災地に思いを抱いたとき	まだ復興していない
仕事	720	116	273	18	32	13	139	33	73	23
	100.0	16.1	37.9	2.5	4.4	1.8	19.3	4.6	10.1	3.2
農林・漁業・水産加工	96	18	25	2	2	9	28	5	6	1
	100.0	18.8	26.0	2.1	2.1	9.4	29.2	5.2	6.3	1.0
旅館・民宿・商業・その他	94	13	28	—	2	—	34	11	3	3
	100.0	13.8	29.8	—	2.1	—	36.2	11.7	3.2	3.2
会社員・団体職員	111	18	46	2	9	—	21	3	7	5
	100.0	16.2	41.4	1.8	8.1	—	18.9	2.7	6.3	4.5
公務員（自衛官を含む）	109	9	59	—	6	—	13	3	13	6
	100.0	8.3	54.1	—	5.5	—	11.9	2.8	11.9	5.5
無職・専業主婦	310	58	115	14	13	4	43	11	44	8
	100.0	18.7	37.1	4.5	4.2	1.3	13.9	3.5	14.2	2.6

リースするという形をとっていた。そのために，共同利用船の側面に船名ではなくて，「平成
〇年度北海道補助対策施設，奥尻 000 号」と番号が書かれていた。このリース期限が過ぎたと
き，被災前になじんだ船名を付けることができた。漁業者にとって船名の復活は，文字どおり
災害復興を実感しえたという意味を持っていたのである。

　「旅館・民宿」「商業（商店）」などの自営業被災者にとっては，「仕事の再開」は生業生活の
復活であり，復興のきっかけを実感したものとしてこの選択肢が 36.2％と最も大きな割合と
なっている。

　以上の回答結果が示すように，職業の違いは復興の受け止め方に大きな違いをもたらしてい
る。住宅を喪失した被災者は，いずれの業種においても多かったことから，公務員を除くすべ
てで新しい恒久住宅への入居が生活復興を体感させるきっかけになっているように思われる。
それは，復興のきっかけとして選択された回答結果の数値が公務員を除くいずれの業種におい
ても 13.8～18.8％の間にあってばらつきが少ないことから判断される。

　地区別および職業別から災害復興に関するイメージを把握するために，まず「復興したと感
じるきっかけ」を問う設問によって接近してみた。被災後約 20 年を経過した時点において，
それぞれの回答結果からいくつかの点が明らかになった。これを踏まえると，回答者の被災状
況，現在の立場や生活状況によって復興を感じ取るきっかけや復興のとらえ方は異なって受け
止められていることが分かる。

　ところで，被災後約 20 年を経過した段階で「災害復興を感じ取るきっかけ」や「災害復興
のイメージ」をとらえようとするとき，先に言及した地区別職業別の側面からの接近に加え
て，東日本大震災の発生によって，北海道南西沖地震・津波災害からの災害復興の受け止め方
が，どのように変化したかを見極めておくことは，災害復興のイメージを今一度確認する手掛
かりになると考えた。そこで，「東日本地震・津波災害の発生によって奥尻の地震・津波災害
からの復興について受け止め方が変わりましたか」という設問をしてみた。

　その結果，「変わった」と回答した 427 名の全員が「奥尻町は復興したと思えるようになっ
た」と答えている。他方で，「変わらない」と回答した 171 名のうち 82％は「奥尻はすでに復
興していると思った」，と答えている。表 5・4 に示した「奥尻はまだ復興していない」という
回答者を除き，全員が復興したと考えていることになる。東日本大震災発生とその後における
種々の災害報道に接することを通じて，被災時および現時点における自らの置かれている状況
を相対化・客観化して位置づけている被災者や地域住民が多いことを示しているように思われ
る。

2－2　災害復興の目安

　前項「2－1　災害復興を実感したもの」を補足するために，やや繰り返しの感はあるが「災
害復興の目安」を検討してみた。災害復興は多義的な内容を有する概念であるので，これをよ
り具体的に理解するためにあえて調べてみた。

　この「災害復興の目安」という課題に接近するために五つの側面を調査項目として設定し，

これらを通じて検討した。これらの側面は，本書の序論で言及している災害復興の規定とその分類に依拠している。被災者の復興イメージをより明確に把握するために，これらの復興のタイプをここでの調査項目に反映させることを心がけた。そこで今一度，復興のタイプを確認しておこう。

第1の側面は，「モノ（物）の復興」の側面である。この側面は，具体的で可視的であるために理解されやすく，多くの災害復興の事例において用いられる基準である。奥尻町でいえば，約211億円の事業費による巨大防潮堤，青苗漁港人口地盤，新生ホール，海容研修施設「ワラシャード」等の施設がこれに該当する。

第2は，「ヒト（人）の復興」の側面である。これは，周知のごとく，阪神淡路大震災後に取り上げられるようになった「ココロ（心）の復興」と並び，従来の災害復興の側面としては取り上げられることが少なかった部分である。この側面は，災害後に被災者によって生み出される新しい生命の誕生，そして被災経験から学習した教訓を語り継ぐ役割の遂行者，さらに明示的な減災・防災に積極的に取り組む人材の育成等を含んでいる。

第3は，「マチ（町，コミュニティ）の復興」である。壊滅的な打撃を受けた青苗地区では，防災集団移転事業による高台移転を含め大規模な区画整理が行われた。青苗岬地区にあった旧5区の住民は，防災上の理由から全戸他地区への移転を余儀なくされた。この移転によって地域コミュニティに古くから形成されてきた様々な関係が否応なく断ち切られ，多様な変容を余儀なくされることになった。したがって，集団移転による新しい地域コミュニティの構築は，復興の重要な内容であり，復興の度合いを測る主要な目安となる。

第4は，「ココロ（心）の復興」である。震災によって受けた心理的負荷は大きく，肉親を失った心の痛手，そして自ら九死に一生の経験をした人々にとって，こうした負荷は抜き差しならぬトラウマとして残りがちである。このような負荷の払拭と解消は，ココロ（心）の復興の核心に位置づけられるであろう。

第5は，「ソシキ（組織）の復興」である。これは災害に対して様々な組織・集団・団体が創出・整備・機能強化されていくことを意味している。今日，一般化した災害ボランティア，災害時の公的機関・組織の連携・協定等の経験を蓄積することは，災害時の事態対処能力を高める意味合いを持っている。

以上，本書でふれる復興の諸側面について言及した。こうしたことを踏まえ，復興の重要な内容として，五つの復興に関するいずれの側面の復興が最も重要であると考えるかを対象者に提示し複数回答を求めた。その結果を地区別および職業別に整理したものが表5・5である。これをみると，両者とも「マチ（町，コミュニティ）の復興」を選択した回答が最も多く（72%），ついで「ココロ（心）の復興」（60%），「ヒト（人）の復興」（56%）がそれぞれ続いている。

ここで注目しておきたいことは，地区別にみると，激甚被災地区の稲穂，松江の2地区では，「ココロ（心）の復興」（71.2%，61.8%）が1位に挙げられていることである。また，激甚被災地区青苗からの移転者が回答者に多く含まれている米岡地区では，「マチ（町，コミュニティ）の復興」（68.1%）と「ココロ（心）の復興」（66.0%）とがほぼ拮抗している，ということ

表5・5　重要と思う復興（複数回答）

上段：度数 下段：%	合計	モノ（物）の復興	ヒト（人）の復興	マチ（町、コミュニティ）の復興	ココロ（心）の復興	ソシキ（組織）の復興
地区	832 100.0	287 34.5	473 56.9	599 72.0	505 60.7	131 15.7
稲穂	59 100.0	21 35.6	39 66.1	42 71.2	42 71.2	11 18.6
宮津	70 100.0	22 31.4	33 47.1	42 60.0	38 54.3	11 15.7
球浦	51 100.0	15 29.4	29 56.9	37 72.5	26 51.0	5 9.8
奥尻	282 100.0	96 34.0	158 56.0	211 74.8	163 57.8	41 14.5
赤石	62 100.0	13 21.0	32 51.6	47 75.8	36 58.1	17 27.4
松江	34 100.0	13 38.2	19 55.9	18 52.9	21 61.8	6 17.6
富里	15 100.0	6 40.0	13 86.7	13 86.7	9 60.0	— —
青苗	189 100	71 37.6	113 59.8	139 73.5	127 67.2	29 15.3
米岡	47 100.0	17 36.2	25 53.2	32 68.1	31 66.0	6 12.8
湯浜	23 100.0	13 56.5	12 52.2	18 78.3	12 52.2	5 21.7
仕事	809 100.0	282 34.9	459 56.7	583 72.1	489 60.4	125 15.5
農林・漁業・水産加工	106 100.0	46 43.4	60 56.6	69 65.1	61 57.5	25 23.6
旅館・民宿・商業・その他	97 100.0	35 36.1	59 60.8	63 64.9	59 60.8	16 16.5
会社員・団体職員	120 100.0	36 30.0	68 56.7	96 80.0	64 53.3	24 20.0
公務員（自衛官を含む）	142 100.0	40 28.2	74 52.1	103 72.5	86 60.6	18 12.7
無職・専業主婦	344 100.0	125 36.3	198 57.6	252 73.3	219 63.7	42 12.2

にも注目しておきたい。

　職業別では，先の全体的な回答傾向がいずれの職業においても確認できる。具体的で可視的な復興の側面である「モノ（物）の復興」は，いちばん多く選択されることが予想されたが，調査結果から確認されるように，34.5％にとどまっている。なお表にはしていないが，「モノ（物）の復興」に関するこのような回答結果は，性別，年齢別，居住年数別のいずれの属性からみて

もほぼ同様であった。

ところで，復興に関する五つの側面のうち「ソシキ（組織）の復興」は，重視される選択肢として最も少ない回答であった。この選択肢は設問の意味と位置づけが対象者に充分に受け止められたかどうか課題が残されたように思われる。ただ地区別にみた赤石地区において，「ソシキ（組織）の復興」（27.4％）は「モノ（物）の復興」（21.0％）よりやや高い回答結果を示した。このような結果の理由も判然としないので指摘のみにとどめておきたい。

2－3 復興事業として構築された施設に対する評価

前項において災害復興の目安に言及したが，そこでは「モノ（物）の復興」の側面より「マチ（町，コミュニティ）の復興」，「ココロ（心）の復興」，「ヒト（人）の復興」といった側面を重要視していることが明らかになった。この点を踏まえつつ，内容をさらに深めるために，個別の具体的な復興事業に即して奥尻における災害復興の意味をより鮮明にしてみたい。そこで災害後，復興に関連づけて取り組まれた公共施設の整備事業について，身近な具体例を提示しその評価を尋ねることにした。その際，今一度「モノ（物）の復興」とこの復興の側面を対比的に検討するために「ヒト（人）の復興」に関する設問を加えた。

a. 奥尻空港の整備

災害復興にかかわり，奥尻空港は，観光を中心とした地域振興の拠点の一つに位置づけられた。そのために空港の拡張整備の推進や航空機の大型化が関係機関に要請されてきた。その結果，第7次空港整備計画に基づき現存の空港の隣に2004（平成16）年，従来の800 mから1,500 mへとほぼ倍増した滑走路を備えた空港が整備された。空港ターミナルビルも新規完成して中型航空機が奥尻・函館間に就航するようになった。この新空港は，震災後の島の再生に対する期待が込められ建設されたが，残念ながら，計画どおりの結果になっていない。ちなみにこの路線は，1997（平成9）年に18,261人が利用し，この年が搭乗者数のピークであった。その後，搭乗者数は減少し，2013（平成25）年では10,126人，搭乗率は40.5％と低迷している[6]。

奥尻町民に対しては離島割引運賃制度があり，2017年度では大人片道料金6,800円に設定されているが，航空機の利用者数は伸びていない。このような奥尻空港について，その利用状況を尋ね

表 5・6　奥尻空港の利用

上段：度数 下段：％	合計	利用するようになった	以前と変わらない
年代	730 100.0	122 16.7	608 83.3
30-39	75 100.0	15 20.0	60 80
40-49	87 100.0	14 16.1	73 83.9
50-59	180 100.0	28 15.6	152 84.4
60-69	188 100.0	28 14.9	160 85.1
70-	200 100.0	37 18.5	163 81.5
仕事	724 100.0	122 16.9	602 83.1
農林・漁業・ 水産加工	100 100.0	21 21.0	79 79.0
旅館・民宿・ 商業・その他	91 100.0	12 13.2	79 86.8
会社員・団体 職員	112 100.0	16 14.3	96 85.7
公務員（自衛 官を含む）	110 100.0	22 20.0	88 80.0
無職・専業主 婦	311 100.0	51 16.4	260 83.6

た結果が表 5・6 である。回答者の 83％ が「以前と変わらない」と回答している。つまり島民の大多数が奥尻空港を利用していない，ということになる。他方，「利用するようになった」と回答した比率が高かったのは，年齢層別では 30 歳代と 70 歳代，職業的には農林漁業，水産加工業および公務員であった。いずれにしても，期待された航空機の利用は，島民の足としてあまり伸びていない。住民の声として，朝の早い時間に飛んでくれると利便性は格段に増すという指摘もあり，島民の生活に即した運行ダイヤの検討が必要かと思われる。

b.　あわび種苗育成センター

　奥尻町では，従来の「獲る漁業」から「育てる漁業」へ転換させるため，水産業の振興策を長年にわたって模索してきた。その一環として，被災後，奥尻町の北西部に位置する神威脇漁港内にあわび種苗育成センターが建設された。この施設は，漁業面における災害復興の主要な事業として位置づけられた。設置場所は激甚被災地区「神威脇」にある。当該設置場所近くには，島内唯一の温泉で，鉄分を多く含む高温の「神威脇温泉」があり，この温泉水を利用して稚貝の生長を促し販売する栽培漁業が行われることになった。

表 5・7　あわび種苗育成センターについて（職業別）

上段：度数 下段：％	合計	漁業の底上げと発展に役立っている	あまり役立っていない
仕事	638 100.0	274 42.9	364 57.1
漁　業	71 100.0	29 40.8	42 59.2
農林業	7 100.0	4 57.1	3 42.9
水産加工	9 100.0	4 44.4	5 55.6
旅館・民宿	12 100.0	3 25.0	9 75.0
商業（商店経営）	27 100.0	10 37	17 63
その他個人経営	23 100.0	11 47.8	12 52.2
その他会社経営	11 100.0	5 45.5	6 54.5
会社員・団体職員	107 100.0	41 38.3	66 61.7
地方公務員	88 100.0	54 61.4	34 38.6
自衛官	20 100.0	15 75.0	5 25.0
専業主婦	103 100.0	46 44.7	57 55.3
無　職	154 100.0	52 33.8	102 66.2
その他	6 100.0	—	6 100.0

　この事業は，国が全国的に展開している「沿岸漁業活性化構造改善事業」における「資源培養推進施設整備」に位置づけられ，事業費 7 億 6,400 万円をかけて実施した事業であった。稚貝 35 万個の生産能力を持ち，漁業者への種苗提供は 2003（平成 15）年の 15 万個から減少傾向が続いていたが，東日本大震災以降は東北地方への出荷が毎年 3～4 万個あり 2015（平成 27）年では 18 万個の出荷をしている。こうしたあわび種苗育成センターについて尋ねた結果が表 5・7 である。

　職業別に整理した結果では，回答者の 42.9％ が，あわび種苗育成センターは「奥尻の漁業の底上げと発展に役立っている」としている。地方公務員・自衛官，そして農林業の人たちは，このように回答した割合が高い。他方，「あまり役立っていない」という回答は，全体の 57.1％ に達している。旅館・民宿経営，会社員・団体職員，漁業者，水産加工業者において比率が高くなっている。あわび種苗育成センターの役割とその成果にかかわりを持つと考えられ

る旅館・民宿経営，漁業者，水産加工業者が否定的な回答をしていることは課題が残されているといえる。

　ところで，表にはしていないが地区別に回答結果を確認したところ，島の北東部，激甚被災地区の稲穂地区のみ 65.2％が「あわび種苗育成センターは役立っている」と回答し，他の地区と大きな違いを示している。このような回答結果の理由は判然としない。いずれにしても，あわび種苗育成センターに関する町民の実績評価は，やや厳しい結果を示していると判断できる。

c. 奥尻島津波館

　震災で最大の被害を受けた青苗地区（旧 5 区）の岬（地区）に「奥尻島津波館」が，2001（平成 13）年にオープンした。震災から復興までの様子を災害の記憶として後世に残すために建てられたこの施設は，奥尻を訪れる人たちが立ち寄る重要な観光スポットであり，災害学習のための施設となっている。この施設の北側には，震災で亡くなった犠牲者の鎮魂を願う慰霊碑『時空翔（じくうしょう）』が建立されており，この慰霊碑と「奥尻島津波館」とがセットとなり，これらの施設を取り巻くエリアは「災害文化」の象徴的場所となっている。津波館の入館者は年間 13,000 人ほどである[7]。

　この施設に対する町民の評価は表 5・8 でみるとおり全体として高い。「災害学習や観光に役立っている」とする回答は 6 割を超えており，全体的に肯定的に

表 5・8　奥尻島津波館について

上段：度数 下段：％	合計	災害学習や観光に役立っている	あまり役立っていない
仕事	720 100.0	466 64.7	254 35.3
漁業	76 100.0	43 56.6	33 43.4
農林業	9 100.0	6 66.7	3 33.3
水産加工	9 100.0	4 44.4	5 55.6
旅館・民宿	13 100.0	11 84.6	2 15.4
商業（商店経営）	36 100.0	17 47.2	19 52.8
その他個人経営	27 100.0	18 66.7	9 33.3
その他会社経営	12 100.0	9 75	3 25
会社員・団体職員	115 100.0	68 59.1	47 40.9
地方公務員	97 100.0	76 78.4	21 21.6
自衛官	26 100	20 76.9	6 23.1
専業主婦	125 100	76 60.8	49 39.2
無職	167 100	113 67.7	54 32.3
その他	8 100	5 62.5	3 37.5

評価されていると受け止められる。特に観光客の入り込みに直接結びつく旅館・民宿の経営者にあっては 8 割を超える肯定的評価が出ている。他方，水産加工業，商店の経営者においては，「あまり役立っていない」という否定的回答が，肯定的評価の回答を若干上回っている。この施設に対する評価においても，職業の違いが評価に反映されていることがうかがわれる。

d. 新生ホール

　震災の翌年の 1994（平成 6）年 3 月，被災した青苗地区会館に代わる施設として二つの集会室に会議室と和室を備えた多目的利用施設「新生ホール・青苗」が 2 億 2,000 万円かけて建設された。この施設は格子の中に断熱材を入れ，モルタルを吹き付けて壁を作る北海道初の建設方式で建てられた鉄筋コンクリート 2 階建，延べ床面積 815 m^2（約 248 坪）の施設であり，その利用が大いに期待された。しかし，当初より建物の欠陥等の課題を抱え，大手ゼネコンの特

許工法による建築物のため，大型の改修工事ができず，残念なことに調査時点で当該施設は閉鎖されている。

　激甚被災地区に隣接する高台地区の一画に建設されたこの施設は，復興のシンボルの一つとして期待されながら，残念なことに表5・9に見るように，7割の回答者が大切だとは考えていない。特に地元の青苗地区と隣の米岡地区では「激甚被災地区の施設として大切になっている」という回答は2割にも達していない。施設の閉鎖が続くことから，この回答結果はやむをえないが，被災地域住民に活用されていないことは悔やまれる。

　ただ地区別には回答比率にややばらつきがみられる。たとえば，青苗地区から距離的に離れた地区（宮津・稲穂・赤石・奥尻等）では，「新生ホール・青苗」の詳細な状況が分かりにくいことから，「大切になっている（利用されている）」と評価する回答結果が他地区に比べて多少高くなっている。しかし，これら他地区においても「あまり大切になっていない」として，この施設を評価しない回答者の比率が，評価する回答者に比べて高い。この施設の建設に際して，当初から施設の用途・規模・地域住民のニーズ等に関する基礎的な内容が，被災後の住民生活に必要な施設としてどのように位置づけられていたのか，疑問が残るところである。今となっては無駄な「ハコモノ」とされる典型的な存在といえる。

表5・9　新生ホール・青苗について

上段：度数 下段：%	合計	激甚被災地区の施設として大切になっている	あまり大切になっていない
地区	667 100.0	200 30.0	467 70.0
稲穂	41 100.0	16 39.0	25 61.0
宮津	40 100.0	18 45.0	22 55.0
球浦	42 100.0	7 16.7	35 83.3
奥尻	222 100.0	81 36.5	141 63.5
赤石	54 100.0	21 38.9	33 61.1
松江	31 100.0	10 32.3	21 67.7
富里	15 100.0	5 33.3	10 66.7
青苗	170 100.0	32 18.8	138 81.2
米岡	37 100.0	5 13.5	32 86.5
湯浜	15 100.0	5 33.3	10 66.7

表5・10　ワラシャードについて

上段：度数 下段：%	合計	激甚被災地奥尻町のイベント施設としてよく利用されている	あまり利用されていない
地区	737 100.0	587 79.6	150 20.4
稲穂	52 100.0	46 88.5	6 11.5
宮津	45 100	32 71.1	13 28.9
球浦	47 100.0	40 85.1	7 14.9
奥尻	258 100.0	209 81.0	49 19.0
赤石	56 100.0	51 91.1	5 8.9
松江	32 100.0	28 87.5	4 12.5
富里	14 100.0	12 85.7	2 14.3
青苗	167 100.0	127 76.0	40 24.0
米岡	46 100.0	30 65.2	16 34.8
湯浜	20 100.0	12 60.0	8 40.0

e. ワラシャード（海洋研修センター）

ワラシャード（海洋研修センター）は，奥尻港フェリーターミナルに近い場所につくられた研修施設である。この施設からは奥尻港の絶景を望むことができる。この施設には，多目的ホールや会議室，図書室などがあり，奥尻町教育委員会も入っている。400人収容可能な多目的ホールは，移動観覧席と可動椅子を設置することが可能である。この施設のネーミングは，東北地方から奥尻を含めた道南の方言で，子どもたちを意味する「わらしゃんど」に由来する施設名であり，各種のイベントや学習の機会を提供する場として活用されている。

この施設に関する評価は，表5・10にみるように，先の「新生ホール・青苗」とは逆に，回答者の8割から「利用頻度が高い施設」として高く評価されている。島の中心部に位置することもあり，様々な用途で活用されていることが理解される。ただ地区による評価の違いが若干みられるので指摘しておきたい。ワラシャード（海洋研修センター）から距離が離れている島の南部の米岡地区（34.8%）および島の北西部の湯浜（40.0%）地区の両者では，「あまり利用されていない」という評価の回答が他地区に比べてやや多くなっている。

こうした違いがみられるが，この施設は総じて利用頻度が高い施設として評価され，復興施設としては成功した例といえる。

f. 公営住宅（道営・町営）

震災直後の7月27日に第1次仮設住宅100戸が完成し，入居が開始された。翌8月には，第2次から第4次の仮設住宅への入居が行われた。当初，行政側では，持ち家住宅はほとんど建てられないであろうという見通しを立てた。そのために災害道営住宅が86戸，災害町営住宅は8戸，それぞれ建設された。しかし，全国から多額の義援金が寄せられた結果，多くの被災者に失われた住宅を新築しようという意欲が現れ，それが現実となった。このような状況から，皮肉なことに公営住宅は当初から供給過剰になってしまった。

震災直後に今日の状況を予想することは難しかったと思うが，今後への教訓として考えるべき一つのポイントになるであろう。

被災後20年余が経過した現在，公営住宅の未利用状況の多さに加えて新築された復興住宅はもとより，被災を免れた一般住

表5・11 公営住宅について

上段：度数 下段：%	合計	道営住宅・町営住宅のいずれもが，まずまず利用されている	いずれの住宅もいっそうの有効利用が必要である
年代	695 100.0	319 45.9	376 54.1
30-39	83 100.0	38 45.8	45 54.2
40-49	90 100.0	44 48.9	46 51.1
50-59	170 100.0	79 46.5	91 53.5
60-69	170 100.0	81 47.6	89 52.4
70-	182 100.0	77 42.3	105 57.7
家族構成	697 100.0	323 46.3	374 53.7
一人暮らし	131 100.0	56 42.7	75 57.3
夫婦のみ	252 100.0	125 49.6	127 50.4
夫婦・子ども・父母	274 100.0	130 47.4	144 52.6
その他	40 100.0	12 30.0	28 70.0

宅にも空き家がみられるようになってきた。このような課題を少しでも解決するべく，最近では行政として公営住宅の未利用解消のために若い世代の入居を推奨していて，その成果が少し出始めてきている。

そこで，調査では「道営住宅と町営住宅のいずれもが，まずまず利用されている」か，それとも「いずれの住宅もいっそうの有効利用が必要である」かを二者択一で尋ねた。その結果が表5・11である。

年齢層と家族形態といった属性がこの設問に影響を及ぼしているのではないか，ということを確認するために分析を試みた。しかし，予想に反して，年齢層および家族形態のいずれのカテゴリーにおいても大きな違いは確認されず，後者の「いっそうの有効利用が必要である」が前者の「まずまず利用されている」をやや上回る程度にとどまっている。ただし調査対象者のうち，公務員（自衛官・地方公務員）は公務員宿舎に居住していることから，回答に偏りを生じさせる可能性を考え，集計から除いていることを断っておきたい。

いずれにしろこれからは公営住宅の空き家対策も町づくりとの関連で重要な鍵となってくると考えられる。

g. 人材育成

奥尻町では，従来から離島という地域性に由来する地域社会の衰退を少しでも食い止めるべく，人材育成を町の一つのテーマとして掲げてきた。被災を経験したことから，この課題はいっそう重要視された。その対応策の一つが，1995（平成7）年，道立奥尻高校にスキューバダイビングの授業を導入することにつながった。「ヒト（人）の復興」という側面から考えてもユニークな取り組みであり，全国の普通科の学校では唯一の教育活動として注目されている。

この「人材育成」は，奥尻町の「ふるさと人材育成事業」として，町が補助金を出し実施している事業であり，基幹産業の漁業の後継者，漁協の潜水部会にもかかわることから地域住民から大きな期待が寄せられている。生徒たちは，ダイバーとしての資格を取得するとともに海中の環境保護に関する知識も身につけながら，生涯学習や社会変化に対応する人材育成に一役買っている。

このような教育的取り組みに関する評価を住民調査より確認しておきたい。表5・12がその回答結果である。年齢層別にみた表が示すように，「潜水の資格は大切である」とする回答は，全体で4割に満たない。期待が大きい割には必ずしも高い評価を得ていないようにみえる。しかし，「今まで以上に潜水の資格を活かした職業につなげる必要がある」という回答は，6割を超えている。これは，今後における

表5・12　人材育成について

上段：度数 下段：％	合計	潜水の資格は大切である	今まで以上に潜水の資格を活かした職業につなげる必要がある
年代	621 100.0	233 37.5	388 62.5
30-39	76 100.0	32 42.1	44 57.9
40-49	88 100.0	33 37.5	55 62.5
50-59	158 100.0	51 32.3	107 67.7
60-69	147 100.0	50 34.0	97 66.0
70-	152 100.0	67 44.1	85 55.9

131

当該事業への期待が大きいことの表れと受け止められる。というのも，年齢層別に30歳代と70歳代に比べて40歳代，50歳代，そして60歳代のいわゆる働き盛りの年齢層の回答は，後者の選択肢「今まで以上に潜水の資格を活かした職業につなげる必要がある」が多く，その期待の大きさを示しているからである。奥尻の漁業関係者の多くが，長年後継者不足に悩まされてきただけに，潜水資格をもった高校生が，将来，漁業後継者として巣立ってもらいたいという願いも，このような回答結果にうかがわれるように思われる。それだけに教育の結果をもっと長いスパンでとらえるような啓蒙活動の必要性を強く感じる。

h. 被災経験の活用

2011年3月に発生した東日本大震災以降，奥尻町の地震・津波被災の経験や復旧・復興対策が全国から改めて注目された。そのために国・県・市町村等の各行政組織レベルの人々や報道関係者をはじめとして，大変多くの人々が視察に来町している。奥尻町では，これらの来島者のニーズに対応するとともに，北海道南西沖地震・津波災害の教訓を後世に残すため，奥尻町と檜山振興局が連携して2012年4月11日に「奥尻島津波語りべ隊」を結成した。この取り組みは奥尻の復興支援に手を差し伸べてくれた全国の人たちに改めて深い感謝の気持ちを伝えるとともに，東北地方の復興の未来像や次世代を担う子どもたちに幅広く減災・防災意識の涵養を図ることを目的にしている。

具体的には，被災した島民による「奥尻島津波語りべ隊」を結成し，行政視察や修学旅行等で島を訪れる人たちに，①北海道南西沖地震の体験や復興への取り組みについて直接話をすること，②島外の市町村から要請・依頼があった場合には現地に出向いて説明をするというものである。震災で悲惨な状況に遭遇しながら，行政や民間など様々な立場から復興に携わった津波語りべ隊員として，「命を守る大切さ」「互いに命を助ける大切さ」を伝える活動を行っている。なお，この「語りべ隊」の活動は，2013年度からは，奥尻町と奥尻島観光協会が実施主体となって活動している。

そこで今回の調査において，「語りべ隊の役割は島内を中心にする」か，それとも「島外にも広げる必要がある」かの選択肢を設定し，この活動のあり方を尋ねた。その結果，表5・13にみるように，まず年齢層別に確認すると，いずれの年齢層においても約8割が「語りべ

表5・13 被災経験を活かすために

上段：度数 下段：%	合計	語り部の役割は島内を中心にする	語り部の役割は島外にも広げることが必要である
年代	718 100.0	121 16.9	597 83.1
30-39	85 100.0	18 21.2	67 78.8
40-49	95 100.0	17 17.9	78 82.1
50-59	172 100.0	27 15.7	145 84.3
60-69	172 100.0	27 15.7	145 84.3
70-	194 100.0	32 16.5	162 83.5
仕事	712 100.0	118 16.6	594 83.4
農林・漁業・水産加工	90 100.0	18 20.0	72 80.0
旅館・民宿・商業・その他	87 100.0	5 5.7	82 94.3
会社員・団体職員	113 100.0	15 13.3	98 86.7
公務員（自衛官を含む）	117 100.0	30 25.6	87 74.4
無職・専業主婦	305 100.0	50 16.4	255 83.6

役割は島外にも広げることが必要」と回答している。これに対して，職業別にみると，特に旅館・民宿，商店，その他の経営に携わっている職業の回答者は，94.3％が語りべ隊の活動を島外にも拡大することに賛同し，きわめて高い回答比率となっている。このような肯定的回答の高さは，この取り組みを通して，奥尻から島外への情報発信がよりいっそう求められていることを示している。そこには奥尻の認知度を高めつつ，まちの活性化を図りたいという町民の願いが込められている。

2－4　震災前と震災後の比較

　復興に携わった人々が震災の惨禍から立ち直るために日々努力をしつつ，地域社会の将来に想いを寄せてきたことは想像に難くない。その後押しをしたのが全国から寄せられた多額の義援金であり，国や道庁からの支援であった。被災5年後の1998(平成10)年，町民の様々な想いを込めて復興宣言が出された。その節目の歳からさらに14年の歳月が流れた調査時点（2013年1月）において，住民は震災前に比べて今をどのように受け止めているのか，その点を生活に直結する経済生活の分野について尋ねてみた。以下，その回答結果を4点において確認しておくことにしたい。それはともすれば時間の経過につれて災害の痕跡が薄れ，「災害の風化」への危惧が一部に囁かれるからである。

　なお，奥尻の震災後の詳細な経済活動については，次章の「第6章　災害復興と地域経済——北海道奥尻町の事例を通してその意味を問う」を参照していただきたい。

a. 奥尻の漁業

　奥尻の漁業は，「震災前と現在とで比較すると震災前の方が盛んであった」という回答が65％を占め，「現在の方が盛んになった」とする回答はわずか2％にすぎなかった。単純な設問とはいえ，評価それ自体の判断の難しさから「分からない」という回答が予想以上に多くなったものと判断される。そこで，「分からない」という回答を除いて集計すると，「震災前の方が盛んであった」との回答は85.9％と，大変高い割合になった。

　このような結果は，地区別に確認しておく必要がある。なぜなら奥尻の基幹産業である漁業の規模は地区による違いが大きいので，地区の違いが評価の結果に反映しているものと受け止められるからである。表5・14はその結果である。表にみるように，自衛官として震災後に奥尻の住民になった回答者が多く居住する宮津地区と農業者が居住する富里地区，これらの2地区では，「分からない」という回答が半数を占めている。そこでこの点をさらに確認するために，先と同様に「分からない」という回答を除き集計し直すと，地区間の違いがいっそう鮮明になった。

　漁業者が多く住み壊滅的な被害を受けた島の北部の稲穂地区や島の南端の青苗地区，そして青苗地区から集団移転した住民が多い米岡地区では，「震災前の方が盛んであった」とする回答が9割を超えている。水産業は基幹産業であっただけに震災復興の重要な柱として位置づけられた。手厚い保護により漁船・漁具，共同利用施設などの整備を行い，水産業の体制強化のために檜山管内8漁協が合併して「ひやま漁協奥尻支部」としてスタートしたが，地域住民の

目からは往時の活況は戻ることなく衰退しているように受け止められている。

なお，表示はしていないが，この点を職業面からさらに確認しておくと，旅館・民宿，商業に携わっている人と漁業者には，「震災前の方が盛んであった」とする回答がより多くみられた。しかし，「現在の方が盛んになった」と回答した人の中に，数は多くないが漁業・水産加工業者が含まれていることは注目される。これは奥尻全体の漁業ではなく，個別の成功している事例をみて今の方が盛んだと判断しているケースが含まれていることを意味している。

表5・14 漁業の評価

上段：度数 下段：%	合計	震災前の方が盛んだった	変わらない	現在の方が盛んになった	分からない	震災前の方が盛んだった（分からないを除いた割合）
地区	781 100.0	508 65.0	67 8.6	16 2.0	190 24.3	85.9
稲穂	53 100.0	34 64.2	2 3.8	1 1.9	16 30.2	91.9
宮津	46 100.0	16 34.8	6 13.0	1 2.2	23 50.0	69.6
球浦	49 100.0	28 57.1	8 16.3	―	13 26.5	77.8
奥尻	278 100.0	170 61.2	27 9.7	3 1.1	78 28.1	85.0
赤石	57 100.0	36 63.2	3 5.3	3 5.3	15 26.3	85.7
松江	38 100.0	27 71.1	5 13.2	2 5.3	4 10.5	79.4
富里	15 100.0	5 33.3	2 13.3	―	8 53.3	71.4
青苗	177 100.0	138 78.0	9 5.1	5 2.8	25 14.1	90.8
米岡	45 100.0	39 86.7	2 4.4	1 2.2	3 6.7	92.9
湯浜	23 100.0	15 65.2	3 13.0	―	5 21.7	83.3

b. 奥尻の観光

繰り返し言及してきたが，観光は漁業と並ぶ奥尻の基幹産業である。この観光について震災前と現在とを比較して先の質問と同様に「震災前の方が盛んであった」か否かを尋ねてみた（表5・15）。表からも明らかなように，観光面においても「震災前の方が盛んであった」という評価が過半数を占めている。この結果は調査の事前予測からするといささか意外な結果となった。

基幹産業である漁業は災害前から後継者不足，漁獲量の減少，水揚げ高の減少等が続き「獲る漁業」の限界が指摘されながら，「養殖漁業」への確実な脱皮が進展しないもどかしさが継続していた。加えて漁協の合併は，単一漁協の借財の解消をカバーするという課題もあり，災

害復興の中核的な事業に漁業が位置づけられながら目標値への接近は容易ではない状況にあるからである。

　これに対して観光はアイデア次第で観光開発の余地，発展の可能性が期待できるだけに，この評価は残念な結果といわざるをえない。この点を今少し掘り下げるために，年齢層と職業という二つの変数に着目して確認しておこう。

　まず年齢層では，三つの年齢層区分のいずれにおいてもほぼ同様の回答結果で，「震災前の方が盛んであった」が4割前後を占め，「分からない」が3割前後となっている。これは調査対象者がこの項目を評価することの難しさをうかがわせるので，「分からない」という回答を除いて集計し表示した。この結果，年齢層による違いはあまりなく，「震災前の方が盛んであった」とする回答が6割前後となった。

　観光客の動向と経済的に直接結びつくので観光の動向に敏感な「旅館・民宿，商業」の回答者は，「震災前の方が盛んであった」とする回答が6割余を占めた。ここでも「分からない」を除くと，この選択肢は8割近い高い比率となった。

　いずれにしても，年齢層別・職業別に確認したように，「分からない」とする選択肢を除くと，「現在の方が盛んになった」とする回答は10%前後から15%を占めるにすぎない。今一つの選択肢「変わらない」とする回答は，曖昧さを残す選択肢ではあるが，「現在の方が盛んになった」という選択肢とほぼ類似し10%前後から15%の回答比率となっている。

表5・15　観光の評価

上段：度数 下段：％	合計	震災前の方が盛んであった	変わらない	現在の方が盛んになった	分からない	震災前の方が盛んであった（分からないを除外した割合）
年代	757 100.0	350 46.2	97 12.8	81 10.7	229 30.3	66.3
30-39	78 100.0	29 37.2	8 10.3	12 15.4	29 37.2	59.2
40-59	270 100.0	124 45.9	30 11.1	33 12.2	83 30.7	66.3
60-	409 100.0	197 48.2	59 14.4	36 8.8	117 28.6	67.5
仕事	753 100.0	350 46.5	96 12.7	80 10.6	227 30.1	66.5
農林・漁業・水産加工	103 100.0	52 50.5	14 13.6	12 11.7	25 24.3	66.7
旅館・民宿・商業・その他	93 100.0	62 66.7	9 9.7	8 8.6	14 15.1	78.5
会社員・団体職員	113 100.0	42 37.2	18 15.9	18 15.9	35 31.0	53.8
公務員（自衛官を含む）	117 100.0	49 41.9	14 12.0	11 9.4	43 36.8	66.2
無職・専業主婦	327 100.0	145 44.3	41 12.5	31 9.5	110 33.6	66.8

c. 奥尻の雇用

雇用状況の善し悪しは地域社会の活力を示す一つの指標でもある。震災後に展開された復興のための様々な施策によって奥尻の雇用はどのように変化したのか評価してもらったのが表5・16である。表にみるとおりいずれの職業でも、「震災前の方が雇用はあった」とする回答が5割弱であった。表には記載していないが、震災前をよく知っている高年齢者層では、この選択肢の回答比率はやや高くなっている。

職業別では、自営業的職業という性格を持つ業種の「旅館・民宿、商業」において、「震災前の方が雇用はあった」とする回答比率が、他の業種に比べてやや高く60％を占めている。しかし、全体でみると「分からない」と回答した人たちが全体の35％という高い数値を示しているので、この選択肢を除き集計すると、「震災前の方が雇用はあった」は72％になる。とりわけ、先の「旅館・民宿、商業」では、86％がこのように回答している。「変わらない」という回答は10～20％と多くはない。「分からない」という回答は、若い年齢層が多い自衛官を含む公務員が圧倒的に割合が高くなっている。いずれにしても、「現在の方が雇用はある」という回答が2％にとどまっていることから、仕事面における現在の雇用の厳しい減退傾向は率直に認めざるをえない。

表5・16 雇用の評価

上段：度数 下段：％	合計	震災前の方が雇用はあった	変わらない	現在の方が雇用はある	分からない	震災前の方が雇用はあった（分からないを除いた割合）
仕事	741 100.0	347 46.8	119 16.1	14 1.9	261 35.2	72.3
農林・漁業・水産加工	96 100.0	48 50.0	20 20.8	3 3.1	25 26.0	67.6
旅館・民宿・商業・その他	93 100.0	56 60.2	9 9.7	—	28 30.1	86.2
会社員・団体職員	113 100.0	52 46.0	23 20.4	3 2.7	35 31.0	66.7
公務員（自衛官を含む）	115 100.0	46 40.0	15 13.0	1 0.9	53 46.1	74.2
無職・専業主婦	324 100.0	145 44.8	52 16.0	7 2.2	120 37.0	71.1

d. 奥尻町全体の経済活動

激甚被災地奥尻町の復興に関して、「モノ(物)の復興」は可視的である。その主要な内容の一つはいうまでもなく経済的活動である。これまで言及してきた奥尻の漁業、観光そして雇用を集約する意味で町全体の経済的活動の震災前と現在とを比較を尋ねてみた。その結果が表5・17である。

表にみるように、「震災前の方が盛んであった」とする回答は53.5％と過半数を占めた。ここでも「分からない」が31.5％と約3人に1人の割合になる。「現在の方が盛んになった」と

いう回答は，残念ながらわずか3.1％にすぎない。「変わらない」は11.9％であった。そこで今一度，こうした結果をより鮮明にするために，「分からない」を除き集計すると，「震災前の方が盛んであった」という選択肢は78.1％と8割近い回答比率になる。bの観光の側面と類似した回答比率を示した。この経済活動全体に関する評価は，年齢層において違いがみられるのではないかと予想したが，あまり大きな違いは確認されなかった。しかし，職業別には回答比率に幅がみられた。とりわけ経済活動が日々の売り上げの収支として確認しうる「旅館・民宿，商業」の業種は，「震災前の方が盛んだった」という回答が90.8％と最も高い。それに続いてこの回答の割合が高いのは，「公務員」（80.6％）である。しかしこの業種には自衛官が含まれているので，cの雇用の場合（46.1％）の回答と同様に，「分からない」という回答が最も多く42％に上ることに注目しておきたい。

表5・17　町全体の経済活動の評価

上段：度数 下段：％	合計	震災前の方が盛んだった	変わらない	現在の方が盛んになった	分からない	震災前の方が盛んだった（分からないを除いた割合）
仕事	740 100.0	396 53.5	88 11.9	23 3.1	233 31.5	78.1
農林・漁業・水産加工	96 100.0	54 56.3	17 17.7	3 3.1	22 22.9	73.0
旅館・民宿・商業・その他	91 100.0	69 75.8	7 7.7	— —	15 16.5	90.8
会社員・団体職員	112 100.0	50 44.6	17 15.2	3 2.7	42 37.5	71.4
公務員（自衛官を含む）	116 100.0	54 46.6	8 6.9	5 4.3	49 42.2	80.6
無職・専業主婦	325 100.0	169 52.0	39 12.0	12 3.7	105 32.3	76.8

2−5　まちづくりの方向

　災害から20年を目前にした時点で，奥尻町に住む人たちが今後のまちづくりの方向をどのように考えているかを問うことは，あたかも二十歳の成人式を迎える若者にその後の生き方を問うことと同じような人生の転機に重なる重要な意味を持っている。それだけに，災害後の節目にあたる20年にアクセントをおき，個々の住民に今後のまちづくりのあり方を問うことは，災害復興の意味を改めて問う機会であるし，町民自身の今後を問うことにつながっていく好機かと思われる。

　そこで，表5・18に示す9項目の選択肢から三つを選択してもらうことにした。これらの設問はそれぞれが災害復興に関するモノ（物），ヒト（人），マチ（町，コミュニティ），ココロ（心），ソシキ（組織），制度といった復興の諸側面にかかわる主要な内容を念頭においた項目であり，ハード面よりソフト面に重点をおいた設問になっている。

　その結果は，第1位に「地域医療と地域福祉の進展」，第2位に「交通アクセスの課題克

表5・18　まちづくりについて（複数回答）

上段：度数 下段：％	合計	島内と島外との交流とネットワークの促進	島外への積極的な情報の発信	島人会と同窓会の関連を深める	観光資源の開拓と創造	島サミットの積極的活用	被災地サミットの提唱	奥尻のブランド化の工夫	交通アクセスの課題克服の工夫	地域医療と地域福祉の進展
年代	728 100.0	212 29.1	239 32.8	33 4.5	282 38.7	49 6.7	34 4.7	347 47.7	406 55.8	418 57.4
30-39	90 100.0	26 28.9	32 35.6	1 1.1	36 40.0	2 2.2	5 5.6	45 50.0	56 62.2	55 61.1
40-49	102 100.0	33 32.4	35 34.3	3 2.9	44 43.1	7 6.9	3 2.9	51 50.0	71 69.6	45 44.1
50-59	175 100.0	34 19.4	52 29.7	5 2.9	77 44.0	12 6.9	11 6.3	99 56.6	104 59.4	104 59.4
60-69	173 100.0	54 31.2	58 33.5	11 6.4	59 34.1	11 6.4	6 3.5	79 45.7	106 61.3	89 51.4
70-	188 100.0	65 34.6	62 33.0	13 6.9	66 35.1	17 9.0	9 4.8	73 38.8	69 36.7	125 66.5
仕事	721 100.0	212 29.4	232 32.2	32 4.4	279 38.7	49 6.8	34 4.7	345 47.9	402 55.8	415 57.6
農林・漁業・水産加工	86 100.0	21 24.4	35 40.7	4 4.7	26 30.2	9 10.5	2 2.3	45 52.3	46 53.5	44 51.2
旅館・民宿・商業・その他	89 100.0	23 25.8	38 42.7	— —	46 51.7	5 5.6	4 4.5	47 52.8	48 53.9	44 49.4
会社員・団体職員	114 100.0	36 31.6	33 28.9	3 2.6	46 40.4	8 7.0	3 2.6	61 53.5	66 57.9	61 53.5
公務員（自衛官を含む）	132 100.0	34 25.8	49 37.1	2 1.5	60 45.5	10 7.6	9 6.8	64 48.5	86 65.2	70 53.0
無職・専業主婦	300 100.0	98 32.7	77 25.7	23 7.7	101 33.7	17 5.7	16 5.3	128 42.7	156 52.0	196 65.3

服」，そして第３位に「奥尻のブランド化の工夫」の３項目が上位を占めている。これらの項目は，必ずしも被災地に限らず，他の自治体や当該の地域住民についても当てはまる内容かと思われる。しかし離島であり，かつ激甚被災地奥尻町の住民の目線からすると，きわめて切実な緊急度の高い課題といわざるをえない。

　最も多く選択された「地域医療と福祉の進展」は，町民が等しく望む項目である。しかし，この項目を年齢層別にみると，特に30歳代（61％）と70歳代（66％）以上の層において多く選択された回答となっている。子育て期と老年期，両者の課題がコインの裏表のような存在としてうかがえる。若い世代の定住促進と老後世代の安心を進展させるための環境条件の整備は，この項目に込められた選択結果といえる。

　職業別には，「無職・専業主婦」がこの項目を多く選択し（65％），他の職業の回答比率を10～15％引き離している。

　第２位に挙げられた「交通アクセスの課題克服の工夫」は，奥尻町に限らず離島に暮らす人

たちにとって切実な課題である。奥尻港と江差港および瀬棚港をそれぞれ結ぶ航路には，町民に対し町から運賃補助があるとはいえ，運賃の高さや限られた運行便数は様々な形で日常生活に影響を及ぼしている。とりわけ，町外からの奥尻訪問をする際の交通アクセスの割高感は観光リピーターを生みにくくさせている。これを打開するために観光シーズンに限定してフェリー運賃の乗用車片道無料キャンペーンが 2010 年度からスタートし，翌年からは期間も延長され（6 月 1 日～10 月 31 日）高い評価を受けている。

　「交通アクセスの課題克服の工夫」は，年齢層別には働き盛りの 30 歳代と 40 歳代，そして医療ニーズを島外に求める傾向が強いとみられる 60 歳代は 60％を超える高い回答比率になっている。職業別では出張の多い公務員（特に地方公務員）において，この項目は最も高い（65％）。しかし，他のいずれの職業をみてもこの項目の回答比率は 52～57％であり，他の選択肢のようなばらつきがない。しかも，この第 2 位の項目は，第 1 位の項目と僅差であることから，今後における町民の二大共通課題として位置づけられているように思われる。

　第 3 位に挙げられた「奥尻のブランド化の工夫」は，第 4 位の「観光資源の開拓と創造」の項目と重なり合うところがある。しかし，直近における町の新しい取り組みをみると，前者は従前よりいろいろな場面で指摘されてきた後者の項目をより積極的に位置づけた項目としてとらえることができる。というのも前者は，町外の組織や団体と積極的に連携しながら事業の展開を進める意味から，「ブランド化」という表現を意識的に用いながら取り組んできているからである。例を挙げれば「奥尻ワイン」「奥尻牛」という名で「食の生産」を行い，観光と結びつけた取り組みを行っていることはそれに該当する。

　そのためか，前者の回答は後者に比べて絶対数が多く，順位以上の違いがうかがわれる。そして従来の一般的な「観光資源の開拓と創造」から，いっそう踏み込み特定化する「奥尻のブランド化の工夫」へとシフトする意識動向がみられるようである。

　この両者の選択肢は，年齢層と職業といった変数それぞれから確認し直すと，共通点が浮かび上がる。まず年齢層では，両選択肢とも 30 歳代，40 歳代，50 歳代の三つの年齢層が多く支持する項目となっている。他方，職業では，「旅館・民宿・商業・その他」，「会社員・団体職員」，「公務員」の 3 職業が，他の職業に比べて両選択肢の回答比率が高い。ただ，職業に関して注目しておきたいことは，「農林・漁業・水産加工」において，「奥尻のブランド化の工夫」の項目の選択比率は高い（52％）が，「観光資源の開発と創造」の項目は低い（30％）という点である。

　ところで，第 5 位～第 9 位に選択された項目では，第 5 位と第 6 位の両項目と第 7 位～第 9 位の項目とに大きな段差がある。前者の 2 項目は，第 3 位・第 4 位に準じる回答比率といえる。しかし，後者の 3 項目は，予想された比率以上に低い選択比率であり，前者の項目と大幅な差がみられた。「島サミットの積極的活用」「被災地サミットの提唱」「島人会と同窓会の関連を深める」という諸項目は，町民にとって今後のまちづくりの選択肢としては視野に入りにくい項目となっているように思われる。これらの項目は，事前調査で一部の関係者からは期待される内容を持つと指摘されていただけに，今後の課題として位置づけられる。

さて第5位「島外への積極的な情報の発信」・第6位「島内と島外との交流とネットワークの促進」は，第3位・第4位に挙げられた「奥尻のブランド化」・「観光資源の開拓と創造」を補完する意味がある。後者のいっそうの進展には，前者が不可欠と考えられるからである。「島外への積極的な情報の発信」・「島内と島外との交流とネットワークの促進」の項目についても年齢層と職業から今一度確認しておきたい。

まず年齢層では，理由ははっきりしないが両項目とも50歳代が他の年齢層に比べてやや回答比率が落ち込み，低い比率になっている。これに対して，他の年齢層では回答比率にあまり開きがない。職業面では，両項目とも他の職業に比べて「公務員」が高い回答比率を示すのではないかと予想された。しかし結果は，いずれの項目もやや低い回答比率にとどまっている。第5位の「島外への積極的な情報発信」は，「公務員」よりむしろ「旅館・民宿，商業等」および「農林・漁業・水産加工」において，やや高い回答が得られた。第6位「島内と島外との交流とネットワークの促進」の項目は，「会社員・団体職員」においてやや高い回答比率がみられた。

最後に第7位〜第9位の選択肢についてみておきたい。本調査では，「まちづくり」に関して九つの選択肢を設定したが，これらのうち第1位〜第6位の諸項目は，いずれも実数で3桁の回答数があった。しかしこれに対して，第7位〜第9位の3項目はいずれも2桁にとどまった。しかもそれぞれの選択肢の回答者数は49名，33名，34名となっている。項目それ自体の認知のあり方が低い結果となっているように受け止められる。とりわけ7位の「島サミットの積極的活用」と9位の「被災地サミットの提唱」は，今後，全国的レベルの課題となりうるテーマではないかと考えられる。それゆえ奥尻町では用語の認知・涵養を図りつつ，当該項目の内容の浸透を官民挙げて後押していく必要があると思われる。併せて，奥尻町の今後のまちづくりにおいてこれらの項目をより明確に認知してもらうためにも，よりいっそうの工夫が必要かと思われる。

さて残された第8位の項目，「島人会と同窓会の関連を深める」は，すでにふれた第6位の項目「島内と島外との交流とネットワークの促進」の一つの内容をなす。島人会はいわゆる同郷人会であり，都市部に居住する奥尻島出身者の組織である[8]。

災害時において，これらの同郷人会が，物心両面にわたる支援を果たしてきたという過去の事例は少なくない。出身地における公共施設の建設や行事に同郷人会からの寄付や参加があることも報告されている。このような同郷人会の最も活動的であった時期は高度経済成長期であり，今日的にはその活動は停滞ないし衰退の方向にあることは，主要な担い手であった会員からの現状の課題として指摘されている。現実的に，新しい会員の確保には大変難しい状況がみられるからである。これに対して，若い世代においては，同郷人会よりは同世代のつながりを重視する同窓会活動をむしろ中心に考えるという指摘がある。

島内と島外をつなぐチャンネルとして「島人会」と「同窓会」の両者は大きなルートであることから，両者の利点を今後いっそう活かすために，従来，取り組まれてこなかった両者の連携を図ることが課題かと思われる。この課題克服を図りつつ，今後のまちづくりに両者のいっ

そうの参加が望まれる。現時点では第8位にとどまったこの選択肢は，選択された絶対数ほど，意味づけが必ずしも低いわけではないと考えられる。

なお第7位から第9位の選択肢に関して，先に指摘したように絶対数が少ないことから，年齢層や職業との関連を指摘することは難しい。

2－6　復興の手掛かり──「3・11」被災地・被災者に伝えたいメッセージ

かつての地震・津波災害被災地奥尻町から，東日本大震災の地震・津波による被災地に復興のための手掛かりやヒントを伝えるとすれば，どのような事柄に求められるのであろうか。それを町民の意向調査を通じて明らかにしたいと考えた。そこで奥尻町で具体的に実施された復興に関する取り組みを11の主要な項目に集約し，それらについての軽重を問うことで復興諸事業に関する評価の一端に接近した。併せて，その結果から先に指摘した「3・11」被災地および被災者の方々に復興への取り組みの手掛かりやヒントに資する諸点が見出しえればという過大な願いを込めた。そのために，11の選択肢から対象者が重要と考える3項目を選択するという回答方法を採用した。表5・19がその結果である。

表に明らかにみられるように，11の選択肢の中で，多く選択された項目は「9.　義援金が災害後，早く支給されたこと」「11.　仮設住宅が早期に設置されたこと」「2.　海岸線の防潮堤の高さを8m〜10mにしたこと」の3項目であった。選択された項目は，これまで言及してきた主な変数とのクロス集計を試みたところ，予想されたように地区と職業に相関傾向がみられた。職業は地区とほぼ重なる特徴を持っているので表5・19では両者を掲載した。

まず前者の地区別では，「9.　義援金が災害後，早く支給されたこと」と「11.　仮設住宅が早期に設置されたこと」が51.4％と同じ比率で第1位となり，11項目中これら2項目のみが過半数を占めた。これらの選択肢に次ぐ第3位は「2.　海岸線の防潮堤の高さを8m〜10mにしたこと」であり，この項目が42.5％であった。そこでこの3項目を第1グループと呼ぶことにする。

これら三つの選択肢に比べると選択される割合はかなり低くなるが，第4位「10.　復興への取り組みが住民の意向を吸い上げてなされたこと」（28％），5位「4.　漁業者の住宅地と作業所を分けたこと」（25％），そして6位「3.　漁港のすぐそばに6mの高さの避難所を建設したこと」（22％）が挙げられた。この3項目を第2グループと呼ぶことにする。

これらの項目に比べて比率はさらに低くなるが，第7位「1.　海岸線の盛り土を4m〜6mにしたこと」（17.5％），第8位「6.　地震・津波で被災した住宅から住宅を新築したこと」（17.3％），第9位「7.　被災者の住宅が高台地区と下町に分かれたこと」（15％）が続いた。これを第3グループと呼ぶ。

以上の九つの選択肢に対して，いっそう低い順位の第10位と第11位に「5.　地震・津波で被災した住宅から公営住宅に入居したこと」，「8.　商店街を下町につくったこと」の項目がそれぞれ位置づけられた。これらの2項目を第4グループと呼ぶ。このグループは予想以上に低い比率であった。項目自体，前者の項目は緊急度の高い救済的な取り組み事業の意味があった

表5・19　復興の手がかり（複数回答）

上段：度数 下段：%	合計	1. 海岸線の盛り土を4m～6mにしたこと	2. 海岸線の防潮堤の高さを8m～10mにしたこと	3. 漁港のすぐそばに6mの高さの避難所を建設したこと	4. 漁業者の住宅地と作業所を分けたこと	5. 地震・津波で被災した住宅から公営住宅に入居したこと	6. 地震・津波で被災した住宅から住宅を新築したこと	7. 被災者の住宅が高台地区と下町に分かれたこと	8. 商店街を下町につくったこと	9. 義援金が災害後、早く支給されたこと	10. 復興への取り組みが住民の意向を吸い上げてなされたこと	11. 仮設住宅が早期に設置されたこと
地区	727 100.0	127 17.5	309 42.5	166 22.8	187 25.7	32 4.4	126 17.3	109 15.0	14 1.9	374 51.4	207 28.5	374 51.4
稲穂	53 100.0	10 18.9	27 50.9	6 11.3	7 13.2	—	10 18.9	7 13.2	1 1.9	29 54.7	13 24.5	30 56.6
宮津	49 100.0	8 16.3	23 46.9	17 34.7	12 24.5	2 4.1	5 10.2	13 26.5	2 4.1	26 53.1	13 26.5	21 42.9
球浦	43 100.0	10 23.3	18 41.9	7 16.3	8 18.6	1 2.3	10 23.3	5 11.6	—	23 53.5	12 27.9	24 55.8
奥尻	241 100.0	34 14.1	103 42.7	61 25.3	68 28.2	12 5.0	36 14.9	31 12.9	4 1.7	114 47.3	71 29.5	122 50.6
赤石	53 100.0	12 22.6	20 37.7	9 17.0	13 24.5	3 5.7	12 22.6	10 18.9	—	26 49.1	20 37.7	27 50.9
松江	38 100.0	5 13.2	31 81.6	5 13.2	11 28.9	1 2.6	9 23.7	3 7.9	—	16 42.1	8 21.1	16 42.1
富里	12 100.0	3 25.0	5 41.7	3 25.0	5 41.7	—	1 8.3	2 16.7	—	8 66.7	4 33.3	4 33.3
青苗	174 100.0	31 17.8	59 33.9	40 23.0	43 24.7	11 6.3	30 17.2	27 15.5	4 2.3	95 54.6	50 28.7	102 58.6
米岡	42 100.0	8 19	12 28.6	10 23.8	11 26.2	2 4.8	7 16.7	7 16.7	3 7.1	29 69.0	10 23.8	20 47.6
湯浜	22 100.0	6 27.3	11 50.0	8 36.4	9 40.9	—	6 27.3	4 18.2	—	8 36.4	6 27.3	8 36.4
仕事	705 100.0	124 17.6	297 42.1	163 23.1	180 25.5	30 4.3	125 17.7	106 15.0	14 2.0	367 52.1	201 28.5	362 51.3
農林・漁業・水産加工	94 100.0	21 22.3	58 61.7	19 20.2	18 19.1	2 2.1	26 27.7	12 12.8	2 2.1	50 53.2	20 21.3	42 44.7
旅館・民宿・商業その他	87 100.0	11 12.6	29 33.3	20 23.0	28 32.2	4 4.6	17 19.5	9 10.3	5 5.7	46 52.9	27 31.0	42 48.3
会社員・団体職員	106 100.0	22 20.8	40 37.7	24 22.6	20 18.9	7 6.6	15 14.2	21 19.8	2 1.9	55 51.9	40 37.7	54 50.9
公務員(自衛官を含む)	118 100.0	19 16.1	36 30.5	36 30.5	44 37.3	6 5.1	16 13.6	20 16.9	2 1.7	56 47.5	45 38.1	60 50.8
無職・専業主婦	300 100.0	51 17.0	134 44.7	64 21.3	70 23.3	11 3.7	51 17.0	44 14.7	3 1.0	160 53.3	69 23.0	164 54.7

し，後者は大変議論がなされた事業に関する項目だけに，この結果をどのように解釈し受け止めていけばよいのか，議論が分かれるところである。

　いずれにしても，設定された選択肢は主要な復興事業であっただけに，約20年の歳月を経て，各事業についてその評価を住民にこのように問うことは，多面的な復興のあり方を見極め

る機会になっていると受け止められた。というのも，すでに述べたように11項目の選択肢が予想以上にかなり鮮明に四つのグループに大別され集約されたからである。選択された絶対数としての比率は，過半数を占めるグループからわずか数％のグループにまで大きな幅がみられた。

　地区別にみたこのような評価のばらつきは，さらに個別地区について確認しておく必要がある。まず激甚被災地区の稲穂，松江，青苗，米岡（青苗地区からの集団移転による被災者が多く居住している）の各地区では，第1位のグループの項目の回答比率の高さが鮮明である。つまり島の北東端の壊滅被災地稲穂地区では，「11. 仮設住宅が早期に設置されたこと」（56％），「9. 義援金が災害後，早く支給されたこと」（54％），「2. 海岸線の防潮堤の高さを8ｍ～10ｍにしたこと」（50％）となった。集落が壊滅した松江地区では，「2」の項目が8割余（81.6％）で群を抜く。他の2項目「9」「11」はどちらも42％であった。最大規模の激甚被災地青苗地区では，「11」の項目と「9」がほぼ同比率でそれぞれ58％と54％であり，「2」の項目は33％にとどまった。米岡地区は高台地区に集団移転した被災者が多く含まれたことから，「9」の義援金の項目が69％と顕著であった。これに比べると，「11」「2」の各項目は，やや低い評価を示し，それぞれ47％，28％にとどまった。

　以上の激甚被災地区に対して，他の地区についても確認しておこう。まず奥尻町の中心・奥尻地区の注目される回答結果は，第2グループつまり「10. 復興への取り組みが住民の意向を吸い上げてなされた」（29.5％），「4. 漁業者の住宅地と作業所を分けたこと」（28.2％），「3. 漁港のすぐそばに6ｍの高さの避難所を建設したこと」（25.3％）が29～25％となり，これらの項目がほぼ類似した比率となっていることである。奥尻地区は，これまで繰り返し述べてきたように回答者の職業として公務員（地方公務員・自衛隊員）が多く含まれており，このことがこのような結果につながっているのではないかと思われる。

　同じく第2グループの選択肢の割合が高くみられた地区は宮津地区である。この地区の3項目は，それぞれ3が34.7％，10が26.5％，4が24.5％となっている。奥尻地区に比べて「3. 漁港のすぐそばに6ｍの高さの避難所を建設したこと」が他の2項目「10」「4」よりやや多く選択されている。これは小規模とはいえ地区内に入り込んだ港を持つ地形なので津波災害を想起した結果かと思われる。赤石地区では第2グループの項目のうち，「10. 復興への取り組みが住民の意向を吸い上げてなされた」（37.7％）が多く選択されており，他の2項目「4. 漁業者の住宅地と作業所を分けたこと」（24.5％），「3. 漁港のすぐそばに6ｍの高さの避難所を建設したこと」（17％）をかなり上回っている。町内の地区別では赤石地区は海岸線に位置しながら被災が最も軽微であった地区といわれている。このことがこうした結果に影響したのかもしれない。

　球浦地区と湯の浜地区は両者とも第3グループに位置づけられる選択肢がやや高い比率で選択されている。つまり，全体の第7位「1. 海岸線の盛り土を4ｍ～6ｍにしたこと」，「6. 地震・津波で被災した住宅から住宅を新築したこと」の2項目が23.3％と同比率であり，後者も「1」「6」が同比率で27.3％となった。

　なお富里地区は回答者が 12 名と少なく，当該地区は島内では数少ない農業者が含まれている地域である。11 の選択肢のうち第 4 グループに属する 2 項目（「5. 地震・津波で被災した住宅から公営住宅に入居したこと」「8. 商店街を下町につくったこと」）は，この地区および湯の浜地区において回答数はゼロであった。これらの項目は両地区の回答者には復興事業として評価の対象になりにくいようである。

　すでに一部言及したところではあるが，地区別にみたとき，職業との関連で復興事業の評価にどのような違いがみられるのかは欠かせない論点である。本項を閉じるにあたって表 5・19 に基づき改めてその点を確認しておきたい。

　選択された項目に関する四つのグループ化は，先にふれた地区別と同様の区分である。しかし第 1 グループに選択された 3 項目は，「公務員」を除き，ほかの職業カテゴリーすべてにおいて 11 項目中最も多くなっている。「公務員」には，復興事業の町としての立案・企画・実施にあたった地方公務員および町外から災害後の人事異動で来町した国家公務員（自衛隊員とその家族）の回答者が多く含まれていることから，他のカテゴリーでは第 2 グループに位置づけられる選択肢の比率が高くなっているように受け止められた。すでに指摘したように，それらの項目は「10. 復興への取り組みが住民の意向を吸い上げてなされたこと」（38.1%），「4. 漁業者の住宅地と作業所を分けたこと」（37.3%），「3. 漁港のすぐそばに 6 m の高さの避難所を建設したこと」（30.5%）の 3 項目である。

　「農林漁業水産加工」では第 1 グループの 3 項目が全体の選択肢の順位どおりに位置づけられている。しかし，この業種で注目されることは，第 3 グループの 3 項目中 2 項目，すなわち「6. 地震・津波で被災した住宅から住宅を新築したこと」（27.7%），「1. 海岸線の盛り土を 4 m～6 m にしたこと」（22.3%）が第 2 グループの 3 項目（「10」「3」「4」）の割合を上回っている，という点である。この業種には漁業者が多く含まれていることから，復興事業に関するこのような評価の違いになったように思われる。「公務員」と同様に，選択された項目が第 1 グループから第 4 グループへと全体の順位どおりにはならず，項目においてずれがみられる。

　他の業種についても確認すると，まず特徴的である業種は，「旅館・民宿・商業その他」と「無職・専業主婦」のである。これらの業種では，選択された項目の比率が第 1 グループ（3 項目）から第 2（3 項目），第 3（3 項目），そして第 4 グループ（2 項目）に至るまで比率の大きい方から少ない方へ復興事業の評価がグループ化どおりに並んでいる。

　最後に，「会社員・団体職員」についてみておく。この職業の回答者では，他の職業の回答者に比べて，選択された項目グループ間のずれが複数みられる。すなわち，一つは第 2 グループの「10. 復興への取り組みが住民の意向を吸い上げてなされた」（37.7%）が，第 1 グループに属する「2. 海岸線の防潮堤の高さを 8 m～10 m にしたこと」（37.7%）と同じ比率であること。二つに，第 3 グループの「1. 海岸線の盛り土を 4 m～6 m にしたこと」（20.8%），「7. 被災者の住宅が高台地区と下町に別れたこと」（19.8%）の 2 項目が，第 2 グループの「4. 漁業者の住宅地と作業所を分けたこと」（18.9%）をやや上回っていることである。この職業の回答者は，すでに指摘した「公務員」の復興事業評価にやや類似しているように思われる。職

業柄，島外の各種組織・業種の関係者との接触・交渉・交流がこのような結果につながっているのかもしれない。

　以上，20 年近い時間経過を経て，11 の復興事業は住民間において評価がかなり分かれていることが鮮明になった。とりわけ第 1 グループと第 4 グループとでは事前調査とかなり食い違いがみられた。第 4 グループにおける各項目の評価は予想以上に低かったと感じている。また，地区と職業という基礎的変数において，復興事業の評価はすでに指摘したように数値以上の微妙な食い違いがみられた。災害復興事業の難しさ・困難さといえばそのとおりである。しかしこのような住民の意向結果は，今後のまちづくりに地元の人々の知恵を活用していくことの大切さを物語っている。このような意味において，被災後 20 年という町の歴史的歳月および個人のライフコースにおける節目は，奥尻における被災から導かれうる教訓や指針に関して，改めての問い直しにもなるかと思われる。

2－7　防災経験の伝達

　「天災は忘れた頃にやってくる」とは繰り返される警句であるが，近年は忘れる間もなく全世界的に災害が発生している。とりわけ日本においてはこの四半世紀だけでも多くの巨大災害が発生している。次々に襲来する災害はつい最近発生した災害の記憶を薄れさせていくほどである。その意味で「災害は忘れないうちに来る」というメッセージが強烈に発信されることが求められる。しかし，多くの日本人は災害に向き合う必要性を感じつつも，直接の被災者や被災地域，あるいはそれにかかわりのある当該関係者以外は，災害の記憶が薄れ，風化が進行しがちである。実際，この点は奥尻町を訪れるたびに多くの人から指摘されているところである。そのために「3・11」以降，近未来に襲来すると想定される東海・東南海・南海地震津波災害に関して種々の災害情報が格段に増大している。災害への備えはあらゆる次元で必要という警鐘が多方面から発信されている今日の状況がある。

　そこで，被災後約 20 年の節目を迎える激甚被災地奥尻の被災者が，「3・11 東日本大震災」を挟み，自らの被災経験をどのように振り返り，そして何が伝え続けられなければならないのか，また伝えるべき内容は何か，そうした諸点に迫るためにより特定化した項目に関する調査結果を取り上げておきたい。そのためにここでは，約 20 年に及ぶこれまでの奥尻の被災者調査から得られた「被災地域住民が伝達するべき内容」として重要視しているものを 6 項目に集約し，その中から最も重要と考える項目を三つ選択回答してもらった。

　その結果が表 5・20 である。表へ整理するにあたって，分析結果から重要と受け止められる基礎的な独立変数を性別・年齢層・職業に設定した。これら変数とのクロス集計の結果を以下で確認してみたい。

　表 5・20 からも明らかなように，前項「2－6　復興の手掛かり」で言及したことと同様に項目間のグループ化が容易にできる。すなわち，被災地域住民が伝達するべき内容として重要視している項目として最も回答が多く集中した第 1 位～第 3 位の項目と，逆に回答が少なかった第 4 位～第 6 位の項目とでは，回答比率にかなりの差がみられた。具体的には上位 3 項目は，

表5・20 被災経験の伝達 (性別・職業別) (複数回答)

上段：度数 下段：％	合計	①防災・減災のイベントに参加する	②被災を記念するモニュメントや施設を設置する	③学校での災害教育を工夫する	④日ごろ家庭で防災・減災の話しをするようにする	⑤地域社会で安心安全の生活をするための取り組みをする	⑥被災経験をもつ語りべによる活動を積極的にする
性別	834 100.0	313 37.5	89 10.7	580 69.5	516 61.9	494 59.2	247 29.6
男	430 100.0	162 37.7	60 14.0	305 70.9	248 57.7	251 58.4	130 30.2
女	404 100.0	151 37.4	29 7.2	275 68.1	268 66.3	243 60.1	117 29.0
年代	824 100.0	312 37.9	87 10.6	574 69.7	510 61.9	486 59.0	243 29.5
30-39	94 100.0	26 27.7	13 13.8	75 79.8	60 63.8	58 61.7	31 33.0
40-49	111 100.0	33 29.7	16 14.4	90 81.1	67 60.4	63 56.8	38 34.2
50-59	186 100.0	47 25.3	30 16.1	146 78.5	127 68.3	126 67.7	53 28.5
60-69	196 100.0	77 39.3	9 4.6	130 66.3	122 62.2	127 64.8	52 26.5
70-	237 100.0	129 54.4	19 8.0	133 56.1	134 56.5	112 47.3	69 29.1
仕事	810 100.0	303 37.4	87 10.7	565 69.8	494 61.0	486 60.0	241 29.8
農林・漁業・水産加工	106 100.0	44 41.5	11 10.4	61 57.5	69 65.1	52 49.1	32 30.2
旅館・民宿・商業・その他	92 100.0	34 37.0	6 6.5	61 66.3	58 63.0	59 64.1	24 26.1
会社員・団体職員	118 100.0	33 28.0	17 14.4	93 78.8	79 66.9	80 67.8	25 21.2
公務員（自衛官を含む）	144 100.0	39 27.1	29 20.1	113 78.5	90 62.5	85 59.0	53 36.8
無職・専業主婦	350 100.0	153 43.7	24 6.9	237 67.7	198 56.6	210 60.0	107 30.6

性別，年齢層別，仕事別の各変数とも回答比率が多い順に「③学校での災害教育を工夫する」「④日ごろ家庭で防災・減災の話しをするようにする」「⑤地域社会で安心安全の生活をするための取り組みをする」となった。これに対して回答比率が低かった第4位～第6位の項目は「①防災・減災のイベントに参加する」「⑥被災経験をもつ語りべによる活動を積極的にする」「②被災を記念するモニュメントや施設を設置する」である。以下，性別，年代別，仕事別の3変数との関連で順次取り上げることにしたい。

a. 性別変数と「被災経験の伝達」

まず性別変数から被災経験の伝達のあり方をみておこう。全体として，上位3項目の比率は

先に示した「③学校での災害教育を工夫する」が69.5％，「④日ごろ家庭で防災・減災の話しをするようにする」は61.9％，そして「⑤地域社会で安心安全の生活をするための取り組みをする」が59.2％となり，3項目間の差は10ポイントに留まっている。これに対して，下位の3項目は「①防災・減災のイベントに参加する」37.5％，「⑥被災経験をもつ語りべによる活動を積極的にする」29.6％，「②被災を記念するモニュメントや施設を設置する」10.7％となり，3項目間の差は大きく26.8ポイントあった。多く選択された上位3項目は，「公教育，家庭，地域社会」にかかわる内容として集約される。伝達されるべき機会や場として意識されていることがまず確認され，当該の場を通じて，そしてこの場にかかわり被災経験を伝達するという意識構造が読み取れる。他方，「防災・減災のイベント」「被災経験の語りべ」「記念モニュメントや施設の設置」の3項目についての意識は相対的に低いといえる。特に「被災を記念するモニュメントや施設の設置」が10％の選択比率に留まっていることは予想以上に低い結果である。

　以上に指摘した上位・下位の2グループに回答比率が分かれることは，男女による差はみられない。ただグループ内における個別の項目として回答数値にやや開きがみられる。その項目は上位のグループの「④日ごろ家庭で防災・減災の話し合いをする」と下位グループの「②被災を記念するモニュメントや施設を設置する」である。前者では女性が約9ポイント，後者では男性が約6ポイント多くなっている。グループ内の項目それ自体に注視すると，性別により重要視する項目の受け止め方に微妙な違いがみられるようである。

　なお，ここで注意しておきたいことは，下位にランクされた項目の回答比率が低いことがその項目の重要性が低いことを示すわけではないことである。選択比率が低いからといってこの項目のもつ意義が低いとは必ずしも断言できないのある。なぜなら最も比率が低かった「②被災を記念するモニュメントや施設を設置する」は，過去の震災史をひもとくと，激甚被災者・被災地のみならず多くの人たちに災害に目を向けさせ，災害を考える可視的シンボルの一つであることは間違いないからである。

　いずれにしても，上位にランクされたグループと下位にランクされたグループとの比率の大きな違いをみるにつけ，被災経験の伝達は改めて（ア）どのような内容を，（イ）誰が誰に，（ウ）どのような場（機会）で，（エ）いかなる手段で伝えるか，そしてこれらとともに（オ）伝える内容の優先順位，といった項目を念頭において検討されなければならないことが読み取れる。それだけに，災害に遭遇する前，あるいは遭遇した後の事態対処に際して，直接・間接の被災経験の伝達に関する今後の見直し，取り組みの工夫が求められるところである。

b．年齢別変数と「被災経験の伝達」

　次に年齢層別に被災経験の伝達について確認しておく。性別変数と同様に年齢層別変数においても多く選択された上位グループの3項目（③④⑤）と少なく選択された下位グループの3項目（①⑥②）の順位には違いはなかった。この点は次に検討する職業変数についても同様である。

　年齢層別では上位グループ，下位グループに関係なく年齢層間に顕著な差が出ている。全体

で最も比率が高かった「③学校での災害教育を工夫する」をみると，40 歳代では 81.1％なのに対して 70 歳代では 56.1％である。逆に下位グループにランクされた「①防災・減災のイベントに参加する」は 70 歳代は 54.4％であるが，50 歳代では半分以下の 25.3％であり，30 歳代，40 歳代でも 30％未満である。

　次の特徴は「③学校での災害教育を工夫する」と「④日ごろ家庭で防災・減災の話しをするようにする」は上位 1 位と 2 位であるが，年代に顕著な特徴が表れている。子育て世代にあたる 30 歳代，40 歳代では学校での災害教育に期待する割合が非常に高いのに対して，60 歳代，70 歳代では家庭での防災・減災の話をすることにも比重が置かれていることである。特に 70 歳代では二つの項目の差はわずか 0.4 ポイントである。また，「⑥被災経験をもつ語りべによる活動を積極的にする」では，40 歳代（34％）と 30 歳代（33％）が他の三つの年齢層より多い。最も低かった「②被災を記念するモニュメントや施設を設置する」においては，50 歳代（16.1％）・40 歳代（14.4％）・30 歳代（13.8％）が他の二つの年齢層より多くなっている。

　年齢層による被災経験の伝達に関して，このように重要視される項目に違いがみられることから，a. 性別変数と「被災経験の伝達」の最後に指摘した（ア）〜（オ）の 4 点における取り組みの工夫に際しては，年齢層に関するこのような結果を考慮しつつ取り組む必要があるように思われる。

c.　職業別変数と「被災経験の伝達」

　前項 2－6 において，11 項目の具体的な復興事業を通じて災害復興の諸側面の評価を検討した。その結果，職業による各事業に対する評価にはかなりの違いが存在することが確認された。こうした点は，職業別にみた被災経験の伝達のあり方にどのように反映されているのか，この点に注目しながら表 5・20 をみておこう。

　この変数の上位グループと下位グループに選択された項目およびそれぞれの回答比率は，これまでの性別，年齢層別の場合とほぼ同じであった。しかし職業カテゴリー別にみると，両グループ内の項目の比率においてかなりのばらつきがある。職業の違いが，選択されるグループ内における項目間の比率に差をもたらしているように思われる。以下，そのいくつかについて指摘しておきたい。

　まず第 1 に，「会社員・団体職員」と「公務員」では，全体で第 1 位に挙げられた「③学校での災害教育を工夫する」（78.8％，78.5％）が他の職業に比べて 10〜20 ポイント高い。

　第 2 に「農林・漁業・水産加工」では全体で 2 位にランクされた「④日ごろ家庭で防災・減災の話しをするようにする」が 1 位（65.1％）になっている。そして全体で 3 位の「地域社会で安心安全の生活をするための取り組みをする」の比率（49.1％）が，予想に反し他の職業に比べて最も低かった。そこには 10〜18％の違いがみられた。

　第 3 に，下位のグループに関して，「無職・専業主婦」と「農業・漁業・水産加工」では，第 4 位に選択された項目「防災・減災のイベントに参加する」において高い回答比率がみられた。ちなみに，それぞれの比率は 43％，41％である。

　第 4 に，「旅館・民宿・商業・その他」と「無職・専業主婦」では，被災経験の伝達に関す

る六つの選択肢において，第6位に位置づけられた項目「被災を記念するモニュメントや施設を設置する」の比率が，他の職業より少なく一桁にとどまった（6.5％，6.9％）。他方，「公務員」（20％）や「会社員・団体職員」（14％）は，先の二つの職業に比べて，3倍～2倍の高い数値を示し，この項目に関する被災経験の伝達のあり方として，五つの職業カテゴリーの中では注目度が高いといえる。

d. 地区別変数と「被災経験の伝達」

最後に震災の被害に大きな差異が出た地域のとの関連で，被災経験の伝達について表5・21でみてみたい。

第1の特徴として，奥尻・球浦地区では「③学校での災害教育を工夫する」が圧倒的に多く，教育活動を通じて子どもたちに被災経験を伝達することに重きを置く人たちが多いといえる。第2の特徴として，稲穂・青苗の激甚被災地区では「③学校での災害教育を工夫する」「④日ごろ家庭で防災・減災の話しをするようにする」「⑤地域社会で安心安全の生活をするための取り組みをする」の3項目に多少の差はあるが，比較的均等に分散していることが分かる。学校教育だけではなく具体的な震災体験をした人たちが日々の生活の中で教訓を伝える実

表5・21 被災経験の伝達（地区別）（複数回答）

上段：度数 下段：％	合計	① 防災・減災のイベントに参加する	② 被災を記念するモニュメントや施設を設置す	③ 学校での災害教育を工夫する	④ 日ごろ家庭で防災・減災の話しをするように	⑤ 地域社会で安心安全の生活をするための取り組みをする	⑥ 被災経験をもの語り部による活動を積極的にする
合計	834 100.0	313 37.5	89 10.7	580 69.5	516 61.9	494 59.2	247 29.6
稲穂	57 100.0	20 35.1	9 15.8	38 66.7	36 63.2	36 63.2	16 28.1
宮津	71 100.0	27 38.0	13 18.3	45 63.4	40 56.3	38 53.5	25 35.2
球浦	52 100.0	11 21.2	6 11.5	42 80.8	33 63.5	30 57.7	12 23.1
奥尻	286 100.0	104 36.4	24 8.4	206 72.0	171 59.8	181 63.3	75 26.2
赤石	64 100.0	27 42.2	10 15.6	43 67.2	37 57.8	42 65.6	21 32.8
松江	39 100.0	20 51.3	6 15.4	19 48.7	21 53.8	19 48.7	12 30.8
富里	14 100.0	9 64.3	2 14.3	7 50.0	11 78.6	5 35.7	6 42.9
青苗	185 100.0	65 35.1	13 7.0	131 70.8	121 65.4	113 61.1	55 29.7
米岡	45 100.0	13 28.9	5 11.1	35 77.8	36 80.0	22 48.9	15 33.3
湯浜	21 100.0	17 81.0	1 4.8	14 66.7	10 47.6	8 38.1	10 47.6

践, あるいは安心して生活できるような取り組みを総合的に実践することに価値をおいているように思われる。第 3 の特徴は, 米岡・富里・松江では「④日ごろ家庭で防災・減災の話しをするようにする」が 1 位になっている。第 4 の特徴は湯浜地区では「①防災・減災のイベントに参加する」が 81.1% で 1 位になっている。この項目については松江・富里両地区でも高い数字が出ている。地域とそこに住む人の職業と深く結びついていることが理解できる。

おわりに

　奥尻島を直撃した災害に関する各種メディアによる災害報道は, 日本全国に大きな衝撃を与えた。そのために多額の義援金が寄せられることになった。このことが激甚被災地奥尻の復興の速度を速めたといわれている。仮に, 阪神淡路大震災や東日本大震災の後に奥尻の震災が発生していたならば, 状況は大きく違ったものになっていたであろうと多くの町民が語っている。我々は, 震災後から長期にわたって現地調査を継続し, 奥尻の復興に地域再生の夢を託した被災者を数多く取材してきた。その過程において, 復興に直接携わった町の行政責任者をはじめとして, 奥尻の多くの人々が日本社会の右肩上がりの成長を信じ, そのイメージを復興に投影させてまちの再生ビジョンを描いてきたことを感じた。

　震災を機に奥尻を離れ子どもが生活する都市部への移住を考えていた人の中には手厚い復興支援を活用して住宅を新築し, 再起を図ろうと奥尻に留まった人も少なくはない。その意味では, 奥尻の復興は, 島を離れることを検討した人々を島に留める一定の役割を果たしたといえる。

　しかし, それから 20 年余りたった今日, 空き屋の目立つ住宅地, シャッターの降りた商店街, 復興支援によって手にした漁船を手放す漁家。防災用につくられたものの老朽化が目立つ施設・設備。地域振興のかけ声とは裏腹に止まらぬ人口流出, 過疎化・高齢化が進行しており負のイメージが拡大している。

　こうした状況とともに, 各種の復興事業に取り組む過程において, 従来からいわれてきた離島の地域振興の掛け声は, いっそうの危機感を持って継続的に発せられてきた。しかしその声は, なかなか現実に反映されず, 人口流出の継続と出生人口の減少による過疎化, 高齢化, 地域経済の停滞・衰退といった事態の進行に歯止めはかかっていない。

　震災後, 町内における激甚被災地区の景観は一新したが, 復興特需の特定時期を除くと, 調査結果が如実に示すように, 残念ながらまちの活力は震災前に比較して低下してきている。国による地域振興の掛け声とは裏腹に地域衰退の危惧が多くの町民から発せられている。

　このような地域衰退の危惧は奥尻に限らず, 全国の多くの地域, とりわけ離島, 中山間地域を抱える自治体に共通してみられる現実であろう。しかし, 激甚被災地や被災自治体においては, このような状況はいっそう深刻化している。

　全国の各自治体が作成する「基本計画」に共通してうかがわれる特徴の一つは, 中・長期にわたる夢を描きすぎることである。大都市圏に位置する自治体, 政令都市や地方中核都市と

いった一部の自治体を除くと，地方の自治体は地域経済の停滞や衰退・過疎化・高齢化・地域医療等をめぐる課題に苦慮しているのが実態である。この状況は島である奥尻町に比べて交通アクセスに恵まれた自治体においても例外ではない。激甚災害を経験した奥尻町では，復興のために巨額の費用を投入しながら，それに見合う成果は得られていないという指摘がたびたびなされているが，これは奥尻町という一地域の問題ではなく，日本全体が抱える問題としてとらえなければならない。

　奥尻の復興は，日本全体が地域開発，とりわけリゾート開発に象徴されるようなバラ色の夢を描いたバブル期の意識や気分がまだ覚めやらぬ中で進められた。そうした奥尻の復興には，その後に激動する日本経済の渦中において歩む被災自治体と被災者の「時代の記録」が刻印されてきた。被災当時，個人レベルでみても生活再建過程で住宅の新築や漁船・漁具・設備などの購入時に，ややもすると過剰な消費的行動につながった点が指摘されている。奥尻の災害復興は，官民ともにバブル期の発想が払拭されない時期と重なっていた。可視的な「モノ（物）の復興」は分かりやすく一般受けするが，持続可能な復興につながるかどうか課題が多い。持続可能な実効性のある計画作成は容易ではない。また，復興には速効性が求められがちであるが，度が過ぎると禍根を残すことになりかねない。

　それゆえに，奥尻の復興の教訓を整理・検討しつつ確認されることが求められる。すでに本章の各項の調査結果に依拠して言及したように，奥尻町民は現在では「モノ（物）の復興」，すなわちハード面での復興に多くを望んではいない。震災復興によるハード面の整備は残念ながら，まちの活性化に必ずしもつながっていないと厳しい評価がなされている。そのために，調査結果の一部を今一度強調すると，「交通アクセス」・「医療福祉」・「人材育成」の課題軽減ないしそれらの解決が，重要な内容として選択されている。難しい注文ではあるが，被災者や被災地域に即した緊急課題解決を目途とした復興計画はもちろんのこと，中・長期的な見通しを持った等身大の復興計画こそが必要であることを実感する。

　その意味では震災の実体験を踏まえて，今，奥尻ではまちづくりの考え方の「パラダイム転換」が起きているとみることができる。ハード面での復興政策は必要条件ではあるが，十分条件とはいえない。奥尻町の復興宣言が行われてからも 15 年が過ぎ，社会・経済環境が大きく変わってきた中で住民の意識が変わり，自立の精神が芽生えてくれば奥尻町の未来は決して悲観することはない。そして，前章でも紹介したようにその芽はすでに出ているのである。たとえ人口が減っても皆が安心して暮らせる地域社会をつくることは可能であり，それこそが持続可能なまちづくりの要諦と考える。震災から 20 年が過ぎたこの機会に，復興の何たるかを改めて考えてもらいたいと思っている[9]。

---

　1)「事前復興」は発災時の被害を最小にするために，あらかじめ防災，減災の視点からまちづくりを進める取り組みであり，災害に対する地域のハード面での対策と，災害発生時の迅速な対応を可能にするソフト面の整備が基本となる。そのためにはどのようなまちづくりを進めるかという基本理念がしっかりしていなければならない。また，「復興災害」は阪神・淡路大震災から 10 年ほどたった頃から言われ始めたもので，巨費を投じた復興事業の陰でコミュニティ崩壊による被災住民の生活不安が問題視され，特に「孤

独死」に象徴される現象から復興まちづくりの方向性が厳しく問われるように変わってきた。

「事前復興」「復興災害」という用語は，絶えず繰り返される災害を前に改めて復興の内実を厳しく再検討する方向性が近年強く意識されてきた結果である。災害が発生するたびに復旧・復興のために巨額の公共事業が組まれ，特にインフラ整備に力点が置かれてきたが，それが地域社会や住民の思いに寄り添ったものであったかどうかしっかり見直そうという機運の高まりと大いに関係している。

2）東日本大震災は巨大津波による災害であったため，直近の大きな津波被害を経験している奥尻町には東北地方の多くの自治体から視察団が訪れることになった。その中で注目されたのは，第 1 に奥尻の復興事業の目玉として建設された巨大防潮堤であり，第 2 は旧青苗地区の高台移転である。第 3 には多額の義援金による個人の生活再建への取り組み等が視察の対象となった。これらがセットとなって奥尻は 5 年で復興宣言が出されるほど迅速に復興が進められたが，近年，巨費を投じたにもかかわらずその効果は出ていないという批判が島外から出てきている。復興を急いだために町独自の借金も多く，健全な財政運営もままならない町の状況と，地域の社会・経済状況の停滞から，奥尻の轍を踏むなという意味で奥尻の軌跡は反面教師としてのモデルといえるのかもしれない。

3）阪神・淡路大震災の発生時，兵庫県知事だった貝原俊民氏が提唱した復興のための概念で，破壊された都市機能の復旧，失われた機能をよりよくする再生的な復興，そのうえで近代都市文明の脆弱性を克服した新しい分権社会を目指すものであった。東日本大震災後の「復興構想会議（2011）」でも創造的復興は取り上げられているが，ハード面での整備の側面が強く打ち出されている感は否めない。

4）人口の減少は日本の社会・経済に大きな影響を与える問題であり，全国の地方自治体の維持が難しくなるとの長期推計が各方面から相次いで報告されている。特に人口の流出が続く過疎地域では深刻である。2014 年 5 月に日本創成会議・人口減少問題検討分科会が発表したところによると，2040 年には若年女性の流出により全国で 896 の市区町村が人口減少による消滅の可能性がある「消滅可能性都市」になるとされ，論議を巻き起こしたことは記憶に新しい。地方の活性化をいかに進めるかは今後の日本社会の重要かつ緊急の政策課題といえる。

5）奥尻町「奥尻町災害復興計画」平成 7 年 3 月。

6）国土交通省東京・大阪航空局「空港利用状況集計表・平成 25 年統計」。

7）津波館の来場者数の推移は第 6 章の表 6・14 を参照していただきたい。

8）島人会は奥尻を離れ都会に住む人の集まりで，全国的によくみられる同郷人会である。奥尻町の場合は，「東京奥尻島人会」「函館奥尻会」「札幌奥尻会」の三つの組織があり，それぞれが例年会合をもって親睦を深めている。

9）本章は北海学園大学法学部 50 周年記念論文集（2015 年 3 月）に掲載した拙文「奥尻町の災害復興を考える──住民意向調査結果からの検証」を大幅に加筆修正したものである。

第 6 章

災害復興と地域経済

松 田 光 一

は じ め に

　2011 年 3 月 11 日に発生した東日本大震災から 5 年の歳月が経過しているが，復旧・復興のスピードが遅いという地元の声がマスコミ報道を通じ絶えず聞こえてくる。一日も早く元の生活を取り戻し，新たな生活を始めたいという被災地の人々の思いは充分に理解できるが，被災地域が広範囲にわたり，それぞれが地理的，経済的，社会的条件等に差異があること，さらに福島県では原発災害が加わったことで復旧・復興に多くの時間を要するという事実は否めない。また，復興の内容も様々な側面があって一律に語れない部分がある。災害復興の「復興」の定義そのものが定かではなく，何をもって復興というのか同じ尺度で論じきれない難しさを持っている。

　東日本大震災後に成立した「東日本大震災復興基本法」（平成二十三年六月二十四日法律第七十六号）の第 2 条 1 項には，復興は単なる災害復旧ではなく，新たな地域社会の構築と数十年先の将来をも見据えて行われるべきものであることが述べられている[1]。つまり復興とは，災害を乗り越え次のステップへ進むためのあるべき姿をしっかりつくるところからスタートしなければならないわけである。

　次に起こる可能性のある災害を見据えた防災対策と地域の経済活動をすりあわせた復興計画を立てるにあたっては，地域それぞれの将来像，個々人の将来設計の夢を基本に検討しなければならないことはもちろんであるが，それらをどのように集約して復興の道筋をつけるか，さらにどのように肉付けをしていくかとなれば一筋縄では行かない時間のかかる話である。そのような中，時間だけが過ぎ去ってゆき，地域住民の間に焦燥感や無力感が蔓延することだけは避けなければならない。特に政治や行政には，震災で疲弊した地域社会をどのように復興するのか，強いメッセージを発信することで住民に夢や希望を与える重要な役割が求められる。しかし，それが充分に機能していない現実が，復旧・復興のスピード感がないという批判につながっていると考えられる。そのような折，注目されているのが北海道の奥尻町である。奥尻町は 1993（平成 5）年 7 月 12 日の北海道南西沖地震によって人的・物的に甚大な被害を受けたにもかかわらず 5 年後（1998 年 3 月 17 日）には復興宣言を出し，その素早い復興が注目された

ものである。

　防潮堤の設置，高台移転を含めた新しい居住地域を形成するための住民の合意形成など被災当初から復興への様々なハード，ソフト面での経験を蓄積する奥尻から学ぶものは多いといえる。そのため東北地方の被災した県や市町村だけではなく全国から多くの視察団，さらには国内外のマスメディアも奥尻を訪れ現況を報道している。

　奥尻島が北海道南西沖地震によって大きな被害を被ってから，今年で23年を迎える。また1995(平成7)年1月17日，兵庫県を中心として阪神地方に甚大な被害を与えたマグニチュード7.3の阪神・淡路大震災からも21年という時間が経過している。

　日本列島は今まで数多くの大災害を経験してきたが，その都度，それを乗り越え復興を遂げてきた日本人のエネルギーは賞賛に値する。奥尻もその一つといえるが，震災20年の節目を迎えて以来，評価の潮目が変わったように感じる。多くのテレビ・新聞が奥尻特集を行ったが，従来の復興計画，復興過程を評価する方向から一転してこれで良かったのかという疑問を投げかける論調が目立ってきている。その趣旨は復興のために巨費を投じたにもかかわらず，島の基幹産業である漁業や観光業が衰退し，若者が地元に残らず島を出て行く，一方で高齢化に歯止めがかからず過疎化が進行していること等を指摘するものである。

　バブル経済崩壊後とはいえ震災当時は社会全体にまだその余韻は色濃く残り，公共事業を中心とする「ハコモノ」づくりの考え方が強かった時代である。その頃は地元を含め多くの人が早い復興を喜び評価したものである。

　ただ，今日的視点から東北の復興にかかわるメッセージとしては，「ハコモノ」づくりによる地域復興に一定の警鐘を鳴らす意味はあると思う。

　将来を見据えた復興計画を考えるなら，復興の早さはあまり問うべきではない。復興にはリセットして再生を図るという意味合いも含まれるが，すべてがその対象になるというものではなく将来を見据えた充分な吟味が必要になってくる。そして将来を見据えた方向性の設定こそが問題なのである。震災以前からだめになっているものを単純に元に戻そうとすることは意味のないことである。

　奥尻が震災に遭っていなかったとしても，地域の基幹産業の衰退，過疎・高齢化の状況は今と同じように生じていたはずである。これらの現象は奥尻だけのことではなく日本の多くの過疎地域で起こっている問題であり，震災復興とは異なる次元の話である。したがって，いたずらに復興のスピードを求めることは，間違った将来像を描きかねないことになる。

　本章は奥尻の漁業，水産加工，商業，観光等の経済活動の側面から奥尻の20年を検証したものである[2]。

1. 奥尻町の災害被害と復興計画

1−1　奥尻の災害被害の概略

奥尻島は北海道南西部の日本海上に浮かぶ面積 142.97 km^2 の島であり，一島で奥尻町を形

成し，人口 3,041 人（2010 年国勢調査）の漁業と観光を基幹産業とする町である。

　1993 年 7 月 12 日 22 時 17 分，奥尻島の北西約 60 km 地点でマグニチュード 7.8 の巨大地震が発生し，直後に 4 m〜29 m の津波が奥尻島沿岸を襲った。奥尻町青苗地区では，津波の後に発生した火災が被害をさらに拡大した。この地域では震災の 10 年前（1983 年）に日本海中部地震の津波を経験していた人が多く，地震直後に素早く高台へ避難したため人的被害が比較的少なく済んだといわれている。津波は奥尻対岸の檜山地域も直撃したが，北海道南西沖地震による人的・物的被害は奥尻町に集中し，死者・行方不明者の 86.5％を占め，特に島の最南端に位置する青苗地区が津波と火災によって最大の被害を受けた。奥尻町の死者・行方不明者は 198 名，物的被害総額は 664 億円に達した。物的な損害は，表 6・1 で分かるように，全道では 1,320 億円に達し，その 4 割は土木被害である。以下，林業被害，水産被害，農業被害，商工被害と続いている。檜山支庁（現在は檜山振興局）の被害総額は 999 億 1,051 万円であり，全道の被害総額の 75.5％を占めている。檜山支庁の被害全体を 100％としたときの奥尻の被害額をみると，港湾，漁港，林業，公立文教被害がいずれも 8 割を超え，住宅被害や商工被害も 6 割を超す高い割合を示している。

　奥尻住民の日々の経済活動に直接かかわる漁船，漁網・漁具等の水産被害は 68 億 7,000 万

表 6・1　奥尻町・檜山支庁・北海道の物的被害

項　　　　目		奥尻町		檜山合計		全道合計
		被害金額 （千円）	（％）	被害金額 （千円）	（％）	被害金額 （千円）
住 家 被 害		5,016,477	60.2	8,333,582	100.0	12,069,532
非住家 被害	公 共 建 物	178,996	58.3	306,992	100.0	338,242
	そ の 他	114,055	14.7	774,604	100.0	888,814
農 業 被 害		324,311	2.7	11,933,066	100.0	13,212,945
土木被害	道 工 事	12,186,030	67.8	17,967,028	100.0	21,818,400
	市町村工事	386,000	28.0	1,378,600	100.0	2,119,900
	港　　　湾	9,458,700	89.8	10,530,200	100.0	14,837,800
	漁　　　港	10,008,000	84.0	11,917,300	100.0	13,420,900
	空　　　港	66,437	100.0	66,437	100.0	66,437
	小　　　計	32,105,167	76.7	41,859,565	100.0	52,263,437
水 産 被 害		6,873,853	75.1	9,152,234	100.0	13,492,376
林 業 被 害		15,811,958	82.5	19,177,117	100.0	21,737,207
衛 生 被 害		286,036	52.6	543,473	100.0	838,242
商 工 被 害		4,134,200	73.9	5,590,730	100.0	13,081,899
公立文教被害		1,548,007	82.2	1,884,354	100.0	2,535,141
社 会 教 育 施 設		—	—	145,462	100.0	448,206
社 会 福 祉 施 設		11,320	7.1	159,036	100.0	471,320
そ の 他		15,897	31.6	50,303	100.0	931,309
合 計		66,420,277	66.5	99,910,518	100.0	132,308,670

注）奥尻町の％は檜山合計を 100 としたときの奥尻の割合である。
出典）北海道檜山支庁『北海道南西沖地震記録書』1994 年。

円，そして商工被害が41億3,000万円であった。水産被害の内訳は，漁船の沈没・流出421件，破損170件であわせて33億5,188万円で，水産被害額全体の48.7％にあたる。そのほかに荷さばき所，資材倉庫，製氷・貯氷施設などの共同利用施設（49施設）・その他の施設の被害額が約20億円，漁具（網）・その他の被害額が15億2,200万円となっている。奥尻島には港が8ヵ所あり，それらがことごとく岸壁の崩壊，港湾施設の流出，防波堤灯台の倒壊・水没などで194億6,000万円の土木被害を出している。それに商工被害として水産加工業の施設，および漁船・漁具の修理をする施設等の被害が8億8,000万円あり，これらを含めると水産業に関係する被害総額は273億円に達し，これは奥尻町の総被害額664億円の41.1％にあたる。

被害はそれだけにとどまらず，共同利用施設，港湾・漁港施設等の復旧に時間を要し，長期にわたって操業できないという二次的な被害も大きかった。かつて実施した漁民アンケート調査では，多くの漁民が漁船の沈没流失・破損，漁具・漁網・倉庫等に被害を受け，全体の43.3％が500万円以上の被害を被っている。1,000万円以上の被害を受けた人は21.6％で，1億円を超えるケースも2件あった[3]。

1－2　災害復興計画

奥尻町は大災害から一日も早く被災者が立ち直るために，1993年10月1日「災害復興対策室」を設置し，国や北海道の支援を受けながら1997(平成9)年度を目途にした「奥尻町災害復興計画」を作成した。これは第3期奥尻発展計画の基本方針に沿う形で再構築したもので，その内容は生活再建，防災まちづくり，地域振興の三つの柱で構成され，概略は表6・2に示したとおりである。

漁業を中核に観光で成り立つ奥尻の経済にとって，漁業の早期再開は災害復興のさし迫った課題であり，被災住民にとっても一日も早い生活の回復と仕事の再開は切実な願いであった。住宅の再建と基幹産業である水産業の再建によって生活基盤を固め，防災を考えたまちづくりで地域振興を図るねらいが計画には盛り込まれていた。そこには震災を契機に町民が島を離れてゆくことを防ぎ，町の再生を図る強い意志を見て取ることができる。

そして，この計画を円滑に促進できたのは全国から寄せられた190億円の義援金のおかげであった。奥尻の復旧・復興には公的資金として約860億円の巨費が投じられたが，それとは別の多額の義援金は被災者にとって非常に心強い，きめ細かな支援となった。被災者に対する人的見舞金・住宅見舞金として40億円，復興基金積み立てとして133億円，そのほかに17億円が当てられた。133億円を原資とする復興基金では，町民の要望と国・道の指導，助言を参考に73の支援項目を作成して義援金を手厚く配分した[4]。

奥尻では全壊住宅を新築する際に一戸あたり1,200万円ほどの支援があり，また，漁船・漁具，店舗および倉庫等の被害についても国・道の補助金と義援金によってきわめて軽い個人負担で済んだ。店舗や倉庫の復旧には最大で4,700万円の補助があり，阪神・淡路大震災のそれとは大きな差があり，「義援金なくして奥尻の復興は考えられない」とさえいわれている。補

表6・2　奥尻町復興基本計画の構成

項　目			内　容
生活再建	1. 住宅の再建	ア　公営住宅の建設	災害公営住宅建設
		イ　個人住宅の建設	被災者個人住宅再建時の助成
	2. 基幹産業の再建	ア　水産業・農業の再建	漁船・漁具・共同利用施設等の整備用・排水路，農業機材，共同利用施設等の整備
		イ　観光の再開	被災した観光ルート・ポイント，売店及び宿泊施設の整備等
		ウ　後継者の育成	若年労働者の定着
	3. 生活の安定及び社会生活基盤の確保	ア　生活の安定	資金の利子助成，灯油購入助成
		イ　社会生活基盤の整備	医療保健施設，文教施設，社会福祉施設の整備
防災まちづくり	1. 各地区のまちづくり	新しい集落の形成	土地の再編成・高度利用（漁業集落環境整備事業・まちづくり造成事業）高台への移転（防災集団移転促進事業）
	2. 避難対策	ア　避難計画の策定	計画の策定と防災ハンドブックの作成
		イ　避難施設の整備	避難路，避難場所，集合避難施設などの整備とライフラインの確保
	3. 防災活動体制の強化	防災体制の構築	災害情報の管理・通報・組織の強化と施設整備
地域振興	1. 水産業の振興	ア　漁業協同組合再建	檜山管内8単協の合併促進
		イ　水産基盤の整備	漁場の造成，魚礁の整備，経営基盤の強化・研修支援
		ウ　栽培漁業の振興	資源の増大（養殖施設の設置）生産技術の導入
		エ　地場資源の有効活用対策	流通経路の開発，加工センターの建設遊漁施設整備
	2. 農業の振興	土地利用型農業の振興	畑地帯総合整備事業の推進農地保全事業の推進
	3. 観光の振興	ア　観光資源の整備	津波研究資料館の建設観音山慰霊公園の整備
		イ　観光関連施設の整備	観光機能の強化大型宿泊施設の建設促進
		ウ　観光イベント等の促進	奥尻三大祭りの活用郷土再発見運動の促進復興PRの実施
		エ　観光の通年化	奥尻独自の料理などの開発
	4. 芸術文化の振興	ア　文化意識の啓発	文化活動への参加
		イ　郷土芸能の保存	地域文化としての活性化と保存
		ウ　創作活動の促進	自主的な創作活動の促進

出典）奥尻町「夢の島　復興をめざし　奥尻町災害復興計画」1995年。

助金と多額の義援金は奥尻の地域経済活動を再開するための大きな後押しとなり，人々が将来に夢を託する原動力になったことは事実である。

　漁業就業者の生活再建に関連する部分に注目すると，「生活再建」では，個人住宅の再建のための助成，漁業者が漁船・漁具・共同利用施設の整備等を行う際の支援策が盛り込まれている。以下に関連する事業名を紹介しておくが，事業名からも被災者支援がいかに使い勝手がよ

く，手厚く行われたかが理解できると思う。

資料 1： 災害復興基金事業内容

Ⅰ．住民の自立復興
　　○生活の安定
　　　　1．生活福祉資金利子補給事業　　　　　　2．災害援護資金利子補給事業
　　　　3．冬季暖房用灯油等購入費補助事業　　　4．在宅福祉サービス負担金助成事業
　　　　5．通学通勤交通費助成事業
　　○住宅の安定
　　　　1．応急仮設住宅転出費用助成事業　　　　2．住宅解体費助成事業
　　　　3．住宅基礎上げ工事費助成事業　　　　　4．住宅取得費助成事業
　　　　5．家具・家財購入費助成事業
Ⅱ．農林水産業の復興支援
　　○農林業の振興
　　　　1．営農施設等再建費助成事業　　　　　　2．共同利用農業機材整備助成事業
　　　　3．米穀共同利用施設整備助成事業　　　　4．農業復興特別助成事業
　　○水産業の振興
　　　　1．共同利用漁船建造及び利子補給事業　　2．共同利用中古漁船購入費助成事業
　　　　3．水産業共同利用施設整備助成事業　　　4．小型漁船船外機整備費助成事業
　　　　5．共同利用倉庫整備助成事業　　　　　　6．小型漁船巻揚施設整備助成事業
　　　　7．漁具購入助成及び利子補給事業　　　　8．ウニ・アワビ・ホタテ深浅移植助成事業
　　　　9．鮮魚運搬費用助成事業　　　　　　　 10．漁業復興特別助成事業
　　　 11．製氷貯氷冷凍冷蔵施設整備事業　　　　12．ウニ・アワビ資源回復支援センター整備事業
Ⅲ．商工・観光業の復興支援
　　○商工業の振興
　　　　1．中小企業事業再開費助成事業　　　　　2．中小企業振興資金・災害資金利子補給事業
　　○観光業の振興
　　　　1．観光案内板整備費助成事業　　　　　　2．地域イベント開催費助成事業
　　　　3．観光復興大型イベント開催費助成事業　4．観光復興キャンペーン助成事業
　　　　5．観光案内所設備整備助成事業　　　　　6．賽の河原休憩所整備助成事業
Ⅳ．防災関連の復興支援
　　○防災行政無線戸別受信機購入助成事業，災害対策用備蓄飲料水整備事業等の防災関連の 9 事業（事業名
　　　省略）
Ⅴ．まちづくりの復興支援
　　○青苗地区下水道整備助成事業を含む 11 事業（事業名省略）
Ⅵ．住民活動の復興支援
　　○奥尻三大祭復興支援事業を含む 3 事業（事業名省略）
Ⅶ．公園の復興支援
　　○津波資料館建設事業を含む 3 事業（事業名省略）
Ⅷ．その他復興支援
　　○被災児童生徒特別教育資金支給事業を含む 13 事業（事業名省略）

出典：奥尻町「夢の島　復興を目指し　奥尻町災害復興計画」1995 年

2.　奥尻町の産業と就業構造の変化

2−1　奥尻町の人口減少率

　奥尻町の人口は 1960 年代には 8,000 人を超えていたが，その後減少して 2010 年には 3,000 人にまで減っている。国勢調査のデータをもとに震災前の 1990 年と 2010 年で比較すると，1,571 人減っている。これは 34.1％の減少率であるが，必ずしも突出した数字ではない。檜山振興局管内の他地域と比較すると，せたな町大成区（旧大成町）では 37.9％減，せたな町瀬棚区は 30.3％減，また，渡島振興局内の八雲町と合併した八雲町熊石（旧熊石町）では 41.0％減であることから，奥尻が離島であることや震災の影響を受けたということでは説明しきれない状況である。ちなみに檜山振興局全体では 27.9％の減少となっている。

　表 6・3 でみると震災前の 1990 年と震災後の 1995 年の間では増減率はマイナス 6.6％でさほど大きくはない。2005 年から 2010 年にかけての増減率はマイナス 16.7％で全道ランクで 2 位にあたり，1 位の占冠村のマイナス 23.4％に次ぐ順位である。参考までに述べると 3 位は夕張市と歌志内市でマイナス 16％，5 位に檜山振興局管内の上ノ国町がマイナス 15.4％で続いている。

　2010 年度の人口動態をみると自然動態でマイナス 40 人，社会動態でマイナス 19 人を記録し，毎年ほぼ 60 人ほどが減る状況から，単純計算では 5 年で 300 人程度が減少することになる。また，2010 年の国勢調査で高齢化率を計算すると，奥尻は 32.7 で檜山管内では江差の 30.4 に次いで低い。せたな 37.6，乙部 34.4，上ノ国 33.9 となっていて，人口減，高齢化を奥尻が島であるという理由だけでは説明できないことは明らかである。

2−2　産業別就業者の割合

　地域の人口が縮小するのに伴って就業者数も当然減少していくが，産業別就業者数の構成比は大きく変化してきている。表 6・3 で明らかなように，基幹産業である漁業を含む第 1 次産業の比率は震災前から漸減傾向にあったが，1990 年には 24.0％だったものが 1995 年には半減し，2010 年には 13.1％と横ばいで推移している。同様に第 2 次産業の比率も低下し，逆に第 3 次産業が増加し，2010 年には 72.8％を占めている。表 6・3 の右側にある産業別の欄をみると，震災を挟んで漁業は半減していることが分かる。建設業は震災後の復興特需で 1995 年には全就業者に占める割合が 23.9％だったが，その収束とともに減少し，さらにその後の公共事業の抑制による建設不況のあおりで比率を低下させていった。水産加工などの製造業は元々低い割合であったがさらに比率を低下させている。奥尻の就業構造で特徴的なのは公務員が多いことである。奥尻には航空自衛隊のレーダー基地があり，若い隊員が多く平均年齢や島の個人所得の数値に大きくかかわっている。地域の高齢化が進む中にあって，自衛隊員の存在は町にとって大きな意味を持っている。人口の高齢化の程度をみる指標の一つに，老年人口（65 歳以上）の生産年齢人口（15 歳以上 65 歳未満）に対する比率を表す老年人口指数（老年人口÷生産年齢人口）というものがあり，この数値が小さいほど若い労働力が多いことを意味する。

表6・3 奥尻町の人口と主な産業別就業者数・構成比の推移

(人)

年度	人口	就業者数	第1次産業	第2次産業	第3次産業	漁業	建設業	製造業	卸売・小売業	飲食店・宿泊業	医療・福祉	公務
1985	5069	2338 100.0	660 28.2	539 23.1	1139 48.7	524 22.4	383 16.4	156 6.7	269 11.5			337 14.4
1990	4604 △9.2	2162 100.0	518 24.0	498 23.0	1146 53.0	418 19.3	347 16.0	148 6.8	258 11.9			349 16.1
1995	4301 △6.6	2249 100.0	271 12.0	652 29.0	1326 58.9	208 9.2	537 23.9	115 5.1	248 11.0			449 20.0
2000	3921 △8.8	2058 100.0	256 12.4	493 23.9	1309 63.6	205 10.0	409 19.9	81 3.9	262 12.7			406 19.7
2005	3643 △7.1	1852 100.0	234 12.6	398 10.6	1220 65.9	196 10.6	341 18.4	55 3.0	180 9.7	179 9.7	120 6.5	331 17.9
2010	3033 △16.7	1456 100.0	191 13.1	205 14.1	1060 72.8	155 10.6	169 11.6	35 2.4	153 10.5	122 8.4	117 8.0	298 20.5

注1）飲食店・宿泊業，医療・福祉は2005年からサービス業より独立して発表されている。
注2）人口欄の下段の数値は前回国勢調査との人口増減率を示している。
出典）国勢調査。

2010年の国勢調査でそれを比較してみると，檜山振興局管内では奥尻が57.6で江差町の52.5に次いで低い。参考までに檜山振興局管内の上ノ国町62.2，厚沢部町64.0，乙部町63.2，今金町58.8，せたな町72.8，そして檜山管内全体では61.7となっている。自衛隊員が奥尻にいない場合を想定して計算すると66.9ほどになってしまい，自衛隊基地の存在が消費活動を含め奥尻の地域経済に大きな影響を与えていることは明らかである。

2－3 奥尻町の個人所得指標からみた震災前後

個人所得指標という統計書によって奥尻の震災前後の状況を考察してみよう。これは総務省自治税務局による市町村税課税状況等の調査から，都道府県・市町村ごとの課税対象所得額，納税義務者数から割り出した地域の所得水準の高さを比較できるように指標化したデータベースである。全国平均を100とした場合，各都道府県，各市町村がどの程度であるかを示したもので，経済的に豊かな地域ほど数値は高くなる。表6・4で説明すると，1991年度の全国を100とした場合，北海道全体では84.0で全国平均を16ポイント下回っているが，札幌市は100.5で全国平均をやや上回っている。奥尻は63.8であり，全国や北海道の平均から大幅に低位にあることが分かる。この年の江差町が76.7あるのは，道庁の出先である檜山振興局職員の存在が数値を押し上げていることが理由の一つである。そして奥尻が檜山管内の平均や乙部町のそれを上回っているのも自衛隊員の存在がかかわっているからである。

震災を境に奥尻の数値はどんどん上がっていくのが表6・4で分かる。復興需要で島外から多くの労働力が流入し，島内景気が上昇したことがその理由である。2002年までは上昇しその後徐々に下がってきている。1997年から2008年までは北海道の数値を上回っている。現在は低下してきたとはいえ，江差町，乙部町，そして渡島・檜山両振興局管内平均を上回っていることは自衛隊効果によるものであり，奥尻の特徴である。

表 6・4　個 人 所 得 指 標

年度	全　国	北海道	札　幌	奥　尻	江　差	乙　部	渡島管内	檜山管内
1991	100.0	84.0	100.5	63.8	76.7	57.0	64.3	60.5
1992	100.0	81.5	99.4	65.3	73.9	53.4	61.6	57.4
1993	100.0	81.4	100.6	64.1	72.6	53.0	62.4	57.9
1994	100.0	81.5	97.4	71.4	76.8	62.5	64.2	62.3
1995	100.0	83.3	98.2	77.0	79.7	63.2	66.7	64.5
1996	100.0	84.8	98.7	75.2	82.6	63.9	67.3	66.1
1997	100.0	85.3	98.4	88.9	86.9	68.3	67.8	70.5
1998	100.0	85.6	98.7	92.0	86.5	68.2	69.5	70.0
1999	100.0	85.1	98.1	91.9	85.6	68.1	69.3	70.2
2000	100.0	84.6	96.9	91.8	86.6	69.5	69.8	70.3
2001	100.0	84.9	95.9	90.3	87.6	68.7	69.6	71.3
2002	100.0	86.1	96.2	94.5	88.1	69.2	70.8	73.5
2003	100.0	85.1	95.5	92.8	87.4	66.0	70.5	71.6
2004	100.0	85.4	95.7	92.7	87.7	67.8	70.1	72.3
2005	100.0	86.0	96.8	92.6	88.9	68.1	69.3	71.5
2006	100.0	84.9	95.5	89.7	84.3	64.5	67.4	70.1
2007	100.0	83.4	93.9	83.9	78.6	61.4	66.5	65.6
2008	100.0	82.3	93.0	82.4	77.8	61.8	65.4	64.9
2009	100.0	80.4	91.4	79.0	74.3	60.9	63.4	62.0
2010	100.0	79.1	89.7	73.3	71.0	61.2	62.5	60.2
2011	100.0	79.3	89.6	74.7	71.8	60.0	62.1	60.9
2012	100.0	82.1	91.9	78.2	74.5	56.6	65.1	64.1

出典）各年度版「個人所得指標」JPS。

　ちなみに全国の上位を占めている自治体は首都圏や大阪，名古屋など大都市圏に多いが，オホーツク沿岸のホタテ漁の盛んな猿払村は，2011 年には 141.1 で川崎市や横浜市より上位の全国 27 位という実績を示している。

3.　奥尻町の水産業

3−1　漁業復興計画

　奥尻は，ニシン漁に端を発し開発・発展が図られてきた地域であるが，ニシン漁は 1897⁽明治30⁾年を最後に衰退し，その後は浅海・沿岸漁業資源を採取する多角経営に転換していった。今日ではスルメイカ，ウニ・アワビ，ナマコを中心とする漁業を展開している。漁業集落は分散しているが，中心は震災で最大の被害を受けた青苗地区である。町は大きな被害を受けた漁業を立て直しさらなる発展を期してまちづくりに取り組むことになった。漁業集落環境整備事業（水産庁），防災集団移転促進事業（当時は国土庁），まちづくり集落整備事業（奥尻町）等々を活用して地域の基盤整備を進める一方で，地域産業を復興させるための具体策を復興計画に従って進めていった。

　また，奥尻の漁業を再開するにあたっては，漁船や漁具だけでなく破壊された港湾施設のインフラ整備が必要であり，これらは公費によって賄われた。漁港の防波堤の被害については「公共土木施設災害復旧事業」の適用によって，国が8割，道が2割を負担し，荷さばき・集荷等共同作業場，製氷冷凍冷蔵施設，生産資材倉庫，養殖施設，給油施設，漁船上架修理施設等の共同利用のための施設については，「水産業共同利用施設整備助成事業」によって国が2割，道が8割を負担した。災害が大きかった分だけ国や道による援助も厚く，「沿岸漁場整備開発施設災害復旧事業」「沿岸漁業構造改善事業」等の活用を通じて公共施設の復旧が迅速に進められていった。

　これらの事業とあわせて，水産業の振興のために，漁協の再建，水産基板の整備，栽培漁業の振興，地場資源の有効活用を盛り込んだ「奥尻町災害復興計画」が作成され，実行に移されていったのである。以下に資料として掲載しておくので参照していただきたい。

資料2：「奥尻町災害復興計画」より

1. 水産業の振興
　①漁業協同組合再建
　　　漁業の再建には，漁業経営の中核である奥尻漁業組合の経営再建が不可欠であり，緊急の財務改善対策を講じる一方，抜本的な対策として桧山管内8単協の合併を促進することとし，これに向けた取り組みの支援が必要である。
　②水産基盤の整備
　　　「造る・育てる」漁業の推進により，生鮮魚介類の生産基地形成をめざし，漁場の改良造成，漁港等の整備など漁業者が通年操業できる体制を確保するよう，漁業生産基盤を強化するため，次の事業を推進する。
　　　　・各種の魚礁や築磯などの整備　　　　　　・ホタテ漁場の造成
　　　　・共同利用の荷捌所，加工場や資材倉庫の整備　・漁業者の協同意識の高揚
　③栽培漁業の振興
　　　漁業者が通年漁業に従事し，安定的に漁業収入を確保できる漁業の確立を目指し，人工種苗等の放流や新しい生産技術の導入などによる養殖管理型の漁業形態を築くため，次のような事業を積極的に推進する。
　　　　・ウニ，アワビの養殖管理型漁業の推進及び　・ヒラメ，カレイ等高級魚種の稚魚放流
　　　　　これに伴う施設の整備　　　　　　　　　　・サケ，マスの河川及び海中放流
　　　　・ウニ，アワビ蓄養施設の設置
　④地場資源の有効活用対策
　　　近年は流通機構の発達により，活魚も含めてその取扱量や質についても要求が厳しくなって来ており，販売の基盤を確立するためには，「奥尻ブランド」として供給量に見合った販売ルートを確保する必要がある。特に，都会の「胃袋」を満足させるためには，現在の流通体制はもとより，加工体制についても加工業者が協同し，新しい加工技術を開発することなどが課題である。また，遊漁については，都会の人間が奥尻島でしか味わえない観光資源の一つとして位置付け，漁業と観光の両立を図るための対策として拡充・推進することが必要である。
　　　　・消費市場と直結した新しい流通径路の開発　・水産物流通加工センターの建設
　　　　・観光漁業の拠点施設としての遊漁施設整備

3－2 漁業経営体数の推移

奥尻漁協は1995年に，復興計画どおり，檜山管内8漁協が合併して乙部町に本部を置く「ひやま漁協」としてスタートし，初代の組合長には奥尻漁協の組合長が就任した。200カイリ問題に象徴されるように，漁業を取り巻く環境は大きく変化し，漁船漁業に依存してきたそれまでのつけは，多額の負債となって組合に重くのしかかり，もはや単一の漁業協同組合では対応できないところまで事態は深刻化してきた。その意味で「ひやま漁協」の誕生は新たな方向性を模索する絶好の機会となったわけである。そこで漁協組織の再編成と様々な復興支援策によって支えられた奥尻漁業のその後を以下でみてみよう。

表6・5の階層別経営体数の推移で明らかなように，災害前年の1992年には，中小漁業層といわれる10t以上の階層は19経営体で全体の5%にすぎず，95%は沿岸漁業層である。直近（2008年）の漁業センサスでは，10t以上の層は3経営体しかない。2008年には1t未満層と3～5t層に二極化しているのが分かる。

奥尻では，1t未満の船を使ったウニ・アワビ漁，ナマコ，ツブ漁等，磯を主な漁場とする漁業（磯周り漁）と，3tから10tの船を使ったスルメイカ漁が主流になっていた。しかし，すでに述べたように支援事業によって新たに導入された漁船は性能や装備の面で従来の大きな船に匹敵する能力を持っていたため，船の小型化が進んだ。2008年でいえば，磯周り漁では1t未満，イカ釣りでは3～5t未満が中心になっていることが分かる。

漁業就業者が生活の再建にあたって，まずしなければならなかったことは，住宅問題の解決と漁業を継続するかどうかの決断であるが，住宅については災害復興基金による支援で比較的

表6・5 奥尻町の経営階層別漁業経営体数の推移

年度	総数	漁船非使用	1t未満	1～3t	3～5t	5～10t	10～20t	20t以上	小型定置	大型定置	その他
1990	373		214	19	74	37	20	4	4		1
1991	370	1	204	20	76	41	19	4	4		1
1992	368		215	20	72	37	13	6	4		1
1993	—	—	—	—	—	—	—	—	—	—	—
1995	125	11	36	8	41	19	4	2	3		1
1996	184		83	10	60	18	6	2	4		1
1997	269		165	11	63	15	8	2	4		1
1998	260		157	14	60	12	8	2	5		2
1999	251		144	9	71	13	6	2	3		3
2000	246	2	142	8	68	15	4	2	3		2
2001	231		134	6	67	14	5	1	3		1
2002	233	2	137	5	65	14	4	1	3		2
2003	191		98	6	64	15	4	1	2		
2004	214		118	9	63	13	4	1	4		2
2006	195		109	8	59	11	3	1	3		1
2008	179	3	96	5	58	9	3		1		

出典）北海道水産現勢，漁業センサス。

円滑に進行した。震災で家や漁船を失った多くの漁民が，島で漁業を続けることへの心理的不安や，漁業再開のために新たな投資をすることへの経済的得失を考慮して逡巡する中，復興基金による支援は大きな支えとなって漁業就業者の決断を後押ししたといえる。しかし，震災前から漁業経営者の高齢化は進み，後継者が不足していたため，経営体数は震災前の水準に戻ることなく，復興宣言が出される前年の1997年に記録した269経営体をピークに再び減少に転じている。そして2008年の179経営体は震災前年の368経営体の半分を下回る数となっている。

震災後，装備を一新した漁船を手に入れモチベーションを高めた漁民の新しいスタートは，沿岸漁業の壮大な実験と外部からは受けとめられたが，大きな成果はみることができなかった。その意味では震災前から高齢化，後継者不足は分かっていたわけで，手厚い復興支援は漁業経営者達の延命策に終わったのかという思いがしないでもない。

しかし，漁業者の間ではグループ化が進み，ひやま漁協奥尻支所のナマコやウニを採る潜水部会は元気に活動して利益を上げていることが報告されている。また，震災後につくられた「あわび種苗育成センター」から稚貝を購入して青苗漁港の施設で養殖している6人の漁業者は通年出荷で大いに実績をあげている現実も注目されるところである。

3-3 漁業就業者数の推移

1955年の国勢調査によれば，奥尻の全就業者数は3,686人で，漁業就業者数はその63.9%を占め2,354人であった。島の基幹産業であるにもかかわらず，40年後の1995年ではわずか9.2%の208人，55年後の2010年には5.2%の155人にまで減ってしまった。

ここでは漁業協同組合員数から漁業就業者の動向を分析してみたい。組合員の中には漁業をしなくなった人も含まれるので，漁業センサスや国勢調査より実数は少し多くなっているが，漁業就業者の動向を知るうえでは問題がない。

組合合併当時は組合員数1,500名，水揚げ高100億円規模の道内有数の組合として，漁協の置かれている現状を打開するパイオニア的な存在と役割を担って出発したひやま漁協ではあっ

表6・6　檜山漁協支所別組合員数の推移

(人)

年度	1990	1992	1994	1996	1998	2000	2002	2004	2006	2008	2009	2010	増減率(2010/1992)
瀬 棚 支 所	276	256	222	205	190	179	169	157	159	154	138	130	△49.2
大 成 支 所	319	294	257	233	225	222	214	202	189	167	135	130	△55.8
熊 石 支 所	231	216	181	164	145	143	129	138	124	111	85	83	△61.6
乙 部 支 所	358	333	287	254	217	194	186	171	159	145	123	123	△63.1
江 差 支 所	164	158	151	136	133	124	118	116	106	110	111	108	△31.6
上 ノ 国 支 所	164	160	153	141	136	135	131	125	113	101	98	101	△36.9
奥 尻 支 所	448	410	340	321	298	279	266	257	243	221	205	199	△51.5
合　　計	1960	1827	1591	1454	1344	1276	1213	1166	1093	1009	895	874	△52.2

出典) ひやま漁協。

たが，2010年には874名に減っている。

　表6・6から分かるように奥尻の組合員数は毎年減少し，1990年度の448名が2010年度には半分以下の199名になった。災害を挟んだ1992年度から1994年度にかけては70名少なくなっているが，それ以降は小幅で漸減している。ひやま漁協の各支所（1995年の合併前は独立の漁協）別に組合員数の増減を1991年から2010年でみると，乙部，熊石の減り方が著しく，奥尻支所の減少率が際立っているわけではない。組合員数の減少によって必然的に高齢化が進み，2008年にはひやま漁協の全組合員の平均年齢は63歳を超え，奥尻支所では63.4歳であった。復興計画の柱である水産基盤整備や栽培漁業の振興が大々的に成功すれば，後継問題も順調に進みUターン組も期待できるのであるが，現状はそこまでには至っていない。

3－4　漁業生産高の推移

　奥尻の漁業生産金額は1998年から災害前までは年間13億円から15億円の幅の中で推移してきたが，震災のあった1993年とその翌年の1994年は大幅に落ち込んでしまった。奥尻の漁業を取り巻くインフラ整備が完了し，個々の漁業就業者の漁船とその装備も一新されて，大きく落ち込んだ総生産高は徐々に震災前の水準に回復するかと思われたが，表6・7から分かるように1996年と2003年を除くと8〜9億円台で低迷している。漁獲量の激しい落ち込みは奥尻だけの問題ではなく，檜山管内全域についていえることである。表6・7の最下行にある減少率の欄の数値は，漁獲金額が大きかった1991年と20年後の2011年を比較してどのくらい漁獲数量と漁獲金額が落ち込んだかを示したものである。これでみると漁獲量の減少率が大きく，漁獲金額の方は価格の上昇によって相殺されるため減少率はやや下回っている。この表では数量，金額とも乙部町が85.8％，78.3％で最も激しい落ち込みになっている。同様に上ノ国町や檜山振興局管内の合計は奥尻の減少率を大きく上回り，決して奥尻だけが減っているわけではない。

　奥尻の漁獲の中心は昔からスルメイカ漁で今日も変わってはいない。1980年には4,000t，金額にして12億円ほどの生産量を記録し，総漁獲高のほぼ73％，金額でも約67％を占めていた。15億円あまりの漁獲金額を記録した奥尻の1991年時の漁獲内容の大きなものを紹介すると，イカが36.4％，その他の魚類14.3％，ウニ12.2％，ホッケ10.8％，アワビ6.6％であった。このときの漁獲金額はイカが5億5,581万円，ウニ1億8,562万円，アワビ1億125万円であった。ところが2011年の漁獲金額に占める割合は大きく変化して，イカが53.0％（4億9,000万円），ナマコ13.6％（1億2,653万円），ウニ12.2％（1億1,294万円），アワビ0.8％（696万円）であった。1991年には10.8％，1億6,425万円あったホッケは3.4％，3,153万円に減ってしまった。この年のアワビ漁は極端に落ち込んでいるが，例年は4.5％，3,000万円前後で推移している。しかし最盛期に比較すると漁獲金額は大幅に減少している。

　1991年に23億円を超える漁獲金額を記録した乙部でも，当時スケトウダラの水揚げが全体の76.7％を占めていたが，2011年では26.8％にまで低下し，代わりにナマコの漁獲高が38.4％を示すに至り，資源回遊に大きく左右される魚種のため漁場の変化が大きく，また市場

表6・7　檜山管内漁獲量・漁獲金額の推移

(単位：t, 千円)

年度	奥尻		乙部		上ノ国		檜山振興局管内	
	数量	金額	数量	金額	数量	金額	数量	金額
1988	4,926	1,436,432	6,142	1,210,814	2,169	601,594	30,295	9,052,288
1990	4,112	1,383,350	8,313	1,918,418	2,565	856,751	34,719	10,463,265
1991	6,571	1,524,982	8,061	2,356,099	3,448	998,250	40,296	12,223,268
1992	6,466	1,318,931	7,861	1,825,660	3,997	862,599	39,907	9,566,923
1993	2,637	584,347	8,127	1,564,408	4,059	857,784	32,818	7,699,727
1994	2,386	437,734	7,521	1,620,724	4,643	907,252	33,545	8,082,276
1995	3,529	724,484	7,038	1,427,207	3,456	796,956	33,257	7,905,011
1996	5,872	1,057,941	8,437	1,748,109	5,401	987,918	39,709	8,634,769
1999	4,904	940,180	5,552	1,021,164	3,427	794,130	28,832	6,752,943
2011	5,038	943,866	7,456	1,512,935	3,239	646,185	31,986	7,000,100
2003	5,799	1,116,812	5,008	1,257,036	3,157	710,753	28,682	6,985,469
2007	3,897	990,919	3,223	922,256	2,108	650,342	16,371	5,119,788
2010	2,437	814,241	1,788	637,840	1,807	511,511	11,759	4,131,369
2011	2,834	927,982	1,145	512,237	1,193	452,947	10,750	4,218,949
減少率	56.9	39.1	85.8	78.3	65.4	54.6	73.3	65.5

注）減少率は1991年と2011年の差から算出。
出典）北海道水産現勢，漁業センサス。

の需要変化が如実に反映されている。

　奥尻でイカに続くのは従来はウニ，アワビであったが，近年，漁獲量が減少の傾向にあり，町は栽培漁業の中核にこれを位置づけ養殖事業に力を注いでいる。1999年には温泉熱を利用した最新種苗生産施設，「あわび種苗育成センター」を設立して稚貝の育成・販売と研究を行っている。

　ウニ漁は1995年から再開され，初年度の水揚げは5,587万円にしかならなかったが，最近は30トン前後で順調に推移している。アワビ漁は津波によって海底の岩場が荒らされるなど資源の状態が大きく変わり，前述のように漁獲量，漁獲金額においてもまだ災害前の水準には達していない。ホッケは災害後，漁獲量，漁獲金額とも順調に増加したが，最近では不漁が続いている。逆に中国からのナマコ需要が高まり大きな比重を占めているのが最近の特徴である。

4. 奥尻町のその他の主な産業

4−1　水産加工業

　奥尻の水産加工業は，地元で取れたイカ，ホッケ，タコ，エビ，ウニ，ツブ，ホヤ，ワカメ，モズク等を原料に，スルメ，塩辛，珍味等の加工・販売を行っている。工業統計によると奥尻には災害前の1992年12月時点で11の水産加工場があり，従業者101名，出荷額は5億8,500万円であった（表6・8）。震災前は例年5億円ほどの出荷額を記録していたが，震災の

表6・8　奥尻町・食料品製造業の事業者数・従業員数・製造出荷額

年度	1990年	1991年	1992年	1993年	1994年	1995年	1996年	1997年	1998年
事業者数（人）	11	11	11	4	9	6	7	8	8
従業員数（人）	102	102	101	25	67	58	64	67	67
製造品出荷額等（万円）	51,941	58,462	56,856	8,023	21,520	25,906	34,868	38,775	33,410
年度	1999年	2000年	2001年	2002年	2003年	2005年	2007年	2009年	2010年
事業者数（人）	6	7	6	4	5	5	5	5	4
従業員数（人）	49	50	51	46	38	40	34	43	39
製造品出荷額等（万円）	20,650	24,517	18,912	9,950	9,549	11,836	11,277	15,053	6,609

出典）工業統計調査（経済産業省）。

あった1993年12月時点では4事業所，従業員数25人となり，出荷額は前年の7分の1に落ち込んでしまった。水産加工場の中には従業員27名中15名が津波の犠牲になってしまった事業所もあった。再建には多額の資金を要したが，自己資金に加え補助金4,500万円，残りを借入金でやりくりして操業を開始した加工場もあった。

　1994年には9事業所，従業者数67人，出荷額2億1,520万円を記録して順調に回復するかと思われたが，1997年の8事業所，従業者数67名，出荷額3億8,775万円をピークに大きく出荷額は下がってきている。2002年，2003年では1億円を下回り，2010年には1991年の8分の1以下にまで減ってきている。助成金や補助金を受けて事業を再開したが，倒産や経営者の死亡，病気，さらには後継者がいないということでやめてしまった事業所が四つあり，水産加工を取り巻く環境には厳しいものがある。離島ゆえに輸送コストがかさみ，産地間競争で厳しい状況に置かれているので，やめた加工場を購入して操業を続けるにはハードルが高いのが実情である。後で述べるが観光客も減少している中，水産加工業の前途は楽観できない状況にある。復興計画の中にもある地場産品の付加価値の向上とブランド化をどれだけ進めることができるか今後の課題である。

4−2　建　設　業

　震災後の復旧・復興工事のため，奥尻には島外から約2,000人が入ってきた。当時，島の人口は4,000人だったので，地域経済を大いに賑わせる結果になった。流入した労働力のかなりの部分は公共工事がらみの建設業にかかわっていた。奥尻の建設業の事業所数は1986年に20であったが2009年でも24なので，あまり変化はない。ただ，従業員数では震災後の復旧・復興工事の増加で従業員数は一時期400人を超えていることが表6・9から分かる。災害復興のため大々的に行われた公共事業によって，地元の土木・建設工事現場の雇用が増えたことが大きな理由である。国による復興事業は1994年をピークに徐々に減り，1999年度ですべてが完了した。その後，道や町による事業も縮小していくのに対応して従業者数は減少に転じていった。

　表6・3でみたように復興工事の最盛期にあたる1995年の国勢調査では，就業者に占める建設業の割合は23.9%であったが，工事の終了に伴ってその数は減り，東日本大震災が発生する前までの公共工事抑制の流れの中で2010年では11.6%になっている。それでも年間30億円ほ

表6・9 建設業の事業所お
よび従業者数

年度	事業所数	従業者数
1986	20	268
1991	21	324
1996	23	433
1999	23	404
2001	26	423
2004	24	281
2006	23	232
2009	24	291

出典）事業所統計（総務省）。

どの公共工事があり，奥尻での大きな産業となっている。

　次に建設業の従業者数をみるときに注目する必要があるのが季節労働者であり，その中に含まれる出稼ぎ労働者数である。季節労働者とは「季節的労働需要に対し，又は季節的な余暇を利用して一定期間を定めて就労するものであり」，出稼ぎ労働者は季節労働者の中で「1ヶ月以上1年未満居住地を離れて他に就労するもの」をいう[5]。

　震災のあった1993年は春から出稼ぎに出ているので234人であったが，翌1994年は177人，そして1995年には82人と激減している。季節労働者数に占める出稼ぎ労働者数は，1990年には半分近い49.4％あったが，1996年では14.1％にまで減ってしまった。

　奥尻に限らず渡島，檜山地方では古くから出稼ぎが盛んで，戦前は道内のニシン漁場，樺太・千島方面への漁業出稼ぎが行われてきたところである。高度経済成長期以降は漁業を離れた大量の労働力が都市部へと流れていくことになり，土木・建設業を中心にした出稼ぎが常態化していった地域である。北海道の場合は兼業出稼ぎより専業出稼ぎが多いのが特徴で，奥尻も例外ではない。北海道庁の調べでは，奥尻における出稼ぎ労働者の数は北海道における季節労働者数のピーク年にあたる1980年では537人いた。「季節労働者の推移と現況」から1992年度のデータを使って就業者に占める季節労働者と出稼ぎ労働者の割合を計算して，全道212の市町村の順位をつけてみると，上位は松前，福島，恵山，熊石等，渡島・檜山支庁管内の自治体がほぼ独占する。それによれば奥尻の就業者に占める季節労働者の割合は26.4％で，当時の全道212市町村の中では11番目，就業者に占める出稼ぎ労働者の割合は11.8％で全道の10番目にランクされる。

　表6・10で分かるように災害の翌年1994年度から出稼ぎ労働者の数は減りはじめ，1995年度は82人，1996年度では61人になってしまった。これは地元での建設労働者の需要が高まったことにより，季節労働で働く人が増加したためである。地元で働くことができるので遠くまで行く必要はなく，出稼ぎ者は必然的に減っていくことになる。大きな事業の終了とともにまた季節労働者数は少なくなっていくが，それに対応してまた出稼ぎをする人が増加に転じることになる。しかし，長引く景気低迷の中，出稼ぎ者を受け入れる建設労働市場自体が縮小

表 6・10　奥尻町の季節労働者数と出稼ぎ労働者数

年度	季　節労働者数	出稼ぎ労働者数	管内	道内	道外	出稼ぎ／季節労働
1990	636	314	4	21	289	49.4
1992	570	255	2	9	244	44.7
1993	487	234	0	7	227	48.0
1994	485	177	1	5	171	36.5
1995	329	82	0	3	79	24.9
1996	432	61	0	3	58	14.1
1998	366	85	5	1	79	23.2
2000	295	48	3	1	44	16.3
2002	255	50	5	2	43	19.6
2004	187	30	1	1	28	16.0
2007	135	35	0	2	33	25.9
2009	97	41	1	1	39	42.3

注）出稼ぎ／季節労働は，季節労働者数に占める出稼ぎ労働者数
　　の割合を示している。
出典）北海道商工労働観光部職業対策課「季節労働者の推移と現
　　況」。

傾向にあり，出稼ぎをすることも難しくなっている情況が表から読みとれる。若い人たちははじめから島外に仕事を求めるので出稼ぎ労働に従事する人はあまり存在せず，他方で従来より出稼ぎ労働に従事してきた人たちは高齢化でリタイアしてゆくので，全体として季節労働者，その中の出稼ぎ労働者はどんどん縮小する傾向にある。

　2009 年では季節労働者数に占める出稼ぎ労働者数の割合が 42.3％にまで増加しているのは，実数としては少ないが，これは地元の雇用が少ないことの裏返しである。

4−3　商　　業

　奥尻の商業は小規模な飲食料品や雑貨小売業が中心である。島民の多くは衣料品のような耐久消費財や趣味品など買い回り品は島外で購入するので，町内での購買量は限られることになる。

　震災後，漁業同様に復興計画に基づく支援策を利用して商店や飲食店も再スタートを切った。復興・復興工事のために島外からたくさんの労働力が入ってきたため，特に飲食店などは活況を呈した時期もあったが，事業の収束とともにその幕を下ろした。特に全面的に新しいまちづくりが行われた青苗地区のメインストリートには瀟洒な商店が建ち並び，ここが漁村かと見間違うたたずまいを見せている。しかし，最近では店を畳んでしまったところが目につき，震災後の熱気が何であったのかと思わざるをえない状況である。復興バブルの影響で過剰な設備投資も目立ち，その後の島内景気の後退で閉店を余儀なくされていった。表 6・11 で明らかなように，震災前の 1991 年と 2007 年で比較して商店は 20 店少なくなったが，売り上げはさほど変化していない。

表6・11　商店総数・従業員数・年間商品販売額の推移

年　度	1988年	1991年	1994年	1997年	2002年	2007年
商店総数（店）	86	83	62	73	73	63
従業者数（人）	242	221	183	201	230	193
年間商品販売額（万円）	298,066	312,924	325,655	428,804	338,289	299,909

出典）商業統計調査（経済産業省）。

　奥尻商工会長によると，奥尻町民の島内での消費は50％程度で，残りは島外とのことである。

　震災の後に島外の大型店が青苗地区に出店し，地元の小売店に大きなインパクトを与えている。それは町の業者との価格差である。しかもその大型店は，最近道内大手のホームセンターと提携して商品販売を開始したので，集客力はさらに大きなものとなっている。

　一方，元からある個人商店は地域住民と個人的な関係で結ばれてきたので，客の側からすると入店したら買わなければならないという意識に駆られ，商品の選択肢が少ないこと，値段が高いことなどで徐々に敬遠されるようになっていったようである。そうした折に都会的感覚のスーパーが進出してきたので地元商店は競争力を失ってしまったのである。表6・12は奥尻商工会の会員数の推移であるが，確実に縮小している。前述の商工会長は，会員の40％は後継者がいないので，年をとって働けなくなれば確実に店を閉じるだろうと指摘している。奥尻の人たちはいろいろな場面で函館・江差や札幌などへ出かける機会があり，大きな買い物は島外で行うことが多い。奥尻での買物は食料雑貨，日用品のみの購入となれば，パイはおのずと限られたものになる。そのような中，こまめに注文をとり配達することで活路を開き健闘している商店主もいることをつけ加えておきたい。

4－4　観　光　業

　奥尻町では観光業を水産業と並ぶ基幹産業と位置づけ，その発展を期待し復興計画が立てられ実施に移されていった。自然景観に恵まれ，ウニ，アワビに代表される新鮮な魚介類が豊富な島でもあり，被災前には全国から観光客や釣り人たちが訪れ，1990～1992年には年間5万人以上の来島者がいた。震災で一時落ち込んだものの徐々に回復して，1998年には震災前の水準にまで回復してきた。しかし，表6・13で見るように2007年頃からまた減少し始め，2011年では震災の年と変わらない落ち込み状況である。町では来島者1名の経済効果を2万円で計算しており，5万人が訪れた場合は10億円が見込まれている。したがって近年漁獲高が10億円を割る奥尻漁業の現状を考えると，観光客数の動向は地域経済にとって大きな意味を持っている。

　復興計画とそれに基づく観光の指針では，災害を逆手にとって「蘇る観光の島」としてPRを行い集客することの必要性，長期滞在型の観光を目指して観光資源・宿泊施設等の整備，産業開発道路を含めた循環コースの設定，さらには奥尻三大祭りなどのイベントによる集客，漁業や農業と密接な関係を持つ奥尻独特の味覚づくり等，これらを相互に結びつけ総合的な観光

表6・12　奥尻商工会会員数の推移

年度	人数	年度	人数
1992	163	2001	166
1993	157	2002	162
1994	170	2003	153
1995	177	2004	154
1996	177	2005	151
1997	173	2006	147
1998	172	2007	140
1999	168	2008	140
2000	169	2009	141

出典）奥尻商工会事業報告。

表6・13　奥尻町年度別観光客入込数

年度	人数	年度	人数
1987	43,152	2000	52,289
1988	45,189	2001	49,405
1989	40,000	2002	55,259
1990	58,563	2003	57,654
1991	59,273	2004	54,822
1992	52,969	2005	52,582
1993	20,452	2006	50,492
1994	44,389	2007	45,623
1995	46,333	2008	41,128
1996	47,226	2009	39,002
1997	48,547	2010	36,100
1998	52,134	2011	22,452
1999	51,837		

出典）奥尻町。

産業を目指すことの重要さを強調している。

　観光資源の整備，観光関連施設の整備をすることで観光客を誘致する様々な取り組みを実施しているが，大災害の記録を後世に伝える奥尻島津波館の建設はその最たる取り組みの一つといえる。霊場として有名な賽の河原公園の整備や北追辺岬彫刻公園の整備促進，なべつる岩の修復などの取り組みもその具体例である。

　また，観光ルート，観光ポイントとなる観光資源の整備に合わせて，案内板や案内所，周辺施設として土産品店や休憩所など，観光関連施設の整備も重要な取り組みといえる。周遊できる観光コースを設定して島内3ヵ所に設けられたフットパスのコースは，今日の健康ブームと相まって観光客の増加につながる可能性を秘めている。一つのコースには北海道では珍しいブナの木が自生するなど見るべきものも多く，優れた景観を有している。

　観光イベント等の促進も重視されており，「賽の河原祭り」「室津まつり」「なべつる祭り」の奥尻三大祭りをイベント化することや，町に残る文化財・史跡・名勝等を活用すること，さらには遺跡の発掘などにより集客を図ることも軌道に乗りつつある。また，地震災害による暗いイメージの転換を図るため，復興キャンペーン等積極的なPR活動も行っている。

　奥尻への観光客はほとんどが7月と8月の2ヵ月間に集中しているが，春季・秋季・冬季にも集客することが課題であり，通年型観光へ向け奥尻独自の郷土料理や地域イベントに絡めた観光PRなど，積極的な施策の展開が必要と考え，ユニークな郷土料理や料理方法，新しい特産品や加工品の開発，スキー場など各種施設の有効活用も模索されているところである。

　また，最近は島の中央に位置する観光スポットの球島山に続く道の両端に桜の植樹を行っている。これが成長したあかつきには海岸近くから山の上に続く見事な桜並木が出現し，桜の島

というイメージが期待でき，5月にも観光客を呼ぶことが可能となり大いに期待されるところである。

近年，冬期間に北から鷲が飛来しているので，これも写真撮影などと組み合わせた観光資源となりうるのである。その意味で奥尻は観光資源の可能性に富んだ島といえる。40年ほど前の離島ブームの再来を期待する向きもあるが，その日のためにもしっかり観光資源を確保しておくことが大切である。

震災の記憶を後世に伝え，防災意識を高める上でも津波館の存在は重要である。津波館の入場者数（表6・14）は観光客数とほぼ比例関係にあり，観光客数の伸びが鍵となる。一方で観光客を呼び込むための災害がらみの特別展などを開催することも重要かと考える。

最近は防災教育を兼ねて中学生，高校生が修学旅行や体験学習などで訪れる数も増えてきているようで，これをもっと盛んにするための工夫も求められる。

そして奥尻観光で最大のネックになっているのが交通アクセスの問題である。車を利用して奥尻に入ってくる際のフェリー料金が高いことである。現在実施している片道半額の制度をより使い勝手のよいものにする努力をぜひ望みたいところである。

表6・14　奥尻島津波館入館者数推移
(人)

年	2001	2002	2003	2004	2005	2006	2007	2008	2009	2010	2011
4 月	0	608	370	430	771	637	674	536	305	70	105
5 月	1,705	2,088	2,444	3,842	3,250	3,714	2,712	2,565	2,506	1,672	1,337
6 月	3,110	3,768	4,636	4,137	3,587	3,422	3,464	2,954	2,896	1,731	2,048
7 月	6,210	8,018	10,280	7,830	6,101	5,678	5,177	4,581	3,922	3,929	3,711
8 月	6,596	8,013	8,432	6,270	5,663	4,958	4,834	4,545	4,317	3,326	3,549
9 月	1,883	3,151	2,859	2,425	2,631	2,564	2,244	2,635	2,672	2,078	1,845
10 月	436	465	743	877	1,488	1,780	1,289	1,186	1,048	856	639
11 月	120	163	178	96	119	119	111	93	126	108	135
期間外								148	12		
合　計	20,060	26,274	29,942	25,907	23,610	22,872	20,505	19,243	17,804	13,770	13,369
累　計	20,060	46,334	76,276	102,183	125,793	148,665	169,170	188,413	206,217	219,987	233,356

出典）奥尻町。

お わ り に

奥尻では国や道の補助と全国から寄せられた厚い支援によって，1998年3月17日には復興宣言がなされた。港やまちが立派に整備され明るい都会風の町並みを前にして，だれもが震災前よりよくなったと感じるはずだが，シャッターの降りている店，開いていても照明を減らしている店の状況を見ると複雑な思いに駆られる。生活再建に対する公的助成と義援金の支援が大きかった分，必要以上に金をかけすぎたと思っている人も多い。それは個人住宅についてもいえることであるが，そこにはバブル期の発想の残影を読み取ることができる。

　これまで述べてきたように様々な復興支援にもかかわらず漁業，水産加工，商業，観光のどれをみても縮小傾向は明らかである。

　漁業でいえば漁業経営体，漁業就業者の減少，高齢化，後継者不足，資源の枯渇という日本の沿岸漁業が共通に抱える悩みは奥尻でも解決されていない。

　奥尻の漁業に関するハード面での再建は充分に達成されたと評価できる。災害という不幸な出来事を契機に，漁船，漁業施設・設備の全面的な刷新が図られたことは画期的なことであり，大げさにいえば今後の日本の沿岸漁業の方向性をみる試金石でもあったはずである。しかし，ハード面は刷新されても漁業経営の内実をどのように図っていくかは相変わらず課題として残されたのである。

　奥尻における漁業の振興はまちづくりとも深くかかわっている。漁業だけではなく水産加工や観光等をも視野に入れた取り組みを期待したいところである。それはウニ・アワビ・海藻などの根付け資源の安定的な増大を図る取り組み，魚価の変動を吸収できる経営や付加価値を所得に反映できるような販売流通形態の確立を目指す取り組みと同じくらい重要といえる。その点で漁村の活性化を促進する意欲ある漁業後継者や，優れた資質の漁業リーダーの育成が必要になってくる。

　震災特需が去った今日，長引く景気低迷のもと，個人消費の落ち込み，観光客の減少等々，全国規模の問題が奥尻にも重くのしかかっている。これらの現象は奥尻に特有のものではなく，日本の多くの地方で起こっている共通の問題といえる。

　その意味で奥尻の復興計画は失敗であったというのは酷である。今や右肩上がりの経済社会を想定することは今日の実態と大きく乖離することになってしまう。むしろ縮小している事実を率直に受け入れ，そのうえで身の丈に合った成長戦略を考える時期にきているといえる。人口減少，高齢化，漁獲量の減少，売り上げの縮小，観光客数の低迷などといえばとかく負のイメージが強いが，近い将来に奥尻が無人島になるという話でもないわけで，数の論理にこだわる必要はないはずである。少し発想を変えることでプラスのイメージに変わっていくものである。まさにここでパラダイムの転換が求められるのではないかと思う。

　高齢化社会がすべて悪いわけではない。高齢者がみな寝たきり老人になっているわけではなく，漁業者の中には80代で磯舟を操って仕事をする人も珍しくないのである。元気なお年寄りが安心して暮らせる島，心豊かに過ごせる島というように視点を変えることで，まったく違った世界が見えてくるはずである。活動できる高齢者には様々な役割を分担してもらうことも可能であり，人材活用にもなるわけである。最近，映画にもなった徳島県の山間部に住む高齢女性たちが始めた「葉っぱビジネス」は，まさに発想の転換というところであろう。

　その意味で我々の考え方の物差しを今や取り替える時期にきているのではないかと思うのである。

　そのような折，奥尻の中にも個別のケースでは新たな動きをみることができるのは心強い。震災の復旧・復興工事で社員や作業員を増やした建設会社が，その後の工事縮小に際しても解雇という手段を選ばず，離農した遊休地を利用したブドウ栽培とワイン事業に参入し，さらに

和牛生産をも手がけて雇用の創出と新たなブランド化を目指し頑張っている。今までの奥尻にはまったくなかった食文化の市場開拓というパイオニア的役割を果たし，さらには廃業した大型ホテルの経営も引き受け観光客にワインや牛肉を提供することでブランド化に取り組んでいる。

　今は既成の枠にとらわれない新たな視点で何かを見つけ出す自助努力が求められている時代である。急がず試行錯誤を繰り返す努力の必要性，ねばってねばってフォアボールでも出塁するという意欲，その中からヒットやホームランが生まれるかもしれないという思いをもって奥尻は次のステップに向かってほしいものである。

　　1）東日本大震災復興基本法第二条一項の条文：「未曽有の災害により，多数の人命が失われるとともに，多数の被災者がその生活基盤を奪われ，被災地域内外での避難生活を余儀なくされる等甚大な被害が生じており，かつ，被災地域における経済活動の停滞が連鎖的に全国各地における企業活動や国民生活に支障を及ぼしている等その影響が広く全国に及んでいることを踏まえ，国民一般の理解と協力の下に，被害を受けた施設を原形に復旧すること等の単なる災害復旧にとどまらない活力ある日本の再生を視野に入れた抜本的な対策及び一人一人の人間が災害を乗り越えて豊かな人生を送ることができるようにすることを旨として行われる復興のための施策の推進により，新たな地域社会の構築がなされるとともに，二十一世紀半ばにおける日本のあるべき姿を目指して行われるべきこと。この場合において，行政の内外の知見が集約され，その活用がされるべきこと。」

　　2）本章は 2013 年 9 月の「開発論集 第 92 号（北海学園大学開発研究所）」に掲載した同名の拙文を修正したものである。したがって使用しているデータはその時点のものであることをあらかじめ断っておきたい。

　　3）松田光一「北海道南西沖地震にともなう家族生活の再建過程について——奥尻町の被災漁業就業者家族を中心として」『開発論集』第 68 号，北海学園大学開発研究所，2002 年。

　　4）奥尻町「蘇る夢の島！　北海道南西沖地震災害と復興の概要」1996 年。

　　5）北海道労働局職業安定部職業対策課「季節労働者の推移と現況」の各年度版。

第 7 章

奥尻町における北海道南西沖地震からの復旧・復興と財政[1]
——東日本大震災からの復興に奥尻町の教訓は活かせるのか

横 山 純 一

は じ め に

　1993 年 7 月 12 日午後 10 時 17 分に発生した北海道奥尻島北方沖を震源とする北海道南西沖地震は，震源に最も近い自治体である奥尻町（奥尻島全域が奥尻町）に特に大きな被害をもたらした。地震による被害よりも大きかったのは，地震発生から 5 分と経過しないうちに押し寄せた津波による被害であった。地震直後のがけ崩れや火災，津波による奥尻町での死亡者・行方不明者数は 198 名，町の人口の実に約 4％に及んだ。そして，これは被害を受けたすべての市町村の死亡者・行方不明者数を合計した数の約 9 割にあたっていたのである。さらに，住家の全壊・半壊は 525 棟，漁業被害では漁船の沈没流失・破損が 591 隻，漁具（漁網）の被害が 938 件にのぼった[2]。

　本章は，北海道南西沖地震で多大な被害を受けた奥尻町に的を絞り，次の 2 点について考察する。つまり，一つは財政力が弱く過疎地域の自治体である奥尻町の復旧・復興事業と財政を検証すること，もう一つは北海道南西沖地震から 20 年間が経過した今日の奥尻町の状況を踏まえながら，復旧・復興事業のあり方とまちづくりについて考察することである。その際には，東日本大震災（2011 年 3 月 11 日）からの復興に奥尻町の教訓は活かせるのか，という視点をもって考察したい。

1. 激甚災害法の適用と奥尻町の災害復興計画

　奥尻町の被害は大きかった。このため，奥尻町は激甚災害法の指定を受けることになった。激甚災害法は「激甚災害に対処するための特別の財政援助等に関する法律」のことで，甚大な被害をもたらした災害に対処するために 1962 年 9 月に成立し，これまでも幾度となく，この法律が被災自治体に適用されてきた。災害復旧事業の通常の国庫補助負担率に対し，激甚災害の場合は国庫補助負担率のかさ上げがなされる。現在の激甚災害法の対象施設は，道路，港湾，漁港，下水道，公園，河川，海岸，砂防施設，公立学校，公営住宅，養護老人ホーム，特別養護老人ホーム，障がい者支援施設，保育所，災害公営住宅，農地，林道，倉庫，加工施

設，養殖施設，種苗生産施設，共同利用小型漁船の建造，沿岸漁場施設（消波施設，堤防等）などである[3]。

　奥尻町は地震から2ヵ月半後の1993年10月1日に災害復興対策室を設置し，国や北海道庁の支援を受けながら復興計画を策定した。復興計画は，生活の再建，防災のまちづくり，地域振興の三つの柱を掲げてつくられた。当初，復興計画の達成には10年が必要であると考えられていたが，速い復興を望む住民の要望を受けて，1993年度から1997年度までの5ヵ年計画として定められた。この計画に基づいて復旧・復興事業が展開されていった。そして，1998年3月に町長が復興宣言を表明するに至ったのである[4]。

2. 奥尻町の復旧・復興事業の特徴と内容

2−1　奥尻町の復旧・復興事業の特徴

　奥尻町の復旧・復興事業の特徴は，震災による困窮から町民が奥尻島を去ってしまうことがないようにするために，被災者や産業への手厚い施策が展開されたことである。つまり，住宅が全壊，半壊した町民が住宅の取得や家財・家具の購入を行う際に手厚い補助がなされた。さらに，被災した漁業者や農業者，中小企業事業者に対し，手厚い支援が行われた。たとえば，奥尻町の基幹産業というべき漁業においては，被災漁業者の漁具の購入や漁船の整備に助成がなされたのである。また，津波被害が最も大きかった青苗地区（青苗地区では死亡者87人，行方不明者20人）においては，防災集団移転促進事業が行われる一方で，高台移転を望まない町民にはこれまでの居住地区での生活が可能となるような環境整備が行われた。これらの施策が実を結んで，北海道南西沖地震後，奥尻町では町民のほぼ全員が島にとどまったのである。これらの施策を可能にしたのは，国の財政支援が大きかったことが挙げられるが，それだけではなく，約190億円にのぼった義援金の存在が大きかったのである。

2−2　奥尻町の復旧・復興事業の内容

a. 1993年度は災害救助，被災者支援，災害復旧事業が中心

　5年間の復興期間である1993年度から1997年度までの奥尻町の復旧・復興事業の内容について検討しよう。

　被災年度である1993年度においては，災害救助事業と被災者支援事業，災害復旧事業が中心であった。町の歳出の中で災害復旧事業費が9億2,000万円で，このうち道路や橋，河川などの公共土木施設災害復旧事業費（3億1,341万円）が最も多額で，次に校舎が全壊した稲穂小学校の建設事業費（1億9,998万円）が続いた。これらの事業では国庫補助負担金の割合が高かった。さらに，事業主体の奥尻漁業協同組合に町が助成する沿岸漁業構造改善事業補助金（1億6,943万円）やコンブ養殖施設などの共同利用施設災害復旧補助金（1億2,810万円）が続いた。この二つの事業の財源は全額が国庫支出金（国庫補助負担金）と道支出金であった。じん芥し尿処理施設災害復旧事業や簡易水道施設の復旧事業も行われた[5]。

b. 被害が大きかった3地区（青苗，稲穂，初松前）特に青苗地区のまちづくり

1994年度には復興事業が本格化した。最も被害が大きかった青苗地区と稲穂地区では水産庁の国庫補助事業である漁業集落環境整備事業が認められ，同じく被害が大きかった初松前地区ではまちづくり集落事業が町の単独事業として実施された[6]。いずれの事業においても，津波高より求められた防潮堤の背後に盛土を行うことによって一定の高さに整備がなされた。さらに，道道奥尻島線の改良，集落道路，生活排水処理施設，避難場所，防災安全施設等の整備が，復興計画に基づいて行われた。

津波によりすべての住家が流出してしまった青苗岬地区（青苗地区の最も岬側の地区）では，国土庁の国庫補助事業である防災集団移転促進事業が実施され，住民は全員高台地区へ集団移転することになった。そして，当該地区全体が公園化し（徳洋記念緑地公園），そこに，奥尻島津波館，犠牲者慰霊碑等がつくられた。

青苗地区のうち，青苗岬地区を除いた地域については，高台へ全員移転するのがよいのか，それとも一部のみ移転するのがよいのかをめぐり，住民間で意見が分かれた。町は，住民とのコミュニケーションを図ることに力を注いだ。そして，住民間の合意形成が容易ではなく，また，そのことが復興を遅らせてしまうことを懸念し，一部のみ高台に移転し，残りの者は住み慣れた地域での生活ができるようにすることを決定した。つまり，防潮堤の背後に盛土を行って一定の高さにし，宅地180区画を整備した（漁業集落環境整備事業）。そして，高台地区には95区画（A団地27区画，望洋台団地28区画，C団地40区画，A団地と望洋台団地は防災集団移転促進事業，C団地は漁業集落環境整備事業）を整備するとともに，道営住宅82戸を建設することにしたのである。図7・1は，青苗地区のまちづくりを示している。災害復旧事業（防潮堤の建設），防災集団移転促進事業，漁業集落環境整備事業が組み合わされて，まちづくりが実施されていることが把握できる。

c. 産業への支援，特に漁業者への支援

町は産業への支援に取り組んだ。特に奥尻町の基幹産業である漁業への支援が手厚く行われた。漁業への支援では，たとえば，1994年度に約4億円の歳出額が計上された水産物流通加工活性化総合整備事業のように，流通加工体制の整備のために国庫補助負担金を主財源とする施設整備事業も行われたけれども，奥尻町の漁業への支援の最大の特徴は，被災した個々の漁業者への支援が手厚く行われたことにあった。しかも，このような事業は，迅速な復興を目指して1994年度に集中して行われたのである。

表7・1は，1994年度に町の歳出に計上された漁業者への主な支援事業を示している。1994年度には，漁具購入助成事業補助金（歳出額1億5,651万円），漁業振興特別対策事業（7億5,110万円），共同利用小型漁船購入助成事業（1億4,225万円），小型漁船船外機購入助成事業（2,645万円），小型漁船共同巻揚機整備助成事業（2,447万円），鮮魚運搬費用助成事業補助金（1,500万円）が行われていることが把握できる。これらの事業は，いずれも奥尻漁業協同組合が事業主体となった事業であるため，町は奥尻漁業協同組合に対して補助金・助成金という形で支出したのである。

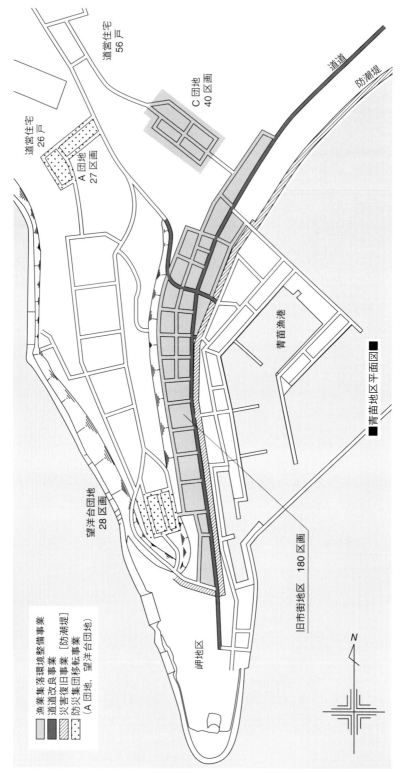

図7・1　青苗地区のまちづくり　出典）奥尻町資料。

■青苗地区平面図

凡例
- 漁業集落環境整備事業
- 道道改良事業［防潮堤］
- 災害復旧事業（旧市街地）
- 防災集団移転事業
  （A団地，望洋台団地）

道営住宅 56戸
C団地 40区画
道営住宅 26戸
A団地 27区画
望洋台団地 28区画
岬地区
旧市街地区 180区画
青苗漁港
道道
防潮堤
N

表 7・1　1994 年度の漁業者への主な支援事業　　　　　　　　（単位：千円）

事業名	金額	事業主体	事業内容
漁具購入助成事業補助金	156,516	奥尻漁業協同組合	被災漁業者の漁具の整備に助成
漁業振興特別対策事業	751,105	奥尻漁業協同組合	老朽化漁船の更新整備への助成
共同利用小型漁船購入助成事業	142,253	奥尻漁業協同組合	被災漁船の整備に助成 被災漁船建造 44 隻，購入 4 隻
小型漁船船外機購入助成事業	26,453	奥尻漁業協同組合	被災漁船船外機の整備に助成 被災船外機 86 基
小型漁船共同巻揚機整備助成事業	24,474	奥尻漁業協同組合	被災漁船巻揚機の整備に助成 被災巻揚機 55 基
鮮魚運搬費用助成事業補助金	15,000	奥尻漁業協同組合	被災漁業者の鮮魚運搬費負担軽減のため助成 魚箱運搬費 20 万ケース
共同利用倉庫整備助成事業	7,380	奥尻漁業協同組合	被災施設の復旧費を助成 ウニ作業施設 1 棟
ウニ深浅移植助成事業	27,272	奥尻漁業協同組合	津波被害を受けた浅海域のウニ資源回復のため移植事業を行う経費に助成
漁船漁業近代化施設整備助成事業	339,959	奥尻漁業協同組合	津波被害を受けた各共同施設整備に助成 ウニ作業施設 4 棟，漁具作業施設 4 棟
流通等改善施設整備助成事業	37,707	奥尻漁業協同組合	津波被害を受けた施設整備に助成 出荷資材施設 2 棟

注）漁業振興特別対策事業は被災した漁業者だけではなく奥尻町の漁業者を広く対象とした事業である。
出典）奥尻町「各会計歳入歳出による主要施策の成果表」（各年度版）ならびに奥尻町「奥尻町義援金の状況」（1998 年 9 月 30 日現在）より作成。

　漁具購入助成事業補助金は被災漁業者の漁具の整備に，共同利用小型漁船購入助成事業は被災漁船の整備に，小型漁船船外機購入助成事業は被災した漁船船外機の整備に，小型漁船共同巻揚機整備助成事業は被災漁船巻揚機の整備に，鮮魚運搬費用助成事業補助金は被災漁業者の鮮魚運搬費の負担軽減のために，町が奥尻漁業協同組合に対してそれぞれ助成するもので，奥尻町の独自色の強い被災漁業者対策事業であった。

　共同利用小型漁船購入助成事業は，激甚災害法に基づく国庫補助事業である共同利用小型漁船建造事業（漁業協同組合が漁船を一括して取得し，漁業者が漁船を共同利用する事業）がベースとなっている。つまり，共同利用小型漁船建造事業は国庫補助負担率が 3 分の 1 の事業で，残りを北海道が 3 分の 1，奥尻漁業協同組合が 3 分の 1 ずつ負担する事業である。このうち奥尻漁業協同組合の負担分のうちの 3 分の 2 を町が共同利用小型漁船購入助成事業として奥尻漁業協同組合に対し助成するのである。このため漁業協同組合の負担は漁船購入費の 9 分の 1 で済むことになった。対象となる漁船は 5t 以下で，町の支出分については全額災害復興基金（以下，復興基金と略す）が用いられた。このように，漁船を漁業協同組合が購入するのに対して町が助成するものだが，一部の中古漁船の購入を除けばすべてが新造船であり，しかも数年後には漁業協同組合が利用する個々の漁業者に漁船を安く譲渡するケースが少なくなく，その意味では個々の漁業者に対する支援の仕組みに結果的にはなっていたといえるものであっ

た。

　また，漁網等の漁具や船外機などは漁業協同組合の組合員である個々の漁業者が独自で調達しなければならなかったが，漁業者の自己負担を軽減するために町の単独事業として町が漁業者の漁具や船外機の購入に対して助成した。具体的には漁具購入助成事業補助金は，漁業者の漁具購入に対して町が2分の1補助するものであった。同様に小型漁船船外機助成事業は，助成率が6分の5であった。このような町の支出分については全額復興基金が充当されたのである。

　なお，上記の事業の中で漁業振興特別対策事業は老朽化した漁船の更新への助成であり，被災漁業者だけではなく奥尻町の全漁業者を対象とした事業であった。これは漁船建造について，被災した漁業者と被災しなかった漁業者の公平性を重視したもので，被災しなかった漁業者の漁船も，被災漁業者と同様に更新ができるようにしたものである。助成率は3分の2で全額復興基金が用いられた。のちに詳しく述べるように，奥尻町の復旧・復興に果たす復興基金の役割は大きかったが，復興基金の大部分は義援金によって構成されていたのである[7]。

　さらに，ウニ深浅移植助成事業（歳出額2,727万円），漁船漁業近代化施設整備助成事業（3億3,995万円），流通等改善施設整備助成事業（3,770万円）が行われた。これらの三つの事業は，いずれも奥尻漁業協同組合が事業主体となっている。そして，いずれも国庫補助事業であった。ウニ深浅移植助成事業は，津波被害を受けた浅海域のウニ資源回復のため移植事業を行う経費に助成し，漁船漁業近代化施設整備助成事業は，津波被害を受けた共同施設の整備に助成するもので，漁船漁業近代化施設整備助成事業によって1994年度にはウニ作業施設4棟，漁具作業施設4棟が整備された。流通等改善施設整備助成事業は津波被害を受けた施設の整備に助成するもので，1994年度には出荷資材施設2棟が整備された。

　以上のような被災漁業者への支援を中心とする事業は，1993年度，1995年度，1996年度においても行われているものが少なくないが，金額でみても，事業数でみても，1994年度が圧倒的に多かったのである。

d. 住宅取得費助成事業と家具・家財購入費助成事業

　被災地区のまちづくり事業と被災漁業者への支援事業と並んで，被災した住民の住宅取得や家具・家財購入に対して助成する事業もまた町の目玉事業の一つであった（表7・2）。つまり，町は，1994年度から1997年度までの4年間，町の単独事業として住宅取得費助成事業と家具・家財購入費助成事業を行ったのである。住宅取得費助成事業は，住宅を取得する者や土地を購入する者に対して1世帯最大1,400万円を町が助成するものであった。家具・家財購入費助成事業は，住宅を新築した者もしくは公営住宅に入居した者に対し，上限を設けたうえで家具・家財の購入費を助成するものであった。

　住宅取得費助成事業と家具・家財購入費助成事業ともに，1995年度と1996年度において多額になっている。住宅取得費助成事業は，1995年度に町の支出額が14億8,160万円の事業として行われ，住宅新築での利用が175件，住宅修繕での利用が71件，土地購入での利用が122件であった。1996年度は11億1,673万円の事業となり，住宅新築での利用が111件，住

表 7・2　奥尻町の住宅取得費助成事業，家具・家財購入費助成事業，中小企業事業再開費助成事業
(単位：千円)

		1994 年度	1995 年度	1996 年度	1997 年度	合計
住宅取得費助成事業	金額	554,058	1,481,609	1,116,732	434,554	3,586,953
	件数	不明	住宅新築 175 件 住宅修繕 71 件 土地購入 122 件	住宅新築 111 件 住宅修繕 126 件 土地購入 94 件	住宅新築 34 件 住宅修繕 94 件 土地購入 25 件	
家具・家財購入費助成事業	金額	84,000	225,000	165,000	23,500	497,500
	件数	不明	新築住宅入居 148 件 公営住宅入居 6 件	新築住宅入居 109 件 公営住宅入居 3 件	新築住宅入居 15 件 公営住宅入居 3 件	
中小企業事業再開費助成事業	金額	874,667	507,027	1,026,826	323,157	2,731,667
	件数	54 件	28 件	53 件	31 件	

注）1994 年度の住宅取得費助成事業，家具・家財購入費助成事業の件数は不明である。
出典）奥尻町「各会計歳入歳出による主要施策の成果表」（各年度版）より作成。

宅修繕での利用が 126 件，土地購入での利用が 94 件であった。家具・家財購入費助成事業は，町の支出額が 1995 年度に 2 億 2,500 万円，1996 年度に 1 億 6,500 万円の事業として行われた。利用者のほとんどが新築住宅入居者であったが，公営住宅入居者の利用も若干あった。

　住宅取得費助成事業は 1994 年度から 1997 年度までの 4 年間の合計で，町の支出額が 35 億 8,695 万円，家具・家財購入費助成事業は 4 年間の合計で 4 億 9,750 万円にのぼった。住宅取得費助成事業により，被災した町民は，自己負担がゼロもしくはゼロに近い状況で住宅取得ができた。住宅取得費助成事業は，町民を奥尻島にとどまらせるのに大きな役割を果たしたということができるのである。この二つの事業の財源には，全額復興基金が用いられた。

e.　中小企業事業再開費助成事業

　さらに，被災した中小事業者（水産加工業など）の事業再開を進めるために，中小企業事業再開費助成事業が行われた。1994 年度から 1997 年度までの 4 年間の町の支出額は 27 億 3,166 万円であった。1996 年度が最も多額で，利用事業者は 53 件，金額は 10 億 2,682 万円にのぼっている。この事業の財源にもまた全額復興基金が充当された。

3.　奥尻町の復旧・復興事業と財政の状況(1)——1993 年度から 1995 年度まで

3−1　北海道南西沖地震で様変わりした財政規模と財政内容

　奥尻町の財政は，北海道南西沖地震の前と後とで大きく様変わりした。表 7・3 をみてみよう。奥尻町の財政規模は，北海道南西沖地震の前は 40 億円台前半で推移していたが，地震のあった年度である 1993 年度は 4 倍の 176 億円，1994 年度は 185 億円に拡大した。1995 年度は前年度を下回ったが 126 億円となり 100 億円台を維持した。さらに，1996 年度以降も財政規模が大きな状況が続いた。1996 年度が 94 億円，1997 年度が 83 億円，1999 年度が 76 億円，2000 年度が 70 億円となっていたのである。その後，財政規模は縮小に向かい，2004 年度には 46 億円となって，ほぼ震災前の財政規模となった。さらに，2007 年度には 38 億円となり，財

表 7・3 奥尻町の普通会計歳出総額（目的別）の推移

（単位：千円）

年　　度	1990	1991	1992	1993	1994
歳出総額	4,305,260	4,209,527	4,402,605	17,626,172	18,528,235
年　　度	1995	1996	1997	1998	1999
歳出総額	12,665,473	9,491,582	8,324,267	7,260,363	7,600,122
年　　度	2000	2001	2002	2003	2004
歳出総額	7,086,845	5,785,066	5,578,490	5,256,965	4,612,062
年　　度	2005	2006	2007	2008	2009
歳出総額	4,389,351	4,321,172	3,836,635	3,796,268	3,779,143

注）各年度とも決算の数値。
出典）奥尻町「各会計歳入歳出による主要施策の成果表」（各年度版）。

政規模は震災前を下回るまでに縮小した。

　北海道南西沖地震が発生した 1993 年度から 1995 年度までの 3 年間の財政規模が大きいのは災害復旧事業が集中的に展開されたことと，復興事業が多様に遂行されたからである。災害復旧事業は 1994 年度末までにほぼ完了したが，復興事業は町長が復興宣言をした 1997 年度末以降も継続して行われ，ほぼ 2000 年度まで事業規模が大きかったために，2000 年度まで奥尻町の財政規模が大きかったのである。

　以下，歳出と歳入の動向を検討するが，復旧・復興事業が集中的に行われた震災後 3 年間（1993 年度から 1995 年度まで）と復興がかなりの程度進んだ 1996 年度から 2000 年度までに分けて考察することにしよう[8]。

3－2　目的別歳出の動向

　普通会計目的別歳出決算額を示した表 7・4 をみてみよう。1992 年度に比べて 1993 年度には，総務費，民生費の伸びが著しいことが分かる。1993 年度の総務費は 1992 年度の約 10.3 倍の 105 億 7,007 万円，民生費は約 8.5 倍の 24 億 4,465 万円に伸長しているのである。また，1992 年度に計上されていない災害復旧費が 1993 年度には 9 億 2,127 万円となっていて，総務費，民生費に次いで 3 番目に多い。

　歳出総額に占める割合をみると，総務費が実に 60.0％を占め，次に民生費の 13.9％，災害復旧費の 5.2％が続いている。このような総務費の比重の増加は，190 億円にのぼる義援金の多くの部分が復興基金として積み立てられたからである。つまり，奥尻町では，全国から集まった義援金を普通会計で受けたうえで復興基金として積み立てることが行われた。1993 年度には 90 億円が積み立てられているために総務費が大きくなったのである（表 7・5）。民生費の増加は災害救助関係経費や被災者生活支援経費の伸長による。さらに，2－2 でみたように，道路や河川などの公共土木施設災害復旧事業，津波で全壊した稲穂小学校建設事業，じん芥し尿処理施設災害復旧事業等の災害復旧事業が行われたのに伴い，災害復旧事業費が多くなった。また，衛生費が前年度比 1.6 倍の 6 億 6,768 万円になっているが，これは，災害がれきや

表 7・4　奥尻町の普通会計目的別歳出決算額（1992 年度～1995 年度）の状況

（単位：千円，%）

区　　分	1992 年度		1993 年度		1994 年度		1995 年度	
	決算額	構成比	決算額	構成比	決算額	構成比	決算額	構成比
議　会　費	68,558	1.6	81,031	0.4	77,724	0.4	84,374	0.7
総　務　費	1,021,446	23.2	10,570,071	60.0	8,094,290	43.7	4,029,541	31.8
民　生　費	288,186	6.5	2,444,659	13.9	442,295	2.4	899,136	7.1
衛　生　費	421,863	9.6	667,683	3.8	499,284	2.7	563,987	4.4
労　働　費	1,411	0.0	1,224	0.0	792	0.0	1,174	0.0
農林水産業費	628,122	14.3	724,620	4.1	4,118,689	22.2	2,155,413	17.0
商　工　費	112,438	2.5	135,681	0.8	1,068,869	5.8	792,349	6.2
土　木　費	761,634	17.3	681,230	3.8	738,012	4.0	1,042,557	8.2
消　防　費	137,198	3.1	135,801	0.8	149,298	0.8	159,622	1.3
教　育　費	372,963	8.5	668,804	3.8	1,574,284	8.5	2,022,745	16.0
災害復旧費	—	—	921,276	5.2	1,160,868	6.3	273,230	2.2
公　債　費	588,786	13.4	594,092	3.4	603,830	3.2	641,345	5.1
合　　　計	4,402,605	100.0	17,626,172	100.0	18,528,235	100.0	12,665,473	100.0

出典）奥尻町「各会計歳入歳出による主要施策の成果表」（各年度版）。

廃材などの災害廃棄物処理に伴う経費支出が増大したためである。

　1993 年度の特徴の一つは復興基金として義援金が積み立てられたことである。1993 年度の歳出総額は前年度の 4 倍の 176 億円に達したが，1992 年度の町の歳出総額（44 億 260 万円）の 2.1 倍にもなる義援金の積み立てが行われていることが注目される。1993 年度の財政規模が大きくなったのは，災害救助費や災害復旧事業費によるところもあったが，なんといっても町の歳出総額のおよそ 51% を占めた義援金の復興基金への積み立てによるところが大きかったのである。

　1994 年度においては，公共土木施設災害復旧事業費が前年度を大きく上回る規模（11 億 1,084 万円）で行われる一方で，復興事業が本格化した。住民生活に深くかかわる経費支出（災害公営住宅事業費 1 億 3,788 万円，防災集団移転促進事業費 1 億 6,562 万円，漁業集落環境整備事業費 10 億 5,401 万円など）や漁業関係の復興を目的とした経費支出（水産物流通加工活性化総合整備事業費，漁業振興特別対策事業費，漁具購入助成事業補助金，漁船漁業近代化施設整備助成事業費など），中小企業の再開を目的とした経費支出（中小企業事業再開費助成事業費 8 億 7,466 万円）が大きく伸びた。このため，1993 年度に比べて災害復旧事業費が伸びるとともに，農林水産業費や商工費が大きく伸長した。また，教育費も，被災を受けた青苗小学校の建設事業（歳出額 9 億 3,992 万円）が行われたことにより伸長した。これに対し，民生費は，災害救助や当面の被災者支援が一段落したこともあって減少した。総務費も前年度より減少した。ただ，総務費は 80 億 9,429 万円と多額で，歳出総額に占める比重は依然とし

表7・5 奥尻町義援金の状況（1998 年 9 月 30 日現在）

（単位：円）

区　　分		利息含み	利息抜き
義　援　金　額	町　　分	3,587,399,244	3,546,624,550
	道　　分	2,174,400,000	2,174,400,000
	募集委員会	13,286,294,399	13,286,294,399
	計	19,048,093,643	19,007,318,949
被　災　者　配　分		4,017,900,000	4,017,900,000
復興基金積立額	既積立額*1	13,325,673,844	13,284,903,253
	今後予定額	4,103	0
災害復旧・防災対策等	既支出額*2	597,160,753	597,160,753
	今後予定額	7,354,943	7,354,943
そ　　の　　他*3		1,100,000,000	1,100,000,000

```
＊1                          ＊2                          ＊3
  1993 年度                    被災者救援物資等              後継者育成基金
      9,000,000,000               19,647,539                  1,000,000,000
  1994 年度                    追悼式典費                  育英基金
      4,195,060,592               20,500,078                    50,000,000
  1995 年度                    チャリティーショー負担金    奨学資金基金
        130,613,252                4,000,000                    50,000,000
  1996 年度                    地域防災計画
              0                   10,317,489
  1997 年度                    観音山壁画負担金
              0                   19,296,020
  ─────────────               生涯学習センター
     13,325,673,844               34,608,000
                             公共用地
                                461,749,127
                             教, 各学校へ
                                 26,879,680
                             教, 各幼稚園へ
                                    162,820
                             ─────────────
                             計 597,160,753
```

出典）奥尻町「奥尻町義援金の状況」（1998 年 9 月 30 日現在）より作成。

て大きく，歳出総額の 43.7％を占めた。これは 1994 年度においても義援金 41 億 9,500 万円の復興基金への積み立てが行われたからである（表7・5）。

　1995 年度の歳出総額は 126 億 6,547 万円で 1994 年度（185 億 2,823 万円）の 3 分の 2 に縮小したものの，3 年連続で 100 億円を突破した。災害復旧費が前年度の 4 分の 1 程度に落ち込んだが，これは災害復旧事業が 1993 年度と 1994 年度のほぼ 2 年間で，かなりの程度進んだことを示している。国は，基本的に災害復旧事業を 3 年間で終わらせるとしていたが，奥尻町の災害復旧のペースは速かったのである。また，農林水産業費，商工費も前年度より減少したが，農林水産業費については，漁業において 1994 年度に集中的に事業展開がなされたことが反映している。これに対し，教育費は 1994 年度よりも増加した。これは，前年度の青苗小学校に引き続いて 1995 年度に小学校（宮津小学校）の建設工事（歳出額 9 億 8,337 万円）が行われたからである。土木費も増加したが，これは青苗地区，稲穂地区の排水施設整備を目的とした集落排水事業（歳出額は 1994 年度 2 億 2,491 万円，1995 年度 7 億 2,775 万円）や防災集

団移転促進事業費（1994 年度 1 億 6,562 万円，1995 年度 4 億 6,371 万円）等が 1994 年度を上回る経費支出額になったからである。

　総務費は 1994 年度の半分（40 億円）に減少したが，歳出総額の 3 割を占めて依然として 1 位の座を維持している。ただし，総務費の内容は大きく変化した。1995 年度には，義援金の復興基金への積み立てが 1 億 3,061 万円と大幅に減少したが（表 7・5），復興基金を活用した住宅取得費助成事業費（1994 年度 5 億 5,405 万円，1995 年度 14 億 8,160 万円）と家具・家財購入費助成事業費（1994 年度 8,400 万円，1995 年度 2 億 2,500 万円）等の伸びが大きかった。住宅取得費助成事業は 1994 年度から行われている事業で，被災した住民が住宅を取得したり土地を購入した場合に，1,400 万円を上限に町が助成するものである。2−2 で述べたように，1995 年度には，175 件の住宅新築，71 件の住宅修繕，122 件の土地購入に対して助成が行われた。家具・家財購入費助成事業についても，1995 年度には 148 件の新築住宅入居，6 件の公営住宅入居に対し，家具家財購入費の助成が行われた。これらの事業費は総務費に計上され，すべて復興基金でまかなわれたのである。

3−3　性質別歳出の状況

　表 7・6 の普通会計性質別歳出決算額をみてみよう。1992 年度に比べて 1993 年度に大きく伸びているのは，扶助費，物件費，積立金，投資的経費，特に災害復旧事業費である。1993

表 7・6　奥尻町の普通会計性質別歳出決算額（1992 年度〜1995 年度）の状況

（単位：千円，%）

区　分	1992 年度		1993 年度		1994 年度		1995 年度	
	決算額	構成比	決算額	構成比	決算額	構成比	決算額	構成比
人　件　費	965,573	22.4	1,057,088	6.0	1,062,981	5.7	1,076,717	8.5
扶　助　費	35,623	0.7	659,113	3.7	163,531	0.9	155,896	1.2
公　債　費	588,767	14.3	594,073	3.4	603,811	3.3	641,327	5.1
（小　計）	1,589,963	37.4	2,310,274	13.1	1,830,323	9.9	1,873,940	14.8
物　件　費	513,644	11.9	2,010,073	11.4	691,811	3.7	712,496	5.6
維 持 補 修 費	55,721	1.2	55,750	0.3	66,170	0.4	106,010	0.9
補 助 費 等	528,988	10.7	604,604	3.4	3,770,227	20.3	3,282,059	25.9
積　立　金	308,074	6.5	9,296,191	52.7	5,767,075	31.1	905,763	7.2
投資・出資金	19,091	1.3	51,307	0.3	51,258	0.3	63,215	0.5
貸　付　金	51,645	1.1	159,670	0.9	88,720	0.5	17,025	0.1
繰　出　金	119,246	3.4	237,297	1.4	140,037	0.8	152,843	1.2
投 資 的 経 費	1,216,233	26.5	2,901,006	16.5	6,122,614	33.0	5,552,122	43.8
普 通 建 設	1,216,233	24.6	1,979,730	11.3	4,961,746	26.8	5,278,892	41.7
災 害 復 旧	—	—	921,276	5.2	1,160,868	6.2	273,230	2.1
合　　　計	4,402,605	100.0	17,626,172	100.0	18,528,235	100.0	12,665,473	100.0

出典）奥尻町「各会計歳入歳出による主要施策の成果表」（各年度版）。

年度の扶助費は6億5,911万円，物件費は20億1,007万円，積立金は92億9,619万円，災害復旧費は9億2,127万円であった。扶助費の伸びは被災者の生活支援にかかわる経費支出の伸び，物件費の伸びは主に災害救助にかかわる経費支出が大きくなったからで，目的別歳出の民生費に対応する部分が多い。積立金の伸びは，目的別歳出の総務費の伸びに対応するもので，義援金の復興基金への積み立てによるものである。投資的経費のうち，災害復旧事業費が大きな割合を占めているのは，1993年度に奥尻町において広範囲にわたって災害復旧事業が行われたことを反映している。

1994年度には，扶助費と物件費が減少している。扶助費の減少は，震災から1年以上が経過して被災者の生活支援が一段落したことを示し，物件費の減少は災害救助費が減少したことを示すものである。積立金は前年度に比べれば約35億円減少したものの，57億6,707万円という多額が計上されている。これは，1994年度において義援金の復興基金への積み立てが継続されたからである。

前年度に比べて1994年度に増加したのは投資的経費，特に普通建設事業費と補助費等であった。普通建設事業費は約30億円，補助費等は約31億円増加しているのである。普通建設事業費の伸びは復興事業が本格化したことを示すもので，実際，災害公営住宅建設事業や防災集団移転促進事業，漁業集落環境整備事業，水産物流通加工活性化総合整備事業等が行われたのである。補助費等の伸びは，表7・1でみたように，奥尻漁業協同組合が事業主体となって行われた漁業者支援の各種事業への町の助成が広範囲に行われたからである。投資的経費のうち災害復旧事業費も前年度に比べて約2億3,900万円増加した。このことは1994年度において災害復旧事業が活発に行われたことを示している。

1995年度については，義援金の復興基金への積み立てが微少にとどまったことにより積立金が大幅に減少した。また，災害復旧事業がほぼ前年度に完了したために災害復旧事業費が大幅に減少した。これに対し，補助費等と普通建設事業費は前年度並みの高い水準を維持した。これは1994年度から本格展開した復興事業が，1995年度においても継続して行われたからである。ただし，補助費等の内容の変化には注目したい。つまり，奥尻漁業協同組合が事業主体となった漁業者支援の各種事業については完了に向かったため町の助成金が大幅に減少したが，目的別歳出のところで述べたように，住宅や家具・家財を取得しようとする町民に対する町の助成金（住宅取得費助成事業，家具・家財購入費助成事業）が大幅に増大し，全体の金額としては前年度並みとなったのである。

3−4　歳入の状況

普通会計歳入決算額を示した表7・7をみてみよう。1992年度に比べ，1993年度の歳入総額は約4倍の176億円となった。特別交付税，国庫支出金，道支出金，諸収入，町債が大きく増大している。このうち，国庫支出金と町債は災害復旧事業の展開に伴うところが大きい。国庫支出金は主に災害復旧事業費国庫補助負担金，町債は災害復旧事業債の比重が高いのである。奥尻町の災害復旧事業では，激甚災害法に基づく国庫補助負担率のかさ上げがなされている国

表7・7　奥尻町の普通会計歳入決算額（1992年度～1995年度）の状況　（単位：千円, ％）

区　分	1992年度		1993年度		1994年度		1995年度	
	決算額	構成比	決算額	構成比	決算額	構成比	決算額	構成比
町　税	295,575	6.6	299,031	1.7	352,070	1.9	458,082	3.6
地 方 譲 与 税	46,580	1.0	49,877	0.3	50,669	0.3	51,956	0.4
利 子 割 交 付 金	8,825	0.2	10,045	0.1	11,288	0.1	10,361	0.1
自動車取得税交付金	16,318	0.4	16,204	0.1	19,682	0.1	17,197	0.1
地 方 交 付 税	2,469,797	55.6	3,083,832	17.4	2,744,156	14.8	2,545,845	20.0
普 通 交 付 税	2,174,262	48.9	2,050,738	11.6	1,936,874	10.4	1,877,606	14.8
特 別 交 付 税	295,535	6.7	1,033,094	5.8	807,282	4.4	668,239	5.2
交通安全対策特別交付金	539	0.0	―	―	―	―	―	―
分担金及び負担金	―	―	8,270	0.1	9,596	0.1	10,093	0.1
使　用　料	86,309	1.9	67,577	0.4	74,073	0.4	72,094	0.6
手　数　料	109,603	2.5	109,772	0.6	130,720	0.7	119,168	0.9
国 庫 支 出 金	278,200	6.3	909,670	5.2	2,040,658	11.0	1,468,683	11.6
国有提供施設等所在市町村助成交付金	265	0.0	265	0.0	265	0.0	272	0.0
道 支 出 金	278,991	6.3	2,201,864	12.5	1,243,204	6.7	1,090,010	8.6
財 産 収 入	66,537	1.5	95,322	0.5	300,991	1.6	508,806	4.0
寄　附　金	9,835	0.2	7,585	0.0	58,468	0.3	17,662	0.1
繰　入　金	78,622	1.8	570,937	3.2	3,663,162	19.7	3,592,552	28.3
繰　越　金	15,924	0.4	41,462	0.2	24,270	0.1	28,666	0.2
諸　収　入	169,547	3.8	9,264,629	52.5	6,104,929	32.9	347,516	2.7
町　債	512,600	11.5	914,100	5.2	1,728,700	9.3	2,370,900	18.7
合　計	4,444,067	100.0	17,650,442	100.0	18,556,901	100.0	12,709,863	100.0

出典）奥尻町「各会計歳入歳出による主要施策の成果表」（各年度版）。

　庫補助負担金が主財源となり，残りの部分が地方負担となっている。地方負担分については災害復旧事業債で100％充当でき，その元利償還額の95％が地方交付税の基準財政需要額に算入される。表7・8をみれば，1993年度の借入額において災害復旧事業債が多額にのぼっていることが把握できるのである。

　特別交付税は被災自治体に多く配分されるものである。道支出金は，主に奥尻町が行った災害救助に関する経費支出への道の補助金である。災害救助のための財政負担は被災都道府県の負担だからである（なお，被災都道府県が支出した部分については国庫補助負担金が交付される）。諸収入は義援金収入で，町はいったん義援金を普通会計で受けたうえで，復興基金として積み立てたのである。諸収入が歳入総額の52％を占めているのが注目されるが，表7・5で示したように，奥尻町が受け取った義援金がそれだけ莫大であったことを示している。

　1994年度の歳入総額は1993年度を10億円程度上回るにすぎなかったが，復旧・復興が本格化したことを受け，歳入構造に変化が生じている。つまり，国庫支出金（国庫補助負担金）が前年度の2.2倍に増大する反面，道支出金がほぼ半減した。諸収入が前年度（92億円）の約3分の2（61億円）に減少したが，歳入総額の32.9％を占め，依然として歳入のトップの座を

表 7・8　奥尻町の地方債種類別借入額（1993 年度〜1997 年度）と地方債残高

（単位： 千円）

事業区分	1993 年度借入額	1994 年度借入額	1995 年度借入額	1996 年度借入額	1997 年度借入額	1992 年度末残高	1997 年度末残高	増加額
一 般 公 共 事 業 債	67,900	342,500	975,900	482,150	554,650	256,362	2,594,095	2,337,733
一 般 単 独 事 業 債	35,800	159,100	224,200	45,200	8,200	668,465	803,884	135,419
公 住 建 設 事 業 債	—	42,600	41,000	14,500	81,000	32,504	185,315	152,811
義 務 教 育 施 設 整 備 債	39,600	350,500	361,300	6,800	71,700	134,024	914,196	780,172
辺 地 対 策 事 業 債	205,400	76,500	537,800	403,500	218,500	202,459	1,473,164	1,270,705
災 害 復 旧 事 業 債	186,300	25,000	500	—	—	40,440	181,376	140,936
一 般 廃 棄 物 処 理 債	30,100	—	9,700			80,480	76,862	△3,618
厚 生 福 祉 施 設 債	—	27,800	—			27,078	24,771	△2,307
過 疎 対 策 事 業 債	147,500	591,300	110,800	120,300	18,700	1,003,701	1,460,085	456,384
財 源 対 策 債	—	—	81,200	—		294,872	231,742	△63,130
臨 時 財 政 特 例 債	23,500	—	—			706,192	594,841	△111,351
公 共 等 臨 時 特 例 債	82,400	—	—			—	64,350	64,350
そ の 他	95,600	113,400	28,500	44,300	29,100	519,634	566,921	47,287
普 通 会 計 合 計	914,100	1,728,700	2,370,900	1,116,750	981,850	3,966,211	9,171,602	5,215,391

出典）奥尻町「各会計歳入歳出による主要施策の成果表」（各年度版）。

維持した。また，町債が 17 億円となり前年度の 1.9 倍増加した。さらに，繰入金が 36 億円となり，前年度（5.7 億円）に比べて 6.4 倍増大したのである。

　諸収入については，義援金が前年度よりも減少こそしたものの多額の金額が集まったことを反映している。道支出金の減少は，災害救助関係の事業が一段落したことを反映している。これに対し，国庫支出金が増大したのは，1994 年度に復旧・復興事業が本格的に展開され，災害復旧費国庫支出金や復興関係の国庫支出金が増大したからである。町債の伸びについても，災害復旧・復興事業の本格的展開が関連している。公共土木施設災害復旧事業の展開のために災害復旧事業債が発行されるとともに，過疎対策事業債（1994 年度 5 億 9,130 万円）や義務教育施設整備債（1994 年度 3 億 5,050 万円）等を用いた事業の展開が行われたのである（表7・8）。このような中で注目されるのは繰入金の大幅増加である。これは，復興基金等からの普通会計への繰入金であり，復興事業の展開をする際に復興基金が活用されたことを示している。

　1995 年度の歳入総額は 127 億円となり大幅に減少した。1993 年度，1994 年度に大きな役割を果たした財源のうち，特別交付税，国庫支出金，道支出金が軒並み減少したことが大きかったのである。しかし，繰入金がほぼ横ばいで，町債が 6 億 4,000 万円程度増大している。このことは，奥尻町の災害復旧事業がほぼ終了する一方で，復興事業については，復興基金を活用したり，辺地対策事業債などの起債を活用した事業費（1995 年度の辺地対策事業債 5 億 3,780万円）が増えたことが理由である。

　なお，町税については震災の影響を受けたことにより，1993 年度（2 億 9,903 万円）は前年度並みの金額（2 億 9,557 万円）であったが，1995 年度は 4 億 5,808 万円に回復している。復

旧・復興事業が迅速に行われたことや，それと関連して町民の雇用の場が確保されたこと，建設業従事者を中心に島外から最大で2,000人もの人々が奥尻町に入り込み，「復興特需」のような現象を呈していたことなどが反映されているのである。

4. 奥尻町の復旧・復興事業と財政の状況(2)——1996年度から2000年度まで

4−1　性質別歳出の状況

　1996年度から2000年度までの財政の特徴は，震災後急膨張した財政規模が平時の財政水準に戻っていく途中の過程であると位置づけられる。2001年度以降緊縮基調が本格化し財政規模が縮小した。これに対し，1996年度から2000年度までは，災害復旧事業がほぼ終息する一方で，復興事業が活発に行われた時期であるということができるのである。

　1996年度と1997年度には，住宅取得費助成事業や家具・家財購入費助成事業，中小企業事業再開費助成事業など被災者や被災した産業への支援が積極的に行われた。また，1996年度に海洋研修センターの建設（歳出額6億1,766万円）が行われた。1998年度には，上記の助成事業は終了したが，アワビ種苗育成センター整備事業（5億3,641万円）や奥尻島の有力な観光資源であるなべつる岩の補修工事（1億8万円），1999年度には継続事業としてアワビ種苗育成センター整備事業（2億7,539万円），新規事業として災害の記録を保存・展示して後世に伝えることを目的とした奥尻島津波館の建設事業（4億211万円）が行われた。2000年度には，継続事業として奥尻島津波館建設事業（6億9,308万円）が行われた。アワビ種苗育成センターの整備事業費は2ヵ年で8億1,200万円，奥尻島津波館建設事業費は2ヵ年で10億9,500万円であり，どちらも国庫補助事業として実施された。

　1996年度から2000年度までの普通会計性質別歳出決算額を示した表7・9をみてみよう。まず，普通建設事業費がほぼ20億円台で推移していることが把握できる。1994年度や1995年度に比べれば半分に減少しているが，依然として町の歳出総額に占める割合は高く，歳出総額の3割前後を占めている。これは，先に述べた奥尻島津波館建設事業やアワビ種苗育成センター整備事業，漁業集落環境整備事業など各種建設事業が活発に行われたからである。補助費等は1996年度に歳出総額の34.5％を占め，歳出のトップの座についた。これは住宅取得費助成事業や中小企業事業再開費助成事業が展開されたことを反映している。

　公債費が1998年度に10億円台に到達し，以後も増大し続けている。公債費は過去の借金の反映であり，この時期に元金償還が始まったものもあった。地方負担分をほぼ全額震災復興特別交付税で対応することができる東日本大震災の復旧・復興事業とは異なり[9]，奥尻町の復旧・復興事業では，国庫補助事業の地方負担分については災害復旧事業債などの地方債を発行する必要があった。また，多くの町単独事業についても地方債の発行が必要であった。奥尻町の場合，地方交付税の基準財政需要額への算入割合が高い辺地対策事業債を積極的に活用しているが（表7・8），地方債の発行額が大きくなれば，公債費は増加することになるのである。1992年度末の地方債残高が39億6,621万円だったのに対し，2000年度末の地方債残高は90

表7・9　奥尻町の普通会計性質別歳出決算額（1996年度〜2000年度）の状況

（単位：千円）

区　分	1996年度		1997年度		1998年度		1999年度		2000年度	
	決算額	構成比	決算額	構成比	決算額	構成比	決算額	構成比	決算額	構成比
人　件　費	1,096,054	11.5	1,132,699	13.6	1,173,912	16.2	1,159,471	15.2	1,131,843	16.0
扶　助　費	159,104	1.7	170,690	2.1	173,802	2.4	168,634	2.2	41,508	0.6
公　債　費	745,182	7.9	814,804	9.8	1,005,709	13.9	1,073,465	14.1	1,116,718	15.8
（小　　計）	2,000,340	21.1	2,118,193	25.5	2,353,423	32.5	2,401,570	31.5	2,290,069	32.4
物　件　費	712,967	7.5	769,881	9.2	811,805	11.2	703,556	9.3	708,883	10.0
維持補修費	84,064	0.9	51,126	0.6	51,384	0.7	51,058	0.7	45,509	0.6
補助費等	3,279,324	34.5	1,671,464	20.1	1,161,799	16.0	1,652,127	21.7	909,077	12.8
積　立　金	558,788	5.9	1,025,709	12.3	210,650	2.9	507,946	6.7	103,166	1.5
投資・出資金	22,850	0.2	23,129	0.3	21,415	0.3	23,706	0.3	23,403	0.3
貸　付　金	15,360	0.2	15,660	0.2	16,200	0.2	12,520	0.2	15,040	0.2
繰　出　金	156,862	1.7	203,509	2.4	199,847	2.7	280,238	3.7	292,824	4.1
投資的経費	2,661,027	28.0	2,445,596	29.4	2,433,840	33.5	1,967,401	25.9	2,698,874	38.1
普通建設	2,646,092	27.9	2,445,596	29.4	2,396,041	33.0	1,963,525	25.8	2,606,849	36.8
災害復旧	14,935	0.1	—	—	37,799	0.5	3,876	0.1	92,025	1.3
合　　　　計	9,491,582	100.0	8,324,267	100.0	7,260,363	100.0	7,600,122	100.0	7,086,845	100.0

出典）奥尻町「各会計歳入歳出による主要施策の成果表」（各年度版）。

億5,597万円となった。復旧・復興事業が行われていく中で，約50億円程度地方債残高が増大したのである。このような事情から，2001年度以降，奥尻町は緊縮基調の財政を余儀なくされたのである。

4－2　歳入の状況

　表7・10をみてみよう。まず，町税が1998年度以降3億円台に落ち込み，歳入総額に占める割合も5％台で推移している。震災の翌々年度には4億5,000万円台に回復していたことを考えれば，この落ち込みが注目される。その理由として挙げられるのは，1997年度に北海道拓殖銀行が破たんし，北海道経済の落ち込みが顕著であったため影響を受けたこと，奥尻町特有の問題として，震災直後には災害復旧事業・復興事業に伴う建設工事が盛んに行われて「復興特需」のような現象を呈していたが，そのようなハード事業が次第に規模縮小したこと，ハード事業の規模縮小に伴って町民の雇用状況が厳しくなるとともに，島外からの建設業従事者が島を離れたこと等が挙げられるだろう。1998年3月に町長が復興宣言をした後の1998年度から町税が減少したのはまことに皮肉なことであったということができるのである。また，国庫支出金が1995年度に比べて大幅に減少した。これは，国庫補助事業として行われる復旧・復興事業が減少したことが影響している。

　町債は，1996年度が11億1,675万円，1997年度と1998年度が9億円台であったが，1999

表7・10　奥尻町の普通会計歳入決算額（1996年度～2000年度）の状況　（単位：千円）

区　分	1996年度		1997年度		1998年度		1999年度		2000年度	
	決算額	構成比	決算額	構成比	決算額	構成比	決算額	構成比	決算額	構成比
町　　　　　税	419,877	4.4	418,006	5.0	381,851	5.2	398,601	5.2	385,566	5.4
地 方 譲 与 税	50,269	0.5	37,055	0.4	30,119	0.4	33,990	0.4	34,490	0.5
利 子 割 交 付 金	5,572	0.1	5,014	0.1	4,171	0.1	4,526	0.1	20,757	0.3
地方消費税交付金	—	—	10,320	0.1	45,702	0.6	43,090	0.6	44,438	0.6
特別地方消費税交　付　金	—	—	209	0.0	164	0.0	163	0.0	—	—
自動車取得税交付金	19,413	0.2	14,471	0.2	14,587	0.2	14,039	0.2	13,989	0.2
地 方 特 例 交 付 金	—	—	—	—	—	—	12,354	0.2	14,924	0.2
地 方 交 付 税	2,486,484	26.1	2,493,032	29.8	2,612,415	35.6	2,701,313	35.4	2,694,313	37.9
普 通 交 付 税	1,925,791	20.2	1,992,339	23.8	2,142,147	29.2	2,213,820	29.0	2,214,120	31.1
特 別 交 付 税	560,693	5.9	500,693	6.0	470,268	6.4	487,493	6.4	480,193	6.8
交 通 安 全 対 策特 別 交 付 金	—	—	543	0.0	493	0.0	464	0.0	—	—
分担金及び負担金	12,211	0.1	117,201	1.4	31,806	0.4	14,246	0.2	435	0.0
使 　 用 　 料	69,839	0.7	69,116	0.8	87,203	1.2	74,029	1.0	70,858	1.0
手 　 数 　 料	124,632	1.3	126,078	1.5	120,495	1.7	117,521	1.5	121,539	1.7
国 庫 支 出 金	288,747	3.0	313,198	3.7	411,182	5.6	467,812	6.1	345,516	4.9
道 支 出 金	620,060	6.5	867,429	10.4	990,995	13.5	775,852	10.2	1,092,419	15.4
財 産 収 入	374,765	4.0	91,177	1.1	85,326	1.2	60,919	0.8	95,835	1.3
寄 附 金	6,658	0.1	7,907	0.1	16,879	0.2	8,789	0.1	8,384	0.1
繰 入 金	3,691,455	38.7	2,560,114	30.7	1,358,441	18.5	1,685,388	22.1	1,019,355	14.3
繰 越 金	44,390	0.5	40,590	0.5	27,678	0.4	72,243	1.0	26,064	0.4
諸 収 入	201,050	2.1	198,635	2.4	202,699	2.8	552,047	7.2	529,859	7.4
町 債	1,116,750	11.7	981,850	11.8	910,400	12.4	588,800	7.7	595,100	8.4
合 計	9,532,172	100.0	8,351,945	100.0	7,332,606	100.0	7,626,186	100.0	7,113,841	100.0

出典）奥尻町「各会計歳入歳出による主要施策の成果表」（各年度版）。

年度と2000年度は5億円台となり，歳入総額に占める割合が一桁台になった。町では，辺地地区の多い奥尻町の特性を活かして，地方交付税措置が厚い辺地対策事業債を有効に活用して事業展開を行ってきた。町は1996年度に4億円台，1997年度と2000年度に2億円台の辺地対策事業債の発行を行っているのである（表7・11）。また，塩釜団地公営住宅建替事業が継続して行われているために，1997年度から2000年度まで毎年度8,000万円程度公営住宅債が活用されている。先に2001年度以降町は緊縮基調の財政に舵をきったと述べたが，1999年頃から緊縮基調の方向をもって歩み始めたように思われる。1999年度から町債発行額が大きく減少したことや，1997年度末の地方債残高に比べて2000年度末の地方債残高がわずかながら減少しているからである（表7・8，表7・11）。

　繰入金は1997年度が36億9,145万円，1997年度が25億6,011万円となっており，両年度ともに歳入総額の3割以上を占め，歳入のトップに位置していた。しかし，1998年度からは一挙に10億円台に減少し，歳入総額に占める割合も低下した。1996年度と1997年度には，

表 7・11　奥尻町の地方債種類別借入額（1996 年度～2000 年度）と地方債残高

（単位: 千円）

事業区分	1996 年度借入額	1997 年度借入額	1998 年度借入額	1999 年度借入額	2000 年度借入額	1995 年度末残高	2000 年度末残高	増加額
一般公共事業債	482,150	554,650	457,900	283,500	240,100	1,598,134	3,321,899	1,723,765
一般単独事業債	45,200	8,200	121,400	50,200	—	890,419	690,985	△199,434
公住建設事業債	14,500	81,000	80,600	88,900	85,900	98,537	425,743	327,206
義務教育施設整備債	6,800	71,700	—	—	—	858,544	793,361	△65,183
辺地対策事業債	403,500	218,500	190,000	153,000	241,600	947,100	1,593,988	646,888
災害復旧事業債	—	—	7,600	1,900	16,200	235,072	117,916	△117,156
一般廃棄物処理債	—	—	19,800	—	—	92,841	69,976	△22,865
厚生福祉施設債	—	—	—	—	—	28,440	14,958	△13,482
過疎対策事業債	120,300	18,700	7,900	5,300	5,300	1,537,978	953,782	△584,196
財源対策債	—	—	—	—	—	291,686	140,894	△150,792
臨時財政特例債	—	—	—	—	—	662,810	476,578	△186,232
公共等臨時特例債	—	—	—	—	—	82,400	34,226	△48,174
その他	44,300	29,100	25,200	6,000	6,000	622,380	421,671	△200,709
普通会計合計	1,116,750	981,850	910,400	588,800	595,100	7,946,341	9,055,977	1,109,636

出典）奥尻町「各会計歳入歳出による主要施策の成果表」（各年度版）。

復興基金を活用するための繰入が積極的に行われることによって，住宅取得費助成事業等が展開された。しかし，復興基金をほぼすべて費消してしまった 1998 年度には，繰入金は必然的に減少せざるをえなかったのである。

5. 義援金の活用と奥尻町の復興

　奥尻町の復興について述べる際に，190 億円にのぼる多額の義援金について避けて通ることはできない。奥尻町の義援金（利息を含む）は，日赤北海道支部が事務局であった北海道災害義援金募集委員会分，北海道庁分，奥尻町受付分を合計して 190 億 4,809 万円であった。このうち，被災者への配分額が約 40 億円，被災者救援物資や追悼式式典，公共用地取得などで支出した額が約 6 億円，後継者育成基金が 10 億円，育英基金が 5,000 万円，奨学資金基金が 5,000 万円で，残りの 133 億円が復興基金積立額であった（表 7・5）。

　義援金の復興基金への積み立ては，1993 年度が 90 億円，1994 年度が 41 億 9,500 万円，1995 年度が 1 億 3,000 万円で，1996 年度と 1997 年度には積み立ては行われなかった。復興基金は約 6 億 5,000 万円の土地売却収入を除けば義援金から成り立っている[10]。

　復興基金は奥尻町の復興事業に大きな役割を果たした。表 7・12 をみてみよう。奥尻町では，1993 年度から 1997 年度までの 5 年間に 126 億 5,561 万円の復興基金が用いられ，事業が行われていることが把握できる。復興基金は，1993 年度が 3 億 5,003 万円，1994 年度が 34 億 8,934 万円，1995 年度が 33 億 9,317 万円，1996 年度が 33 億 8,375 万円，1997 年度が 20 億 3,930 万円使われているのである。

表 7・12　復興基金積立額と復興基金執行額（1998 年
9 月 30 日現在）

（単位：千円）

基金積立額		基金執行額	
当初	9,000,000	1993 年度	350,039
追加	5,465,965	1994 年度	3,489,341
		1995 年度	3,393,173
合計	14,465,965	1996 年度	3,383,752
残額	225,844	1997 年度	2,039,307

注）復興基金のほとんどは義援金と義援金利子で構成される
　　が，一部土地売払収入（6 億 9,287 万円）等を含む。
出典）奥尻町「奥尻町義援金の状況」（1998 年 9 月 30 日現在）。

　復興基金が用いられている事業を掲げた表 7・13 をみてみよう。1993 年度には，奥尻漁業
協同組合が事業主体となっている事業への助成に主に使われた（共同利用漁船建造費補助及び
利子補給事業費 1 億 8,027 万円，小型漁船船外機整備費助成事業費 3,256 万円等）。1994 年度
は，主に被災者や被災した産業への支援に使われた。つまり，住宅取得費助成事業費 5 億
5,405 万円，家具・家財購入費助成事業費 8,400 万円，漁業復興特別助成事業費 7 億 5,110 万
円，漁具購入助成及び利子補給事業費（漁具購入助成事業費）1 億 5,651 万円，共同利用倉庫
整備助成事業費 1 億 7,555 万円，共同利用漁船建造費補助及び利子補給事業費（共同利用小型
漁船購入助成事業費）1 億 4,225 万円，中小企業事業再開費助成事業費 8 億 7,466 万円であっ
た。1995 年度は，被災した漁業への支援が一段落したため，被災者への支援にいっそう多く
使われた。つまり，住宅取得費助成事業費が前年度の 2.7 倍の 14 億 8,810 万円，家具・家財
購入費助成事業費が前年度の 2.7 倍の 2 億 2,500 万円，中小企業事業再開費助成事業費が 6 億
907 万円であった。1996 年度も被災者の住宅取得と中小企業への支援が中心であった。つま
り，住宅取得費助成事業費が 11 億 1,673 万円，家具・家財購入費助成事業費が 1 億 6,500 万
円，中小企業事業再開費助成事業費が 10 億 4,232 万円であった。1997 年度は，住宅取得費助
成事業費が 4 億 3,455 万円，家具・家財購入費助成事業費が 2,350 万円，中小企業事業再開費
助成事業費が 3 億 2,315 万円であった。復興基金は 1997 年度までで 126 億 5,561 万円を費消
したため，1998 年度以降は，住宅取得費助成事業や中小企業事業再開費助成事業など規模の
大きな事業には充当されず，また，充当された事業数も極端に減少した。奥尻島津波館の建設
等に用いられたにすぎなかった。
　1993 年度から 1997 年度までの 5 年間の各事業ごとの復興基金利用額は，住宅取得費助成事
業費が 35 億 9,345 万円，家具・家財購入費助成事業費が 4 億 9,750 万円，漁業・農業関係の
復興のための事業費（漁業復興特別助成事業，農業復興特別助成事業，共同利用漁船建造費補
助及び利子補給事業など）が 19 億 6,864 万円，中小企業事業再開費助成事業費が 28 億 4,922
万円であった。
　公共土木施設災害復旧事業に代表される災害復旧事業については，その多くが国庫補助事業

表 7・13 復興基金を用いた事業名と各事業における復興基金の額

(単位：千円)

	項目	1993年度執行	1994年度執行	1995年度執行	1996年度執行	1997年度執行	執行済額計
1.住民の自立復興支援	1.生活福祉資金利子補給事業		45	257	349	6,178	6,829
	2.災害援護資金利子補給事業				723	2,191	2,914
	3.冬季暖房用灯油等購入費助成事業		6,326	2,965			9,291
	4.在宅福祉サービス負担金助成事業		1,428	827			2,255
	5.通学通勤交通費助成事業		750	272			1,022
	6.応急仮設住宅転出費用助成事業		39,000	36,600	26,100	2,700	104,400
	7.住宅解体費助成事業		3,686	2,857	2,384	3,205	12,132
	8.住宅基礎上げ工事費助成事業		300				300
	9.住宅取得費助成事業		554,058	1,488,109	1,116,732	434,554	3,593,453
	10.家具・家財購入費助成事業		84,000	225,000	165,000	23,500	497,500
	小　計　①		689,593	1,756,887	1,311,288	472,328	4,230,096
2.農林水産業の復興支援	11.営農施設等再建費助成事業	285	33,086				33,371
	12.共同利用農業機材整備助成事業	1,112					1,112
	13.米穀共同利用施設整備助成事業		21,238				21,238
	14.農業復興特別助成事業		92,297				92,297
	15.共同利用漁船建造費補助及び利子補給事業	180,277	142,253				322,530
	16.共同利用中古船購入費助成事業	22,538					22,538
	17.水産業共同利用施設整備助成事業		19,963	45,093	7,602		72,658
	18.小型漁船船外機整備助成事業	32,566	26,453				59,019
	19.共同利用倉庫整備助成事業		175,558	10,478	2,655	2,606	191,297
	20.小型漁船巻揚施設整備助成事業	7,094	24,474				31,568
	21.漁具購入助成及び利子補給事業	10,063	156,516	65,596			232,175
	22.ウニ・アワビ・ホタテ深浅移植助成事業	12,147	20,346	26,945	23,284	24,018	106,740
	23.鮮魚運搬費用助成事業	12,000	15,000	4,000			31,000
	24.漁業復興特別助成事業		751,105				751,105
	小　計　②	278,082	1,478,289	152,112	33,541	26,624	1,968,648
3.商工・観光業の復興支援	25.中小企業事業再開費助成事業		874,667	609,073	1,042,326	323,157	2,849,223
	26.中小企業振興資金・災害資金利子補給事業		26,687	36,307	51,908	70,218	185,120
	27.観光案内板整備費助成事業				6,000		6,000
	28.地域イベント開催費助成事業		900	1,157			2,057
	29.観光復興大型イベント開催費助成事業		15,216				15,216
	30.観光復興キャンペーン助成事業		19,202	31,112	48,546	37,597	136,457
	31.観光案内所設備整備助成事業		1,133				1,133
	32.賽の河原休憩所整備助成事業		15,600				15,600
	小　計　③		953,405	677,649	1,142,780	436,972	3,210,806
4.その他	33.防災行政無線戸別受信機購入助成事業		125,757			5,881	131,638
	34.町内会各地域避難路整備助成事業					51,345	51,345
	35.水難救難所体制強化支援事業		4,526		10,403		14,929
	36.青苗地区下水道整備助成事業				82,400	21,600	104,000
	37.定住促進土地購入・住宅新築助成事業						

出典）奥尻町「災害復興基金支援事業・所要額調査表」（1998年9月30日現在）。

項　　　　目	1993年度執行	1994年度執行	1995年度執行	1996年度執行	1997年度執行	執行済額計
38. 神威脇町内会温泉施設復興支援事業			6,767			6,767
39. 飲料水供給施設災害復興助成事業			58,156	1,000		59,156
40. まちづくり受電柱整備助成事業			720	420	90	1,230
41. 高齢者スポーツ団体活動資材整備助成事業			3,630			3,630
42. 奥尻三大祭復興支援事業			10,277			10,277
43. 地域お祭り復興支援事業						
44. 被災児童生徒特別教育資金支給事業		60,250				60,250
45. 郷土芸能保存強化整備事業		3,488	2,766			6,254
46. 人材育成地域交流助成事業		6,400	18,131	9,574	4,913	39,018
47. 漁業青色申告会運営費助成事業		1,300	1,000	900		3,200
48. テレビ共同受信施設復興支援事業			4,625			4,625
小　　　計　④		201,721	106,072	104,697	83,829	496,319
基本的支援事業計（①＋②＋③＋④）　A	278,082	3,323,008	2,692,720	2,592,306	1,019,753	9,905,869
49. 製氷貯氷冷凍冷蔵施設整備助成事業		13,049	2,377			15,426
50. アワビ資源回復支援センター整備事業					500,000	500,000
51. 避難場所等非常用電源確保及び無線機整備事業			10,689	689		11,378
52. 災害用保安帽支給事業		8,230				8,230
53. 防災ハンドブック作成事業		4,965				4,965
54. 緊急避難用袋配備事業		10,506				10,506
55. 避難広場照明施設整備事業				13,361		13,361
56. 災害対策用備蓄飲料水整備事業				1,801		1,801
57. 集会施設整備事業	70,000	3,605		56,826	41,383	171,814
58. 防犯街灯等整備事業				17,819		17,819
59. まちづくりに係る公共用地取得事業		36,208	33,392	27,037	2,575	99,212
60. まちづくりに係る分譲用地取得事業		84,919	128,388			213,307
61. まちづくり造成地域ゴミステーション整備事業				26,059	1,722	27,781
62. 被災地区まちづくり等復興整備事業				87,962	64,287	152,249
63. 津波資料館建設事業					15,855	15,855
64. 青苗墓地公園整備事業					9,794	9,794
65. 被災公園復興整備事業				201,069	7,528	208,597
66. 復興基金支援施策ガイドブック作成事業	1,957					1,957
67. 津波犠牲者慰霊碑建立事業				34,944	103,982	138,926
68. 生涯学習センター（仮称）建設事業		4,851	201,365	302,829		509,045
69. 高齢者生活福祉センター建設事業			264,127			264,127
70. 北海道南西沖地震災害記録誌作成事業			27,456		445	27,901
71. 災害応急仮設住宅整備事業			32,659	21,050	50,562	104,271
72. 神威脇温泉保養所被災機器改修事業					13,672	13,672
73. その他特別振興対策支援事業					207,749	207,749
小　　　計　B	71,957	166,333	700,453	791,446	1,019,554	2,749,743
合　　　計（A＋B）　C	350,039	3,489,341	3,393,173	3,383,752	2,039,307	12,655,612

で，しかも，奥尻町が激甚災害法の指定を受けたために国庫補助負担金のかさ上げ措置がとられた。また，奥尻町の負担分の多くは地方交付税措置がとられた災害復旧事業債で対応できた。さらに，漁業集落環境整備事業や漁船漁業近代化施設整備助成事業などについても，財源として国庫補助負担金や辺地対策事業債などの有利な起債が用いられた。災害公営住宅整備事業と防災集団移転促進事業についても，国庫補助負担金の比重は大きかった。これに対し，被災者への直接的な支援となる住宅取得費助成や家具・家財購入費助成，中小企業事業再開費助成については，国庫補助負担金を用いることができなかったために，復興基金が重要な役割を果たしたのである。

6. 奥尻町の復旧・復興事業の小括と奥尻町の現況

現在の奥尻町には，津波対策と密接に関係する施設が多様に存在している。総延長が14 km，高さは最も高いところで11 m ある防潮堤，漁港に設けられ津波発生時の町民の一時避難場所になる人工地盤望海橋，大津波の記憶を後世に伝えるための奥尻島津波館，津波対策のために1階部分をピロティ構造にした青苗小学校，津波対策として盛土の上に完成した稲穂小学校，津波で完全流失した青苗岬につくられた徳洋記念緑地公園などである。これらは奥尻町の復旧・復興事業の中で代表的かつ象徴的な施設である。

奥尻町の復旧・復興事業は，このようなハード事業だけにとどまらなかった。震災に伴う生活難から町民が島を離れることが起こらないようにするために，町は被災者や被災した産業への支援を積極的に行った。つまり，住宅取得費助成事業や家具・家財購入費助成事業，被災漁業者に対する新しい漁船整備のための助成事業や漁具購入費助成事業，中小企業の事業再開のための助成事業が展開されたのである。このような施策により，町民はわずかな自己負担で住宅や家具・家財を購入できたし，漁業者はわずかな負担で新しい漁船に乗ることができた。また，高台への全員移転か一部移転かをめぐる青苗地区の住民間の合意形成の難しさがある中で，町は高台地区における住宅団地造成と，これまで町民が暮らしてきた集落の整備の両方を行った。しかも，施策展開のスピードは速かった。このような町の施策展開は明らかに町民を島にとどめることに成功したのである。そして，このような施策展開を可能にしたのは，国庫補助負担金と復興基金であった。特に義援金が財源の大部分となっている復興基金の役割は大きかった。

ただし，復興基金が使われない事業や使うことができない事業も少なくなかった。そして，いうまでもないことだが，国庫補助事業には必ず地方負担が伴った。地方負担分については，多くの場合，地方債が発行されることになった。奥尻町の場合，災害復旧事業債や辺地対策事業債，過疎対策事業債など，地方交付税措置のある「有利な」地方債を活用した。特に，奥尻町の特性を考慮に入れながら，元利償還費の80％が地方交付税の基準財政需要額に算入される辺地対策事業債が有効に活用された。しかし，多額の地方債が発行される中で，奥尻町の地方債残高は大きくなっていった。1992年度末の地方債残高（39億6,621万円）に比べて2000

年度末の地方債残高（90億5,597万円）は約2.3倍に増大した。8年間で約50億円程度地方債残高が増大したのである。

　では，現在の奥尻町はどのような状況になっているのだろうか。震災発生前の人口は4,604人（1990年国勢調査）であったが，現在は3,033人（2010年国勢調査）となり，この20年間の人口減少率は実に34.1％になった。特に，2005年（3,643人，国勢調査）から2010年にかけての5年間の減少率は16.7％と大きく，北海道の市町村の中で占冠村に次いで第2位の減少率であった。高齢化も著しく進んだ。高齢者比率は32.7％（2010年国勢調査）で，現在，町民の3人に1人が65歳以上となっている。

　奥尻町の基幹産業である漁業においても，漁業人口は約3分の1に減少した。つまり，1990年の第1次産業就業人口は518人で就業人口全体の24.0％を占めていたが，2005年には234人に，2010年には191人（就業人口全体の13.1％）に減少している（国勢調査）。第1次産業就業人口は，20年間でほぼ3分の1に減少している。そして，漁業人口は1990年の418人から2010年の155人に減少しているのである。奥尻町は，震災からの復旧・復興事業で，迅速かつ多様に漁業者支援を行ったけれども，現在，後継者がなかなか育たない中，若者の島からの流出が続いているのである。さらに，水産加工業については，1990年から2010年にかけて事業者数，従業員数ともに3分の1に減少した[11]。商店数も同期間に約4分の3に減少した。また，観光客数は明らかに伸び悩んでいる状況にあるのである。

　さらに，現在の奥尻町の財政状況（2010年度普通会計決算）を検討しよう[12]。2010年度の普通会計の財政規模（決算，歳出）は42億円台であった（2009年度は37億円台，2011年度は36億円台）。歳入では，町税が2億9,776万円で歳入総額の6.9％となっている。町税のうち，町民税が1億3,792万円，固定資産税が1億2,052万円であった。町民税では，法人関係の税収の割合が大変低く，町民税法人税割が379万円，町民税法人均等割が956万円にすぎなかった。これに対し，地方交付税が22億8,501万円で，歳入総額の53.1％を占めている。産業が低迷し，町税が1割を下回っている状況のもとで，地方財政調整が奥尻町の自治を支えているということができるのである。地方債の発行は比較的少なく，歳入総額の7.5％の3億2,222万円であるが，このうちの半分以上（1億6,922万円）が臨時財政対策債であった。

　町は復興事業がほぼ終了した2001年度以降，財政の緊縮に舵をきった。ただし，復興事業に伴う公債費負担や，離島という特殊条件から，ごみ処理施設の建設（2001年度）や埋立処分施設の整備（2007〜2009年度）を1町単独で行わなければならなかったことによる起債対応のために，過去の借金の反映である公債費は必ずしも少ないほうではない（2010年度7億7,131万円，歳入総額の18.1％）。しかし，近年は借金返済額（公債費）が借入額（地方債収入）を上回っている。また，投資的経費は年度による違いはみられるものの，抑制基調で推移している。2010年度末の地方債残高は約55億円となっており，2000年度末の地方債残高（90億円）を大きく下回っていることからも，緊縮基調の財政に向けた努力が行われているということができる。

　財政の硬直化が進むと高くなる経常収支比率は84.91％（2010年度）で道内町村平均

（80.1％）をやや上回り，実質公債費比率も 14.8％（2010 年度）で道内町村平均（12.9％）を
やや上回っているが，懸念すべき財政状況にはないといってよいだろう。

むすびにかえて

　奥尻町は，21 世紀に入ってから今日まで，ほぼ緊縮基調の財政を志向して財政の健全性に
努めてきた。その間には，小泉政権のもとでの税源配分の三位一体改革，財政健全化法の成立
と施行等があり厳しい環境下に置かれていた事情もあっただろうが，町が財政の健全性に努め
てきた点は評価できる。ただ，震災復興後に進んだ高齢化への対応や落ち込んだ産業の振興に
町はもっと意欲的に取り組む必要があったと思われる。そして，これらは今後も町がいっそう
取り組まなければならない課題であるといえるだろう。その意味では震災からの復旧・復興時
に，町は迅速な復旧・復興に努める一方で，長期的な奥尻町の姿を精緻に描く作業を同時並行
的に行う努力と気構えが必要であった。震災からの復旧・復興時に，未来の奥尻町のビジョン
が求められていたのである。

　当時，高齢化が進むことについて深い認識を持つことが，日本のすべての自治体に要請され
ていた。日本は 1994 年に高齢化社会（高齢者比率 7％以上 14％未満）から高齢社会（高齢者
比率 14％以上）に転換した。1989 年 12 月にはゴールドプランがつくられ，1997 年後半には
介護保険制度の議論が花盛りであった。高齢化対応のまちづくりの視点や高齢者介護の展望を
示すことが求められていたのである。

　そして，奥尻町では，このような高齢化対応だけではなく，基幹産業である漁業ならびに漁
業関連産業（水産加工業など）はもちろんのこと，漁業以外の産業として観光業やそれと関連
する産業を長期的に育てる視点も求められていた。さらに，復旧・復興事業として行われる施
設建設事業は，ほぼ同時期に集中的に行われるものなので，おおよそ 20 年以上が経過すれ
ば，ほぼ同時期に施設の大規模な改修・修繕が必要になり，維持管理費がかさんでくる。この
ような視点がもっと深化されていてもよかったように思われる。そして，数年間で復興基金を
全額費消するのではなく，少なくとも町の 1 年間の予算に相当する 40 億円程度を基金として
残しておき，将来の高齢者福祉や産業振興，観光振興に使う選択肢もあったように思われるの
である。

　もちろん，当時行われた復旧・復興事業の是非を考察する場合には，当時の雰囲気や状況を
充分踏まえたうえで論じなければならない。バブル経済が破たんした直後に北海道南西沖地震
がやって来た。したがって，まだバブルの余韻が残っていた時期に復旧・復興事業が展開され
なければならなかった。さらに，1997 年度の北海道拓殖銀行の破たんや山一證券の倒産を受
けて，1998 年度には国が大型補正予算を組み，全国において積極的に公共事業が展開され
た。したがって，当時においては，かなり大きな財政投資を行うことへの抵抗感は現在よりも
はるかに薄かったといえるであろう。そこで，このような当時の状況を考えれば，奥尻町の施
策展開を単純に批判するわけにはいかない。むしろ，住民要望を受けて，迅速な復旧・復興が

考えられた点は評価できるのである。

　東日本大震災の被災自治体が奥尻町の施策展開から学ぶべき点があるとすれば，次の点であろう。つまり，復旧・復興の施設建設事業はほぼ同時期に集中的に行われるものなので，将来の維持管理費や大規模修繕費のことを考える必要がある。将来の自治体人口の見通しを立てながら，住民ニーズを厳しく見積もったうえで施設建設が行われなければならない。たとえば，高さがあり，延長距離が長い防潮堤を整備することの是非などは大いに議論されるべきなのである。さらに，それと密接に関連していることだが，ハード・ソフト両面において，将来の人口動向を充分考慮に入れたまちづくりの視点を忘れてはならないことである。これに加えて，地域の特性を考慮に入れたうえで，地域振興と産業振興の視点を持ちながら復旧・復興を考えることが必要である。そして，高齢化を踏まえて高齢者福祉・保健医療や高齢化対応のまちづくりを考えることと，地域の物的資源はもちろん人的資源も最大限活用し，とりわけ福祉などにおいて人的資源の連携で充実した施策を実現する展望を打ち出すことが求められていると考えるのである。

　1）本章は横山純一「奥尻町における北海道南西沖地震からの復旧・復興と財政」『開発論集』95 号，2015年 3 月，北海学園大学開発研究所を修正・加筆したものである。
　2）北海道企画振興部南西沖地震災害復興対策室「北海道南西沖地震災害復興対策の概要」1995 年 5 月。
　3）激甚災害法については，横山純一「石巻市における東日本大震災からの復旧・復興と財政」『自治総研』2014 年 1 月号，2014 年 1 月，地方自治総合研究所を参照。
　4）鴈原徹「災害復興と被災自治体の首長」を参照。鴈原氏は震災時に総務課長で，のちに助役，町長を務めた。筆者は注 1 の拙稿執筆にあたり，原稿は完成していたが未発表の段階にあった鴈原論文（本書第12 章に加筆・修正して再録）を参照した。鴈原氏によれば，震災後 5 年間で復興計画のほぼ 8 割が達成されたとの判断に基づき，1998 年第 1 回定例町議会で町長による復興宣言が行われた。
　5）奥尻町「各会計歳入歳出による主要施策の成果表」（各年度版）。
　6）奥尻町資料ならびに鴈原前掲論文を参照。
　7）復興基金については，本章の 5 で詳しく論じた。なお，共同利用小型漁船購入助成事業，漁具購入助成事業，漁業振興特別対策事業については，次の二つの論文を参照した。松田光一「被災世帯家族の生活再建過程」『北海道南西沖地震に伴う家族生活と地域生活の破壊と再組織化に関する研究―激甚被災地奥尻町を中心として―』（平成 7 年度～平成 10 年度科学研究費補助金〔基礎研究 A2〕研究成果報告書，研究代表者関孝敏），1999 年，尾中謙治「北海道奥尻町における水産業の復興―北海道南西沖地震からの教訓―」『農林金融』64 巻 8 号，2011 年 8 月，農林中金総合研究所。
　8）鴈原前掲論文によれば，復興宣言したけれどもまだ 8 割程度の復興と町は考えていた。そこで，本章では，2000 年度までの財政状況について検討している。
　9）震災復興特別交付税については注 3 の横山前掲論文を参照。
　10）奥尻町「災害復興基金の設置状況」（1998 年 9 月 30 日現在）。
　11）漁業人口，水産加工業の事業者数と従業員数，商店数については松田光一「災害復興と地域経済―北海道奥尻町の事例を通してその意味を問う―」『開発論集』92 号，2013 年 9 月，北海学園大学開発研究所（本書第 6 章に加筆・修正して再録）を参照。
　12）奥尻町「2010 年度財政状況資料集」，北海道市町村振興協会『市町村の財政概要』（各年度版）を参照。

第3部

災害研究の多角的視点
——地理学・医学・社会学

第 8 章

人文地理学における災害研究の動向

祖 田 亮 次

1. は じ め に

1−1 災害研究の動向

災害現象はきわめて多様であり，その要因から発災，復旧・復興までの時間軸を視野に入れると，途方もない拡散性を持った考察対象となる。そのことが，災害研究の多様性を下支えする一方，「災害」や「復興」の定義さえも容易でないという状況を招いている。

たとえば，本書第11章でも取り上げる Taylor（1989）の災害分類をみると，実に多様な災害（とその類型）が存在し，我々は常に何らかのリスクに囲まれて生活していることを，改めて認識させられる[1]。Taylor（1989）による災害の類型表では，横軸に「自然的（natural）」，「産業的（industrial）」，「人為的（human）」という災害要因の三つのタイプが設けられ，縦軸には，「地（earth）」，「空（air）」，「火（fire）」，「水（water）」，「人（people）」と，災害現象に関するカテゴリー分けがなされている。いくつか例示すると，natural×earth のカテゴリーには地震や噴火，natural×air には竜巻やサイクロン，natural×people には伝染病や飢饉などが含まれ，industrial×earth にはダムの決壊や宇宙ごみの落下，human×water には海難事故などが挙げられている。

本章においては，戦争やテロリズムなど，明らかに人為のみによる意図的な災害（intentional disaster，Taylor の分類でいえば，human×people のカテゴリーに含まれる災害現象）はとりあえず除外し，基本的には自然環境の変化・変動に起因するハザード（hazard）やディザスター（disaster），あるいはカタストロフ（catastrophe）やリスク（risk）といったものを対象として考察を進める[2]。ただ，そうはいっても，必ずしも「自然災害」に限定した議論を行うというわけではない。というのも，現在の災害のほとんどは何らかの形で人為がかかわっており，純粋な意味での「自然災害」というべきものはほぼ存在しえず，自然災害と人為災害・産業災害を厳密に区別することは困難といえるからである。

こうした前提に立って，地理学分野を中心に近年の災害研究を概観してみたい。ここでは，2000年以降における英語圏の主要な地理学系雑誌から災害に関係する論文を抽出し，その傾向について概説する[3]。以下では，ここで抽出した論文群に依拠しつつ，地理学とその周辺で

行われてきた災害研究にかかわる議論を振り返りながら，近年の災害研究の動向を整理したうえで，今後の災害研究の方向性について考察する。その際に，本書の主要なテーマである災害復興の議論との関係性を指摘したい。

1－2　新領域としての災害研究

災害研究とは，そもそも学際性を帯びた研究領域である。地理学者，特に自然地理学者が災害研究における重要な役割を担ってきたことは明らかだが，災害研究は地理学の専売特許ではなく，他分野と各次元での連携が必要とされ，実際に数多くの共同研究が実施されてきた。逆にいえば，災害研究という領域はきわめて学際性が高く，地理学のみならず既存のいずれの学問分野としても，独自の対象や方法論を打ち出しにくい領域でもあるといえよう。

自然地理学においては，災害因の分析が主要な論点となってきた（Phillips 2008）[4]。数ある自然科学分野の中でも，自然地理学は地形や地質，気象，植生，土壌など，地表上における人間の生存・活動基盤に直接的にかかわる環境変化・変動に関する研究を行ってきたということ，そして，それに関連して各種の災害因を明らかにしてきたという点で，人文・社会科学に比して，災害研究に関する強い発言力を持ち続けてきたことも事実である。また，災害研究の中心的な対象として注目される激甚災害ばかりではなく，ゆっくり起きる災害（slow-onset disaster）や，慢性的・常習的危機（chronic risk），自然の長期的な変動過程（long-duration process）などにも関心を向けてきた（Beller-Simms 2004, Locke 2009, Conway 2009, Teeuw 2011）。

しかし，自然環境の変化過程の解明だけではなく，近年，災害にかかわる社会・文化・政治等も重要な考察対象となってきた。たとえば，2000 年代以降の地理学の総合誌（自然地理学と人文地理学の両方を含んだ雑誌）を見ても，災害を扱う研究の大半が社会的・文化的・政治的な側面や背景を含んだものになっている。これは，災害現象の「とらえ方」が多様化していることの現れでもあるだろう。

このように，災害研究はより多様化しており，その議論も拡散と深化の両面を持っているといえる。現状では，理論的な進展を強調できる状況とはいいがたく，個別の事例研究をベースにしているものが多いようである。たとえば，前節で挙げた主要英文誌の掲載論文の傾向をみてみると，米英を代表する主要地理学雑誌の *Annals of Association of American Geographers*（*AAAG*）や *Transactions of the Institute of British Geographers*（*TIBG*）には，意外にも災害関係の論文掲載が少ない。レビュー論文を中心に掲載する *Progress in Human Geography* 誌においても，災害研究を概観した論文はごくわずかである。その一方で，英国王立協会の総合誌 *Area* や *Geographical Journal* には，相当数の災害関連の論文がある。この要因として考えられるのは，比較的重厚な理論研究も掲載する *AAAG* や *TIBG* への掲載は困難でも，事例報告や予察的な議論も掲載する *Area* や *Geographical Journal* 等には災害関連論文を投稿しやすいということもあるだろう。裏を返せば，地理学（特に人文地理学あるいは人文・社会科学一般）における災害研究はまだ発展初期段階にあり，報告・考察すべき個別事例は多数あるものの，理論的な深化が進んでいない段階であることを示している。

このような現状において災害研究の概況を整理しておくことは，今後の研究の進展にとって一定の意味を持つと思われる。

本章では，2000年代以降の地理学における災害研究を整理する中で現れてきた主要な論点として，1）災害の空間論，2）人間–環境関係論としての災害研究，3）災害研究における学際性および科学と社会の接合，の3点を挙げておきたい。

以下の各節では，2000年代以降の地理学主要雑誌における議論を参考にしつつ，これらの諸課題について検討を加えていく。

2. 空間論としての災害研究

地理学のひとつの枠組として，空間性の議論がある。ごく一般的にいって，どのような現象であれ，そこには必ず地域差が存在する。災害に引き付けていえば，どの地域が災害に対して脆弱で，どの地域の被災可能性が低いのかというのは，空間的に描写したり，分析したりする格好の考察対象となる。以下では三つの側面から空間性や地域性にかかわる議論を紹介する。

空間科学としての側面を持つ地理学は，空間分析の技術や手法の開発にも強い関心を持ち続けてきた。災害研究においても，地理情報システム（GIS）を中心とする空間解析の手法が重要性を増していることは明らかである。ただし，それらが政策過程にかかわる場合，防災や復興の対象設定や資金投入決定などの面で，地域差や空間スケールをどう考慮すべきなのかは，しばしば政治的・社会的・経済的に微妙な問題を内包する。近年の地理学的研究はこうした点に敏感になってきた。特に社会問題と深く関係しうる災害研究においては，その傾向が強く現れているようである。そこで本章では，空間性や地域性にかかわる論点として，1）技術的側面，2）地域差と空間スケール，3）空間の政治性という3点に焦点を当てて議論したい。

2-1 技術論としての災害論——GIS，ハザードマップ，空間解析

地形的・地質的特徴から，たとえば洪水被害や津波被害，あるいは土砂災害などを受ける可能性のある場所を描出することで，災害に対しての地域特性が明瞭になることがある。分かりやすい例でいえば，ハザードマップを挙げることができる。

多様な地理情報・空間情報を分析したり，地図化したりする技術は，地理情報システム（GIS）と呼ばれ，このGIS技術の進展によって，社会的なデータをも分析要素としてある程度組み込むことができるようになった。たとえば，避難場所の適正配置を考える際に，その地区の居住人口や住民属性，地形的特徴や道路状況，避難経路確保の可能性などを考慮し，それらの地理情報を多元的に解析することで，より効率的な避難場所の設置可能性や，より迅速な避難行動・救援活動を促すための指針を示すことが可能になる（Anguelova *et al.* 2010）。ハザードマップや災害シミュレーションを軸とした防災計画・政策への関心の高まりは，日本も含めて世界的な傾向といえる（赤石 2004）。

GISの発達によって，地域ごとのリスク解析や防災面での提言が容易になっただけでなく，

災害が発生した際の被災状況の分布を解析するツールとしても重要性が指摘されている（Matyas 2007, Kupfer *et al.* 2008）。たとえば，Smallman-Raynor *et al.*（2002）は，1918〜19 年において
イギリス全土を襲ったインフルエンザの拡大プロセスを，保健省の地区別死者数のデータを
使って地図化することで，少なくとも三つの感染の波（ピーク）が存在していたことや，それ
ぞれの波における拡大過程の空間パターンに相違がみられたことを明らかにしている。また，
小スケールにおける分析から，感染パターンが地域住民の年齢構成や人口移動といった社会的
な側面と強い関係性を持つことも指摘した。このような疫学や公衆衛生にかかわる分野は，空
間的な広がりのパターンに強い関心を持つため，GIS を用いた地理学的研究とは高い親和性を
持ち，社会的にも大きな貢献が期待される研究領域として注目されている[5]。

　このほか，災害後の局面，つまり，復旧・復興の段階においても，GIS による空間分析が貢
献できる余地が拡大している。たとえば，被災地における支援物資の分配方法やその輸送ルー
ト，被災者を収容するための仮設住宅の適正配置などを分析する際にも GIS が活用されつつ
あり（田口ほか 2015, 菅野・四井 2011, 川崎ほか 2000），その社会的重要性の認知は高まってきてい
るといえるだろう。

　ただ，被災可能性のある地域を GIS による解析等を通じて詳細に提示することが可能に
なったことは事実だが，いくつかの点で課題が残っている。たとえば，GIS 一般の課題として
も挙げられることだが，膨大な地理情報・数値情報の解析による結果が，実際の現場状況とう
まく整合しない場合があるという問題がある（Morehouse and O'Brien 2008）。

　これについては，住民の在来知（local knowledge）を取り入れるという試みも行われつつあ
る。たとえば，Cadag and Gaillard（2012）は，フィリピンの洪水多発地区において，研究者と
現地住民がワークショップを開催して，GPS や GIS を使った避難経路地図を共同で作成する
過程を描いている。そこでは，現地住民の経験知を基にしつつ，彼らに科学技術の応用を体験
させることで，住民たちも気づかなかった知識や発見がフィードバックされ，同時にコミュニ
ティの結束が強化されたことを指摘し，防災・減災の観点から科学知と経験知が統合されるこ
との重要性を主張している。

　一方，近年になって洪水被害が頻発化・深刻化しているイギリスにおいて，どのようなリス
ク管理が必要かを議論した Brown and Damery（2002）は，従来のハザードマップ等による技
術的な情報提供には限界があるとして，災害に脆弱な地域における社会的・文化的様相が多様
であることを考慮しなければならないと主張する。つまり，ハザード・アセスメントやリス
ク・アセスメントにおける情報選択やモデル作成の画一化を批判しつつ，社会的側面を取り入
れたリスク管理の必要性を指摘している[6]。同様の課題は，Tiefenbacher（2003）でも指摘され
ており，データの収集・分析とともに，災害にかかわる社会的認識や分配の公正といった問題
の考察が，防災や減災，復興政策などに重要な意味を持つとしている。

　このように，GIS というツールを用いた新しい空間解析が可能になってきた一方で，机上の
技術論だけではなく，在来知との統合の必要性や，数値化が難しい社会・文化的側面への配慮
などが指摘されるようになり，それと同時に社会的公正や空間のポリティクスを巡る議論の重

要性がよりいっそう自覚されるようになってきた（Schmidtlein *et al.* 2008）。

2－2　地域差と空間スケール

前節でみたように，ハザードマップの作成により，被災可能性のある地区を明示できるようになったが，逆にいえば，それは被災の心配がない「リスクフリー」の地区が明確化される過程でもあった。こうした地域差が，災害現象をめぐる「負担」や「分配」の議論に発展することもある。

近年では，防災と税の関係も議論されつつある。たとえば，Penning-Rowsell and Pardoe（2012）は，特定地域における資源管理やリスク管理の面においては，勝者・受益者（gainer, beneficiary, winner）と敗者・損失者（loser）という対置的な構図が生み出されるという。より具体的には，リスクのない地域に住む人々の税金が，防災やリスク管理のインフラストラクチャー整備に利用されたり，被災地への補償や復興資金に利用されたりすると，実質的に不公正な税負担として認識されうることを指摘している。また，リスク管理にかかわる政策決定次第で，リスクにさらされていながらも，防災の恩恵を受けられない地域が生み出される場合がある。

洪水にせよ，地震にせよ，災害とそれによる被害は，そもそも空間的に均等分布しているわけではない（Johnson *et al.* 2007）。そこには地形的要素や，気候・気象および地球物理現象の「不確実性」（Branney 2011, Donovan and Oppenheimer 2011）といった背景がある。その一方で防災にかかわるインフラストラクチャーの整備状況や，災害に対する行政やコミュニティの対応が，被災の程度に影響することも多い（Wisner *et al.* 2004）。

防災・減災のためのインフラストラクチャー整備を，誰がどういう形で負担するのか，どの地域のどのコミュニティを復興支援・援助の対象として設定するのか，そこに社会的公正や平等をどのように反映させるのかといった議論（Johnson *et al.* 2007）は，環境社会学を中心に分野を超えて議論されてきた「受益圏／受苦圏」をめぐる問題と比べても，より複雑な地域間関係を映し出す。

このような地域間の差異や不平等の問題とは別に，地理学においては，空間スケールの相違が引き起こす問題にも関心が向けられる。たとえば，国連砂漠化対処条約（UNCCD）による砂漠化への対応について検討した Stringer *et al.*（2007）は，UNCCD の対策枠組み自体は間違ってはいないとしつつも，国家による対策の実施状況に問題があるとしている。つまり，UNCCD が国家ごとの中央集権化の程度や政治構造のあり方を理解していないだけでなく，それぞれの国においても，国家的な空間スケールにおけるニーズと各地方におけるニーズの間に齟齬が存在しており，それが解消されていないことなどが問題の主要因であるという。さらに彼らは，スワジランドの事例を検討する中で，中央政府は砂漠化によって深刻な被害を受ける周縁地域に目を向けておらず，誰にとっての土地劣化対策なのか考慮しない施策は，地域間の不平等をいっそう拡大させる結果に陥っていると指摘する。このような政治的に生み出される空間的不平等は，次節で詳しく検討する脆弱性の議論とも深くかかわる問題である。

　空間スケールの相違がもたらす復興支援や被災者援助の歪みに関する研究としては，Paul（2003）や Korf（2006），Hyndman（2007）などが挙げられる。これらの研究は，洪水被害と地震・津波被害という異なる災害現象を扱っているが，いずれも，大規模な被害を受けた後の援助・支援のあり方を問い直したものである。そこでは，グローバル・アクターとしての国際 NGO やドナー団体と，ローカル・アクターとしての被災者・被災地域との関係性に注目しつつ，支援金や寄付金の地域的な分配について議論しており，政策的にも注目すべき内容を含んでいる。

　また，Thomas *et al.*（2003）も，地域の「慣習知（conventional wisdom）」を取り入れた形での国家規模・地球規模の災害対策枠組みが必要となることを主張している。このように，地域的差異や空間スケールの相違といった観点を導入することで，災害や復興の様相も異なってみえてくる。

　そもそも，注目する現象をどのような空間スケールで考察するのかによって，取り扱う問題の性格規定も左右されるというのは，地理学における基本的な認識であるが（永田 2002, Couper 2004），災害という現象，特に大規模な地震や津波，洪水氾濫などは，被災範囲や援助対象の設定が難しいうえに，防災や緊急支援，復旧・復興等にかかわるアクターが多様であるため，災害現象に関する認識のずれは大きくなる。Korf（2006）が扱った事例でいえば，スマトラ沖地震後の援助競争ともいえる状況の中で，研究者の注目対象もグローバル・アクターとしての西洋人の活動に集中してしまい，地方レベルにおける問題の多様性に気づかなくなってしまう弊害が指摘されている。

　取り扱う現象をとらえるための空間スケールの設定次第で，特定地域における災害現象が当該地域内の問題として処理される場合もあれば，国家規模あるいは地球規模の問題として認識されることもある。こうしたことは，災害後の復旧・復興を考察する際に注意を必要とする点であろう。

2−3　政治論・文化論──空間論≒脆弱性論

　先述のとおり，災害とそれによる被害の空間的分布は不均等なものである。このような不均等がもたらされる説明要因のひとつとして，脆弱性という概念がある（Wisner *et al.* 2004）。ここでは，脆弱性理論（Watts and Bohle 1993, 島田 2009）と災害研究との関係性について，振り返っておきたい。

　いわゆる「脆弱性」とは，1970 年代末以降，ポリティカル・エコロジーの研究の流れの中で概念化されてきたものである（Bankoff *et al.* 2004）。そこでは，干ばつや飢饉，土壌劣化といった現象がどのような要因で生じてきたのかという議論を中心に，脆弱な空間が社会的・経済的・政治的に構築されてきた過程を解明するという目的があった。

　たとえば，Watts（1983）や Wolde Mariam（1986）によると，アフリカの小農たちは，自然的要因による食糧不足で飢饉のリスクにさらされているというよりは，むしろ，植民期以降の資本主義・開発主義の浸透や，経済的な階層化の進展過程の中で，社会的・経済的・政治的に

抑圧・搾取され，周縁的な地位に押しやられてきたことが，彼らの脆弱性を増大させる結果になったという[7]。

　脆弱性概念の議論を展開したポリティカル・エコロジーは，人文地理学と文化人類学の境界領域から発生した研究領域であり，そこでは小スケールにおける村落調査の結果を，大スケールの政治経済状況といかに結びつけて説明するかという，空間スケールに関する問題意識が最初から存在していた[8]（Bryant and Bailey 1997）。さらに，1980年代の構築主義的な空間論とも相まって，脆弱な空間は社会的・政治的に作られたものであるととらえる傾向が強くなってきた。つまり，脆弱性の議論は本来的に空間論との親和性を持つものであった。

　このような脆弱性をもった社会や地域では，環境変化による被災リスクが増大すると同時に，災害への対応力や復旧・復興のためのレジリエンス（回復力）が減退する。このことが，脆弱性論と災害研究との関係性を強くしている。浦野（2007）は，災害人類学の第一人者である Oliver-Smith らの研究（Oliver-Smith and Hoffman 1999, Hoffman and Oliver-Smith 2002）の紹介として，1970年のペルー地震後の長期にわたる復旧・復興過程を人類学的な手法で分析した論考を取り上げ，社会的脆弱性に焦点を当てた災害研究の可能性を示したと評価する。また，このような社会的に作られた被災脆弱性を持つ地域をハザードスケープ（hazardscape）と呼び，空間的に概念化する動きもみられる[9]（Susan 2001, Aprioku 2003, Tiefenbacher 2003, Mustafa 2005, Collins 2009）。

　このほか，コミュニティ・レベルや特定の民族集団や集落単位，県単位といった地方レベルにおける脆弱性の議論だけでなく，近年では，より大きな空間スケールにおける脆弱性と空間性の関係も議論されている。たとえば，植民地期以降の世界像が帝国主義的な言説と密接に関係してきた（Cosgrove 2001）ことと同様に，脆弱性という概念も熱帯域の植民地における恐怖・脅威と結びつけられるようになったと指摘されている（Blaut 1993, Bankoff 2001, Manzo 2010）。

　植民地期以降，西欧世界からみた熱帯アジアは，美しく豊かな楽園でありながら，嫌悪すべき不健康な「病原地域」でもあるという両義性が強調されてきた。こうした熱帯の否定的イメージは，現代にも引き継がれている。Bankoff（2003）は，災害にかかわる認識と地理的分布についての考察の中で，熱帯性（tropicality）と植民地主義（colonialism），援助（aid）の必要性，脆弱性（vulnerability）といった否定的概念の密接な関係性を指摘している。また，こうした地域が現代においては，疫病に苦しめられ，貧困に悩まされ，なおかつ災害を受けやすい地域として認識されていることを指摘し，東南アジア周縁部に対するイメージの再生産過程の存在を指摘する。

　こうした熱帯イメージを，Arnold（1996a, 1996b）は「熱帯性（tropicality）」と呼び，それは植民地期に創出されたものであると主張している。サバルタン（従属的社会集団）研究グループのメンバーでもあった Arnold の主張の背景には，当然のことながら，Said（1978）による「オリエンタリズム」の議論がある[10]。つまり，「東洋」という地政学的な両義性を帯びた地域イメージの中で，災害と脆弱性は「熱帯性」概念の創出と定着に寄与する否定的要素として重要視されてきたのである[11]。

3.　人間–環境関係論としての災害研究

3−1　環境決定論と環境可能論

『銃・病原菌・鉄』（Diamond 1997）で 1998 年度のピューリッツァー賞を受賞した Jared Diamond は，生物地理学者あるいは進化生物学者として知られている。この書は日本では好意的に受け入れられているものの，欧米においては批判が多い（二村ほか 2012）。その批判のひとつとして，同書が環境決定論的な人類史の描き方をしているという点が挙げられる（Judkins *et al.* 2008）。

地理学における伝統的な人間–環境関係論として，環境決定論と環境可能論がある。環境決定論は，社会や文化はそれを取り巻く自然環境の有り様によって規定されるという考えであるが，地理学や歴史学では，すでに 20 世紀前半にほぼ完全に否定されていたといえる。この種の人間–環境関係論は，その後の議論の停滞・閉塞状況などもあり，近年では表立って主張されることは少ないが，Diamond の著書を巡って大きな論議が巻き起こったように，環境決定論的な考え方はしばしば亡霊のごとく再来する。

環境決定論と対置される概念が環境可能論であり，人間の環境改変能力を重視した考え方である。人間は自然環境から多様な可能性を引き出し，それらを自らの生存に適した形に作り変えることができるとする考え方である[12]。しかし，人間が自然環境に手を加えることで，自然環境からの反応が変化したり，自然変化に対する人間社会の側の影響の受け方（susceptibility）が変化したりすることもあり（Endfield *et al.* 2009），人間–環境関係の様態は一様でも一方向的でもない。

災害現象は，まさに，こうした人間と環境との接触面で発生するというとらえ方が支配的であり（田中 1995, Oliver-Smith 1996, Crowley and Elliott 2012），人間の自然への関与の仕方によって災害現象も変化し，多様な様相を示すことは多くの論者が指摘している[13]。こうした点は，災害研究者としても著名な寺田寅彦が，すでに 1930 年代に指摘していることでもある。「文明が進めば進む程天然の暴威による災害がその激烈の度を増す」（寺田 1934）。

いずれにせよ，人間と環境との相互作用という点は，長らく議論されてきた地理学の主要テーマのひとつであり，災害現象は，そうした相互作用の一様態としてとらえられる。自然環境は短期的にも長期的にも絶え間なく変動しており，その様相の一部が災害に結びつく。つまり，自然災害は，人間と変動する周辺環境との間の関係の一局面であり，そのため，防災的な目的を強く意識しながらも，従来の災害研究は，一貫して人間–環境関係研究の一環として位置づけられてきたのである（小林 2003）。

ところで，従来，西欧的な分析科学が自然の摂理や秩序を追求するという性格を強く持ち，客観的視点から自然を観察するという態度が定着している一方で，日本やアジアの自然観は，自然の中に人間を位置づけ，人と自然との関係性の総体をとらえようとしてきたと指摘されてきたが（ベルク 1988, 2002, 亀山 2005），近年では，欧米においても，災害を物理的に制御するだけではなく，自然認識や災害の意味の変化をとらえ，災害といかに折り合いをつけるかという

議論がなされるようになっている（Furedi 2007）。Lopez-Marrero（2010）による，災害への適応力（adaptive capacity）という概念の提示は，その一例といえるだろう。

こうした自然認識や災害対応が変化している背景には，たとえば，数百〜数千年に一度の洪水に耐える改修工事を行ってきたはずの欧米の主要河川が，20世紀末以降，頻繁な洪水被害に見舞われていることに対する懐疑と反省があると考えられる。頻発化・甚大化する災害に対して，欧米においても，ハード面だけではない防災対策が必要であるという主張が現れ，政策面での変化もみられるようになってきた（Johnson *et al.* 2007, Howgate and Kenyon 2009, Ball *et al.* 2013）。

かつて，日本版の環境決定論と誤解されていた和辻哲郎の著作[14]が，近年欧米で再評価を受けるようになっているのは，欧米の地理学者や環境論者の間で，従来とは異なる新たな環境論が必要とされていることを示している。その中で，欧米とは異なるアジアの「共生」的な人間–環境関係が，危機感と閉塞感を伴った環境問題を打開しうるものとして認識されているという指摘もある[15]。

いずれにせよ，災害研究を契機として，人々の自然観・環境認識の変化という点も含め，従来とは異なる人間–環境関係論が構築されつつあるといってよいであろう。その際に重要なことは，「共生」という生物学・生態学用語を，安直に人間–環境関係論に適用し，その審美性や倫理性に依存することではなく，人間と自然との間の相互攪乱・相互介入（inter-disturbance）（Soda 2009）とでもいうべき，相互作用における緊張関係をどう再評価するかということであろう。この点は，関（本書第1章および第11章）のいう「災害史観」の構築にもかかわる点であると思われる。

3−2　災害文化論——認識論と在来知

災害の物理的側面だけでなく，社会的・政治的側面が重視されるべきであるという主張が高まってきていることは，これまでみてきたとおりである。それに加えて，近年注目されつつあるのが，災害の文化的側面についての研究である。

日本自然災害学会（2002）の『防災事典』によると，災害文化は「災害常襲地のコミュニティに見出される文化的な防災策」と定義され，災害の抑止や災害前兆の発見，災害発生後に人々がとるべき対応の指針などを含むという。また，災害文化の形成要因としては，①繰り返し発生すること，②被害発生期までに警戒期が存在していること，③甚大な被害をこうむること，④身近な人が被災することなどが挙げられている。

日本における災害文化の議論は，基本的には情報の伝達や記憶・知識の継承，あるいはそれに基づくコミュニティの強化やまちづくり，復旧・復興への社会文化的貢献などが中心的な話題となってきた（田中・林 1989, 田中・小倉 1994, 和泉 1999, 岩佐 2008, 定池 2009, 2010など）。社会学分野を中心に行われてきたこれらの議論は，文化をきわめて機能主義的にとらえる立場といってよい。

地理学分野においては，景観面や生業面において顕在化した災害関連事象を，災害文化とし

211

て注目し考察対象とする傾向がある。日本の事例でいえば，輪中集落がそのひとつとして挙げられる。つまり，輪中集落の築堤形態や堤防の維持管理方法，水防倉庫の設置・運用，敷地の盛り土，避難場所としての「水屋」の存在，水害に対する社会的・文化的な備え，被災した場合の行動指針など，それらの総体が災害文化の典型として紹介される[16]。

　これらの災害文化は，機能論的に説明される場合がほとんどであり，人文学的な意味での議論の深化は期待できない。しかし，英語圏も含めた近年の災害文化に関する研究は，こうした実体的な事象に関する機能論的な議論だけでなく，不可視の災害アクターとしての神・精霊や，人々の「災害観」あるいは「自然認識」等への眼差しを持ったものも少なくない（Nunn 2003, Morenaar and Santen 2006）。つまり，「災害文化」は単に防災や減災に役立つ知識の蓄積・継承・体系化という側面だけではなく，災害をめぐって構築されてきた社会的・文化的現象や，その理解の仕方，自然観までをも含め，より広くとらえようとするという見方である[17]。

　たとえば Kastenbaum（1974）は，人々が災害や超自然的現象を理解し，苦痛を和らげるために祈祷や儀礼を行ったり，あるいは日常の行動が災害によって何らかの影響を受けたりすることで，「被災の基礎構造（a fabric of disaster）」が創り出され，それによって自然災害（hazard）が日常生活の一部に組み込まれていくことを示している。これは広い意味での人間–環境関係の構築であるが，Bankoff（2003）は，こうした関係性の構築過程をも災害文化（cultures of disaster）として取り扱っている[18]。

　被災による心理的ストレスを和らげたり，自らの苦難を納得・了解したりするために，災害の要因を神話や伝説などに依拠して説明・再解釈することもある。これは，災害という環境変動の「神話的説明」あるいは「文化的了解」（祖田・目代 2013）といってもよい。実際に被害に遭った人々は，必ずしも自然科学的な説明を求めているわけではなく，よりソフィスティケイトされた（sophisticated）社会的な説明を必要とすることも多いのである（Mustafa 2002）[19]。

　一方，Donovan（2010）は，「社会火山学（social volcanology）」と称して，インドネシアの火山噴火に対する現地社会の文化的反応や，災害の影響によって形成されてきた伝統や信仰体系などについて考察しており，こうした文化的側面を理解することが，社会の回復力を高める結果になると指摘している。また，Shannon *et al.*（2011）は，繰り返し災害を受けてきた社会において蓄積された被災経験を「文化資源」ととらえ，この文化資源の活用が防災・減災につながる可能性を示唆している[20]。

　これらの議論は，当該コミュニティの「伝統知」や「在来知」を積極的に評価するものが多い（Davis 2005, Eriksen *et al.* 2005, Bird *et al.* 2007, Gaillard and Mercer 2013）。もちろん，この場合でも，機能論的な視点が強調される場合は，伝統知・在来知が科学知と合致しているかどうかの正誤判定の様相を呈することはある（Masse *et al.* 2007, Cochran *et al.* 2009）。しかし，伝統知や在来知は，単なる知識や知恵，技術のみならず，価値や規範，信仰・信念なども含め，当該のコミュニティで共有されている「災害観」や「自然認識」全体にかかわるものといってもよい。そうした災害観や自然認識に依拠した伝統知・在来知は，仮に科学と不整合な部分を有していたとしても，減災・防災につながる行動指針を示しうることもあれば，後付けの神話的解釈に

よって被災後の心理的ストレスを軽減させる場合もある（Shannon *et al.* 2011, 祖田・目代 2013）。

　ただし，災害にかかわる神話や予言も含め，在来知はしばしば科学知に勝る経験則として高く評価される一方で，そればかりではないという事例も指摘される。たとえば，19世紀のアフリカ中南部において，乾燥化理論が生まれ，その後の研究によって理論が強化されたが，実際には乾期と雨期の繰り返しがあった。現地住民にとっては乾燥期の方が厳しく印象に残りやすいこと，研究者がそうした現地住民の記憶や知識，神話等に依拠しすぎた形で調査を進めたことなどから，乾燥化理論の形成においてバイアスがかかったという（Endfield and Nash 2002）。一方，住民自身が神話に依拠して，行政による避難指示を受け入れなかったがために，火山災害に巻き込まれたという事例もある（Donovan 2010）。

　いずれにせよ，科学知による在来知・伝統知の否定や，在来知・伝統知の無批判の称賛だけではなく，防災や減災，あるいは環境変動への適応力の向上には，科学知と在来知の使い分け，あるいは融合・ハイブリッド化が重要になる（Berkes 1998, Thomas *et al.* 2003, Ellen 2007, Gamble *et al.* 2010, Shannon *et al.* 2011, 市川・祖田 2013）。

　地域における災害観や自然観，神話体系，信仰などに配慮した形での科学知の導入が不可欠であることは，次第に明らかになりつつある。それらをどのように実現するかは，今後の議論の深化を待たねばならない。これは，災害文化研究における機能論と認識論の接合という課題にもつながるものであると同時に，人と自然との関係性を現代的文脈からとらえ直すための契機と考えてよいだろう。

4. 自然科学と人文・社会科学の協働，あるいは科学と社会との関係性

　前節で検討した人間−環境関係をどうとらえるかは，学問世界における文理融合をいかに実現するかという点に間接的にかかわる課題である。また，科学知と在来知の関係性については，科学と社会をどうつなぐかという問題に連なる重要な論点である。本節では，これらの点について考察する。

4−1　学際性と文理融合
　災害研究は，本来的に学際性を有している。近年では，人文・社会科学による災害研究も積極的に行われるようになってきた。たとえば，歴史学や民俗学，人文地理学，文化人類学などの観点から，災害や環境変動などについて考察しようとする動きがある。その場合，神話や伝説といった物語が重要な分析対象になることもある（Oliver-Smith 2002, 笹本 2003, Bankoff 2003, Nunn 2003, 佐々木 2005, 北条 2006）。これらは，それぞれ異なる研究分野に立脚しつつも，災害現象の文化的・社会的・政治的な側面を明らかにしようとするもので，広い意味で「災害文化論」とでもいうべき学際的研究アリーナを形成しつつある[21]。

　しかし，先述のとおり，災害現象は「人間と環境との接触面」で発生する現象である以上，災害現象を「総合的」に把握しようとすれば，人文・社会科学と自然科学の両面からのアプ

ローチが必要になる。このような側面を意識した形で，近年顕著にみられるようになった文理の協働として，地質学や地震学，気象学などの研究に，歴史資料や口頭伝承，民話・伝説・神話等の情報を取り入れるというものがある（Liu *et al.* 2001, Sauchyun *et al.* 2003, Piccardi and Masse 2007, Kozak and Cermak 2010）。これは一部のグループの間ではジオミソロジー（geomythology）とも呼ばれているもので（Vitaliano 1973），神話や伝説には事実に即して語られた歴史も数多く含まれているという観点から，それらの物語を過去の大規模イベントの年代測定などに有益な情報として積極的に活用しようとする立場である（Masse *et al.* 2007, Ludin and Smits 2007）。

　もちろん，資料として歴史的・文化的・質的な情報を用いるだけで，実際には気象学的・地震学的分析に終始しているものや，あるいは，歴史資料の真偽を判定して終わってしまう場合もある（Shankman and Liang 2003, Masse *et al.* 2007, Cooper and McKenna 2008, Cochran *et al.* 2009, Rahiz and New 2012）。しかし，過去の長期的な傾向を把握することで，近年の環境変化を異なる視点から再評価できる場合もある（Liu *et al.* 2001）。また，そうした分析の蓄積が，災害パターンの将来予測や，隠れた潜在的災害の発見に寄与するという期待も生まれつつある（Minor 2009）。

　このように，学際性が求められている中，実践面においても文理融合を意識したプロジェクトが各地で展開されるようになっている。たとえば，**Degg and Chester**（2005）は，発展途上国における国連主導の減災プロジェクトで，文理の協働作業が行われたことを紹介して，具体的にペルーでの地震災害や火山災害に関する研究について考察している。そこでは，災害研究そのもののあり方についても変化が必要であり，文理の具体的・実質的な協働もローカル・レベルからグローバル・レベルまで，様々な段階で不可欠であることを明らかにしている。

　こうした文理融合の必要性については，地理学内部においては古くから主張されてきたことである。人間–環境関係を考察する総合学問として発祥した近代地理学は，その内部に自然地理学と人文地理学を包含しており，もともと自然科学と人文・社会科学が共存している分野であるが，学問の細分化の流れの中で地理学の総合性をどう維持し，その強みを発揮するのかという点は，時代を経るにつれ，いっそう解決困難な大きな課題になっていた。その意味では，人間と環境との接触面で発生する災害という現象は，地理学においても本来的な総合学問としてのあり方に立ち返る契機として，重要な研究・実践の対象になるはずである。

　その場合の重要な点として，少なくとも次の2点を挙げることができる。第1に，従来の自然地理学的な災害因の分析だけでなく，自然環境の変化・変動がどのような形で災害現象として現れるのか，その顕在化の過程に関心を持つことである。第2に，災害現象の背後にある文化や政治の問題を充分に認識したうえで，学問と社会を結びつける方法が議論されるべきである。この点は災害復興を考えるうえでも不可欠である。これらについて，次節で検討しよう。

4−2　社会との関係性

　先述のとおり，災害にかかわる研究としては，災害因としての環境の変化・変動を分析しようとする自然地理学が先行してきた。自然的・物理的な環境変化を理解することが自然地理学のそもそもの目的としてある中で，それらが必然的に災害研究と深くかかわる部分を持ってい

214

たというべきだろう。

　ただ，災害因を解明することと，災害現象を理解することは，必ずしも直接的につながるわけではない。Furedi（2007）は，従来，多くの人々にとってより重要な問題は，「なぜ」災害が起きるのかであって，「どのように」災害が起きるのかではなかったと指摘する。しかし，近年問題にされているのは，災害発生の物理的メカニズムではなく，人々にとっての災害の現れ方とその「意味」である。我々は災害という現象のとらえ方について，新たな局面を迎えているといえる。

　災害の頻発化や甚大化，災害の発生状況の地域的偏差，社会階層と被災状況との関係性などが問題とされるようになり（Collins 2008, 2009, Li *et al.* 2010），また，災害後の復興のあり方や，復興過程における新自由主義的な巨大資本のあからさまな介入（Klein 2009）など，災害をめぐる諸問題が顕在化している中で，社会的・経済的・政治的な側面を視野に入れた災害研究の確立が急務となっている[22]。

　一方，災害にかかわる言説や口頭伝承といった文化的な側面についていえば，従来は，神話や伝説で語られる話と，歴史的事実との関係性を吟味することに重点が置かれており，なぜ人々がそのような神話や伝説を持ち出して現実の自然現象を説明しようとするのか，という点についての充分な議論がなされているわけではない（祖田・日代 2013）。

　災害因に関する科学的説明がなされたとしても，被災した人々がそれに納得するとは限らない。災害現象の物理的な説明は，「なぜ自分がこのような苦難を強いられるのか」という問いに答えてくれるわけではないからである。むしろ，神話的説明や，場合によっては「バチが当たった」という一言で事態が了解可能になることもある。防災や減災，あるいは被災後の復興過程において，人々が自然との付き合い方や折り合いの付け方を，納得のいく形で反省できるかどうかという点も，重要になってくるであろう。そうした作業に科学や学問がいかに貢献できるかが問われなければならない。

　Branney（2011）が指摘しているように，災害研究の課題は，学問分野間，文理間の接合という点だけではなく，科学文化（scientific culture）と現場をどう結びつけるか，さらには，科学と政策との関係をどう考えるべきか，という点にまで至るものであり，社会的なかかわり方や，政治的な立ち位置にも意識的にならざるをえない。こうした点を考えても，災害研究は，現代の科学や学問に突きつけられた課題を余すところなく内包しているといえる。その意味で，Brun（2009）が展開している，被災後における「地理学者の責務」という議論は参考に値する。

　すでに指摘したように，災害とはそもそも不確実性を強く有する現象である。そのような不確実な現象に，人々はどのような感情を持ち，どのような対処方法を取ろうとするのか，あるいは，財政面のバランスも含め政策的にはどう対応すべきなのか（Branney 2011）という部分についての研究は，まだ端緒についたばかりであり，被災後の復興過程における学問的関与の仕方も議論は深まっていない。

　寺田（1934）や Endfield *et al.*（2009）の言を俟たずして，災害の激甚化は近代化の所産であ

るということは明らかであろう。それは，ゲリラ豪雨による人口密集地での被害拡大や，原発災害の広域的・長期的な影響をみても首肯できる。たしかに，「身近」で「常襲」なる災害は，技術的には一定程度抑え込むことが可能になったとはいえ，逆にいえば，そもそも災害が持っているはずの「不確実性」はさらに増すことになり，実際に被災した場合の被害は大きくなるという結果をもたらしている。高い不確実性を持った災害への政策的な対応は，地域間関係や税制にもかかわる社会的公正の問題であり，政治の問題である（Clark *et al.* 2013）。

　一方，先述のとおり，在地社会の災害対応策を再評価する動きも活発化しており，科学知と在来知をつなぐための方法が模索されつつある。これらの課題は，従来，別個に議論されてきた感があるが，近代化やグローバル化といった流れの中で，より複雑化している災害現象を把握するためには，自然科学的理解はもちろんのこと，文化・社会・政治等をも含めた，より総合的な考察が必要とされる（Silva *et al.* 2010, Donovan and Oppenheimer 2011）。そして，個別に提示されてきた議論や課題を結びつけるための場を提供することが，科学や学問の新しい役割であるという主張もある。

　Lane（2011）は，科学を問題解決の手段として利用すること自体，ある意味でラディカルではあるが，よりラディカルな関与が必要であると訴えている。つまり，災害にかかわる問題に直接的に関与するだけでなく，これまで軽視され，排除されてきた在来知にも目を向け，科学知と在来知の統合を目指すと同時に，政治や政策と災害現場との間を仲介する形で，各種の意思決定過程に介入しながら，新しいハイブリッドな知を創造するための手段として科学を利用すべきであると主張する。

　災害研究とは，人間-環境関係という果てしない学問的探求の場でもあり，なおかつ，現代的文脈における学問の社会的存在意義をめぐる課題を象徴してもいる。災害研究は，このような新たな知を創造するための契機に満ちた挑戦的な研究領域として，重要な位置を占めつつあるといってよいだろう。

5. 今後の課題

5−1　文化資源としての災害経験——規範と教訓

　関（本書第3, 4章）は，災害因と復興をどう結びつけて考えるかという命題について，災害因のあり方やそれに対する取り組みいかんによって，被災状況や災害復興過程も異なるとして，人文・社会科学における災害研究も，災害前と災害後を見据えた時間的スパンを意識すべきであるとする。

　そこには，災害前と災害後の社会的な変化をどのような視点からとらえ，復興のあり方をどう考えるべきなのかという課題がある。「災害後」を主要なテーマに設定してきた社会科学にとって，この指摘が重要であることは間違いないが，本章で扱ったような文化的側面を意識したとき，さらに長期的なスパンを視野に入れることの必要性もみえてくる。

　災害文化を提唱する Bankoff（2003）は，たとえばフィリピンでは災害はめったに起こらな

いものではなく頻繁に起こるものであるとしている。この指摘は，災害を「異常」な事態として，災害のない状態を「通常」ととらえるのではなく，災害はごく普通に起こるものであり，何も起こっていない現在は，頻発する災害と災害との「合間」の時間ととらえ直すことを可能にする。つまり，数年から数十年単位の時間軸を考慮に入れ，次に同じような現象が発生することを想定した災害対応を日頃から意識することで，災害現象が日常生活に組み込まれたものとなっていく。

　こうしたことを現代的文脈で考えた場合，関（本書第11章）も指摘するように，そこには災害経験の「教訓化」や「規範化」といったテーマが現れてくる。災害経験をどのように活かすのかという議論は，端緒についたばかりである。教訓や規範というのは，個人に外在する社会的・文化的なものであるが，Shannon *et al.*（2011）が主張するような，災害経験の蓄積を「文化資源」として活用していく社会的・制度的基盤は，まだ構築されているとはいいがたい。

　このことを考えるヒントとして，災害にまつわる「語り」に関する二つの対極的な事例を考えてみよう。

　かつてのハワイ王朝には，宮廷専属のストーリーテラーが存在していた。彼らは，甚大な被害をもたらす災害が発生した場合，その災害現象を時の王との関係に言及しつつ物語化していったという（Masse *et al.* 2007）。本章第3節でも述べたように，理不尽な状況に遭遇した場合に，人々はそれに対する解釈を施し，了解・納得するための物語を求めようとする（祖田・目代 2013）。ハワイ宮廷のストーリーテラーは，災害経験を効率的に伝承化・神話化させるだけでなく，王朝を中心とする共有財産としての物語を民衆に提供することで，災害現象を社会化・一般化させることに寄与していたといえる。

　一方，こうした災害の物語化に関して，ハワイの事例の対極にあると思われるのが，「語り部」による物語である。現代日本において，出来事の神話化が馴染むはずもなく，被災の経験はむしろきわめて個人的なものとして語られる。我々は，多くの被災地で「語り部」に出会う機会を与えられ，その役割は社会的にも認知されるようになった。しかし，「ヒロシマ」の例にみるように，時間の経過と語り部の高齢化という過程において，直接経験者による印象深い語りの重要性は，つねに「風化」という危機感とセットでとらえられる。

　語り部による伝承の意味を否定するわけではないが，現状においては，語り部の話す内容のインパクトの度合いは聞き手の「共感」に強く依存しており，災害経験の共有という点において個人レベルからの脱却を妨げる傾向にある。関（本書第11章）がいうように，語り部たちは災害文化の「担い手」として充分に認知されていないのである。

　Shannon *et al.*（2011）が主張する，被災経験の「文化資源」化というのは，これら二つの対極的な事例の中間に位置するものととらえてよいであろう。権力中枢によって物語を押しつけられるのでもなく，個人レベルの体験談に留まるのでもなく，災害経験を，共有すべき文化資源として構築するための基盤づくりが必要とされている。このことは，（防災・減災）技術の限界を，社会的・文化的に補完するという考え方をいかに構築するか（Johnson *et al.* 2007, Howgate and Kenyon 2009）という課題を考えるうえでも，重要な論点になると思われる。

5－2　災害対応の多元化──ハードとソフト

日本ではいまだにハード面での「安全神話」に依存する傾向が強いが，そこには「教訓」の社会化・規範化を軽視する傾向が反映されているのかもしれない。

たとえば，Crowley and Elliott（2012）は日本のレジリエンスの高さを評価するが，それは被災後のインフラストラクチャーの復旧速度や，復興過程における新技術の開発については当てはまるものの，Donovan（2010）がいうところのソフト面でのレジリエンスについての検討は充分とはいいがたい。この点は，災害文化研究における機能論と認識論の接合という課題にも通じるものである。

さらにいえば，上述のような「語り」の資源化や在来知の活用といった文化的な側面だけでなく，制度的な面からみても，その脆弱性は指摘できる。たとえばアメリカ合衆国においては，連邦緊急事態管理庁（FEMA）のような防災・危機対応を統括する組織的基盤が存在し，米国地質調査所（USGS）といった研究組織との連携も確立されつつある。このことが，予知研究と防災・減災システムの有機的な結びつきをもたらしうる。アメリカ合衆国の状況と比較すると，日本においては災害対応をめぐる制度的な充実度は低いといわざるをえないだろう。

日本においては，ハード面・技術面での防災と復興が先行する中で，「科学的予知」と「公共事業としての復旧・復興」という点が議論の中心を占める。これは，被災後の動きの日本的特徴といえるだろう。そこでは，不確実性をもつ災害に対する防災インフラストラクチャーの建設費用を誰が負担するべきなのか（Johnston *et al.* 2007, Branney 2011, Penning-Rowsell and Pardoe 2012）という議論は乏しい。また，被災地区の復興に際して，新たなゾーニングも含めた広域的なスケールでの地域復興計画の策定（Brun 2009）という点も，議論はなかなか前に進んでいない。

「次に被災したときにどうするか」ではなく，基本的には「同規模の現象が起こっても次は被災させない」という発想のもとで，復興計画の策定が進められるのが現状であろう。こうしたハードを重視した防災と復興は，特に高度経済成長期以降の顕著な傾向なのかもしれないが，いわゆる「安全神話」の確立というものが「災害発生時の対応」や「被災後の社会的・文化的復興」というソフト面での課題を見えにくくさせ，災害にまつわる知識や知恵の伝承や，災害文化の構築のための制度的基盤づくりは二の次になっている。災害経験の記憶は，ハード面の充実によって希薄化していくことになっているといえるだろう。

上述の「語り」の風化も含め，災害経験の蓄積のための基盤は今も整備されないままである。関（本書第11章）が指摘した日本の「集団的健忘症」は，現代的文脈においても健在であるといえるのかもしれない。

本章でみたように，災害に関する具体的な事象の検討と蓄積は，ここ十数年で世界的に進んできた。現場レベルの経験を語るための場も整備されつつある。しかし，それらを現代的文脈で抽象化し，異なる地域の異なる経験を共有財産化する制度的基盤は，日本においてはもちろんのこと，世界的にみてもいまだ薄弱である。

　本章の冒頭では，災害研究の理論化が進んでいないことを指摘したが，それは，世界中で頻発する災害に対して，現場レベルの具体的分析でさえ追いつかないという面があるのかもしれない。あるいは，防災・減災・復興などの面での社会貢献を優先して，あえて抽象化を避けるという立場もあるだろう。しかし，災害研究の理論化という方向性は，上述の課題に答えていくためにも不可欠であろう。災害の基礎研究や理論研究の進展が，より根本的な意味での防災や減災，復興などに貢献しうるような仕組みを考えることも，災害研究の重要な学問的・社会的責務であると思われる。

〈付　記〉

　本章は祖田（2015）を加筆修正したものです。本研究を進めるにあたっては，科学研究費補助金（20720219，17251015）および国土地理協会学術研究助成の一部を利用しました。資料の収集・整理に関しては，冨永哲雄氏にご協力いただきました。記してお礼申し上げます。

1）災害の分類については，日本自然災害学会監修（2002）の『防災事典』も参照されたい。
2）災害にかかわる用語は多岐にわたり，日本語としての定義が確立していないものもある。災害研究においては，ハザードは地震や豪雨など，被害をもたらす原因となる現象を指し，そうしたハザードによって人間社会が受ける被害をディザスターと定義することが多い（Wisner *et al.* 2004）。日本の災害研究の分野ではハザードを「加害力」と訳すこともある（日本自然災害学会 2002）。また，カタストロフはディザスターの中でも特に甚大で，国家規模の対応を必要とする事象を指すことが多い（Quarantelli 2000）。一方，ここでいうリスクとは，ハザード・リスクやディザスター・リスクのことで，自然環境の変化・変動によって何らかの被害が生じる可能性を指す。このほか，本章で取り上げた文献の中には，エマージェンシー（emergency），クライシス（crisis），カラミティ（calamity）などの語を使っているものもあるが，本章は用語の定義を目的とするものではないので，災害にかかわる英単語についてのこれ以上の議論は行わない。
3）英語圏の主要雑誌として取り上げたのは，*Annals of Association of American Geographers*（AAAG），*Transactions of the Institute of British Geographers*（TIBG），*Area*，*Geographical Journal*，*Geographical Review*，*Professional Geographer*，*Progress in Human Geography*，*Geoforum* の 8 誌である。これらの雑誌において 2000 年以降に発表された論文のうち，災害にかかわるものを抽出し，本章の議論の参考とした。
4）近年では，自然科学的に現象の物理的な関係性の記述を中心としながらも，人為的な要因を指摘したり，歴史資料を用いたりする研究も増えつつある（たとえば，Liu *et al.* 2001, Meadows and Hoffman 2002, Shankman and Liang 2003, Cooper and McKenna 2008, Phillips 2008, Sternberg *et al.* 2009, Rahiz and New 2012 など）。
5）GIS を利用した疫学的な研究事例としては，ほかにも Kolivras（2006）が挙げられる。
6）リスク・アセスメントについては，社会的状況の多様性のみならず，災害発生の「不確実性」という問題も大きい（Branney 2011, Donovan and Oppenheimer 2011, Crowley and Elliott 2012）。そして，近年の広域あるいは地球規模の災害を視野に入れることで，その不確実性はいっそう増大する。したがって，不確実性を自覚した将来的な災害対応を考察することが不可欠となる（Montz 2003）。
7）様々なリスクに対する脆弱性と被災後のレジリエンスに対する評価については，生業形態や在来知，資源へのアクセス可能性などとの関係から，伝統的な社会が持つ適応力・対応力を評価したうえで，外部要因によって脆弱性が高まっていることを指摘するものが多い。近年の事例でいえば，Ford *et al.*（2008）や Silva *et al.*（2010）などがある。
8）一方，これまでの脆弱性に関する研究が，対象として小スケールの地域や社会を扱っていながらも，説明要因としては大スケール重視に偏りすぎていたことを批判し，現場の「認識」や「主観性」にも目を向け直そうとする研究もある（Mustafa 2002）。
9）ただし，貧困や社会的弱者のみが脆弱性を持つという議論ばかりではなく，貧富差や社会格差と被災可

能性は比例しているわけではないという主張もある。たとえば，ボリビア・ラパスでの地滑りや洪水被害を考察した O'hare and Rivas（2005）は，斜面に立地するインフォーマルな住宅密集地で発生しやすいことは事実として認めつつも，低平地の条件有利な地区も，上流の森林開発の影響などにより洪水被害を受けやすい状態にあることを指摘する。

10）オリエンタリズム概念については詳しい説明の必要もないであろうが，簡単にいえば「東洋」とは地政学的な「実体」なのではなく，西洋によって政治的，文化的に創造された「概念」であるという主張である。東洋に関する表象の体系は，東洋へのまなざしを固定化しただけでなく，西洋との「差異」を「劣等性」という形に置き換えるという機能も果たした。こうした「劣等性」と「他者性」の概念として立ち現れてきた概念空間としての「東洋」になぞらえる形で，Arnold は西洋のまなざしを受けた熱帯の歴史を再検討し，物理的空間としてのみならず，概念的空間としての「熱帯」が作り上げられた過程を詳述している。こうして作られた概念としての熱帯が「熱帯性」と呼ばれるものである。

11）熱帯地域や発展途上国など，旧植民地世界の脆弱性について語ることは，否定的な地域イメージの強化と南北格差の拡大に寄与する危険性があることは，しばしば指摘される。その一方で，これらとは裏返しの視点で，先進国の総体的なレジリエンスの高さを考察したものもある（Crowley and Elliott 2012）。

12）環境可能論の考えに基づくと，同じような自然環境条件を持った地域でも，人間の自然環境への働きかけ方によって，異なる文化や社会が発展しうることになる。こうした人間の活動が地域性を生み出す要因であり，地域研究を行う意義を提供することになる。

13）たとえば，渡辺（1977）は，人間が自然現象を制御して災害を縮小させようとしてきたと同時に，それ自体が災害を拡大し，新たな災害を生み出してきたと指摘する。同様の指摘は，Freudenberg（1997）においてもなされている。

14）代表的なものとして，和辻（1935）が挙げられる。

15）多和田（2000）は，近年の共生概念の扱われ方について，たとえば「熱帯の人間は怠惰である」といった，ある種の環境決定論的で素朴な語りはなくなった一方で，オリエンタリズム的な人間-自然関係の語りは，装いを変えながらも存在し続けており，その代表的なものとして「共生」概念が浮上しているという。また，こうした概念が定着することによってナショナリスティックなイデオロギーへと変質することへの警戒感を示している。

16）輪中研究は膨大な数に上るが，代表的なものとして，伊藤（1994, 2010）が挙げられる。

17）被災前の日常生活から被災後の復興までの時間軸を意識した災害文化のとらえ方や，さらにはより長期的な時間軸を見据えた「災害史観」の中に災害文化を位置づける試みについては，関（本書第 11 章）の議論を参照されたい。

18）英語圏の研究においては，災害にかかわる文化をあらわす言葉として災害の下位文化（disaster subculture）というものがある。Granot（1996）によると，この名称は 1960〜70 年代から使用され始めたが，議論の対象として取り上げられることは少なかったという。また，主流文化の代替的性格しか持たないという印象を与える "sub" は使用すべきではないとしている。一方，災害文化（disaster culture）（Button 2010）という表現にみられるように，単なる下位概念ではなく，災害の文化的側面を積極的に評価しようとする傾向もある。いずれにせよ，災害の下位文化という用語を初めて提唱した Moore（1964）に立ち返ったとしても，災害文化は単なる下位文化や，知識と技術の集積としてとらえるのではなく，後述のように，価値や規範，信仰，世界観等を本来的に包含した，深い意味を有するものであると考えるべきであろう（Wenger and Weller 1973，林 1988）。

19）やや特殊ではあるが興味深い研究事例としては，Simpson and Corbridge（2006）が挙げられる。彼らは，2001 年にインド・グジャラートで起きた地震を例に，地域の再建・復興と災害記憶の伝承との関係について考察し，災害が「記念碑」や「メモリアル」として，別の文化的意味合いが付与されていくまでの過程において，様々なポリティクスが働くことを，現代のヒンドゥー・ナショナリズムの動きも含めて考察している。近年，日本においても災害遺構の保存についての議論が盛んに行われているが，こうした記憶の保存をめぐる人々のせめぎ合いも興味深い論点になりつつある。

20）本章では，災害文化の継承・活用方法やその「担い手」については主要な議論の対象としていないが，大熊（1988, 2004）が指摘しているように，被災経験の有無とその世代間継承のあり方は重要な論点にな

る。関（本書第 11 章）は，「語り部」というアクターの存在も含めて，文化の担い手について議論している。

21) Bankoff（2003）は，フィリピンの各種災害と人々の反応・対応を検討する中で，災害をめったに起こらないものとしてではなく，頻繁に発生するものととらえて次のように記述している。「フィリピンのような社会においては，自然災害は歴史的に頻繁に発生してきた。そうした持続的な脅威は日常生活の中に組み込まれ，いわゆる『災害文化』というものを作りだす」。一方，マケイブ（2006）は，東アフリカで繰り返される干ばつ災害を，生態系の「正常な」働きの一部と考える見方を紹介し，人々が環境のストレスに対してどのように対処するのかを考察することで，災害現象に現れる社会的側面が明らかになると主張する。

22) 災害復興における新自由主義的な介入とは異なる動向とその評価については，Baldwin and Stanley（2013）や Phelps *et al.*（2011）を参照されたい。

参 考 文 献

Anguelova, Z., Stow, D. A., Kaiser, J., Dennison, P. E. and Cova, T（2010）"Integrating fire behavior and pedestrian mobility models to assess potential risk to humans from wildfires within the U.S.-Mexico border zone," *Professional Geographer*, 62（2）, pp. 230–247.

Aprioku, I. M.（2003）"Oil-spill disasters and the rural hazardscape of Eastern Nigeria," *Geoforum*, 34（1）, pp. 99–112.

Arnold, D.（1996a）*The problem of nature: environment, culture and European expansion*, Oxford: Blackwell.（邦訳：D. アーノルド，（1999）『環境と人間の歴史——自然，文化，ヨーロッパの世界的拡張』新評論）

Arnold, D.（1996b）"Tropical medicine before Manson," in Arnold, D. ed., *Warm climates and Western medicine: the emergence of tropical medicine, 1500–1930*, Amsterdam and Atlanta, GA: Rodopi, pp. 1–19.

Baldwin, A. and Stanley, A.（2013）"Risky natures, natures of risk," *Geoforum*, 45, pp. 2–4.

Ball, T., Werritty, A. and Geddes, A.（2013）"Insurance and sustainability in flood-risk management: the UK in a transitional state," *Area*, 45（3）, pp. 266–272.

Bankoff, G.（2001）"Rendering the world unsafe: 'vulnerability' as western discourse," *Disasters*, 25, pp. 19–35.

Bankoff, G.（2003）*Cultures of disaster: society and natural hazard in the Philippines*, London and New York: RoutledgeCurzon.

Bakoff, G., Frerks, G. and Hilhorst, D.（2004）*Mapping vulnerability: disasters, development & people*, London: Earthscan.

Beller-Simms, N.（2004）"Planning for El Nino: the stages of natural hazard mitigation and preparation," *Professional Geographer*, 56（2）, pp. 213–222.

Berkes, F.（1998）*Sacred ecology: traditional ecological knowledge and resource management*, Philadelphia: Taylor & Francis.

Bird, M., Cowie, S., Hawkes, A., Horton, B., Magcgregor, C., Ong, J. E., Hwai, A. T. S., Sa, T. T. and Yasin, Z.（2007）"Indian Ocean tsunamis: environmental and socio-economic impacts in Langkawi, Malaysia," *Geographical Journal*, 173（2）, pp. 103–117.

Blaut, J. M.（1993）*The coloniser's model of the world: geographical diffusionism and Eurocentric history*, London: The Guilford Press.

Branney, M.（2011）Book review on Lockwood, J. and Hazlett, R., *Volcanoes: global perspective*, Chichester: Wiley-Blackwell, *Geographical Journal*, 177（3）, pp. 290–291.

Brown, J. D. and Damery, S. L.（2002）"Managing flood risk in the UK," *Transactions of the Institute of British Geographers*, 27（4）, pp. 412–426.

Brun, C.（2009）"A geographers' imperative: research and action in the aftermath of disaster," *Geographical Journal*, 175（3）, pp. 196–207.

Bryant, R. L. and Bailey, S.（1997）*Third world political ecology*, London: Routledge.

Button, G.（2010）*Disaster culture: knowledge and uncertainty in the wake of human and environmental catastrophe*, Walnut Creek: Left Cost Press.

Cadag, J. R. D. and Gaillard, J. C.（2012）"Integrating knowledge and actions in disaster risk reduction: the contribution of participatory mapping," *Area*, 44（1）, pp. 100-109.

Clark, N., Chhotray, V. and Few, R.（2013）"Global justice and disasters," *Geographical Journal*, 179（2）, pp. 105-113.

Cochran Jr, D. M, Reese, C. A. and Liu, K.（2009）"Tropical Storm Gamma and the Mosquitia of eastern Honduras: a little-known story from the 2005 hurricane season," *Area*, 41（4）, pp. 425-434.

Collins, T. W.（2008）"What influences hazard mitigation?: household decision making about wildfire risks in Arizona's White Mountains," *Professional Geographer*, 60（4）, pp. 508-526.

Collins, T. W.（2009）"The production of unequal risk in hardscapes: an explanatory frame applied to disaster at the US-Mexico border," *Geoforum*, 40, pp. 589-601.

Conway, G.（2009）"Geographical crises of the twenty-first century," *Geographical Journal*, 175（3）, pp. 221-228.

Cooper, J. A. G. and McKenna, J.（2008）"Working with natural processes: the challenge for coastal protection strategies," *Geographical Journal*, 174（4）, pp. 315-331.

Cosgrove, D.（2001）*Apollo's eye: a cartographic genealogy of the earth in the western imagination*, London: The Johns Hopkins University Press.

Couper, P. R.（2004）"Space and time in river bank erosion research: a review," *Area*, 36（4）, pp. 387-403.

Crowley, K. and Elliott, J. R.（2012）"Earthquake disaster and resilience in the global North: lessens from New Zealand and Japan," *Geographical Journal*, 178（3）, pp. 208-215.

Davis, D. K.（2005）"Indigenous knowledge and the desertification debate: problematizing expert knowledge in North Africa," *Geoforum*, 36（4）, pp. 509-524.

Degg, M. R. and Chester, D. K.（2005）"Seismic and volcanic hazards in Peru: changing attitudes to disaster mitigation," *Geographical Journal*, 171（2）, pp. 125-145.

Diamond, J.（1997）*Guns, germs, and steel: the fates of human societies*, New York: W.W. Norton & Co.（邦訳：J. ダイアモンド著，倉骨彰訳（2000）『銃・病原菌・鉄——1 万 3000 年にわたる人類史の謎（上・下）』草思社）

Donovan, A. R. and Oppenheimer, C.（2011）"Commentary: the 2010 Eyjafjallajökull eruption and the reconstruction of geography," *Geographical Journal*, 177（1）, pp. 4-11.

Donovan, K.（2010）"Doing social volcanology: exploring volcanic culture in Indonesia," *Area*, 47（1）, pp. 117-126.

Ellen, R.（2007）"Introduction," in Ellen, R. ed., *Modern crises and traditional strategies: local ecological knowledge in Island Southeast Asia*, New York: Berghahn Books, pp. 1-45.

Endfield, G. H., Ryves, D. B., Mills, K. and Berrang-ford, L.（2009）"'The gloomy forebodings of this dread disease', climate, famine and sleeping sickness in East Africa," *Geographical Journal*, 175（3）, pp. 181-195.

Endfield, G. H. and Nash, D. J.（2002）"Drought, desiccation and discourse: missionary correspondence and nineteenth-century climate change in central southern Africa," *Geographical Journal*, 168（1）, pp. 33-47.

Eriksen, S. H., Brown, K. and Kell, P. M.（2005）"The dynamics of vulnerability: locating coping strategies in Kenya and Tanzania," *Geographical Journal*, 171（4）, pp. 287-305.

Ford, J. D., Smit, B., Wandel, J., Allurut, M., Shappa, K., Ittusarjuat, H. and Qrunnut, K.（2008）"Climate change in the Arctic: current and future vulnerability in two Inuit communities in Canada," *Geographical Journal*, 174（1）, pp. 45-62.

Freudenberg, W. R.（1997）"Contamination corrosion and the social order: an overview," *Current Sociology*, 45, pp. 19-39.

Furedi, F.（2007）"The changing meaning of disaster," *Area*, 39（4）, pp. 482-489.

Gaillard, J. C. and Mercer, J.（2013）"From knowledge to action: bridging gaps in disaster risk reduction," *Progress in Human Geography*, 37（1）, p. 93-114.

Gamble, D. W., Campbell, D., Allen T. L., Barker, D., Curtis, S., McGregor, D. and Popke, J.（2010）"Climate change, drought, and Jamaican agriculture: local knowledge and the climate record," *Annals of Association of American Geographers*, 100（4）, pp. 880–893.

Granot, H.（1996）"Disaster subcultures," *Disaster Prevention and Management: An International Journal*, 5（4）, pp. 36–40.

Hoffman, S. M. and Oliver-Smith, A. eds.（2002）*Catastrophe and culture: the anthropology of disaster*, Santa Fe: School of American Research Press.（邦訳： S. M. ホフマン・A. オリヴァー＝スミス編，若林圭史訳（2006）『災害の人類学——カタストロフィと文化』明石書店）

Howgate, O. R. and Kenyon, W.（2009）"Community cooperation with natural flood management: a case study in the Scottish Borders," *Area*, 41（3）, pp. 329–340.

Hyndman, J.（2007）"The securitization of fear in post-tsunami Sri Lanka," *Annals of the Association of American Geographers*, 97（2）, pp. 361–372.

Johnson, C., Rowsell, E. P. and Parker, D.（2007）"Natural and imposed injustices: the challenges in implementing 'fair' flood risk management policy in England," *Geographical Journal*, 173（4）, pp. 374–390.

Judkins, G., Smith, M. and Keys, E.（2008）"Determinism within human-environment research and the rediscovery of environmental causation," *Geographical Journal*, 174（1）, pp. 17–29.

Kastenbaum, R.（1974）"Disaster, death, and human ecology?" *Omega: Journal of Death and Dying*, 5（1）, pp. 65–72.

Kolivras, K. N.（2006）"Mosquito habitat and dengue risk potential in Hawaii: a conceptual framework and GIS application," *The Professional Geographer*, 58（2）, pp. 139–154.

Korf, B.（2006）"Commentary on the special section on the Indian Ocean tsunami: disasters, generosity and the other," *Geographical Journal*, 172（3）, pp. 245–247.

Kozak, J. and Cermak, V.（2010）*The illustrated history of natural disasters*, Germany: Springer.

Klein, N.（2009）*The shock doctrine: the rise of disaster capitalism*, New York: Picador.（邦訳： N. クライン（2011）『ショック・ドクトリン——惨事便乗型資本主義の正体を暴く（上・下）』岩波書店）

Kupfer, J. A., Glenn, D. A. and Sackett, J. P.（2008）"Pattern and controls of hurricane-caused forest damage: a landscape-scale analysis of treefall direction following Hurricane Katrina," *Professional Geographer*, 60（4）, pp. 478–494.

Lane, S. N.（2011）"Doing flood risk science differently: an experiment in radical scientific method," *Transactions of the Institute of British Geographers*, 36, pp. 15–36.

Li, W., Airriess, C., Chen, A. C-C., Leong, K. J. and Keith, V.（2010）"Ktrina and migration: evacuation and return by Affrican Americans and Vietnamese Americans in an Eastern New Orleans suburb," *Professional Geographer*, 62（1）, pp. 103–118.

Liu, K., Shen, C. and Louie, K.（2001）"A 1,000-Year History of Typhoon Landfalls in Guangdong," *Annals of the Association of American Geographers*, 91（3）, pp. 453–464.

Locke, J. T.（2009）"Climate change-induced migration in the Pacific Region sudden crisis and longterm developments," *Geographical Journal*, 175（3）, pp. 171–180.

Lopez-Marrero, T.（2010）"An integrative approach to study and promote natural hazards adaptive capacity: a case study of two flood-prone communities in Puerto Rico," *Geographical Journal*, 176（2）, pp. 150–163.

Ludin, R. S. and Smits, G. J.（2007）"Folklore and earthquakes: Native American oral traditions from Cascadia compared with written traditions from Japan," in Piccardi, L. and Masse, W. B. eds., *Myth and Geology*, London: Geological Society, pp. 67–94.

Manzo, K.（2010）"Imaging vulnerability: the iconography of climate change," *Area*, 42（1）, pp. 96–107.

Masse, W. B., Barber, E. W., Piccardi, L. and Barber, P.（2007）"Exploring the nature of myth and its role in science," in Piccardi, L. and Masse, W. B. eds., *Myth and Geology*, London: Geological Society, pp. 9–28.

Matyas, C.（2007）"Quantifying the shapes of U.S. landfalling tropical cyclone rain shields," *Professional Geographer*, 59（2）, pp. 158–172.

Meadows, M. E. and Hoffman, M. T.（2002）"The nature, extent and causes of land degradation in South Africa:

legacy of the past, lessons for the future," *Area*, 34(4), pp. 428-437.

Minor, R. (2009) Book review on Piccardi, L. and Masse, W. B. eds., *Myth and Geology*, London: Geological Society Special Publication, *Geographical Journal*, 175(1), pp. 87-88.

Montz, B. E. (2003) Book review on Jeanne X. K. and Kasperson, R. E. eds., *Global environmental risk*, Tokyo: United Nations University Press. *Annals of the Association of American Geographers*, 93(1), pp. 229-231.

Moore, H. E. (1964) *And the winds blew*, Austin: University of Texas.

Morehouse, B. J. and O'Brien, S. (2008) "Facilitating public involvement in Strategic planning for wildland fire management, *Professional Geographer*, 60(4), pp. 495-507.

Morenaar, J. W. and Santen, J. C. M. V. (2006) "Maami Waata's underwater kingdom, Perceptions of water in a changing hydrological and ecological context: the case of the Logone flood plains in Cameroon," *Geographical Journal*, 172(4), pp. 331-347.

Mustafa, D. (2002) "Linking access and vulnerability: perceptions of irrigation and flood management in Pakistan," *Professional Geographer*, 54(1), pp. 94-105.

Mustafa, D. (2005) "The production of an urban hazardscape in Pakistan," *Annals of the Association of American Geographers*, 95(3), pp. 566-586.

Nunn, P. D. (2003) "Fished up or thrown down: the geography of Pacific island origin myths," *Annals of the Association of American Geographers*, 93(2), pp. 350-364.

O'hare, G. and Rivas, S. (2005) "The landslide hazard and human vulnerability in La Paz City, Bolivia," *Geographical Journal*, 171(3), pp. 239-258.

Oliver-Smith, A. (1996) "Anthropological research on hazards and disaster," *Annual Review of Anthropology*, 25, pp. 303-328.

Oliver-Smith, A. (2002) "Theorizing disasters: nature, power, and culture," in Hoffman, S. M. and Oliver-Smith, A., *Catastrophe and Culture: the anthropology of disaster*, Santa Fe and Oxford: School of American Research Press and James Currey, pp. 23-48.（邦訳：A. オリヴァー=スミス著，若林佳史訳（2006）「災害の理論的考察——自然，力，文化」S. M. ホフマン・A. オリヴァー=スミス編，若林佳史訳『災害の人類学——カタストロフィと文化』明石書店，pp. 29-55）

Oliver-Smith, A. and Hoffman, S. M. eds. (1999) *The angry earth: disaster in anthropological perspective*, New York: Routledge.

Paul, B. K. (2003) "Relief assistance to 1998 flood victims," *Geographical Journal*, 169(1), pp. 75-89.

Penning-Rowsell, E. C. and Pardoe, J. (2012) "Who loses if flood risk is reduced: should we be concerned?" *Area*, 44(2), pp. 152-159.

Phelps, N. A., Bunnell, T. and Miller, M. A. (2011) "Post-disaster economic development in Aceh: neoliberalization and other economic-geographical imaginaries," *Geoforum*, 42, pp. 418-426.

Phillips, M. R. (2008) "Beach erosion and marine aggregate dredging: a question of evidence," *Geographical Journal*, 174(4), pp. 332-343.

Piccardi, L. and Masse, W. B. eds. (2007) *Myth and Geology*, London: Geological Society.

Rahiz, M. and New, M. (2012) "Spatial coherence of meteorological droughts in the UK since 1914. *Area* 44(4), pp. 400-410.

Said, E. W. (1978) *Orientalism*, New York: Pantheon Books.（邦訳：E. サイード著，今沢紀子訳（1986）『オリエンタリズム』平凡社）

Sauchyn, D. J., Stroich, J. and Beriault, A. (2003) "A paleoclimatic context for the drought of 1999-2001 in the northern Great Plains of North America," *Geographical Journal*, 169(2), pp. 158-167.

Schmidtlein, M. C., Finch, C. and Cutter, S. L. (2008) "Disaster declarations and major hazard occurrences in the United States," *Professional Geographer*, 60(1), pp. 1-14.

Shankman, D. and Liang, Q. (2003) "Landscape changes and increasing flood frequency in Chinas Poyang Lake Region," *Professional Geographer*, 55(4), pp. 434-445.

Shannon, R. Hope, M. and McCloskey, J. (2011) "The Bengkulu premonition: cultural pluralism and hybridity in disaster risk reduction," *Area*, 43（4）, pp. 449-455.

Silva, J. A., Eriksen, S. and Ombe, Z. A.（2010）"Double exposure in Mozambique's Limpopo River Basin," *Geographical Journal*, 176（1）, pp. 6-24.

Simpson, E. and Corbridge, S.（2006）"The geography of things that may become memories: the 2001 earthquake," *Annals of the Association of American Geographers*, 96（3）, pp. 566-585.

Smallman-Raynor, M., Johnson, N. and Cliff, A. D.（2002）"The spatial anatomy of an epidemic: influenza in London and the county boroughs of England and Wales, 1918-1919," *Transactions of the Institute of British Geographers*, 27（4）, pp. 452-470.

Soda R.（2009）"River improvement history in Japan: rethinking human-nature interactions," Proceedings of International Conference on "Changing Nature of 'Nature': New Perspectives from Trandisciplinary Field Science," Kyoto University, Kyoto, Japan.（December 14-17, 2009）

Sternberg, T., Middleton, N. and Thomas, D.（2009）"Pressurised pastoralism in South Gobi Mongolia: what is the role of drought?" *Transactions of the Institute of British Geographers*, 34（3）, pp. 364-377.

Stringer, L. C., Thomas, D. S. G. and Twyman, C.（2007）"From global politics to local land users: applying the United Nations Convention to Combat Desertification in Swaziland," *Geographical Journal*, 173（2）, pp. 129-142.

Susan L. C. ed.（2001）*American hazardscapes: regionalization of hazards and disasters*, Washington D. C.: Joseph Henry Press.

Taylor, A. J. W.（1989）*Disasters and disaster stress*, New York: AMS Press.

Teeuw, R.（2011）Book review on Alcantara-Ayala, I. and Goudie, A. eds.（2010）*Geomorphological Hazards and Disaster Prevention*, Cambridge: Cambridge University Press. *Geographical Journal*, 177（3）, pp. 289-290.

Thomas, D., Twyman, C. and Harris, F.（2003）Sustainable development in drylands: geographical contributions to a better understanding of people-environment relationships, *Geographical Journal*, 168（3）, pp. 193-194.

Tiefenbacher, J.（2003）Book review on Susan L. C. ed.（2001）*American hazardscapes: regionalization of hazards and disasters*, Washington D. C.: Joseph Henry Press, *Professional Geographer*, 55（3）, pp. 401-402.

Vitaliano D. B.（1973）. *Legends of the earth: their geological origins*, London: Indiana University Press.

Watts, M. J. and Bohle, H. G.（1993）"The space of vulnerability; the causal structure of hunger and famine," *Progress in Human Geography*, 17（1）, pp. 43-67.

Watts, M.（1983）*Silent violence: food, famine and peasantry in Northern Nigeria*, Berkley: University of California Press.

Wenger, D. E. and Weller, J. M.（1973）*Disaster subcultures: the cultural residues of community disasters*, University of Delaware（Disaster Research Center Preliminary Paper 9）.

Wisner, B. G., Blaikie, P. M., Terry, C. and Ian, D.（2004）*At risk: natural hazards, people's vulnerability and disasters*, 2nd ed., London: Routledge.

Wolde Mariam, M.（1986）*Rural vulnerability to famine in Ethiopia 1958-1977*, London: Intermediate Technology Publications.

赤石直美（2004）「地理学における災害・防災研究の動向——IGC・2004 を通して」京都歴史災害研究, 2, 29-34 頁。

和泉薫（1999）「雪国における防災の知恵——雪崩の災害文化を考える」雪氷防災研究会梗概集, 24, 33-38 頁。

市川昌弘・祖田亮次（2013）「ボルネオの里と先住民の知」市川昌弘・祖田亮次・内藤大輔編『ボルネオの〈里〉の環境学——変貌する熱帯林と先住民の知』1-24 頁，昭和堂。

伊藤安男（1994）『治水思想の風土』古今書院。

伊藤安男（2010）『洪水と人間——その相剋の歴史』古今書院。

岩佐峰雄（2008）「「災害文化」という視点——「自助・共助・公助」から「まちづくり」へ」人文研究論叢, 4, 5-13 頁。

浦野正樹（2007）「メキシコ地震／ペルー地震の衝撃と人類学からの災害研究」浦野正樹・大矢根淳・吉川

　　　忠寛編『復興コミュニティ論入門』弘文堂，34 頁。

大熊孝（1988）『洪水と治水の河川史——水害の制圧から受容へ』平凡社。

大熊孝（2004）『技術にも自治がある——治水技術の伝統と近代』農山漁村文化協会。

亀山純生（2005）『環境倫理と風土——日本的自然観の現代化の視座』大月書店。

川崎昭如・佐土原聡・村上處直（2000）「地震被害後の住宅振興計画における地理情報システム（GIS）の活用に関する研究——阪神・淡路大震災における応急仮設住宅建設の分析」学術講演梗概集 F-1（都市計画，建築経済・住宅問題），2000，361-362 頁。

小林茂（2003）『農耕・景観・災害——琉球列島の環境史』第一書房。

佐々木高弘（2005）「伝承された洪水とその後の景観——カオスからコスモスへ」京都歴史災害研究，3，21-31 頁

笹本正治（2003）『災害文化史の研究』高志書院。

定池祐季（2009）「津波被災地における災害文化——北海道奥尻町を事例として」北海道大学大学院文学研究科研究論集，9，255-274 頁。

定池祐季（2010）「噴火常襲地における災害文化の形成と継承——有珠山周辺地区の壮瞥町を事例として」地域社会学会年報，22，97-111 頁。

島田周平（2009）「アフリカ農村社会の脆弱性分析序説」*E-Journal GEO*，3（2），pp. 1-16。

菅野拓・四井恵介（2011）「大規模災害時の緊急支援における GIS の活用と課題——東日本大震災時の宮城県内での NPO による物資支援を事例として」人文地理学会大会研究発表要旨集，2011，32-32 頁。

祖田亮次（2015）「人文地理学における災害研究の動向」地理学論集，90（2），16-31 頁。

祖田亮次・目代邦康（2013）「了解可能な物語を作る——河川災害と付き合うために」市川昌弘・祖田亮次・内藤大輔編『ボルネオの〈里〉の環境学——変貌する熱帯林と先住民の知』，55-93 頁，昭和堂。

田口仁・李泰榮・臼田裕一郎・長坂俊成（2015）「効果的な災害対応を支援する地理情報システムの一提案——東北地方太平洋沖地震の被災地情報支援を事例として」日本地震工学会論文集，15（1），101-115 頁。

田中伯知（1995）「阪神大震災現地中間報告——自衛隊の災害出動を遅らせた地域の政治的要因」自由，37（6），41-50 頁。

田中重好・小倉賢治（1994）「災害情報と災害文化——北海道南西沖地震時における青森県沿岸住民の津波対応行動」地域安全学会論文報告集，4，117-123 頁。

田中重好・林春男（1989）「災害文化論序説」社會科學討究，35（1），145-172 頁。

多和田裕司（2000）「「人間・自然関係」の語られ方——マレー世界をめぐる語りを素材として」長崎大学文化環境研究会編『環境と文化——〈文化環境〉の諸相』九州大学出版会，337-358 頁。

寺田寅彦（1934）「日本人の自然観」『寺田寅彦随筆集 第 5 巻』岩波文庫（1948）。

永田淳嗣（2002）「個別現象限りの知見に終わらせない工夫——事例研究という方法の再検討」石弘之編『環境学の技法』東京大学出版会，79-124 頁。

日本自然災害学会監修（2002）『防災事典』築地書館。

林春男（1988）「災害文化の形成」安部北夫ほか『応用心理学講座』福村出版。

二村太郎・荒又美陽・成瀬厚・杉山和明（2012）「日本の地理学は『銃・病原菌・鉄』をいかに語るのか——英語圏と日本における受容過程の比較検討から」*E-Journal GEO*，7（2），225-249 頁。

A. ベルク，篠田勝英訳（1988）『風土の日本——自然と文化の通態』筑摩書房。

A. ベルク，中山元訳（2002）『風土学序説——文化をふたたび自然に，自然をふたたび文化に』筑摩書房。

北條勝貴（2006）「神話・説話・記録にみる災害」北原糸子編『日本災害史』吉川弘文館，41-60 頁。

J. T. マケイブ（2006）「災害と生態人類学——東アフリカ大旱魃（1979-81，1984-85）と牧畜民トゥルカナ族」S. M. ホフマン・A. オリヴァー＝スミス編，若林佳史訳『災害の人類学——カタストロフィと文化』明石書店，239-263 頁。

渡辺洋三（1977）「現代と災害」法律時報，49（4），2-5 頁。

和辻哲郎（1935）『風土——人間學的考察』岩波書店。

第 9 章

激甚災害と地域医療
―― 島嶼部を中心として

前 沢 政 次

1. 問われる倫理

30 分後に大きな津波が襲ってくるかもしれない。病院職員はそのときどうする？

患者を守るために病室に留まるか。「津波てんでんこ」に従って，動けない患者を病室において逃げるか。

以下の記述は辰濃哲郎著『海の見える病院』を要約して示す[1]。

　2011 年 3 月 11 日，石巻市立雄勝病院の職員の胸に去来したのは「患者さんを置き去りにして自分だけ高台に逃げたら，きっと後悔する」という思いだった。

　「海の見える病院」は，雄勝湾の海岸から約 20 m しか離れていない。40 のベッドはすべて寝たきり高齢者で占められていた。療養型の病院である。入院患者の平均年齢は 85 歳であった。

　胃瘻や高カロリー輸液を受ける患者も少なくない。意識がほとんどない患者であっても，人としての尊厳を大切にしてきた職員。地域の先輩たちである患者にスキンシップを怠らず愛情をかけてきた。

　その日病院にいた職員は避難しようとしなかった。あくまでも患者を守ることに全力を尽くした。しかし，職員ができたことは一部の患者を屋上に運ぶことだけでだった。そして職員の多くは屋上へ逃げたが，巨大な津波で海に投げ出された。

　入院患者 40 人は全員死亡。職員の多くが命を落とした。遺体が病院内で見つかったのは看護部長のみであった。他の職員の多くは溺死。ごく一部の職員が流されている屋根に乗り，さらに船に乗り移って死をまぬがれた。船に乗れたのに命が続かなかった者もいた。

はたして，地域医療とは最後まで患者を見捨てないことなのであろうか？

寝たきり患者の将来。職員たちの将来。一つの次元では論じられない課題がそこにはある。

2. 奥尻島地震と医療対応

2-1　地震直後の島内対応

1993年7月12日午後10時17分，マグニチュード7.8の地震が北海道南西沖に発生した。奥尻島は北海道本島の西側約20kmの日本海に浮かぶ，北海道で2番目に大きな離島である。

地震発生数秒後には奥尻地区にがけ崩れが起き，ホテルとレストランを直撃した。

津波が襲ったのは地震発生の数分後であった。島の南西部にある藻内地区を襲った津波の高さは21mあった（29m，31mという説もある）。津波は異なった方向から3回押し寄せた。地震発生から津波到来までの時間がきわめて短いことが特徴であった。

地震直前である1993年6月30日の奥尻町人口は4,711であった。島内の医療機関は，奥尻地区にある奥尻町国民健康保険病院（入院病床68，1日平均外来患者数約130。以下国保病院）と青苗地区にある奥尻町国民健康保険青苗診療所（入院病床0，1日平均外来患者数約50。以下青苗診療所），奥尻町国民健康保険青苗歯科診療所および航空自衛隊奥尻分屯地区医務室の4ヵ所であった。

奥尻町国民健康保険病院には医師2名が常勤していた。地震の夜には出張医師1名，自衛隊医務室の医師1名の計4名が島内にいた。当時の院長であった泉里允男氏の報告[2]によると国保病院の近所には看護師8名，保健師4名，歯科医師1名，ほかに歯科衛生士，薬剤師，検査技師，補助婦，事務職員，栄養士等が住んでおり，地震直後30名ほどが国保病院に集結できた。

28名の死亡者を収容し，25名の重傷者を救急処置して入院させた。うち8名はヘリコプターにより函館市内の病院に転送した。また軽傷の44名は外来で処置を行った。道路が寸断されていたため，病院で対応できたのは地元地区の患者のみであった。

津波や火事による被害が大きく，医師がいなかった青苗地区は死亡者・行方不明者も多かった。現地にいた警察官，役場職員，看護師，老人ホーム指導員，寮母，事務員が救助活動を行った。

2-2　島外からの支援[3]

災害発生情報に最も早く対応したのは日本赤十字社北海道支部で，災害後3時間後には救護班がヘリコプターで病院を出発していた。しかし，気象条件が悪く，函館で待機することになり，実際に現地に到着できたのは12時間後であった。

次に早く反応したのは自衛隊医療チームで，三沢からの航空自衛隊グループと札幌からの陸上自衛隊グループが，日赤救護班よりも早く現地に到着し，重症者を搬送した。

北海道民主医療機関連合会（以下民医連）は地震発生の翌日である7月13日午後に救援医療班の派遣を検討したが，実際に活動を開始したのは7月16日であった。

外部からの支援に関する反省点としては次の点が挙げられている。①出動準備体制が不充分であった。②チームメンバーの食糧，生活用品などの持参品に不備のあるグループがあった。③睡眠導入薬，抗不安薬，降圧薬などが不足した。④活動拠点は分散し適切だったが，協力・

調整は不充分だった。⑥医療ニーズの変化に即した対応の不備。

　特に当時は「医療ニーズの変化に対応する」ことが不充分であった。災害後，3〜4 日で負傷者対応はなくなり，避難生活によるストレスや疲労，それに随伴する感冒や睡眠障害，循環器・呼吸器・消化器系の慢性疾患への対応が必要になる。救急医療から生活支援医療への切り替えが求められる[4]。一般には外部からの応援は救急医療が必要な時期に限られる。生活支援医療は地元の医療機関や行政保健師が担当する。そこでは継続性が重要なので，地元職員の役割であるが，医療過疎地ではもともと医療資源が乏しいためそれが難しい。

2−3　災害ストレスに対する対応[5]

　奥尻では精神科医の関与がきわめて少なかった。災害直後では日本赤十字社医療救護班の精神科医が，災害 1 週後 4 日間のみ避難所の巡回診療に参加した。不安・不眠を訴える被災者に対して抗不安薬や睡眠導入薬を処方した。避難所で興奮状態になった認知症患者を，函館市内の精神科医療機関までヘリコプター移送するよう依頼するなどの緊急対応もあった。

　保健師も奮闘した。町保健師 4 名，島外からは道立江差保健所の保健師 4 名がまず被災 2 日目にフェリーで現地に入り，その後数名の支援により，防疫活動とともに避難所での精神的ケアに従事したが充分な対応ができなかったと記録されている。

　被災 1 ヵ月後からは仮設住宅への戸別訪問も行われた。町の保健師は避難住民の相談相手となり，ストレスを抱えた人の早期発見，行政に対する苦情・要望の聴き手として活躍した。

　住民健康調査は被災 2 ヵ月後の 1993 年 9 月と被災 1 年後の 1994 年 7 月に実施された。不安を抱える人の割合は 1 回目 20.6%，2 回目 7.2% であった。

　1993 年 10 月から 1995 年 6 月までに，奥尻町において，精神保健センター医師が町保健師，保健所保健師と訪問指導を行ったケースは 39 名（男性 14 名，女性 25 名）であった。このほかに保健師のみで家庭訪問したケースは 46 名（延べ 246 人）と報告されている。

　災害による精神科入院は 2 名のみで，1 名は認知症の人の不穏変化によるもの，1 名はもともと躁うつ病を有していた者がその悪化により入院した。災害ストレスによる自死はゼロであった。

　反省として取り上げられたことは，北海道ならびに道内市町村レベルでの災害マニュアルには精神的なケアが盛り込まれていないことであった。これは時代の反映であろうか。しかし，そのような状況下でも保健師活動と島の住民のたくましさがあったからこそ，災害ストレスを乗り越えて暮らしを取り戻すことができたと評価できる。

2−4　現在までの医療状況

　青苗診療所は 1993 年 5 月から常勤医が病気のため，震災当時国保病院から週 3 回の診療応援を受けていた。その後の応援は週 4 回，週 2 回などで経緯している。最近は週 4 回の予定が組まれているが，うち 2 回は休診になることが多い。1 回の診療受付時間は 1〜1.5 時間である。1996 年から 2000 年は札幌医科大学から週 2 回の応援があった。人口が減少してきたとは

いえ，人口 1,500 弱の集落で診療所外来が週 2 回程度でよいかどうかは意見が分かれるところであろう。

国保病院は常勤医 2 名ないし 3 名が担当してきた。震災当時院長であった泉里氏は 2009 年 8 月末に退職した。新医師臨床研修制度がスタートしてからは，道立江差病院などから研修医が 1 ヵ月の単位で地域医療の研修に訪れるようになった。

現在の国保病院常勤医は院長 1 名，副院長 2 名の体制で，3 名とも外科出身であるが，この病院では 3 名とも総合診療医として業務にあたっている。

病院には週 3～4 回受診する患者も多く，病院を憩いの場としている感もぬぐえない。高血圧，糖尿病などを持つ患者は自ら生活習慣を改善する自己コントロールが不良で，医療や薬に依存的になっているという。

2－5　福祉の取り組み

奥尻町における最近の地域福祉活動については，北海道総合研究調査会が地域包括ケアシステム構築の視点から調査を行った[6]。以下その概要について要約する。

奥尻町は小さい島であり住民同士のネットワークも強く，保健師もある程度高齢者の状況を把握した上で，活動を進めていた。しかしながら，一人暮らし高齢者の容態が急変して，保健師が急いで家族や親戚に連絡しなければならない状況になった際，連絡先が分からずに対応に苦慮した時期があった。

そこで，町の保健師は自ら認識を改め「高齢者のことを知っているつもりであるが，知らないことがまだあるのではないか」と対応策を検討した。

これらの課題解決のため，実施検討したのが「奥尻町高齢者実態把握調査」であった。特別養護老人ホームなどへの入所者や国保病院などに入院している者，定期的な健康診断などで状況が把握できる者を除く高齢者全員の自宅を訪問し，生活状況，身体状況，家族構成，緊急連絡先，頼りにしている人などについて聞き取り調査を実施した。

実態調査は，2010～11 年，2011～12 年の 2 期に分けて行った。町の地域包括支援センター職員だけでは人手が足りなかったので，町保健師や臨時雇用の介護支援専門員を含めて実施した。実際の訪問件数は約 600 件であった。

訪問結果については，個人ファイルを作成し情報管理した。個人ファイルは検診時や個別相談を受けた際や，民生委員から話があり訪問したときなどに保健師が記録を随時更新している。

この報告書では，奥尻町高齢者実態把握調査が円滑に実施できた背景としては，①高齢者福祉計画策定を通じて行政と住民団体との良好な協力関係が構築できていたこと，②住民同士のネットワークが強いことの二点を挙げている。

このような背景がつくられた理由として，一つには 2002 年の高齢者福祉計画策定時において，行政が広く住民各層からの意見を聴取したことが挙げられる。老人クラブ，町内会，介護者などの団体から代表が選ばれて委員になり，これら委員からの意見を行政側も充分に聴く姿勢を示したので，両者間に信頼関係が醸成されたと思われる。また住民同士のネットワーク強

化には町保健師が重要な役割を果たした。

　2013 年からは全町的に見守りネットワークが開始された。その前年には青苗の 2 地区でモデル活動が実施された。この事業は事前に高齢者から「見守りネットワーク登録申請書」を町に提出してもらい，次に対象高齢者を見守る人を地域で 2 名選んで登録するものである。見守る人は日常生活の中で高齢者を見守り声掛けし，もし高齢者に異変があれば，地域包括支援センターに連絡を入れ，センター職員が高齢者宅を訪問する仕組みになっている。異変とは，郵便受けに新聞がたまっている，夜になっても灯りがつかない，見慣れない人が出入りしているなどである。

　防災についても，訓練の際に見守りネットワークに登録している高齢者の避難を想定して訓練するようになった。地域包括支援センターから高齢者に関する情報を提供し，的確に避難援護ができるという。

3.　阪神・淡路大震災と東日本大震災における島嶼医療

　北海道南西沖地震後，我が国は二つの大地震を経験した。今回島嶼医療に関する充分な情報を得ることはできなかったが，一部知りえたことをここで紹介しておきたい。

3−1　淡路島北淡町

　北海道南西沖地震の約 1 年半後である 1995 年 1 月 17 日午前 5 時 46 分に発生したのは阪神・淡路大震災であった。大都会神戸を襲った震災による死亡者は約 6,000 名。また多くの人の心にトラウマを残した。特に，高齢者等の災害弱者，比較的社会階層の低い人たちに集中して被害が及んだといわれている。都市部では，地域の絆が日頃から弱いところに被害が大きかったという意見もある。

　この震災で島嶼も影響を受けた。最も被害の大きかったのは旧北淡町（淡路市）である[7]。この地震で，北淡町は海岸部で震度 7 を記録した。当時の人口は 10,687，死亡者は 39 人であった。奥尻島と比較して死亡者が少ないのは，地形にもよるであろうし，津波被害がなかったことが最大の要因であろう。また，都市部と比較して，地域コミュニティ活動が盛んであったことが特筆されている。

　次のような逸話が残されている。北淡町富島集落では，近隣同士の救助活動が迅速に行われた。さらに消防団の活躍が目立った。消防団が活躍できたのは，壊れた家で埋まった人の寝室の位置を近隣や親族の誰かが把握しており，その情報を消防団員に確実に伝えることができたためであった。300 人ほどの人が倒壊した家屋の下敷きになり，生き埋め状態であったが，全員が救出された。

　日頃の付き合いの濃密さと，自治会を中心とした住民の地域活動の実績と組織力が，倒壊家屋からの高齢者の救出と火災延焼のくい止め，被害の縮小につながった。また，震災後いち早く組織力を生かして，救援物資の組・班ルートでの配布や地域に住む高齢者の安全確認などを

実施し，安心して避難生活を送ることのできる仕組みを作り上げていった。

　こうした地域の絆や結束力は，救出救護や避難生活の時期ばかりでなく，長期にわたる復旧・復興過程において力を発揮できるといわれている。

　一方北淡町の医療では，現在自治医科大学循環器内科教授の苅尾七臣が震災当時北淡町診療所に勤務していた。苅尾は心筋梗塞や発症後24時間以内の突然死，脳卒中の発症頻度が震災後3ヵ月にわたって上昇傾向にあることを把握した。地震による被害の程度，それによるストレス，さらに避難所暮らしなどの生活環境の悪化が循環器疾患発症のリスク要因になる。そうした研究を踏まえて苅尾は，災害時の循環器リスク予防スコアを作成した[8]。

　スコアは，リスク要因として年齢（75歳以上），家族や家屋の被害状況，高血圧（収縮期血圧160 mmHg超）など7項目（7点），予防要因として睡眠の改善，運動の維持，血栓予防，血圧管理など8項目（8点）からなる。リスクスコア4点以上をハイリスク群とみなし，予防スコアが6点以上になるよう環境改善と血圧コントロールをしていくことで循環器疾患の発症を抑制しようと意図した。このシステムは東日本大震災発生後に実際に運用された。

　旧北淡町の医療は現在，常勤医1名ないし2名で二つの診療所を担当している。メンタルケアのために週に1回，半日島内の県立病院から医師が派遣され，心療内科の外来診療が行われている。

3－2　気仙沼市大島[9]

　2011年3月11日に発生した東日本大震災は，消防庁の発表によると，2015年9月現在死者19,335人，行方不明者2,600人，負傷者6,219人であった。三陸の島々にも被害を及ぼした。最も大きな被害があったのは気仙沼大島で，津波や山火事などによるものである。

　大島は津波の被害により船舶が使えず孤立し，さらに亀山に火災が発生し，外からの救援がほとんどないままに住民が協力して消火作業にあたった。

　火災の原因は震災による津波で，気仙沼市内の石油タンクが流され，重油が気仙沼湾に流れ込んだ。気仙沼湾を漂う瓦礫に引火し，海が燃えている状況になった。その火が，本土と大島の間にある大島瀬戸にも広がり，大島の外浜地区から亀山の森林に引火，森林は頂上（235 m）に向けて燃え広がり，頂上を超えて燃え広がった。

　森林火災自体は下草と松の木の樹皮を焦がした程度だったが，住民の多くが居住する地域まで燃え広がらないよう，若い住民が総出で消火作業を行った。

　火災は1週間ほど続いたが，その間大島は孤立しており，外からの救援も来ない中，住民が一致団結してこの災害に立ち向かった。消防ヘリを要請しても，これだけの広域災害だとなかなか来てもらえない。普段からのコミュニティの結束がなければ，このような災害に立ち向かうことはできなかった。

　また，孤立した中での避難生活を経験し，そして米国海軍航空隊による空輸と揚陸艦エセックスから揚陸艇で上陸した米国海兵隊第31海兵隊遠征隊による「トモダチ作戦」，海上自衛隊による災害支援などを経て，フェリーが復旧した後には，全国から多くのボランティアが支援

に訪れることとなった。

　人口約3,200の島は，高台が多いことや，防災無線が島全体に聞こえるよう整備されていたことにより，死者行方不明者は31人で人口の1％にとどまり，他の被災地域に比べれば非常に少ない割合であった。どこにいても5分程度あれば高台に避難できる。しかし，夜間であれば逃げ遅れる確率は高くなる。また，島の東側からは津波が来るのが見えたため，避難が早く，死者行方不明者はいなかった。島の西側については，波が見えなかったことで逃げ遅れた人も多く，死者行方不明者が出たと報告されている。

　大島汽船の船はすべて被害を受け，しばらくは運航できなかった。その間，島民の足として活躍したのが，個人で営業されている臨時船「ひまわり」である。ひまわりは津波の前に船を出港させ，転覆しそうになりながらも無事に戻ってきた。その後，島民や救援物資などを大島まで運ぶようになった。

　その後，地元の若い人たちが外部からの支援の受け皿となる「おばか隊」を結成し，多くの支援を受けることができ，復旧は早く進んでいるといわれている。

　医療はどうであったのか。

　複数の大学病院から医師，薬剤師，看護師，理学療法士などが大島に渡り，1ヵ所しかなかった診療所のほかに，大島小学校の保健室を救護室として診療をした。従来から働いていた訪問看護師は1名のみであった。点在する在宅の認知症や脳梗塞後遺症の方々を，応援にきていた医師とともに訪問した。

3－3　東日本大震災後の医療の変化

　島嶼医療だけでなく，医師不足地域の医療の変化は次のように報告されている。

　日経メディカル2014年3月号[10]によると，「被災地の医師たちは震災によって日本が将来直面する医療・介護問題が前倒しで顕在化したと認識はじめた。沿岸部の医療過疎地域は復興とは程遠いが，医療は未来に向かって進化している」と表現している。

　具体的には，宮城県気仙沼市では在宅医療が進展した。医師は住民の生活についても把握に努めるようになり，介護との連携が密になった。

　岩手県釜石市・大槌町では震災前からあった病院の統廃合がさらに進められ，かつ地域医療再生基金を活用した医療情報ネットワークを稼働させている。

　陸前高田市では県立高田病院が震災前に高齢者向けのリハビリテーションに力点を置くように計画されていたが，震災後は仮設住宅への在宅医療，さらには高齢者の情報共有，医療介護関係者の集会がスタートできた。その中心的存在である石木幹人医師（前・県立高田病院院長）は今後コミュニティづくりに専念するという。

4.　奥尻島の災害復興と次への備え

　奥尻島のこれからを考えてみたい。震災後の復興は5年で完了したと宣言されているが，は

たしてこれからたどる未来に備えて，何を大切にしていけばよいのだろうか。

　住民，行政，医療機関に分けて考えてみたい。

4-1　住　　民

　制野征男の報告[11] によると奥尻では被災から 3 ヵ月後に「奥尻島の復興を考える会」が設立され，活動が開始された。奥尻島には 190 億円の義援金が寄せられた。この会が町に働きかけ，結果として住宅再建 700 万円（同居者 5 人以上の世帯は 800 万円），商工業には 4,500 万円を上限に 50％を支援，3％の利子補給を 5 年間，全壊世帯に対しては 150 万円の家具購入費の支援を実現した。商工業があってこそ町になるという思いが強く働いた。

　仮設住宅での孤独死は 1 件もなかった。「災害時には助け合って生活する」というこの島ならではの地縁，血縁の絆が強かった。普段から野菜や魚介類を分け合って生活するという感覚があったという。

　一方で，この被災後のまちづくりには批判もある。防災対策の専門家である河田惠昭は，この島の人口減少が著しいことを指摘する[12]。住む人の減少は災害に負けたことになるというのだ。

　しかし，人口減少は日本全体の問題である。過疎地は厳しい現実にさらされている。とはいえ，人口減少のスピードを考えておく必要がある。

　中央公論 2014 年 6 月号は「緊急特集 消滅する市町村 523 全リスト」を掲載している[13]。20〜39 歳の女性が 2010 年から 2040 年にかけて 50％以下に減少する市町村を並べると，奥尻町は全国 4 位，北海道で 1 位である。低下率は−86.7％である。

　同じく北海道の離島である利尻富士町−70.3％，利尻町−60.3％と比較しても低下率が大きい。若い女性をつなぎ止められない理由を，住民自身が考え，話し合う機会を設ける必要がある。

　健康に対する住民の意識，あるいは医療に対する住民の考え方はどうか。このような住民の医療観が重要である。なぜなら医療文化は住民と行政と医療担当者によってつくられるからである。

　脳血管疾患，虚血性心疾患の予防はどれくらい確実に行われているであろうか。ヒアリングした結果では糖尿病，高血圧の患者が多く，自己コントロールができていないとのことであった。医療依存，薬依存の状態から自己コントロールできるようになることは難しいが，努力すべきである。

　また，確実に死に至る疾患をもったとき，どのような医療を望むのか日頃から考えておく必要がある。専門的医療機関での延命治療を望むのか，島の中での緩和ケアを望むのか，日頃から家族や親しい人と話題にしておいた方がよい。

　災害に対する住民の考え方も風化していく可能性がある。有事に医療機関に頼ることなくセルフケアできる形にしていくことが求められる。

　また「互助」を具体的にどう進めるかも住民間の充分な話し合いが必要である[14]。互助の精

神は健康維持のためばかりでなく，災害対応にも有効である。

　本論文の冒頭で述べた例，医療従事者の任務は自分の命を捨てて患者の生命を守ることなのか，患者の命が守れない状況で自らの命を守ることをしてはならないのか，患者となる自分自身の問題として住民が考えて，話し合ってほしいものである。

　これらのことを踏まえ，解決に向けた行動を起こすための組織，「地域医療を守る会」などの住民組織ができることが望ましい。

4－2　行　　政

　5年間で復興を成し遂げた奥尻島の行政手腕は高く評価されるべきであろう。しかし，現在の日本社会の流れでは，人口の減少，高齢化の歯止めがきかない。北海道一急激な，若い女性の減少率にどう対応していくのか。困難な問題である。

　そうした中で町が「奥尻町高齢者実態把握調査」を島の高齢者全員に対して行ったことは高く評価できる。前述したとおり，町内の高齢者のうち，入所中・入院中の者を除いた全高齢者の自宅に訪問し，生活状況，身体状況，家族構成，緊急連絡先，頼りにしている人などについて聞き取りを行ったものである。

　この調査をどう活かしていくかが問われている。高齢者のニーズがどのような点にあるのか，地域包括支援センターが中心になり，個別ケアから地域ネットワークづくり，そして地域保健医療福祉政策立案までの課題を担っていけるのか，重要な鍵を握っている。

　そして行政の役割は，高齢者のニーズに対応した医療を組み立てていくことである。脳血管疾患，虚血性心疾患などすべて救急ヘリで都市部の専門病院に送ることが患者家族の幸せにつながっているのかを行政は検証していく責務がある。

4－3　医　療　機　関

　復興に役立つ医療とは何であろうか。慢性的に医師不足の場合どのような対応が必要か。医師の数を増やせばよいというものではない。人口減少は歯止めがきかない。医療機関は今後縮小を余儀なくされる。

　奥尻島の医療課題は，北海道南西沖地震後20年を過ぎ，もはや復興医療という言葉は適切でないと思われる。課題は人口減少と高齢化にどう向き合うかである。

　そうした状況の中，行政や住民とともに奥尻町の医療方針を組み立てていくことが求められる。それは特に地域包括ケアシステムづくりをどうするかで，計画の範囲を狭義の医療のみにとどめてはならない。

　前述した「奥尻町高齢者実態把握調査」を踏まえて，高齢者の保健・医療・福祉ニーズを把握し，外来診療，在宅医療，介護福祉でどのようなサービスが望ましいかを考えていくことである。過疎化，高齢化の進行する中での医療は，単に外来受診や救急搬送の患者を診療すればよいというものではない。どこに重点を置いて活動するか，行政・議会・住民とも意見交換をしながら政策的な医療を進めるべきである。

　また，医療は介護・福祉との連携が強く求められる。多職種がネットワークをつくり，勉強会，事例検討会を繰り返していく必要がある。

　地域医療の主人公は住民であるという大原則に則って，地域の医療を担う者にあっても「地域の絆への敬意」と「まちづくりへの共感」が活動の原点であってほしいものである。

1）辰濃哲郎（2013）『海の見える病院——語れなかった「雄勝」の真実』医薬経済社。
2）泉里允男「奥尻島地震についての報告と考察」（北海学園大学松田光一教授提供）。
3）鵜飼卓（1999）「島外からの援助活動」金子正光，山本保博監修『奥尻からの警鐘——今再び，北海道南西沖地震を検証する』荘道社，78-89頁。
4）鵜飼卓（1999）「災害に対する医療援助のあり方」金子正光，山本保博監修『奥尻からの警鐘——今再び，北海道南西沖地震を検証する』荘道社，152-157頁。
5）今泉均（1999）「災害ストレス障害」金子正光，山本保博監修『奥尻からの警鐘——今再び，北海道南西沖地震を検証する』荘道社，99-121頁。
6）北海道総合研究調査会（2014）「過疎地域における地域包括ケアシステムの構築に関する調査研究事業報告書 2014年3月」131-140頁。
7）北淡町役場（1997）「阪神・淡路大震災 北淡町の記録」。
8）Kario, K., Shimada, K., Takaku, F., （2005）"Management of cardiovascular risk in disaster: Jichi Medical School（JMS）proposal 2004," *Japan Medical Association Journal*, 48, pp. 362-376.
9）気仙沼大島まちづくりサポート　http://oshima-support.org/higai.html
10）日経メディカル東日本大震災取材班（2014）「大震災は医療をどう変えた」日経メディカル，No.556，2014年3月号，58-69頁。
11）制野征男（2011）「住宅も民宿も鉄工所も再生してこそ——「奥尻島の復興を考える会」の活動に触れて（北海道西沖地震）」山崎丈夫編著『大震災とコミュニティ——復興は"人の絆"から』自治体研究所。
12）河田惠昭（2010）『津波災害——減災社会を築く』岩波新書。
13）増田寛也，日本創生会議・人口減少問題検討分科会 提言ストップ「人口急減社会」中央公論，2014年6月号。
14）岩見太市（2012）『地域家族の時代——孤立しないシニアライフのための発想転換』筒井書房。

第10章

災害とGIS

橋 本 雄 一

1. GISに関する国家計画

　GIS（地理情報システム）とは，地図データと属性データとをコンピュータ上で統合し，検索，分析，表示するためのシステムである。このGISの普及が世界的に進むのにつれて，社会的な情報の一部は表形式を前提としたテキストベースのものから，グラフィック形式のデータと表形式のデータとが関連づけられたイメージ（地図）ベースのものへと変わりつつあり（図10・1），新しい情報の活用方法が提案されている。本章では，GISによる新しい情報の利用について，国家計画における災害対策の中での位置づけを述べた後，その具体的活用方法をデータのモデリングに注目しつつ解説を行う。

　世界で初めて国際的に認知されたGISは，1960年代にカナダでR. Thomlinsonが開発したカナダの土地資源の管理や，農地復興および開発適地の探索を行うためのCGIS（Canada Geographic Information System）とされている。その後，GISの技術開発や利活用は北米を中心として進み，1994年には米国で空間データ基盤の整備が進められた。また，この動きに日本も影響を受け，1990年代後半から国家的社会基盤となる空間データベース整備が推進された[1]。

　日本で，GISおよび地理空間情報の社会的重要性が広く認識される契機となったのは，1995年1月17日の阪神淡路大震災である。このときには情報収集や集約が充分に行えず，情報不足の状態で政府，官庁，地元行政機関，防災関連機関などが災害時支援を行わなければならなかったため，今後の災害対応のために地理空間情報の整備に関する要望が社会的に高まった[2]。そのほかにも，前述したとおり1990年代半ばには，日本も国家的社会基盤となる空間情報のデータベース整備・共有化の国際的な動きに協調しつつある時期であった。そこで，1990年代後半から日本では地理空間情報およびGISに関する政策が行われ，その一つとして，1995年9月に地理情報システム（GIS）関係省庁連絡会議が設置された（図10・2）。また，1996年12月には，「国土空間データ基盤の整備及びGISの普及の促進に関する長期計画」が策定され，1996年度からの6年間で国土空間データ基盤の標準化・整備・提供と，GISの全国的普及を行うことが示された。さらに，1999年3月に「国土空間データ基盤標準及び整備計画」が定められ，地理空間情報に関する共通ルールである地理情報標準などが示された。

テキストベースの情報

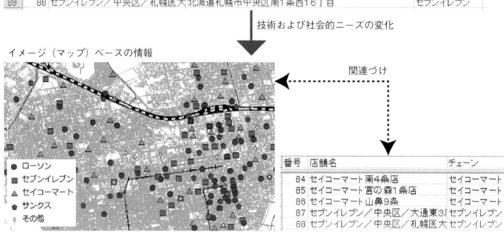

	A	B	C	D
1	番号	店舗名	住所	チェーン
85	84	セイコーマート 南4条店	北海道札幌市中央区南4条西8丁目	セイコーマート
86	85	セイコーマート 宮の森1条店	北海道札幌市中央区宮の森1条6丁目3-45	セイコーマート
87	86	セイコーマート 山鼻9条	北海道札幌市中央区南9条西6丁目1	セイコーマート
88	87	セブンイレブン／中央区／大通東3|	北海道札幌市中央区大通東3丁目	セブンイレブン
89	88	セブンイレブン／中央区／札幌医大	北海道札幌市中央区南1条西16丁目	セブンイレブン

技術および社会的ニーズの変化

イメージ（マップ）ベースの情報

関連づけ

- ● ローソン
- ■ セブンイレブン
- ▲ セイコーマート
- ⬠ サンクス
- ◇ その他

番号	店舗名	チェーン
84	セイコーマート 南4条店	セイコーマート
85	セイコーマート 宮の森1条店	セイコーマート
86	セイコーマート 山鼻9条	セイコーマート
87	セブンイレブン／中央区／大通東3|	セブンイレブン
88	セブンイレブン／中央区／札幌医大	セブンイレブン

図 10・1　情報形式の移行

　2002 年 2 月になると，政府は「GIS アクションプログラム 2002-2005」を策定し，GIS 利用の基盤環境の構築や，GIS による行政効率化や行政サービス向上を目指した。このプログラムは，2001 年に策定された「e-Japan2002 プログラム」など政府全体の IT 化に対応したものである。このような動きの中で，地理空間情報の作成における衛星測位の重要性が高まり，2002 年 4 月 1 日に施行された改正測量法において，衛星測位による高精度の位置測定に対応するため，国内で整備された日本測地系から国際的に標準化された世界測地系への移行が行われた。また，社会的には衛星測位による自動車や携帯電話のナビゲーション・システムなどのニーズが高まり，日本独自の衛星測位を行うための準天頂衛星に関するプロジェクトが開始された。そこで，衛星測位と GIS を一体的に推進するため，2005 年 9 月に，地理情報システム（GIS）関係省庁連絡会議を改組した測位・地理情報システム等推進会議が設置され，この会議により 2007 年 3 月 22 日に「GIS アクションプログラム 2010」が策定された。

　さらに，2007 年 5 月 30 日には地理空間情報活用推進基本法〔平成 19 年法律第 63 号〕（本章では基本法と呼ぶ）が公布され，8 月 29 日に施行された。これは，地理空間情報の活用推進のための施策を国が初めて定めたものである。その後，測位・地理情報システム等推進情報会議で，基本法に基づく「地理空間情報活用推進基本計画」（本章では旧基本計画と呼ぶ）が検討され，2008 年 4 月 15 日に閣議決定された。この旧基本計画は，地理空間情報高度活用社会の実現を目指すことを目標としており，重点施策として，①地理空間情報の整備・提供・流通の促進，②基盤地図情報の整備・提供の推進，③衛星測位の技術基盤確立と利用推進，④地

1995 年	1 月	阪神淡路大震災発生
	9 月	地理情報システム（GIS）関係省庁連絡会議を設置
1996 年	12 月	「国土空間データ基盤の整備及び GIS の普及の促進に関する長期計画」を決定
1999 年	3 月	「国土空間データ基盤標準及び整備計画」を決定
2000 年	10 月	「今後の地理情報システム（GIS）の整備・普及施策の展開について」を決定
2001 年	6 月	「e-Japan2002 プログラム」を策定
2002 年	2 月	「GIS アクションプログラム 2002－2005」を決定
2005 年	9 月	自由民主党「測位・地理情報システムに関する合同部会」を発足
		地理情報システム（GIS）関係省庁連絡会議を廃止
		「測位・地理情報システム等推進会議」を内閣に設置
		測位・空間情報の整備に関する WG 設置
		準天頂衛星システム検討 WG 設置
2007 年	3 月	「GIS アクションプログラム 2010」を決定
	5 月	「地理空間情報活用推進基本法」（平成 19 年法律第 63 号）公布（30 日）
	8 月	「地理空間情報活用推進基本法」を施行（29 日）
		国土交通省「地理空間情報活用推進基本法第 2 条第 3 項の基盤地図情報に係る
		項目及び基盤地図情報が満たすべき基準に関する省令」公布・施行
		国土交通省「地理空間情報活用推進基本法第 16 条第 1 項の規定に基づく地理
		空間情報活用推進基本法第 2 条第 3 項の基盤地図情報の整備に係る技術上の
		基準（告示）」公布・施行
		国土交通省「測量法の一部を改正する法律」公布
2008 年	4 月	「地理空間情報活用推進基本計画」を閣議決定（15 日）
	5 月	「宇宙基本法」（平成 20 年法律第 43 号）公布（28 日）
	7 月	経済産業省「G 空間プロジェクト」公表
	10 月	「地理空間情報産学官連携協議会」設置
2010 年	9 月	準天頂衛星初号機「みちびき」打ち上げ（11 日）
		G 空間 EXPO 開催（於：パシフィコ横浜）（以後，毎年開催）
2011 年	3 月	東日本大震災発生（11 日）
2012 年	3 月	新しい「地理空間情報活用推進基本計画」を閣議決定（27 日）

図 10・2　地理空間情報に関する動向

理空間情報の活用推進に関する産学官連携の強化などが挙げられている。

　この旧基本計画の期間は 2011 年度末までであるため，2012 年 3 月 27 日に新しい地理空間情報活用推進基本計画（本章では新基本計画と呼ぶ）が閣議決定された。新基本計画は，旧基本計画の成果のうえに，その後の地理空間情報をめぐる技術の進歩や新しいアイデアを踏まえ，経済社会の様々な変化にも対応させて，さらに進んだ地理空間情報高度活用社会（G 空間社会）の実現を図ることを目的としており，計画期間は 2012 年度から 2016 年度までである。新基本計画では，これまでの計画の成果や達成状況，社会情勢の変化を踏まえて，①社会のニーズに応じた持続的な地理空間情報の整備と新たな活用への対応，②実用準天頂衛星システムの整備，利活用および海外展開，③地理空間情報の社会へのより深い浸透と定着，④東日本大震災からの復興，災害に強く持続可能な国土づくりへの貢献という四つの基本的方針が設定

されている。

　以上で述べた地理空間情報に関する国家計画の内容の変化を模式化してみると図 10・3 のようになる。まず，「GIS アクションプログラム 2002-2005」では地理空間情報と GIS を統合的に整備する施策が中心であったが，「GIS アクションプログラム 2010」になると地理空間情報と GIS に関する施策が別個にまとめられ，旧基本計画では地理空間情報，GIS，衛星測位の各項目に分けて施策の説明がなされている。さらに，2012 年策定の新基本計画では地理空間情報，GIS，衛星測位に関する施策の区分が明瞭になり，加えて 3 項目の共通施策として災害対応の項目が設定されている。この変化は，地理空間情報の整備や各種技術の開発が進んだことで，基本方針や施策が専門化・高度化してきたことを示している。また，東日本大震災からの復興と今後の災害への備えとして統合的施策の必要性が高まったこともうかがえる。このように新しい基本計画に移行するごとに，G 空間社会の実現に向けての施策展開が具体化され，その中で災害に対する GIS の役割が重くなっている。

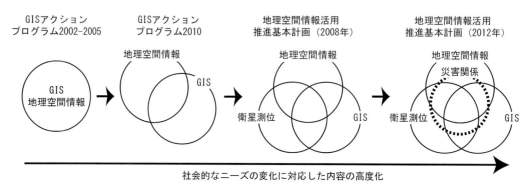

図 10・3　地理空間情報に関する国家計画の推移

2.　災害に関する基本計画の推移

　次に，地理空間情報，GIS，衛星測位の共通施策として，災害に関する具体的施策が新基本計画の中に盛り込まれるまでの経緯を明らかにする。そのため本章では，「GIS アクションプログラム 2002-2005」，「GIS アクションプログラム 2010」，新旧の基本計画における災害関連部分の比較を行い，災害に関する基本計画の推移について考察を行う（図 10・4）。

　まず，計画の基本的方針を示す前半部分（「はじめに」および第 I 部）における災害関係の記述に注目すると，「GIS アクションプログラム 2002-2005」は 1 ヵ所，「GIS アクションプログラム 2010」は 4 ヵ所，旧基本計画は 3 ヵ所，新基本計画は 6 ヵ所に書かれている。「GIS アクションプログラム 2002-2005」の期間中には新潟県中越地震が，旧基本計画の期間中には東日本大震災があり，これらへの対応で GIS の有効性や課題が確認されたことから，続く計画では災害関係の記載箇所が増えていることが分かる。

　「GIS アクションプログラム 2002-2005」から「GIS アクションプログラム 2010」に移行するに当たって，GIS の整備と活用は，行政の効率化と質の高い行政サービスを実現する方策の一つであることに変わりはないものの，それ以上に国土の利用・整備・保全を目的としたものとなっている。また，記述においても災害時における高齢者救出や，詳細標高データを用いた洪水ハザードマップ作成など具体的な例が数多く盛り込まれ，災害対応における GIS 活用で期待の高まりがうかがえる。

GIS アクションプログラム 2002−2005

第1部 新たな GIS 計画の必要性、計画の目標等
　2．計画の目標等
　　（3）政府の果たすべき役割
第2部　政府が実施する主な施策
　3．地理情報の電子化と提供の推進
　　（2）基本空間データ、デジタル画像の電子化・提供の推進
　4．GIS の本格的な普及支援
　　（3）GIS の普及活動の充実と国際協力の推進
　5．GIS を活用した行政の効率化、質の高い行政サービスの
　　　実現
　　（2）GIS を用いた質の高い行政サービスの実現

GIS アクションプログラム 2010

はじめに
第I部 GIS 政策の展開の方向
　1．新たな GIS 計画の意義
　　（1）GIS 政策の経緯と現状
　　（2）今後の GIS 政策の課題と新たな展開
　　（3）目指すべき地理空間情報を活用した
　　　　　社会の姿 -「地理空間情報高度活用社会」の実現 -
第II部 今後の GIS 施策の具体的な展開
　2．地理空間情報の利用・活用に係る施策
　　（1）国における利用・活用

地理空間情報基本計画（2008 年）

第I部 地理空間情報の活用の推進に関する施策についての
　　　基本的な方針
　1．地理空間情報の活用推進の意義
　2．目指すべき姿 -「地理空間情報高度活用社会」の実現−
　　（1）国土の利用、整備及び保全の推進等
　　（3）国民生活の安全・安心と利便性の向上
第II部 今後の地理空間情報の活用の推進に関する施策の
　　　具体的な展開
　第1章 地理空間情報の活用の推進に関する全般的施策
　　5．行政における地理空間情報の活用
　第2章 地理情報システム（GIS）に関する施策
　　2．地理空間情報の整備・更新・提供の推進
　　3．地理情報システムの活用の促進
　第3章 衛星測位に関する施策
　　2．衛星測位に係る研究開発の推進等

地理空間情報基本計画（2012 年）

はじめに
第I部 地理空間情報の活用の推進に関する施策についての
　　　基本的な方針
　1．G 空間社会の実現により目指すべき姿
　　（1）国土の利用、整備及び保全の推進、災害に強く持続可能
　　　　な国土の形成
　　（2）安全・安心で質の高い暮らしの実現
　2．地理空間情報を巡る現状と課題
　　（1）前基本計画の成果・達成状況と課題
　　（2）地理空間情報を巡る社会情勢の変化
　3．本計画が目指す基本的方針
　　（4）東日本大震災からの復興、災害に強く持続可能な国土
　　　　づくりへの貢献
第II部 今後の地理空間情報の活用の推進に関する
　　　施策の具体的展開
　1．地理情報システム（GIS）に関する施策
　　（1）社会の基盤となる地理空間情報の整備・更新
　　（2）高度活用のための新たな基盤の整備
　2．衛星測位に関する施策
　　（3）実用準天頂衛星システムの海外展開と国際協力の推進等
　3．地理空間情報を活用した様々な取組の進展と深化につながる
　　　施策
　　（1）国土の利用、整備及び保全の推進、災害に強く持続可能
　　　　な国土の形成
　　（2）安全・安心で質の高い暮らしの実現
　　（4）行政の効率化・高度化、新しい公共の推進
　4．地理空間情報の整備と活用を促進するための総合的な施策
　　（1）地理空間情報の共有と相互利用の推進
　　（6）海外展開、国際的な取組との連携
　5．震災復興・災害に強く持続可能な国土づくりに関する施策
　　（1）東日本大震災からの復興のための基盤の整備、地理空間
　　　　情報の活用
　　（2）今後の災害に備えた防災・減災に役立つ地理空間情報の
　　　　整備・流通・活用

図 10・4　基本計画における災害関連部分の変化

　「GIS アクションプログラム 2010」から旧基本計画へは，災害に関する項目の多くの部分が引き継がれている。旧基本計画では，目指すべき姿として，国土の利用・整備・保全の推進が強調され，加えて衛星測位による新たな技術への期待が記されている。なお，行政の効率化と質の高い行政サービスに関しては災害関係の文章がなくなり，代わって国民生活の安全・安心と利便性の向上において災害関係の GIS 活用を行うことが述べられている。

　旧基本計画から新基本計画への移行では，災害関係の文章が大幅に増え，内容はさらに具体的になっている。新基本計画では，東日本大震災からの復興と今後の災害への備えとして地理空間情報の貢献が求められることが繰り返し書かれ，これまでにない災害対策における地理空間情報の重要性が強調されている。目指すべき姿としては，「国土の利用，整備及び保全の推進」に「災害に強く持続可能な国土の形成」が付け加えられ，災害関係での地理空間情報活用推進が明確化されている。また，安全・安心で質の高い暮らしの実現でも，地震や大雨などの自然災害への対応について具体的な表現が盛り込まれている。さらに新基本計画では，地理空間情報を巡る現状と課題の中で，旧基本計画の災害に関する成果や，東日本大震災における地理空間情報の有効性および課題がまとめられているほかに，基本的方針として「東日本大震災からの復興，災害に強く持続可能な国土づくりへの貢献」という項目が設定されるなど，災害関係の方針が具体的に定められている。

　以上のように，「GIS アクションプログラム 2002-2005」で行政の効率化と質の高い行政サービスを実現するために位置づけられていた災害対応は，「GIS アクションプログラム 2010」になると，国土の利用・整備・保全を目的としたものとなり，方針も具体的なものとなった。その後，旧基本計画になると，災害対応は国土の利用・整備・保全の推進の中で強調され，衛星測位による新技術の活用が期待されるようになった。また，国民生活の安全・安心と利便性の向上のためにも災害対応が重要であるとされた。さらに，新基本計画に移行すると，東日本大震災からの復興と今後の災害への備えが必要とされ，基本的方針として設定されるようになった。このように，災害への対応は，新しい計画になるほど重要視される傾向にある。

　続いて，施策の具体的展開を示す計画の後半部分（第 II 部）に注目すると，災害関係の記述は，「GIS アクションプログラム 2002-2005」に 3 ヵ所，「GIS アクションプログラム 2010」に 1 ヵ所，旧基本計画に 4 ヵ所，新基本計画に 10 ヵ所ある。

　「GIS アクションプログラム 2002-2005」では，災害に関係する施策が，地理情報の電子化と提供の推進，GIS の本格的な普及支援，行政の効率化および質の高い行政サービスの実現の中に書かれており，国が災害関係の地理空間情報を整備し，これら情報の地方自治体での活用を促進することが記されている。「GIS アクションプログラム 2010」では，これら 3 ヵ所に書かれている内容が国における利活用として 1 ヵ所にまとめられており，項目数は減っても内容に変わりはない。

　「GIS アクションプログラム 2010」から旧基本計画に移行すると，災害関係の施策が，地理空間情報，GIS，衛星測位の三つに分かれて記載されている。しかし，地理空間情報と GIS の施策は，国が中心となって推進する情報整備が中心となっており，内容は「GIS アクションプ

ログラム 2010」に近い。また，衛星測位に関する施策も，新しい技術で情報整備を行うという程度にとどまっている。

　新基本計画でも災害関係の施策が，地理空間情報，GIS，衛星測位の三つに分かれて記載されているが，旧基本計画に比べて災害に関する文章が増え，内容が詳細かつ具体的になっている。GIS の施策としては，情報の整備・更新のほかに，高度活用のための施策が，屋内外シームレス位置情報基盤によるビルや地下街での避難などの例を挙げて記載されている。また，衛星測位に関する施策でも，実用準天頂衛星システムの海外展開や自然災害に対する国際協力推進などの活用が述べられている。地理空間情報に関する施策としては，国土の利用・整備・保全および災害に強い国土形成，安全・安心で質の高い暮らしの実現に加え，行政の効率化・高度化にも災害関係の項目が記載され，住民の活用の例が多く示されるほかに，相互利用推進や国際連携のための体制づくりが記されている。さらに，新基本計画では，震災復興および災害に強く持続可能な国土づくりに関する施策が，地理空間情報，GIS，衛星測位の共通施策として新たに設定されている。ここでは，従来の計画のような情報やシステムの整備だけではなく，大規模災害を想定した地理空間情報の活用について記されており，ハザードマップや避難誘導支援などの例も多く掲載されている。

　以上のように，「GIS アクションプログラム 2002-2005」から旧基本計画までの災害に関する施策は，国による情報整備が中心であり，これは三つの計画が情報活用ではなく，情報作成に重点を置いていたことによる。その原因は，最初に計画を策定するときに，行政の効率化と質の高い行政サービスを実現する方策の一つとして災害対応が位置づけられていたためと考えられる。それが新基本計画になると，東日本大震災からの復興と今後の災害への備えのために，情報活用に重点を置くことが必要とされ，地理空間情報，GIS，衛星測位それぞれの施策に情報活用に関する内容が盛り込まれるだけでなく，共通施策として災害関係の項目が基本的方針の中に組み込まれている。このように，新しい計画になるほど災害対応が情報作成から情報活用を重要視したものにシフトする傾向がある。

　「GIS アクションプログラム 2002-2005」から新基本計画までを概観したところ，国を中心とする地理空間情報と GIS の統合的な施策から，産学官の連携などによる地理空間情報・GIS・衛星測位それぞれに対する専門的な施策へと移行しており，さらに，これらの共通施策として新たに災害対応の項目が設定されるようになった。この災害に関する基本計画の推移をみると，計画の基本的方針を示す前半部分（「はじめに」および第 I 部）では，初めに行政の効率化と質の高い行政サービスを実現する方策の一つとして位置づけられていた災害対応が，その後の計画で国土の利用・整備・保全の中に位置づけられ，さらに新基本計画では，東日本大震災からの復興と今後の災害への備えという基本的方針として設定されるようになった。施策の具体的展開を示す計画の後半部分では，「GIS アクションプログラム 2002-2005」から旧基本計画までの災害に関する施策は，情報作成に重点を置いた国による情報整備が中心であったが，新基本計画になると情報活用に重点が置かれるようになった。さらに，東日本大震災からの復興と今後の災害への備えのために，災害関係の項目が基本的方針に組み込まれた。この

ように，新しい計画になるほど，方針としては災害対応が重要視され，施策としては災害対応
が情報作成から情報活用を重要視したものにシフトしていることがわかった。

3．災害のための GIS による空間モデリング

3−1　空間モデリングの意義

　ここまで述べたように，地理空間情報に関する国家的基本計画の中では，地理空間情報，
GIS，衛星測位の各分野の高度利用と，これらの統合的利用により，災害への対応を強めよう
としている。また，新しい計画になるほど災害対応が重要課題として取り上げられ，災害対応
の施策として地理空間情報の活用を重要視する傾向がみられた。そこで次に，GIS の災害対策
における具体的な活用方法を解説する。なお，ここでは地理空間情報の GIS による活用には
欠かせない空間モデリング（spatial modeling）に関する検討とあわせて説明を行う。

　空間モデリングは，現実世界の地物群を理想的な状態に単純化するだけではなく，それらに
対する統計処理などを経て，システム，プロセス，構成要素の相互関係などを含む空間概念を
構築するという意味で用いられることが多い[3]。この空間モデルを扱う研究は，図 10・5 に示
すように，現実からのデータの取得から始まり，解析とモデル構築を経て，その検証を行った
後，現実世界の理解へと進む[4]。構築された空間モデルにより，複雑な現実世界は抽象化およ
び一般化され，容易に理解できるようになる[5]。

　一般に，モデルは，記述モデルから予測モデル，さらに意思決定モデル（規範モデル）に発
展する[6]。まず，任意の時点における現実世界を一般化および抽象化するためには，静的ある
いは動的な視点により記述モデルが構築され，問題の性質や構造についての理解が深められ
る。次に，予測モデルとして，動的視点により将来的な状況を予測し，原因と結果，独立変数
と従属変数の依存関係を表すためのモデルが構築され，一般に，回帰分析などの統計的手法が
多く用いられる。さらに，意思決定モデルは，予測モデルの結果などによって，問題に対する
最適解を提供するために構築される。なお，今後，空間モデリングに関しては，モデル構築で
扱うデータモデルについて説明した後，記述モデル，予測モデル，意思決定モデルという順番
で解説を行う。

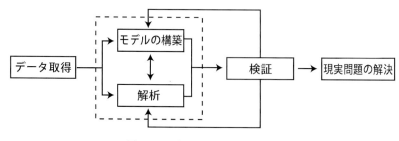

図 10・5　空間モデリングの流れ

3−2　記述のための空間モデリング

　GIS で空間モデリングを行う場合，まず，地理空間情報を用いて任意の時点における現実世界を一般化および抽象化するために記述モデルを構築することが多い。このモデルにより，問題の性質や構造についての理解を深めることが可能となり，統計的あるいは決定論的な数学的手法などが援用される場合も多い。

　ここでは，地理空間情報活用推進基本法や新旧基本計画の中で国の骨格的情報基盤として位置づけられている基盤地図情報を用いて，記述モデルの活用について説明する。この基盤地図情報は，電子地図上の位置を定めるための基準となるものの位置を示す情報であり，国土地理院からインターネットによりデータの配信が行われている。新旧基本計画において，この基盤地図情報は，災害時に状況を把握し対策を立てるための重要な情報として利用されることが期待されている。

　ここで示す記述モデルは，2011 年 3 月 11 日に生起した東日本大震災の被災状況分析のために構築するものであり（図 10・6），岩手県大船渡市の縮尺レベル 2500 の基盤地図情報を用いる。これを国土地理院ウェブサイト（http://www.gsi.go.jp/）における基盤地図情報ダウンロードサービスのページからダウンロードし，行政区画界線，海岸線，軌道中心線，道路縁，水涯線，建築物，水域の 7 種類の GIS 用データを作成する。

　作業では，上記の基盤地図情報に国土地理院が 3 月 12 日に撮影した空中写真を重ね合わせる。この空中写真は，国土地理院ウェブサイトにおける防災関連ページで配信されており，被災後における個々の建物の様子などを確認できる。しかし，この空中写真には位置情報が付されていないため，このままでは GIS で基盤地図情報と重ね合わせることが困難である。そこで，基盤地図情報の海岸線の角などの識別しやすい地点を選び，そこの経緯度座標を GIS のジオリファレンス（空間参照）機能で空中写真に付加する作業を行う（図 10・7）。

　さらに，これらの情報に加えて，国土地理院の数値標高モデル（10 m メッシュ標高）をダウンロードする。このデータを GIS で加工して，1 m ごとに彩色を行い，高解像度画像データとして保存する。

　これら三つの情報を GIS で重ねて被災状況を把握する。まず，リアス式海岸の湾奥にある大船渡駅周辺市街地の空中写真をみると（図 10・8），家屋が津波で押し流されたり，膨大な瓦礫が堆積したりして，被災前の家屋や道路の位置を特定することが困難である。そこで，空中写真に道路，鉄道，建築物などの基盤地図情報を重ね合わせて，被災前の地物配置を明確にする。その結果，鉄道を越えて内陸まで津波の被害が及んでいることや，被災前に当該地区で建物が密集していた様子が分かる。次に，海岸からの距離を示す線を作成すると，津波によって建築物が流されたのは海岸から約 700 m の範囲であったことが確認できる。さらに，標高を空中写真に重ねると，標高 5 m 以下の範囲で被害が著しい。

　この東日本大震災の被災状況の分析結果を基に，基盤地図情報の災害対策への適用を考える。基盤地図情報は，縮尺レベル 25000 であれば，日本のほとんどの地域を網羅しているため，任意の自治体が災害対策を考える場合の基礎的な地図資料として有効である。たとえば，

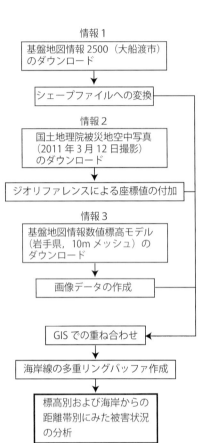

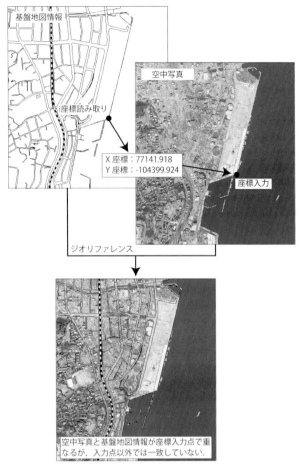

図10・6　津波被害に関する記述モデルの構築

図10・7　ジオリファレンスによる地理空間情報の重ね合わせ
作業の詳細は，橋本雄一編（2014）『三訂版　GISと地理空間情報——ArcGIS 10.2とダウンロードデータの活用』古今書院を参照。

東日本大震災のような津波に襲われた際に，避難すべき住民の居住範囲はどこか，津波被害に遭う避難場所はどこかなどを算出し，この基盤地図情報と併せれば，具体的な災害対策を立てることができる。そこで「津波想定」の例として，大船渡駅周辺の被災状況を参考に，当該地域と同程度の被害を受ける範囲を北海道の地図上で示し，その範囲内に役所がある自治体の特定を行う。津波が押し寄せた際，避難指示を出し，津波が引いた後には救助・復旧の拠点となるのが役所である。この役所が，位置からみて津波に対して脆弱であるかどうかを基盤地図情報により検討する。

　大船渡駅周辺では，標高5mかつ海岸から約700mの範囲が津波被害の大きな地域であったため，ここでは同じ条件の地域を北海道沿岸市町村に当てはめて，基盤地図情報を用いて地図化し，この範囲に役所が含まれるかを調べる。作業では，北海道沿岸に位置する市町村に対

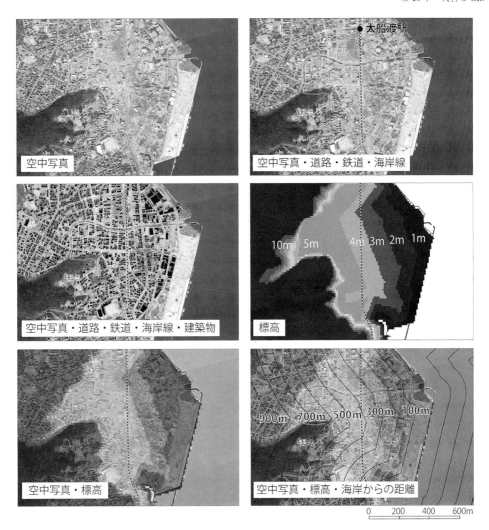

図 10・8　大船渡市における被災状況
国土地理院の基盤地図情報および空中写真（2011 年 3 月 12 日撮影）により作成。

し，国土地理院の基盤地図情報をベースマップとして，1 m ごとの標高（50 m メッシュ），海岸からの距離（500 m，700 m，1000 m），役所の位置を入力し，役所の標高と海岸からの距離を算出する。これら情報の組み合わせから，津波で役所を喪失する危険性のある自治体を明らかにする。その結果，釧路市や室蘭市など 17 自治体が，この条件に該当した。なお，その中に函館市や北斗市など渡島半島に位置する市町村が数多く含まれた（図 10・9）。この渡島半島の自治体は，古くから漁港を中心に発展しており，市街地も漁港に近接して形成されている。その市街地に立地した役所は，津波に対する危険性が大きい（図 10・10）。また，厚岸町や白糠町は，役所の位置に加え，プレート境界に近いことから，津波に対する脆弱性がきわめて大きいといえる。これら津波に対して危険性の高い自治体は，戸籍情報などの骨格データの

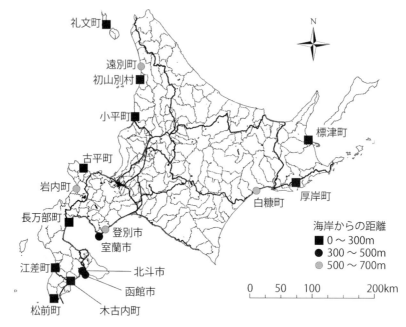

図 10・9 標高 5 m 以下・海岸から 700 m 以内に役所がある自治体
国土地理院の基盤地図情報 25000 により作成。

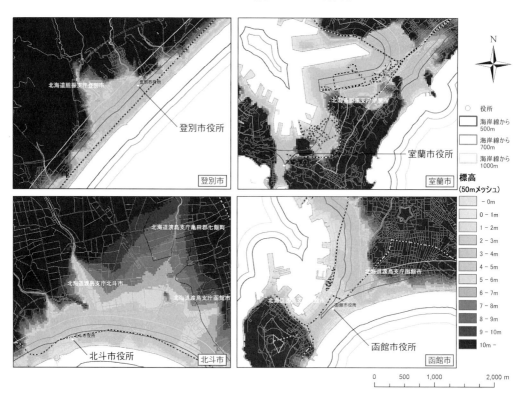

図 10・10 役所の標高が低く海岸に近い自治体の例
国土地理院の基盤地図情報 25000 により作成。

バックアップセンターへの保存や，役所被災時の統括機能の安全場所への移設など，非常時の対策を急ぎ用意する必要がある。

　以上のように記述モデルは，地図上で各種資料を示したり，簡単な分析を行ったりするために用いられる。ここで紹介した基盤地図情報は，インターネットにより無料でダウンロードできるため，モデル構築にきわめて有効と思われる。

3−3　予測のための空間モデリング

　GIS では記述モデルを発展させて，空間情報に関する予測モデルの構築を行っており，それは気象庁の天気予報や災害警報，地球シミュレータセンターを中心とする地球温暖化予測プロジェクトなど多方面において利用されている。この予測モデルは確率過程に基づいて作成されるもので，単一の情報のみを用いる一変量時系列モデルや，複数の変数を同時に考慮する多変量時系列モデルがある。

　現在の社会において GIS を用いた予測モデルは，防災分野での利用が期待される。台風や豪雪など気象情報の基礎資料となる数値予報も，将来予測のための空間モデルによって算出されている。気象変化は物理現象であるから，客観的に任意の時点での大気の状態を記述できれば，将来の大気の状態を予測できる。そこで気象庁では，連続量である大気の状態を離散的な格子点の値で表現し，大気状態を表す各種物理量の計算式を組み込んだ数値予報モデルを構築して，大気の状態に関する将来予測を行っている。そのほかに，図 10・11 に示すように，災害軽減を目的とした火山被害予測モデルなども構築されており[7]，衛星画像や各種統計データから予測される火山灰の降下範囲や火砕流の到達時間によって，家屋や農地などへの噴火の影響についての検討が可能となっている。

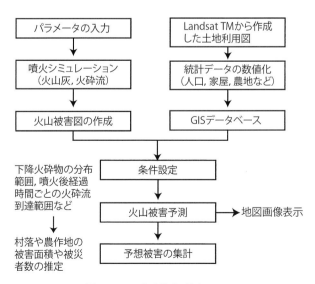

図 10・11　火山被害予測モデル
村井俊治（1998）『GIS ワークブック』日本測量協会により作成。

　2012 年 6 月に北海道防災会議地震火山対策部会地震専門委員会から発表された北海道太平洋沿岸の津波浸水予測図も，GIS を用いた予測モデルの成果の一つである。なお，この津波浸水予測図は，北海道太平洋沿岸を過去に襲った最大津波を説明する多くのモデルのうちの一つであり，今後発生する津波の特徴を正確に予測するものではないことに注意する必要がある。

　津波浸水予測図の釧路市部分を GIS で可視化したものが図 10・12 である。これをみると釧路市の市街地部分のほとんどが津波被害を受ける可能性のあることが分かる。また，これと併せて津波避難場所（津波避難ビルを含む）の分布をみると，ほとんどが市街地東側の丘陵部分に集中しており，市街地から西側の地域では避難が困難になる状況を読み取ることができる。

　ここで，この津波浸水予測データと，2010 年国勢調査（小地域）データを GIS 上で統合し，北海道の津波浸水地域に居住する人口を推定する。その際，国勢調査における任意の小地域に津波想定の境界線が重なる場合には，小地域内の人口を面積按分することにより浸水地域における人口の算出を行う。すると，釧路市が約 12 万 8,000 人で最も津波浸水地域の居住人口が多く，2 番目が函館市の約 5 万 9,000 人，3 番目が苫小牧市の約 5 万 7,000 人，4 番目が登別市の約 3 万 4,000 人，5 番目が北斗市の約 2 万 7,000 人という結果になる[8]（図 10・13）。なお，太平洋岸市町村の津波浸水地域における居住人口の合計値は約 44 万人となり，これは 2010 年国勢調査における北海道の全人口の約 8.0％に当たる。

　さらに，推計人口の多い釧路市，函館市，苫小牧市を取り上げ，津波深度別の居住人口を算出すると，釧路市は 4.0〜5.0 m，函館市は 2.0〜3.0 m，苫小牧市は 1.0〜2.0 m の津波深度の地域に居住する人口が多い（図 10・14）。このことから市町村により異なる津波深度を想定した防災対策を立てる必要のあることが分かる。

　以上のように，予測モデルは，任意の条件において将来的な状況を予測するために用いられるものであり，これに統計的手法を用いて原因と結果や，独立変数と従属変数の依存関係を表

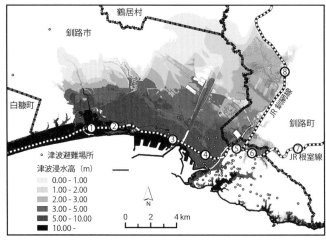

図 10・12　釧路市における津波浸水予測

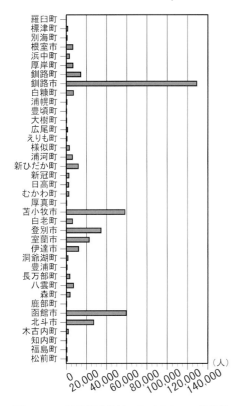

図 10・13　津波浸水地域における人口の推計値
津波浸水予測図データと，2010 年国勢調査
（小地域）データにより算出。

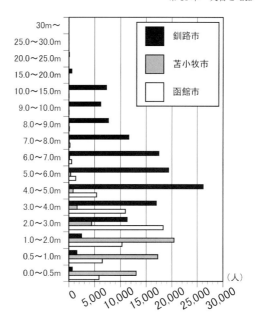

図 10・14　津波浸水地域における深度別人口の推計値
津波浸水予測図データと，2010 年国勢調査（小地域）
データにより算出。

すような精緻化を進めることで，防災・減災や安心・安全など社会の多方面において役立つと
考えられる。

3−4　意思決定のための空間モデリング

　意思決定とは，複数の代替案から解を求めようとする行為のことで，将来の状態を予測し，
最適な結果が得られるように取るべき行動を決定することである。GIS では，予測モデルを援
用して，この意志決定のためのモデルを構築でき，これまでにも意思決定そのものをモデル化
した意思決定過程モデルや，意思決定を支援する意思決定支援モデルなど様々なモデルが作ら
れている。
　意思決定過程モデルは，基本的に情報収集，代替案の作成，代替案の選択，フィードバック
の過程からなる。ここで，政策立案に関する意思決定モデルにおける GIS の利用を示すと，
図 10・15 のようになる。政策は人間の行動規範を考慮して立案され，この規範に基づく行動
は開発やエネルギー消費を引き起こし，それは環境変化につながる。この環境変化は人工衛星
によって観測された後，GIS によって分析および評価され，その結果は意思決定のための情報

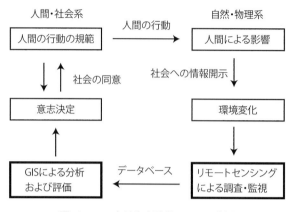

図 10・15　意思決定過程モデルの事例

として政策立案者に提供される[9]。ここでは GIS を用いて事象の空間的な把握を行うことで，意思決定において地物間の時空間的な関係を考慮することが可能となる。これは，災害時の復旧や復興においても同じ枠組みで GIS による地理空間情報の活用を考えることができる。

　一方，意思決定支援モデルは AHP（Analytic Hierarchy Process），ゲーム理論などの方法によって，評価基準や代替案の価値を数値化することで意思決定の支援を行うものである。この意思決定支援のための空間モデルとしては，効果的な販売計画の立案を求めるためのエリアマーケティングシステムや，輸送におけるコストを最小化するための巡回セールスマン問題（Traveling Salesman Problem）解析システムなどがあり，様々な計画や管理などに利用されている[10]。

　この意思決定に関する空間モデルは，防災計画の分野での利用が期待される。積雪寒冷地である札幌市都心部の避難場所に関する空間モデリングを行った寺山・橋本（2010）の事例は，住民にとってはどこに避難するかという意思決定にかかわり，行政にとっては避難場所の配置は適切かという意思決定にかかわるものである[11]。

　この空間モデルにおける避難場所の圏域は，施設を母点とした境界線を引くことで算出している。圏域内の属性データとして，地域人口については 1975 年と 2007 年における札幌市住民基本台帳人口の条丁目別人口を，避難場所の種類・収容人員については札幌市防災会議事務局の資料を用いる。このモデルでは，非積雪時にはすべての避難場所が使用可能であり，積雪時には屋内施設である収容避難場所のみが利用可能な状況を想定できるようにしている。なお，このモデルにより，避難場所ごとに領域内人口と収容定員との差を求め，収容しきれない人口（非収容人口）の算出を行う。

　その結果，札幌市都心部における収容避難場所の多くで非収容人口が発生しており，それは 1975 年から 2007 年にかけて増加していることが分かる（図 10・16）。都市内部の人口分布が短期間で変化し，近年では都心部での急激に人口が増加しているのに対し，避難場所施設のような社会資本は長期間分布が変化しない固定的なものである。これら両者の分布のミスマッチ

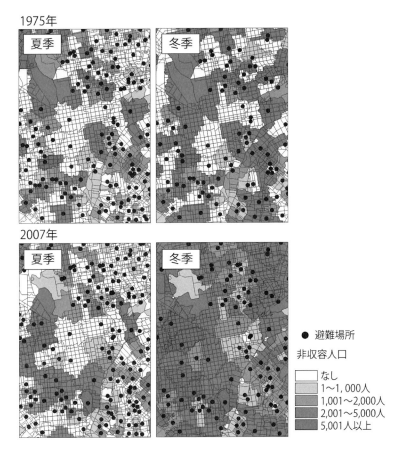

1975年

夏季　冬季

2007年

夏季　冬季

● 避難場所

非収容人口

□ なし
1〜1,000人
1,001〜2,000人
2,001〜5,000人
5,001人以上

図10・16　避難場所ごとの過剰避難人口の発生状況
出典）寺山ふみ，橋本雄一（2010）「ネットワークボロノイ領域分割を用いた積雪
都市における避難場所収容能力の時空間分析」地理情報システム学会講演論文集
（CD-ROM），19，ROMBUNNO. 5G-2。

が，非収容人口を増加させていると考えることができる。この結果からは，住民にとっては，
どこに避難するか，避難先の収容能力は充分か，充分でない場合には次にどこへ避難するかと
いった意思決定に関する情報が得られる。また，行政にとっては，収容能力が不足しているの
はどこか，新たな避難場所を設定すると状況はどのように改善されるかといった検討が可能と
なる。

　GISでモデル構築のために数学的手法を援用する場合，上記のようにGIS中で統合的に用
いるだけではなく，GISと他のアプリケーションをリンクさせて研究を進めることも多い[12]。
意思決定支援モデルの構築でも，多くの代替案を比較検討する手法であるAHPのアプリケー
ションと，GISをリンクさせて用いる場合がある。たとえば，GISにより空間要素を抽出し，
その要素に基づいた被験者からのアンケートデータを，AHPで分析することによって意思決
定モデルの構築を行うことができる。あるいは，AHPにより明らかにされる意思決定の結果
を，GISで空間的に検証してモデル化することも可能である。

　このAHPを用いた空間的な意思決定の研究としては橋本ほか（2010）があり[13]，これによって，積雪寒冷地である北海道室蘭市の郊外に居住する高齢者の利用施設と歩行路に関する意思決定について検討した事例を以下に示す。まず，通常のAHPによる歩行路評価（図10・17）では，夏季と冬季で評価項目の値に違いがみられ，冬季には街灯の設置の有無などが歩行路評価に影響を与える「ルートの雰囲気」と坂や階段といった「物理的障害」が歩行路で重要視される。冬季に「ルートの雰囲気」の項目の値が高まるのは，冬季の夕暮れの早さが影響すると考えられ，高齢者は坂や階段に加え薄暗い歩行路を避けて歩行する傾向がある。

　次に，ファジィAHPで解析結果を，MM評価（特性重視タイプ）と，MN評価（バランス重視タイプ）とに分けて考察すると，MM評価（特性重視タイプ）では，「国道ルート」の評価得点が高い。高齢者にとって国道は，車道と歩道が分離されており，歩きやすいことが評価されると考えられる。逆に「近隣ルート」は冬季において評価得点が低くなり，これは冬季に歩行路を覆う雪や氷が「物理的な障害」として認識されることによると思われる。このような「物理的な障害」は高齢者に最短ルートの選択を躊躇させる要因になり，最短ルートでの迅速な一時避難を阻害させる要因となる。さらにMN評価（バランス重視タイプ）をみると，「国道ルート」の評価得点が低く，これは「交通量」や「雰囲気」の項目の低さが影響していると考えられる。「物理的障害」が少ないと考えられている「国道ルート」で，「雰囲気」や「交通量」といった欠点を克服することが，高齢者にとって避難路を確保するうえで重要であると考えられる。なお，この結果からは，不便ではあるが，より良い選択肢が存在しないという状況にあって，上記のような意思決定がなされているという住民の空間的生活戦略がうかがえる。また，行政にとっては，避難における住民の不安解消の方策を考えるうえで，この結果は有効に活用できると思われる。

　以上のように，GISは空間的視点をもって意思決定を行う際の重要なツールとなるが，そのためには，対象となる問題や目的の明確化が必要である。今後は，意思決定者の目的と問題自体を正確に規定できないような問題を解くようなシステムが必要である[14]。また，採用されるモデルの構築方法が，意思決定の枠組みを狭めることのないように注意することも重要である。その点で，多様な意思決定形態に対応したモデル化が必要である。

4.　災害に関するGISの展望と課題

　本章では，まずGISに関する法的整備について検討し，日本では1995年の阪神淡路大震災が契機となりGISおよび地理空間情報の社会的重要性が広く認識されるようになったこと，地理空間情報・GIS・衛星測位に関する施策の専門化・高度化と同時に，3項目の共通施策として災害対応が重視されてきたことを述べた。

　次に，この災害対応では，新しい計画になるほど，方針としては災害対応が重要視され，特に東日本大震災からの復興と今後の災害への備えが基本的方針に組み込まれたこと，施策としては災害対応が情報作成から情報活用を重要視したものにシフトしていることを説明した。

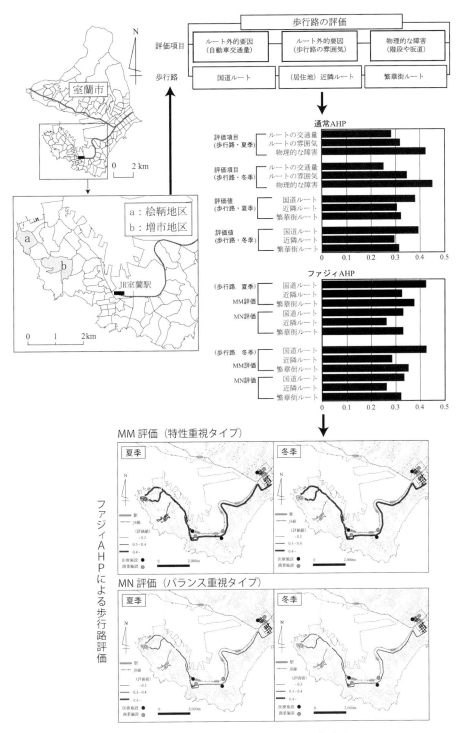

図 10・17　ファジィ AHP による歩行路の解析結果

橋本雄一，川村真也，寺山ふみ（2010）「積雪寒冷地のヴァルネラビリティからみた都市空間の高齢者福祉～地理空間情報を援用した歩行空間の分析～」（財）北海道開発協会開発庁差総合研究所 平成 21 年度助成研究論文集，95-116 頁の図を修正して掲載。

さらに，災害に関する地理空間情報の GIS による活用では不可欠である空間モデリングについて検討し，記述モデル・予測モデル・意思決定モデルという 3 種類のモデルの特徴と，災害に関する利用について論じた。

現在，GIS での空間モデリングは，現実世界の様々なものを対象として行われており，また，ジオコンピューテーションのように地理学や地球科学をコンピュータサイエンスとして展開する新たな試みの中で，多くのモデルが開発されている[15]。その中で，記述モデル，将来予測モデル，意思決定モデルという各段階におけるモデルも，災害に関係する自然現象の理解や，防災などに関して今後蓄積が図られ，利用が促進されると考えられる。

そのための精巧なモデルを構築するには，まずデータの精度を高め，その取得を容易にすることが必要である。また，より現実への適合度の高い将来予測や意思決定のための手法を開発することも重要である。特に，空間モデルを組み込んだ意思決定過程モデルの開発は，社会的ニーズが大きいにもかかわらず，いくつもの学問領域にまたがる学際的な素地が必要なことから，これまで進展の遅かった分野であり，災害に関する GIS の活用においても今後の発展が期待される。

また，近年注目を集めているビッグデータの GIS による活用方法を構築することも課題である。このビッグデータとは，SNS の書き込みやウェブサイトのアクセス状況など，既存の情報技術では管理することが困難な大量のデータのことである。ビッグデータには，携帯電話やスマートフォンの GPS 情報などの位置情報が含まれており，これを利用することで災害時の人命救助や物資支援のために役立てることができる[16]。この大規模な地理空間情報の集合体であるビッグデータを，防災や災害時の救助および復旧などで活用する方法は，産学官連携で研究が進められているが[17]，その成果を具体的な国および地域の災害対策に活用できるようにすることが望まれる。

1）橋本雄一編（2009）『地理空間情報の基本と活用』古今書院。
2）橋本雄一（2009）「地理空間情報活用推進基本法と基本計画」北海道大学文学研究科紀要，127，59-86頁。
3）Johnston, C. A. (1998) *Geographical information system in ecology*, Blackwell Science Ltd.
4）柴田里程（2001）『データリテラシー』共立出版。
5）O'Sullivan, D and Unwin, D. J. (2003) *Geographical information analysis*, John Wiley & Sons Inc.
6）北中英明（2005）『複雑系マーケティング入門—マルチエージェント，シミュレーションによるマーケティング—』共立出版。
7）村井俊治（1998）『GIS ワークブック』日本測量協会。
8）橋本雄一（2014）「北海道における津波浸水想定域人口の推定」北海道大学文学研究科紀要，144，31-65 頁。
9）村井前掲書（1998）。
10）橋本雄一（2008）「空間モデリング」村山祐司，柴崎亮介編『GIS の理論』朝倉書店，161-184 頁。
11）寺山ふみ，橋本雄一（2010）「ネットワークボロノイ領域分割を用いた積雪都市における避難場所収容能力の時空間分析」地理情報システム学会講演論文集（CD-ROM），19，ROMBUNNO. 5G-2。
12）Longley, P. A., Goodchild, M. F., Maguire, D. J. and Rhind, D. W. eds. (2005) *Geographical information systems and science, 2nd ed.*, John Wiley & Sons, Ltd.

13）橋本雄一，川村真也，寺山ふみ（2010）「積雪寒冷地のヴァルネラビリティからみた都市空間の高齢者福祉〜地理空間情報を援用した歩行空間の分析〜」（財）北海道開発協会開発庁差総合研究所　平成 21 年度助成研究論文集，95-116 頁。

14）Densham, P.（1998）「空間的意思決定支援システム」D. マギー，M.F. グッドチャイルド，D.W. ラインド編，小方登，小長谷一之，碓井照子，酒井高正訳『GIS 原典：地理情報システムの原理と応用』古今書院，432-443 頁。

15）Openshaw, S. and Abrahart, R. J. eds.（2000）*GeoComputation*, Taylor & Francis.

16）村上圭子（2013）「「震災ビッグデータ」をどう生かすか〜災害情報の今後を展望する〜」放送研究と調査，1，2-25 頁。

17）鈴木亮介（2013）「東日本大震災への対応におけるビッグデータの活用（前編）」月刊ニューメディア，1，62-63 頁，および，鈴木亮介（2013）「東日本大震災への対応におけるビッグデータの活用（後編）」月刊ニューメディア，2，72-73 頁。

第 11 章

災害史観と災害文化

関　孝　敏

は じ め に

「歴史の教訓に学ぶ」は，言うに易く行うに難しである。人類，民族，国家，社会，地域コミュニティ，世帯・家族，個人といったいずれのレベルにおいても，この凝縮された文言に込められた意味は深い。

未曾有の大災害「3・11東日本大震災」は，あらゆるレベルの分野や領域において，そしてまたすべての日本国民において，この文言を刻み込むことを求めている。

「歴史の教訓に学ぶ」ことは，これまでそれぞれの分野や領域において，たとえば戦争史，外交史，政治史，経済史，社会史，文化史，地域史，民衆史，家族史，個人史といった枠組みにおいて明示的・非明示的に取り上げられてきたように思われる。こうした枠組みがいずれであれ，その根底には，より普遍的な哲学や思想，あるいは世界観や人生観を問いつつ，「歴史の教訓に学ぶ」真摯な姿勢が込められていなければならないであろう。

「3・11東日本大震災」は，超巨大複合災害であっただけに，災害史の枠組みにおいて，「歴史の教訓に学ぶ」ための本源的問いかけを我々に提示してきているといわざるをえない。

ところで，我が国の災害史は，一方において，自然科学が解明しえた地球規模における立論を背景に，他方において歴史学や考古学，そしてまた人類学が考証しえた資料に照らし合わせるとき，そもそも我が国は，古代国家の黎明期以降，繰り返す自然災害と背中合わせにあったことを教えている[1]。それはまた，時代，地質や地形の特質，そして社会システム等のあり方によって，自然的ハザードに産業的ハザード，さらには人為的ハザードが輻輳し増幅し合うことも教えている。

こうした観点に立つとき，管見ではあるが，必ずしも明示的に立論されてきたとは思われない災害史観というキーワードが得られる。そしてここでいうこのキーワードは，文字どおり災害という事象に即した「歴史の教訓に学ぶ」ということを必然的に内包する。

このような災害史観を措定し，社会学という限定した分野から災害事象にアプローチするとすれば，どのような枠組みがこの災害史観において成り立ちうるのか。その有力な一つの手掛かりは，改めて後の各節において詳述するが，災害復興に通底する四つの軸（時間軸，空間軸，

社会軸，文化軸）における文化軸に視点を据えた立論ではないかと考える。もとより，この文化軸は，他の三つの基軸に強弱のアクセントを持ちながら関連し合うことはいうまでもない[2]。

　そこで，ここでは，従来の災害研究で曖昧でルーズに取り上げられるにとどまりながら，文化軸の主要な内容として位置づけられる災害文化，災害の下位文化，そして災害文化の担い手に関する論議を取り上げることにしたい。合わせて，この論議と脆弱性の論議との関連にも言及し，本章の標題に接近したい。

　こうした問題意識を踏まえ，従来の災害文化に関する諸論考を紐解くとき，興味深い問題提起がなされ，その重要性が指摘されてきたにもかかわらず，残念ながら，その後の考察の進展につながる論点は明確にされないままであり，もどかしさが残されているのではないかと考える。

　周知のごとく，「災害の文化」や「災害の下位文化」の概念は，1960 年代のアメリカ合衆国において，地域的に繰り返される災害事象すなわち自然災害に注目した文化人類学者によって指摘され，災害に関する文化的側面の重要性が提起された。しかし，こうした災害文化の重要性が指摘されても，多くの災害研究の蓄積を有するアメリカ社会学の分野において，その後，当該概念の適用による災害の社会学的研究の展開は乏しいように思われる[3]。

　他方で，西欧的災害観に対する非西欧的災害観のあり方に立脚し，繰り返される災害に対する文化的適応の側面に注目するフィリピンの地理学者により，グローバルで通文化的視点に立つ問題提起がなされてから，すでに 10 年余が経過してきた。しかし，この間，災害文化に関する西欧的-非西欧的の枠組み，そして人類学-地理学における専門性の視点の違い，これらに対する社会学分野の位置づけのあり方は，明示されてきていないようである[4]。

　明治期の近代国家の成立以降今日に至るまで，西欧モデルを追い続けてきた我が国は，実に多くの災害と共に歩み，文字どおり災害史を刻み続けてきている。しかし，「3・11」の経験に照らし合わせるとき，西欧-非西欧の二項的枠組みに必ずしもとらわれない立場を求めつつ，日本における災害事象について，筆者が設定する災害復興の四つの基軸のうち，文化軸を手掛かりとした災害文化に関して立論する格好の機会が与えられたのではないかと思われる。そのためには，どのような立論の手続きを踏まえる必要があるのか。現状では，この点も視界不良のままである。そこで，このような問題を少しなりとも軽減し，そしてより直接には，災害史観に立つ災害文化に関する社会学的立論の可能性に接近するために，社会軸の内容を組み入れた次の最大公約数的な六つのキーワード，すなわち①災害の常襲性，②「危険社会」，③愛他的コミュニティ，④災害弱者，⑤災害復興，そしてこれら五つに通底する⑥脆弱性を提示したい。そしてこれらのキーワードを手掛かりに，「災害史観と災害文化」に関する社会学的試論を展開してみたい。

1. 災害の常襲性と「危険社会」

1−1　災害の常襲性

災害史観に立つとき，災害の常襲性は考察の前提である。すでに指摘したように，災害史観

の基軸に文化軸を位置づけようとする筆者の視点からするならば，災害の常襲性はこの文化軸の基礎的構成要素である。人文科学や社会科学の分野における災害研究を手掛かりにすると，災害文化や災害の下位文化の概念は，この災害の常襲性を基本的な特徴の一つとして内包しているからである。

　災害文化に関する初期の考察が注目した災害の常襲性は，アメリカ合衆国におけるハリケーンや竜巻といった自然的ハザードによるものであり，これらの災害因が一定のエリアを特定の時期に毎年繰り返し襲来し，多くの人々に甚大な被害をもたらす，ということであった。この繰り返される災害に関係当事者は，事態の予想・予測，災害への備え，災害時の対応，被災後の復旧・復興の対処，時間的経過に即した災害復興のあり方等々に向き合うことを余儀なくされてきた。繰り返される災害事象を明示的に組み入れた生活様式の習得や工夫が求められてきた。

　このような災害の常襲性に鑑み，生命と財，そして人との関係性にかかわる被害の防御や軽減に自覚的明示的に取り組み，地域生活の基盤となるインフラ整備はもとより，社会組織や社会制度の充実に取り組む体制が求められてきた。しかし，被害をもたらすリスク因の種類や規模，そして頻度は多様である。襲来の時間的間隔も一様ではない。さらに襲来するリスク因は，単一ではなくて複合的な場合があるし，リスク因それ自体の襲来時におけるタイミングや種々の状況も加わり，被害をいっそう深刻にさせていることが少なくない。

　こうした災害の常襲性に相対峙することから，事態対処の経験知，実践知，技術的専門知，災害の発生メカニズムに関する分析的・理論的専門知等が生み出されてきた。しかし現実には，災害の常襲性の根絶と克服は，大変な困難を伴うし，そもそも不可能なことが多い。それだけに種々の経験知・実践知・専門知の総合的動員も活かしきれないことがありうる。

　ところで初期における災害文化の概念は，自然的ハザードによる自然災害を対象とした考察であるが，この概念の提示は，災害事象に関してそれまで看過されてきた文化的側面に目を向け，注意を喚起することに意義があったと思われる。しかしすでに本章の冒頭「はじめに」において指摘したように，災害事象には，自然的ハザードに社会的・産業的ハザードが加わり，さらに人為的ハザードが介在することから，事態は厄介な様相を呈することが少なくない。現実の被災事例では，自然的ハザードよりも社会的・産業的ハザードないし人為的ハザードによる場合が多いのではないかという指摘もある[5]。

　このような観点からすると，災害文化の概念は，自然的ハザードに主眼を置く発想から社会的・産業的ハザード，そして何よりも人為的ハザードを組み入れた位置づけを明示する必要があろう。この点は，社会学的な立場において災害文化の概念がより受け入れられ，実質的に活用されるためには回避しえない論点の一つかと思われる。

　我が国の災害史は，主要には，自然的ハザードによる災害の常襲性を端的に示している。しかし「3・11」における「フクシマ」の被災は，自然的ハザードに社会的・産業的ハザード，人為的ハザードが加わり被災の深刻さを刻みつけた。今日的な災害の常襲性の意味を問いつつ，災害文化について熟慮しなければならない機会が突きつけられた。

　そこでこのような課題を直視するとき，U. ベックの著書『危険社会——新しい近代化への
道』において，書名として示された危険社会の概念は，「3・11」を経験し，事態対処の大きさ
と困難さを想えば想うほど，改めて大きくかつ深い示唆に富むといわざるをえない。特に同書
の「はじめに」において，出版時が奇しくもチェルノブイリ原子力発電所の事故と重なり，自
著の位置づけにいっそうの意味付与を込めたやや長い「まえがき」の一文は，「歴史の教訓に
学ぶ」ことの重要性を示している[6]。

　著者の危険社会の概念が，広義の現代社会に関する基本的特質をえぐるのみならず，災害史
観の観点からは，自然的ハザードを凌駕する社会的・産業的ハザード，そして何よりも人為的
ハザードの人類史上の功罪を問うことを示唆しているように受け止められる。本章ではこのよ
うな受け止め方に照らして，当該概念を以下，かぎかっこつきの「危険社会」として用いるこ
とを断っておきたい。

　災害の常襲性が国土の随所にみられる我が国の災害史から「災害史観」のキーワードを得
て，これに関連して，U. ベックの「危険社会」の概念を手掛かりにすると，次のような分析
的枠組みが得られるのではなかろうか。本章の「はじめに」において言及した災害復興の四つ
の軸は，種々のハザードによる災害の常襲性が，歴史的に国土の随所にみられることに照らし
て，空間軸-空間リスク，時間軸-時間リスク，社会軸-社会リスク，文化軸-文化リスク，とし
てとらえ直すことができる。災害史観の観点から，我が国は，これら四つのリスク因に関連す
るハザードに繰り返し襲撃されてきた「危険社会」の特質を有しているといえる。

　災害文化の概念は，この意味での「危険社会」における四つのリスクのうち，文化リスクに
主要にかかわる。繰り返しになるが，すでに「はじめに」において言及した災害史観における
文化軸の位置づけは，我が国の国家の黎明期以降形成されてきた日本文化の根底に災害事象が
根深く潜み続けているのではないか，と考えるからである[7]。さらにいえば，災害史からうか
がわれる時間軸，空間軸に即した災害の常襲性は，災害文化概念の基本的な特徴と考えられる
からである。このような位置づけから，文化軸-文化リスクの設定を考えると，我が国におけ
る「災害の二面性」に関する指摘が注目される。この「災害の二面性」は，文化軸における文
化リスクの内容を考える手掛かりを与えてくれるように思われるからである。

1−2　「災害の二面性」と「危険社会」

　「災害の二面性」の指摘には，次の三つの意味が含まれていると考える。その第 1 の意味
は，災害がもつ被害と恩恵の両側面である。第 2 は，災害観における受容・諦観と克服・征服
の分極化である。第 3 に，これら二つの意味に関連して，文化リスクと社会リスクとの曖昧な
関係性である。

a. 災害による被害と恩恵の両側面

　災害の概念が示すように，リスク因が人と社会に被害をもたらすとき，それは災害となる。
しかし一方で，たとえリスク因があったとしても，人と社会に被害を与えなければハザードと
ならないし，災害として概念化されない。それでは，「災害の二面性」における恩恵の側面

は，どのように把握され理解されるべきか。この点の明確な説明がなければ，「災害による恩恵」とは，不遜極まりない表現と受け止められ，はなはだしい誤解を生むことになろう。

　恩恵の側面に関する積極的な論点の一つは，生態学的観点にかかわる。我が国におけるリスク因としての地震，津波，火山によってもたらされた地形や地質の変化が，人と社会に被害とともに高い利用価値を生み出してきた，という指摘である[8]。恩恵の側面はいうまでもなくリスク因によってもたらされる高い利用価値についてである。曰く，風光明美な景観，遠浅の砂浜海岸や漁業資源に恵まれた海岸線や海底の形成，長期にわたり堆積を重ねた火山灰地の有用性，そしてこれらにかかわる技術技能の開発等々の指摘である[9]。同様に，台風や豪雨は風水害をもたらすが，その一方で水の補給や保水とともに旱魃への歯止めの一助となりうる。

　今一つは，災害の常襲性に関連して言及したが，繰り返される災害から，リスク因やハザードに対する種々の事態対処の経験知・実践知・専門知が導かれるという，いわゆる犠牲の代償ないし教訓の側面に関する指摘である。一例として，近代科学におけるスキルの高度化は，この主張に沿う。

b．災害観における受容・諦観と克服・征服の分極化

　「災害の二面性」の第二の意味は，災害に対する受動的な受容・諦観という意識や態度と能動的な征服・克服という意識および態度との分極化，として位置づけられうる。

　個人と社会のレベルにおいて，災害をどのように受け止め，それぞれをどのように考えるかは，広義には災害観として概念化しうる。この災害観は，個人と社会の各レベルにおいて必ずしも一致しているわけではない。むしろ不一致が生じていることが多いのではあるまいか。個人レベルにおいても，多様な受け止め方があると思われる。そこでここでは，ひとまず個人レベルについて取り上げ，社会レベルについては，cにおいて改めて言及したい。

　こうした断りに依拠すると，個人レベルにおける災害観は，災害に対する受容・諦観，征服・克服という二つの軸による類型的把握が可能であるように思われる。前者の受容・諦観の軸は，災害を受け入れる受容的・諦観的な程度に関する高低ないし強弱という意識と態度の志向ベクトルとして位置づけられる。他方，後者の征服・克服の軸は，災害に対する征服・克服という意識・態度志向の高低・強弱として把握しうる。かくして「災害の二面性」の第二の意味は，災害観における受容・諦観への意識・態度志向と征服・克服への意識・態度志向，それぞれの分極化により組み合わせた4タイプとして仮説的に把握されうるであろう[10]。

c．文化リスクと社会リスクの曖昧な関係性

　上記a，bにおいて「災害の二面性」に関する内容について言及したが，これに関連して文化リスクと社会リスクとは，主要には，災害の常襲性に対処する文化的装置および社会的装置の脆弱性を意味している[11]。そしてaとbでふれた「災害の二面性」は，この両装置それぞれにおける脆弱性の軽減ないし克服の方向性において作用せず，むしろ脆弱性の持続・放置・温存に寄与しているのではないかと考えられる。文化リスクと社会リスクの曖昧な関係性とは，まず一つにこうした意味においてである。

　文化軸–文化リスクと社会軸–社会リスクの両者が，統一的に一致して「災害の二面性」を

263

克服しつつ，災害の常襲性に対する文化装置と社会装置の体制強化と高度化を図り，それぞれがそれぞれにおける脆弱性の軽減につながっている場合が好ましいことはいうまでもない。しかし残念ながら，現実的には，両軸における両リスクの位置づけの認知それ自体にずれがあり，文化的装置と社会的装置との連携した態勢が整備されていないことが多いように思われる。これは個人レベル，世帯・家族のレベル，地域コミュニティのレベルに比べて，国家や全体社会のレベルにおいてより当てはまるのではなかろうか。ここでいう文化リスクと社会リスクの曖昧な関係性とは，以上のような状況をも指している。

このような両リスクは，時間リスクと空間リスクに交錯する。そのことによって，たとえば予測・予知しえないリスク因が，過去の被災経験を有する特定エリアを襲撃する場合，「備え」としての社会的装置や文化的装置があったとしても，被害を回避しえないことが生じる。両装置がなければ，当然のことながら被害はいっそう大きくなる。リスク因の規模が大きく，これに襲来の時期やタイミング，そして状況といった要因が加わるとき，被害は甚大となる。これは，時間リスクと空間リスクが文化リスクと社会リスクに輻輳し合うことを示している。「危険社会」における災害源としてのリスク因は，文化リスクと社会リスクの検証的認識，そして両リスクの軽減と克服のための装置と体制の整備によって大きく左右される。このような課題に関して，脆弱性の概念は鍵的役割を有している。

2. 超巨大複合災害と脆弱性

「3・11」は，岩手・宮城・福島の3県にまたがり，巨大地震と巨大津波が集中した文字どおり超巨大複合災害であった。特に「フクシマ」に象徴される巨大地震に巨大津波，そして原子力災害が重なり合った複合災害は，従来の災害研究における重要なキーワードである脆弱性の概念を根底から改めて問い直すことを求めている。それは，少なくとも①脆弱性の量と質のレベル，②脆弱性の潜在性と顕在性，③脆弱性の拡大と深化，④脆弱性の軽減と克服，といった諸点について，超巨大複合災害を念頭に置いて，これらをどのように見直しつつ見極めていくのか，という厄介な課題が提示されていると考えるからである。

災害の社会学的研究の対象レベルは，ミクロレベルの(A)個人から(B)世帯・家族，(C)各種の集団・団体や組織，(D)地域コミュニティや自治体コミュニティといった地域社会，そして(E)国家や全体社会のマクロなレベル，さらには(F)国家間のグローバルなレベルに至るまで幅が大きい。これら各々のレベルにおいて，それぞれがどのような脆弱性を有しているのか，それを先に指摘した①〜④の課題に照らし合わせるとき，脆弱性のいかなる見直しと見極めが必要であるのか，そのためのより具体的な課題設定が求められる。「3・11」にみるような超巨大複合災害は，(A)〜(F)の各レベルにおいて，それぞれがもつ脆弱性を異次元と形容されるほどにさらけ出したように受け止められるからである。

このような脆弱性のテーマは，繰り返し言及している四つの軸にそれぞれ対応する四つのリスクのうち，社会リスクと文化リスクに関連づけると，それは社会軸における社会的装置，文

化軸における文化的装置が超巨大複合災害に相対峙するとき，少しでも被害の軽減を図るために脆弱性をいかに最小限にするか，という課題として改めて示すことができるであろう。これは，「3・11」から得られる教訓化の一つといえるのではなかろうか。

すでに指摘したように，災害史観の観点から位置づけられる「危険社会」は，従来の災害現象が自然災害に主眼を置いた考察であるのに対し，産業災害や社会的災害，そして人為的災害を組み入れた取り組みを求めている。先に指摘した脆弱性に関する①〜④の課題は，種々の分野や領域において，このような取り組みにおける明示的でかつ早急な検討を必要としている。

安全神話がすでに崩れた「フクシマ」の原子力発電所の事故は，自然災害に産業災害，社会的災害，そして人為的災害が交錯・輻輳した人類史上に例をみない事例として位置づけられる[12]。ここで見つめ直したいことは，太平洋側の東北地方が，我が国の災害史に照らして過去に大きな地震・津波災害を繰り返し経験してきたということである。災害の襲来間隔に長短の差があるにしても，このエリアは災害因としての地震・津波による災害の常襲性が当てはまるエリアといえるからである。当該エリアでは，過去に起きた最も高い津波は，約 40 m に及んだという記録がある。14〜15 m の津波の記録はさらに多く指摘されている。地震・津波による災害は，たしかに自然災害であるが，「3・11」の「フクシマ」にみるように，産業災害と人為的災害が加わった地震・津波災害の常襲地における超巨大複合災害に照らして，先に指摘した脆弱性の概念に関する見直しと見極めの一助にするために，上記の①〜④の課題について，今少し敷衍しておきたい。

2−1　脆弱性の量と質のレベル

我が国における従来の脆弱性の論議は，連動性の地震とそれによる津波の巨大な自然的ハザードを組み入れていたといえるのであろうか。しかも「フクシマ」の原子力発電所の事故は，チェルノブイリやスリーマイル島の事故——原子力発電所単一の事故としてもそれ自体において，事態の解決のために長期にわたる時間に加えて多大のエネルギー，財，人員，そして英知が動員されてきた——と異なり，自然災害との複合災害である。「フクシマ」の海岸線が，我が国の災害史における地震・津波災害の常襲性が当てはまるエリアに連なっていたことを考えると，起こりうる可能性が危惧されるべきであった「3・11」東日本大震災は，自然的ハザードによる災害の常襲性に原子力発電所事故が加わった，人類史上，類例のない超巨大複合災害といえる。したがって，こうした災害に対する脆弱性の量と質は，「3・11」以前と以後とにおいて，異次元というべきレベルの違いがあるといわざるをえない。

周知のごとく，北海道から鹿児島に至るまで，「3・11」以前において 54 基の原子力発電所が稼働していた。これらの原子力発電所は，すべて海岸線に立地している。しかも，原子力発電所のいくつかの立地エリアにおいて，活断層の有無のチェックがなされているにしても，エリアの陸側周辺部には，不明な活断層の存在とともに新しく活断層が見出されることがしばしば指摘されている。しかし，海側における海岸線の海底の活断層のチェックがなされているという情報はあまりにも乏しい。

　昨今における南海トラフへの注目の高まりは，超巨大連動地震・津波災害への警鐘とともに，その広範な海岸線のエリアには原子力発電所が複数立地していることから，危機感が高まっていることを反映している。加えて南海トラフの東側の伊豆半島から伊豆諸島（三宅島）に至る火山帯，同じく西の霧島から桜島に連なる火山帯，これらが南海トラフの動きにいかに関連するのか[13]についても関心が持たれている。超巨大複合災害発災への目配りは欠かせない。したがって，近未来に起こる可能性が高い東海地震・東南海地震・南海地震に関する精度の高い研究成果とその情報発信は，我が国のみならず，世界における従来の脆弱性に関する論議のレベルをはるかに超える内容を掘り下げるために欠かせない。

2－2　脆弱性の潜在性と顕在性

　脆弱性の概念は，ミクロレベルの個人（A）からマクロレベルの国家（E）やグローバルレベル（F）の各対象レベルに至るまで，それらの対象がもつ脆弱性の程度を主要な内容とする[14]。ここで指摘する脆弱性の潜在性と顕在性に関する課題は，それぞれの対象が潜在性と顕在性の両者を混在化させていることに関連し，このことが被災の大きなリスクにつながっているのではないか，という点にある。これは，災害因それ自体における潜在性と顕在性とが必ずしも明確に弁別しえないことに基因すると思われる。この課題を少しでも整理するために，災害因の潜在性と顕在性と脆弱性のそれとを組み合わせた類型設定による論点整理がまず考えられる。災害への事態対処として，図11・1の類型，タイプ4の顕在的な災害因に対する顕在的な脆弱性は方策が定めやすい。逆に，タイプ2の潜在的な災害因に対する潜在的な脆弱性は，想定外・予想外といわれる発災に直結し被害も大きくなりがちである。我が国の地域コミュニティや自

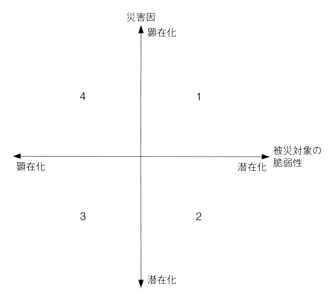

図 11・1　災害因の顕在化，潜在化と被災対象の脆弱性に関する類型

治体コミュニティにおいて定着し始めた，身近な地図を用いてリスクのチェックをする「図上訓練」により，生活の安心・安全のためのリスク因をまず確認し，災害因の明示化につなぐ作業は欠かせない。この作業は，後述の 2−4 にかかわり，災害に備える「ココロ」と「カラダ」のテーマにつながるであろうし，脆弱性の軽減への一つの手立てになるかと思われる。

さらにタイプ 1「顕在的な災害因と潜在的な脆弱性」，逆にタイプ 3「潜在的な災害因に対する顕在的な脆弱性」の両タイプは，災害の常襲性との関連では，前者において事態の早急な課題設定とそれへの処方箋とが求められる。他方，後者はいかなる災害であれ，いわゆる災害弱者への対処のあり方の問題が突きつけられる。この点も 2−4 における「脆弱性の軽減と克服」のあり方に関連する。

2−3　脆弱性の拡大と深化

ここでいう脆弱性の拡大とは次の 2 点にある。その一つの意味は空間軸における空間リスクにかかわる。東日本大震災における地震の震源域は，およそ 500 km に及んでいたことが判明した。近未来に発災すると予想される南海トラフの連動性の地震は，「3・11」と同等ないしそれ以上の空間的範域を有することが想定されている。空間軸における空間リスクの拡大は否めない。昨今における被害想定に関する国，都府県，各自治体の情報発信は，社会リスクと文化リスクの見直しとともに発災に対する備えのあり方に関する危機感を示している。

今一つの意味は，「3・11」を境にして，自然的災害に加えて産業的災害と人為的災害が被害の深刻さを増大させたことにかかわる。換言すると，社会軸と文化軸における社会リスクと文化リスクにかかわる。原子力発電所の事故がこれら両軸および両リスクの中核に位置することはいうまでもない。周知のごとく我が国は，周囲を海に囲まれた島国であり，エネルギー資源に乏しい国であることから，産業立国として歩み続けた近代社会の成立以降，港湾の整備とともに海浜部にエネルギー基地を立地してきた。当該基地には原油や天然ガスや液化ガス等，可燃性と起爆性が高いエネルギー源が備蓄されるとともに，工業基地や化学コンビナートが建設されてきた。近代化とともにリスク因と災害因とが潜在的に点在したり，混在することになった。脆弱性の拡大に関するこの第 2 点目の意味とは，主要にはこのような意味においてである。この点は，潜在的な脆弱性の拡大はもとより，脆弱性の深化につながる。

他方，脆弱性の深化とは，顕在的な脆弱性と潜在的なそれとのいずれであれ，災害因による被災がいっそう深刻化するということを示している。かつて今世紀の幕開けに際して，20 世紀を総括して「戦争の世紀」という指摘がなされた。災害史観に立つとき，災害社会学の古典において P. A. ソローキンは，戦争を災害の主要な内容として位置づけた[15]。1945 年 8 月 6 日，9 日に投下された広島と長崎における原爆は，人類史上初の悲劇と逃げ場のない被害を瞬時にもたらした。しかも時間軸における時間リスクに即していえば，被曝が人体に及ぼす影響は被爆世代の一生涯にとどまらず，次世代以降にも不安な影響をもたらしてきた。被爆との関連で遺伝子の異常，白血病や癌などの疾病への危惧が取り上げられてきた。

災害因としての放射能汚染は，不可視性をその究極において示す。水と空気に含まれる放射

能は不可視であり，潜在性の極みにある。しかも放射性物質には半減期が数万年から数十万年と長いものもあり，将来にわたって克服しにくい悪影響を及ぼすことが懸念される[16]。こうしたことを考え併せると，フクシマの原発事故に伴う原子力災害は，選択の余地がない影響の深刻さ，つまり脆弱性の深化を最も端的に示しているといわざるをえない。

2－4　脆弱性の軽減と克服

災害因に対する脆弱性の軽減と克服は，一般的には，従来，防災という言葉で表現されてきた。しかし，1995年1月17日の阪神大震災の被災経験から，種々の災害因の根絶は不可能に近いことを知らされた。この震災を契機に減災という用語が用いられることになり，その後，防災・減災と併記して表現されるか，両者を明確に区別して用いるようになってきた。2011年3月11日の東日本大震災は，この防災はもとより減災という用語を用いることがうつろに響くほどの衝撃であった。

また「ボランティア元年」と名辞された阪神淡路大震災では，被災時と被災後の事態対処における自助・共助・公助に加えて「協助」の重要性と意義を大きくクローズアップさせた[17]。「3・11」の超巨大複合災害は，従来の防災と減災，自助・共助・公助，そして「協助」のあり方をいっそう根底から見つめ直すことを求めているように思われる。脆弱性の軽減と克服に関連していえば，それはそれぞれの対象レベルにおいて，災害に対する回復力・復元力がいかに保持されているかに目を向けることでもあろう。

従来の災害研究においては，災害因に対する脆弱性の概念が主要に取り上げられ，当該概念は，被災に対する回復力・復元力という概念への言及を凌いでいるように思われる。しかもこの後者の両概念は，ともすれば別個に論じられ，両者が表裏一体の関係にあるという位置づけは弱いのではないかと受け止められる。災害因に対する脆弱性の軽減と克服を図ることは，被災に対する回復力・復元力をいかに高めるか，そしてそうした回復力・復元力をいかに保持する（保持してきた）か，ということでもあると考えられるからである。

さらに注目しておかなければならないことは，この回復力・復元力の概念は，個人レベルや世帯・家族のレベルにおいて用いられることが多かったということである。しかしこのたびの「3・11」は，こうしたレベルに加えて地域コミュニティや自治体コミュニティをはじめ，他の集団や組織のレベルにおいてもこの回復力・復元力のあり方を厳しく問いかけていると受け止められる。被災前にこの回復力・復元力をそれぞれのレベルがいかに保持している（保持してきた）かは，復旧・復興の過程において，重要な鍵的論点の一つとして考えられるからである。したがって，ここで指摘した脆弱性の軽減・克服の課題には，繰り返し指摘してきた（A）～（F）の各対象レベルにおいて，この回復力・復元力を組み入れた位置づけは欠かせない。

3. 災害文化の基層

災害文化の概念は，社会学分野において，必ずしも有用で有効な概念として受け入れられて

きていないように思われる。これは，当該概念のもつ曖昧さに主要な原因があるのではないかと考え，その点を指摘した。合わせてその課題を軽減するために，これまでの節において，いくつかの論点に注目し行論してきた。本節では，災害文化の基層という視座を提示し，これに基づき災害文化の概念がもつ曖昧さの軽減をさらに図るとともに，この概念の持つ意味と意義を掘り下げる一助にしたい。こうした作業は，文化リスクの軽減につながるのではないかと考える。

3−1　災害文化の基層とは

　災害文化の基層とは，ここでは次の諸点を主要に含意している。すなわちそれは，①人々の日常の地域生活における生活の安心と安全をよりいっそう図るために，身近なリスク因や災害因を持続的に点検する。②①に即して，災害による被害を少しでも軽減するために日常的に取り組む。③災害時に被災者同士が可能な手助けをし合う。④災害時にサポートを優先的に必要とする人たちに寄り添う目配りと気配りをする。⑤災害時に地域コミュニティがより機能しうるための共助と協助のシステムづくりに日常的に取り組む。そして⑥災害時の被災者・被災地域に対する外部社会からの支援体制の制度化を図る，といった諸点である。

　これらの諸点は，すでに多くの人々，各世帯・家族，各種の集団や組織，地域コミュニティや自治体コミュニティ，そして国家という各レベルにおいて，さらにはグローバルなレベルにおいて，それぞれ軽重と濃淡の差こそあれ，従来取り組まれてきている。しかし災害史観に基づく我が国の災害の常襲性や「危険社会」の位置づけに加えて，「3・11」という超巨大複合災害は，先に指摘した諸点の確実な行動上の実践をよりいっそう必然的にしている。しかもより高い行動レベルにおけるそれが求められている。

　上で指摘した六つの点は，時間軸に即していえば，災害前と災害時にかかわる内容であるが，災害文化の基層として，さらに7点目として，⑦災害の被災後に焦点を当てた災害復興をいかに図るか，という点が付け加えられなければならない。というのも災害の予知・予測は不可能なことが多いし，災害因の完全な除去は不可能に近いと考えられるからである。加えて，「3・11」に象徴される超巨大複合災害からの災害復興は，空間軸における被災のいっそうの拡大を伴いつつ，時間軸においては復興の長期化が必然だからである。「フクシマ」における進行中の原子力災害はもとより，近未来の南海トラフによる被災，これに連動した噴火災害，さらにこれらに原子力災害の発災が加わる可能性は否定しえない。こうしたことを考え合わせると，これらの7点は，「3・11」以後において，根底から見直しと見極めが求められる。とりわけ災害復興は，はたしてそもそも可能であるのか，という厳しい問いかけもありうる。このことから，ミクロレベルからマクロレベルに至るいずれのレベルにおいても，災害前の①②とともに，災害による被災を想定した⑦災害復興のあり方，その復興計画を組み入れた災害への備えがいっそう厳しく求められる。こうした諸点の自覚的取り組みは，文化リスクや社会リスクの軽減を推し進め，災害に対する種々の脆弱性の軽減にもつながるものと思われる。

3-2　災害文化の基層における「愛他的コミュニティ」

アメリカ社会学の古典が教えるところは，災害時におけるコミュニティの出現であった。H. S. プリンスが表現した「友情の町」の出現は，産業的・人為的な激甚災害によってもたらされ，被災者と被災地域に対する外部社会からの多くの献身的な支援に注目して発せられた[18]。この古典的な実証研究における災害時の発見的事実は，地域コミュニティの構成要素といわれる共同活動，共属感情，共通の社会規範等が災害時に特化して出現したものと受け止められる。先の3-1で言及した災害文化の基層を構成する七つの内容のうち③，④，⑤，⑥に直結する。ここではこうした状況を災害時における「愛他的コミュニティ」の出現と呼んでおきたい。

通常の地域社会が，災害時に被災地域社会となり，被災者同士はもとより非被災者や外部の種々の集団，組織から多大な救助・救護・救援の多面的支援を受けつつ，事態対処に当たるとき，「愛他的コミュニティ」が出現しうる。地域コミュニティが日常的に脆弱であり，地域社会としての統一性や求心性が欠如している場合であるにしても，災害時にこのような「愛他的コミュニティ」は出現しうる。プリンスが指摘した激甚被災時における「友情の町」の出現は，こうしたことを示唆している。

災害文化の基層における「愛他的コミュニティ」の出現は，他律的ではなくて自律的に出現することが求められることはいうまでもない。災害文化の基層として提示した7点の継続的な実践が，この課題に応えうる一つの道筋ではないかと考える。

3-3　災害文化の基層における災害弱者

2004(平成16)年度の我が国では，観測史上初めて年間10個の台風が上陸し，全国各地に多大の被害をもたらした。まさに台風による風水害の常襲性がみられた。この被災により高齢者の犠牲者が数多くみられたことに鑑みて，政府は当該年度の10月に委員会を立ち上げ，いわゆる災害弱者への取り組みに着手した[19]。この取り組み作業が，その翌年平成17年から3ヵ年にわたり，「災害時要援護者支援ガイドライン」の策定を各自治体に求める情報発信につながった[20]。

しかし，地域の実態に即したガイドラインの策定は当該自治体の自主性に委ねられたし，個人情報保護法との関連もあり，実際には歩みが遅かった。「3・11」は，各自治体におけるこの取り組みの立ち遅れを自覚させる衝撃となった。そこで，災害文化の基層の内容に深くかかわる災害弱者に関して，ガイドラインの策定はもとより，策定内容において「3・11」以降どのような点が注視されなければならないか，そのいくつかの課題を指摘しておきたい。

まず第1に，当然ながら，災害弱者（災害時要援護者）は，一般的なリスク因はいうまでもなく災害因に対する脆弱性が大きい。高齢者，心身に障がいを持つ人，乳幼児，妊産婦，難病疾患を持つ人，外国人等々が，災害弱者として位置づけられた[21]。しかし我が国の「失われた20年」における経済事情および国家財政の悪化は，災害弱者にいっそうの加重負担を強いるとともに，多くの失業者や不安定就労者，そしてまた彼らの世帯・家族成員を災害弱者に新し

く組み入れた。社会的経済的階層の変化が，災害弱者を大きく増加させていることに注目しなければならない。

　第2に，国が主導した「災害時要援護者支援ガイドライン」策定時には，カテゴリー化された各災害弱者の脆弱性に焦点を当てた個別の支援対策が盛り込まれるまでには至っていない。しかし災害弱者に対する見守り隊，連絡隊，支え合い隊といった先駆的で積極的な取り組みは，ガイドラインの策定前後からみられた。そうした取り組みに参加する人たちも被災者になりうることから，「サポート隊」に近隣や地域住民（消防・民生/児童委員も当然のことながら含まれる）に加えて，外部社会のボランティアや組織，団体等が制度に組み入れられる必要がある。こうした制度化にかかわる行政の役割は大きい。

　第3に，第2に関連し，災害弱者と位置づけられる人たちには，災害時には平常時に比べていっそう専門性を加味した事態への対応が求められる。専門的技術・技能・資格を有する支援者および支援団体，各種の組織の参画と動員は欠かせない。災害時の支援において，介護と医療の支援には専門性がよりいっそう求められる。過酷な被災状況に追い込まれた「3・11」東日本大震災では，超巨大複合災害であっただけに災害弱者への目配りと気配りは，残念ながらきわめて制約されざるをえなかった。

　第4に，しばしば指摘される災害情報の送受信と避難行動は，とりわけ災害弱者にとって重要である。災害弱者といわれる人たちには，障がい者手帳を持つ人たちが含まれる。高齢者に関しては，介護保険制度との関係で行政上登録されている。こうした人たちは，行政の所轄部門の登録者リストを通じて，災害時の情報伝達と避難行動の勧告や指示を受信する選択肢はある。しかし現実的には，とりわけ激甚災害の場合，災害時に行政が役割を遂行しうる余地は限定される。そのために自治会（町内会）の代表者の手元にある登録者リストが手掛かりとならざるをえない。しかし災害時には，自治会の代表者も被災者になりうるから，災害情報の伝達と避難行動においては，災害弱者が取り残される事態が生じがちである。災害時に支援の依頼をすることを事前に意思表示（いわゆる手上げ方式）をしていても，それが活かされないことがありうる。多くの災害弱者が災害時の情報伝達と避難行動に遅れをとる状況に置かれることが生じる。

　第5に，第4に関連して，災害時の伝達と避難行動の訓練において，「3・11」以降すでに4年余が経過した執筆時現在においても，災害弱者を中心に据えた取り組みの立ち遅れは否めない。より多くの災害弱者の参加が日常的な「図上訓練」にいっそう求められるであろう。「3・11」以降においては，災害文化の基層に関する含意として提示した7点すべてについて，災害弱者の目線で取り組み，実践することが喫緊の課題である。

　第6として，さらに付記されなければならないことは，避難施設に入所した場合において，災害弱者に対する介護と医療，そして福祉の専門性をいっそう加味した対応が求められる。災害から生き残った人たち，とりわけ災害弱者が関連死すること，さらにその後において孤独死・孤立死する実態を少しでも回避し，軽減するために残された課題の点検作業は不可欠である。

4.「災害の教訓化」と災害文化の担い手──災害文化の基層の整備・拡充に向けて

　前節で言及した災害文化の基層は，自覚的明示的な実践，そして地道で持続的な実践によって支えられる。そのために「災害の教訓化」と災害文化の継承・伝達の担い手の活動は，可能な限り日常に組み入れられることが求められる。このことが，災害文化の概念の有用性と有効性を高めることにつながるのではないかと考える。また，これは文化リスクや脆弱性の軽減にもつながると思われる。災害文化の基層のよりいっそうの整備・拡充は，こうした作業のために欠かせないであろう。

　ところで，災害の教訓は，我が国における災害の常襲性から，頻繁に用いられ熟知された用語であるにもかかわらず，概念として必ずしも統一的な提示はなされていないように思われる。そこで本節では，災害の教訓への言及には，まず「災害の教訓化」の概念が明示される必要があるのではないかと考え，そのために「災害の教訓化」の基軸として，少なくとも次の五つの側面を提示してみたい。すなわちそれは，①災害の制度的教訓化，②災害の伝承的教訓化，③災害の可視的教訓化，④災害の数値的教訓化，そして⑤災害の予知的教訓化である。これらの基軸に対応して災害文化の担い手を位置づけてみることは，災害文化の担い手をより系統立てて明示的で実践的に示す一つの道筋ではないかと考える。災害文化の基層に関するよりいっそうの整備・拡充を図る論理化の作業は，こうした位置づけに支えられるであろう。

4−1　災害の制度的教訓化

　災害の制度的教訓化とは，災害に関連する制度や枠組みを通じて，過去の被災経験に学び，災害の教訓化を明示することである。災害に関連した法律，学校教育における災害教育，種々のレベルで行われる防災・減災教育のための技術や技法の開発・伝達等は，災害の制度的教訓化における具体的な内容である。これらにかかわる人員，人員配置，人員の役割とその配分，役割の義務とその遂行を担う人たちすべてが災害の制度的教訓化の担い手として位置づけられる。1995 年 1 月 17 日の阪神大震災において最も被害が大きかった神戸市においては，制度的教訓化にかかわる「人と防災未来センター」を設立し，激甚被災の爪痕を風化させない専門的機関・施設が案出された。この施設において大災害の擬似体験が可能となった。加えて「語り部」という災害の伝承的教訓化の新しい担い手が生み出された。また大学における災害に関する研究所の設立も，重要な制度的教訓化の内容をなす[22]。

　いうまでもなく，過去における直接的な被災者・被災地組織は，災害の教訓化を程度の差こそあれ経験知として有する。対処すべき実践知をも有することも少なくない。しかし，直接的な被災経験を持たない人や組織は，災害の制度的教訓化を通じて，教訓を学習する。その学習から災害に関する間接的な経験知・実践知，そして専門知を各々がそれぞれのレベルにおいて少しでも内在化しつつ実質化を図ることが求められる。そしてこれを来るべき災害に対し「ココロ（意識）」と「カラダ（行動）」の両輪において備える態勢づくりにつなぐことが大切である。そのためにも災害文化の基層で取り上げた諸点を確認・点検することは欠かせないであろ

う。

4－2　災害の伝承的教訓化

　過去の災害の悲惨さから，人は様々な身近な手立てとして，口承・民間伝承・史蹟・モニュメント等を通じて被災の軽減と回避を図るために，事態対処の伝達と継承，そしてその浸透に努めてきた。災害の伝承的教訓化とは，こうしたことを意味している。しかしこれらの伝承的教訓化は，必ずしも活かされないことが少なくない。とりわけ阪神淡路大震災における都市直下型の大震災では，関東大震災の種々の伝承的教訓化が活かされたかを考えると，残念ながら疑問視せざるをえない。その一つの大きな反省から，神戸市に前項で指摘した制度的教訓化にかかわる「人と防災未来センター」が設立された。そしてまた市中心部の公園全体が激甚被災の象徴として位置づけられるとともに，公園内に被災者の名前を記載した追悼碑をモニュメントとして設立し，激甚被災の爪痕を風化させない象徴的存在が創出された。「3・11」の被災地・被災者との交流がこうしたモニュメントへの追悼を通じて展開していることは，災害の伝承的教訓化の顕著な一例であろう[23]。

　しかし，「3・11」東日本大震災は，これまで三陸海岸エリアに培われてきた災害の伝承的教訓化を種々の内容において根底から改めて問い直すことになった。とりわけ，しばしば指摘した連動地震とそれによって引き起こされた津波は，被災規模において，過去の経験知，実践知，専門知をはるかに凌駕した。いうまでもなく，原子力発電所の事故とそれに続く原子力災害は，海外はもとより我が国の過去の伝承的教訓化を根底から問い直すことをいっそう求めている。それだけに「3・11」は，制度的教訓化とともに伝承的教訓化をいかに構築するか，という大きな課題を突きつけている。当然のことながら，伝承的教訓化の担い手のあり方もこの課題に含まれる。従来，伝承的教訓化の担い手は，世帯・家族の成員，地域住民等が主要に位置づけられたが，今後さらに専門家や専門家集団，そして象徴的な機関や施設が加えられなければならないであろう。

4－3　災害の可視的教訓化

　災害の悲劇の軽減と回避を図るために，4－1および4－2において，被災モニュメントや災害関連機関・施設が創設されたことに言及した。こうした教訓化の内容は，可視的であるがゆえに，制度的教訓化や伝承的教訓化をより実質化し強化する役割を有するものと考える。しかし潜在的であれ，顕在的であれ，リスク因や災害因の根絶の困難さを考慮し，被災の軽減と回避を図るための意図的な可視的教訓化の手立ても講じられてきている。ハザードマップやリスクマップ，避難マップの作成はそのような代表例である。日常生活の目線で，地域生活における安全・安心を図るために地域住民が「図上訓練」をすることは，可視的教訓化に向けての格好の取り組みである。

　これらの取り組みは，いずれも身近な足元から可視的に災害を考える，そして被災の軽減と回避を図るといった狙いがある。その点から，今後においては，災害因やリスク因に目を向け

273

た可視的教訓化のよりいっそうの進展とともに，被災後の被災地図の作成による可視的教訓化が必要ではないかと考える。こうした可視的教訓化は，伝承的教訓化のみならず他の教訓化をも強化することになるであろう。

可視的な教訓化の主要な担い手として，伝承的教訓化においてふれた家族・世帯の成員や地域住民等は，「3・11」以前と同様に，その後においてもその重要性は変わるものではない。しかし「3・11」以降では，モニュメントに関する専任ないしボランティアのガイド，各種の減災・防災センターや研究機関の関係者，そして「語り部」の担い手としての役割は，いっそうその重要性を増すであろう。

4－4　災害の数値的教訓化

災害に関する数値的教訓化は，従来，主要には災害因の規模，災害による被災者・被害額，そして被災に対する復旧・復興費用についての提示とその発信を通じてなされてきた。前項の可視的教訓化における被災地図作成は，これらの数値情報をより身近にするツールになるであろう。

災害の数値的教訓化の内容として，災害因，被災者，被災額等の予想に関する数値情報は，「3・11」以後，高度に精度を増したシミュレーションおよび画像技法によりいっそう説得的になってきた[24]。災害因の発生メカニズムに関する解明の進展，これに伴う地震や津波の伝わる速度，この速度に対応した避難行動と避難場所への所用時間等々は，災害に関する数値情報として確実に重要性が増大した。これらの数値情報の発信の仕方とタイミングは，被災の軽減と回避を図る意識と行動につながる鍵的な糸口である。

繰り返すまでもなく，「3・11」の被害はあまりにも甚大であったし，「フクシマ」の原子力災害が継続中であることから，災害後の復旧・復興のプランニングに関する自治体財政をはじめ地域住民の生活と生活基盤，各種の事業所の活動等についての数値情報の提示は，きわめて困難な状況にある。とはいえ，時間軸に即した再生への取り組み，その進展過程を目標値および達成値として設定し，これに関する数値情報を作成しそれを発信することは欠かせない。

こうした数値情報はまた，災害因，被災者・被災額とともに，復旧・復興に関する数値的教訓化の内容としても位置づけられる。このような数値的教訓化が可視的な空間情報に反映されるならば，その教訓化の意味はよりいっそう説得力を増すであろう。

4－5　災害の予知的・予測的教訓化

周知のごとく，災害の予知・予測にかかわる災害因には，台風の進路や梅雨前線の位置といった気象データによる精度の高い予知・予測（・予報）を持つ災害因から，地震，津波，噴火等の予知・予測が困難な災害因にいたるまで幅がある。災害因の予知・予測に関する精度の高い確実な数値情報や場所の特定化に関する空間情報が，適切に発信されればされるほど，被災の軽減が図られることはいうまでもない[25]。

　ここでいう災害の予知的・予測的教訓化とは，このような災害因の予知・予測から減災・防災の手立てを講じることを意味している。しかし災害因の予知・予測がきわめて困難な状況を回避し根絶しえない現実を直視するとき，被災の可能性の高い条件や状況を災害に対する脆弱性の強弱としてとらえ，この脆弱性の軽減と克服の道を確実に辿り，被災に備える対応策も重要な選択肢である。というのも，災害因の軽減と根絶を直接図ることに比べて，脆弱性の強弱を点検し，これによって被災の軽減を図ることがよりいっそう現実的な解決策であると考えられるからである。この課題は，居住地自体が持つ地形と地質に関するリスク因にかかわる脆弱性，そして地域社会における，いわゆる災害弱者（災害時要援護者）の把握とともに，そうした人たちに対する支援態勢に関する脆弱性，といった脆弱性の多面的な検討によって，克服と解決への歩みはより確かなものとなるように思われる。

　このような脆弱性の観点から災害の予知的・予測的教訓化を考えると，その教訓化の担い手として，個々の地域住民，家族，地域コミュニティとともに自治体行政が日常的に果たす役割が大きいことはいうまでもない。さらにこのような教訓化の担い手には，ボランティア，専門家，専門的組織・団体，そして国家の参画は欠かせない。

　極度の深刻さを持つ「3・11」における原子力発電所の事故と原子力災害による放射能汚染が，災害弱者である乳幼児をはじめ妊産婦，若い人たちの甲状腺癌を増大させるという一部の指摘は，災害因に対する脆弱性を予知・予測しうることにつながることから，災害の予知的・予測的教訓化の事例として位置づけることができよう[26]。

4-6　災害復興の教訓化

　本節において，これまで五つの教訓化とそれに関連したそれぞれの教訓化の担い手について言及してきた。しかし，これらに加えて今一つ第 6 の教訓化として，「3・11」以降，とりわけ重要なテーマとして「災害復興の教訓化」をどのように考え，いかに推し進めるかという教訓化が設定されうる。東日本大震災は，超巨大複合災害であっただけに，被災者，被災世帯・家族，被災事業所，被災団体・組織の数は膨大であり，大・中・小の被災自治体の数の多さも我が国の災害史に類例をみない。この事態に政府は復興庁を新設し，所轄の責任者復興大臣も任命されることになった。

　空間軸としての被災エリアが広範域に及ぶことに加えて，「フクシマ」における原子力災害は被災が進行中であるし，被災の影響の長期化が確実であることから，この被災に対する復旧・復興ははたしてどの程度可能であるのか，またどの時点を復旧・復興の目標段階と位置づけるのかという時間軸の目標値はきわめて難しい課題である。まさに国民を国家がいかに救済し守りうるのか，そしてまた世界が注目する原子力災害からの復興という課題解決に向けて，社会軸としての国家の力量と威信が問われている[27]。それだけに，災害史観における四つの軸のうち文化軸の内容の核心にかかわる「災害復興の教訓化」は，次節において「災害の下位文化としての災害復興」のテーマのもとに，改めて取り上げることが必要かと考える。

5.　災害の下位文化——「災害復興の教訓化」の深化のために

　言及される機会は増大してきたとはいえ，災害文化の概念は依然として曖昧である。災害事象を取り上げる際の当該概念のもつ有用性や有効性に加えて，重要性が軽視されがちである。この課題を軽減するために，「災害の下位文化」概念の整序は欠かせない。上位概念としての災害文化はもとより，この概念に対する下位概念としての「災害の下位文化」の概念もまた曖昧さが残されているからである。両概念ともアメリカ合衆国における災害事象について，文化人類学者によって提示されたものであるが，前者の災害文化の概念に関する課題とその軽減に向けての検討は，すでにふれたとおりである。

　ところで，文化人類学の隣接科学に位置づけられる社会学分野において，かつて 1960 年代にユースカルチュアを中心としたサブカルチュア（下位文化）論が高揚した。こうしたサブカルチュア論には，人生の生き方，思想や哲学の世代間における差異を問うサブカルチュア論から音楽・芸術のジャンルにおける，そしてまた服装のファッションを主眼にしたサブカルチュア，さらには広大なアメリカ合衆国における移民史のルーツをエリアとして色濃く継承するフォークカルチュアに至るまで幅があり，多様な内容が含まれた。このような背景を考慮すると，災害の常襲性に人々や地域社会，団体や組織，そして種々のレベルの政府がかかわる災害事象に焦点を当てた災害のサブカルチュア（下位文化）が成立しうる余地は充分にある。しかし残念ながら，こうした点を災害の下位文化として論理化するには，実態を直視し内容を掘り下げることができないままである。そこで以下において，「災害の下位文化」概念の曖昧さを軽減するために設定した次の 4 点の諸側面を取り上げることにしたい。すなわちそれは，①災害因に注目した災害の下位文化，②被災エリアに注目した災害の下位文化，③減災・防災に注目した災害の下位文化，④災害復興に注目した災害の下位文化についてである。これらの内容が明示的に整理されていないために，「災害の下位文化」の概念が活かされていないと考えるからである。「3・11」を踏まえると，これら①～④の設定とともに，それらにおける論点の整理がいっそう求められる。当該概念のもつ有用性・有効性，そして重要性が確実に増大していると考えるからである。なお災害の常襲国である我が国の現状を直視するとき，現時点における最大の論点は④にあると位置づけられることから，前節 4−6 との関連もあり，本節のサブタイトルに『「災害復興の教訓化」の深化のために』を改めて設定し，これを提示することにした。以下，上記①～④の内容について一つずつみていくことにする。

5−1　災害因に注目した災害の下位文化

　「災害因に注目した災害の下位文化」の設定は，まず第 1 に，災害因が多種多様であるということによる。災害因には災害の予知・予測が不可能な災害因から，かなりの精度と確実性が事前に把握され，このことによって事態対処が図られ被害の軽減・回避につながる災害因に至るまで幅がある。さらに災害因が地球規模において生成する気象・気候現象に基因する自然災害の場合，被災に対する納得の度合いにおいて，人為を越えた自然の力に対する「やむをえ

276

ず」という（自己）合理化が高まると思われる。自然環境との共生は，その一端を示している。災害の分類における自然的ハザードによる自然災害は，このような性質をもつ。

　他方で，今日注目され指摘されていることは，人間自体が介在し，人間の活動によって災害がもたらされる災害因としての産業的ハザードおよび社会的ハザードによる災害である。こうしたハザードによる災害に対しては，本来，予知・予測の可能性が高いはずである。したがって，災害の軽減・回避の事態対処とともに，結果として生じる被災の対処も効果的計画化の可能性は高い。しかし残念ながら，現実的には，不注意やリスク管理の甘さ，緊張感の欠如や乏しさ，さらには想定外という免罪符的な用語の使用等によって，産業的ハザードや社会的ハザードが被災を大きくしていることが少なくない。このようなハザードによる災害は，犠牲が大きければ大きいほど，災害に対する責任の所在が問われ，結果として訴訟による司法の判断に委ねられることになる。直近における「3・11」の「フクシマ」東京電力原子力発電所の事故，比較的最近時におけるJR西日本宝塚線の事故，古くはJALの墜落事故，さらには水俣病に象徴される公害等は，いずれも産業的ハザード，社会的ハザードのカテゴリーに含まれるであろう。

　自然的ハザードに人と社会がいかに向き合い，どのように対応・対処するかということと，人間と人間活動そのものによる産業的ハザードと社会的ハザードに対するそれとは，結果としての被災は同じであっても，災害因に着目したとき，本質的な違いがある。災害社会学の古典を著したP. A. ソローキンが戦争を災害として位置づけたことは，自然的ハザードによる災害と社会的ハザードとが根本的に異なることを示唆している。「災害因に注目した災害の下位文化」設定の必要性は，以上の災害因の多種多様性にまず求められる。

　第2に，災害の下位文化の設定は，災害因による発災と被災の現れ方にかかわる。そもそも災害の常襲性を立論の根拠にした災害文化は，従来，自然的ハザードとしてのハリケーン，竜巻，地震，津波，台風，サイクロン，火山噴火等を主要な災害因として位置づけた。しかしこれらの災害因は，それぞれの災害因が災害として発災したとき，その被災の現れ方は異なる。たとえば，被災のエリアが限定される災害因と限定されない場合，襲来の季節が特定化される災害因とされない場合，被災が面的に拡大される災害因の場合と線的な場合等がある。災害の下位文化の立論には，被災の特徴の把握は欠かせない。「災害因に注目した災害の下位文化」は，災害の下位文化を整理し，概念の曖昧さを軽減するという課題への取り組みにおいて，以下に続く三つの論点を方向づける位置にある。

5−2　被災エリアに注目した災害の下位文化

　災害文化の考え方において，災害の発災は被災エリアを必要十分条件として伴う。災害文化の概念が，災害の常襲性を第1の要素とするならば，第2の要素は被災エリアの特定化であろう。繰り返される災害の襲来は，そうではないエリアに比べて，住民個々人，世帯・家族，各種の集団・団体，組織，そして地域コミュニティ等の各レベルにおける考え方，取り組み方を異なるものにするであろう。災害因の常襲性がみられる被災コミュニティにおいては，災害因

の根絶と回避が困難であれば，被災を最小限にしようとする取り組みがみられることは必然的なことである。災害の経験知・実践知に加えて，専門知を通じて，災害への備えを地域文化の内容として醸成することは充分に考えられるからである。災害の下位文化が被災エリアに注目して設定される根拠はここにある。たとえば，明治期以降，三陸海岸はこのたびの「3・11」に至るまで3度大津波に来襲されたことから，防潮堤が建設され，とにかく早く逃げることが先決とする俗諺がある。また繰り返される河川の氾濫に対処する輪中の集落や信濃川の河川改修の取り組み，同じく繰り返される台風に対して工夫された屋根，防御壁，住宅の構造等は，災害因に対する地域文化であり，被災エリアにおける災害の下位文化の成立を示している。

　しかしすでに1-2「災害の二面性」において一部言及したように，繰り返される災害因の根絶は不可能であり，しかも災害因の破壊力や被災の範域があまりにも大きい場合，被災者や被災コミュニティは，災害因をあえて有効に活用する場合がある。一例として，北海道有珠山の噴火災害は数少ない事例であろう。江戸時代より2000年の噴火に至るまで8回の噴火を繰り返している有珠山は，全国で有数の風光明美な景観を持つ観光地であり，温泉利用の保養地でもある。こうしたタイプの災害因による被災エリアの下位文化にも目が向けられなければならない[28]。

5-3　減災・防災に注目した災害の下位文化

　本項における災害の下位文化は，すでに第2節において提示した脆弱性に関する四つの論点すなわち①脆弱性の量と質，②脆弱性の潜在性と顕在性，③脆弱性の拡大と深化，④脆弱性の軽減と克服を内容として位置づけることが可能である。①～④の各々が減災・防災に直結するからである。それだけに「3・11」の超巨大複合災害の経験は，「減災・防災に注目した災害の下位文化」の必要性をいっそう提示している。この点もすでに2-4「脆弱性の軽減と克服」に関連して指摘しておいた。そこでここでは，そうした課題をより鮮明にするために脆弱性と回復力の両概念を組み合わせた類型的把握を手掛かりにして，「減災・防災に注目した災害の下位文化」についてふれておきたい。

　図11・2は，脆弱性と回復力を組み合わせた類型である。図に即して敷衍すると，災害因に対する脆弱性は低くかつ被災に対する回復力が強いタイプⅠは，災害への備えがなされ被災後の事態対処も早期になされる態勢を有する。いわゆる災害に強い体制が平時において確認しうることを示している。逆に，タイプⅢは災害因への脆弱性が高く被災後の事態対処能力が乏しいことを示す。タイプⅡとタイプⅣは，これら両タイプの中間に位置づけられる。

　災害因の常襲性と被災エリアの特定化を念頭に置く災害文化の概念においては，災害因が多種多様で発災の状況も多様，かつまた被災する個人，世帯・家族，地域コミュニティ，各種の集団・団体，組織等の各レベルにおける脆弱性と回復力（復元力）も異なっているから，類型設定における位置状況を見極めた減災・防災の取り組みが求められる。すこぶる個性的で複雑多岐な広がりと奥行きがある災害事象に，類型的把握を手掛かりにした取り組み，すなわち災害因に対する脆弱性の軽減・克服，被災後の回復力の強化を図る取り組みにおいて，優先順位

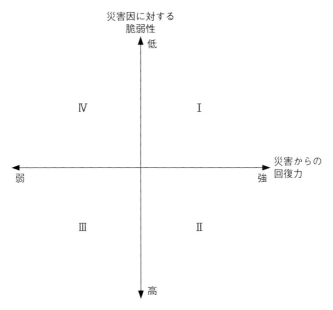

図 11・2　脆弱性と回復力に関する類型

を定めた戦略と確実な実現性と実効性がある戦術は欠かせない。それだけに「減災・防災に注目した災害文化」の形成は，四つの下位文化相互の位置づけにおいて，ほかの三つの下位文化を架橋する準拠点にならざるをえない。

5−4　災害復興に注目した災害の下位文化

　災害史観における災害の下位文化の内容にかかわるキーワードのひとつ「災害復興」については，本章の他の節においても言及した。

　ここでは，災害の下位文化の概念をより明示的にするために，基本的に注目すべき視点を見極め，これに即した災害の下位文化についてふれてきた。これらは，表現を変えると，災害の下位文化に関するアプローチとして位置づけることができる。すなわち，5−1 は「災害因アプローチ」，5−2 が「被災エリアアプローチ」，5−3 は「減災・防災アプローチ」，そして 5−4，本項が「災害復興アプローチ」である。

　同様に，上位概念である災害文化についても，「災害文化」の内容の展開にかかわる「分類アプローチ」，本章の他の各節では，当該節のタイトルに即して，第 1 節が「常襲性アプローチ」，第 2 節は「脆弱性・回復力（復元力）アプローチ」，第 3 節が「基層アプローチ」，第 4 節は「教訓化アプローチ」として，それぞれ表現し直すことが可能である。

　こうしたことを踏まえると，ここで改めて「災害復興に注目した災害の下位文化」を考えるとき，従来の被災経験に依拠した災害復興の経験知・実践知・専門知に加えて，「3・11」を契機にした，そして近未来における超巨大複合災害の発災の可能性を組み入れた災害復興のあり方，すなわち「災害復興に関する下位文化」の本格的な形成がいっそう求められる。ここで

は，その意味づけを考慮して，漠とした災害復興アプローチではなくて有機的・統合的な戦略的アプローチが必要であると考える。この戦略的アプローチは，災害事象にかかわる個人というミクロレベル，マクロな国家レベル，そして両者の中間にある世帯・家族，各種の集団・団体，組織のそれぞれのレベルにおいて位置づけられなければならない。もちろん国家間の支援活動が必要とされるグローバルレベルにおける戦略的災害復興アプローチの必要性は，原子力災害を含む超巨大複合災害の「3・11」を見直し続けるとき，ますます増大するものと思われる。そのために筆者が第 3 章において提示してきた災害復興の概念モデルとその検証がいっそう必要である[29]。すなわち，災害復興とは①被災により失った内容を取り返すこと，②被災がなければ，維持・成長・発展していた内容をいかに付加するか，③①と②に関して見極めた達成可能な目標と水準の設定，④③にかかわる内容の項目化，⑤設定された④の項目における優先順位の検討，そして⑥これら各々に関する検証は，戦略的な災害復興アプローチに欠かせない構成要素である。

む　す　び

　本章においては，用語として馴染みがない災害史観という概念を提示した。この史観の観点に即した展開の中核に災害文化の概念を位置づけた。この試みは，大胆な挑戦であったかもしれない。しかし，歴史学や考古学が教える多くの資料や記録・成果を手掛かりにして，我が国の少なくとも 5〜6 世紀の古代国家の黎明期より「3・11」までの災害史を考えるとき，そしてまた「3・11」以降の超巨大複合災害発災の可能性を熟慮するとき，こうした災害因による被災状況を予見する緊張が本章の挑戦を導いている。章を閉じるに際して，残された課題はすこぶる難儀といわざるをえないが，次の 2 点を指摘してむすびに代えたい。

　まず第 1 は，災害史観と災害文化という枠組みの中に，原子力災害をどのように位置づけうるのか，ということである。この課題は，災害史観における四つの軸のうち社会軸に最も大きくかかわるが，時間・空間の両軸はもとより，文化軸まで四つの軸すべてにおいてスケールの大きい課題であるために，我が国はもとより世界の英知の動員が必要かと思われる。

　第 2 は，同じく災害史観と災害文化という枠組みの中に，南海トラフに象徴される超巨大連動災害因をどのように位置づけうるのか，ということである。

　地震，津波，火山噴火，そしてさらに台風や集中豪雨等の災害因が繰り返す災害列島である我が国においては，単一の災害因による災害の常襲性に留まらず，「3・11」が強烈に提起した複合的災害因の常襲性は，上の両課題をいっそう厳しく問いかけている。

---

1) 本章のテーマ設定に際して，「3・11」の衝撃はあまりにも大きく，取りまとめに苦慮していたとき，郷土史と家族史に多大の関心を寄せる高校時代の畏友，早原平造氏から 2011 年 9 月に講演依頼を受けた。姫路市における公民館活動のテーマの一つが「災害」であることによるものであった。翌 2012 年 1 月，3 月の 2 度（それぞれ，70 名ほどの地区住民の方々の参加を得たし，いくつかの貴重な質問もいただいた）の講演機会は，筆者のもやもやし続けた論点を整理するうえで背中を大きく押してくれた。この依頼され

た 9 月から 2 ヵ月後の 11 月，宮城県石巻市の被災地を訪れた。こうした経緯は，以下に挙げる歴史学の成果や資料の理解を深める一助になった。加えて，友人の歴史学者が，本章の執筆の構想について，9 割の完成をめざせとアドバイスをしてくれたことが力みの軽減となり，筆が進んだ。銘記しておきたい。また，私事ではあるが，本章の注記をほぼ書き終えたとき，2015 年 9 月 20 日，95 歳の母が脳出血により突然永眠した。原稿の執筆についてまったく伝えたわけではなかったが，見届けて安堵したかのような旅立ちであったように想われた。実に多くのことを学ばせてくれた故人に深謝しつつ，冥福を祈りたい。

　池田正一郎（2004）『日本災変通史』新人物往来社では，古代（193-793），上代平安朝時代前期（794-938），上代平安朝後期（939-1184），中世鎌倉時代（1185-1330），中世室町時代（1331-1465），中世戦国時代（1466-1595），近世江戸時代前期（1596-1771），近世江戸時代後期（1772-1877）に時代区分をし，それぞれの区分に即して第多くの災害例を収録・整理している。北原糸子編（2006）『日本災害史』吉川弘文館。寒川旭（2011）『地震の日本史——大地は何を語るのか』（増補版）中公新書。磯田道史（2014）『天災から日本史を読みなおす——先人に学ぶ防災』中公新書。安田政彦（2013）『災害復興の日本史』吉川弘文館。国立天文台編（2015）『理科年表 2016』丸善出版。

2）災害現象に関して，人文・社会科学分野における災害研究は，従来，災害の原因よりはむしろ災害の結果を主要に取り上げてきた。災害復旧・復興は，それを最も明示している用語である。しかし，この災害復興の概念は，頻繁に使用される割には，意外なほどに曖昧である。そこで，ここではこの災害復興の概念をより明示していくために四つの軸を設定してみた。すなわち，①時間軸，②空間軸，③社会軸，④文化軸である。これらのうち①は歴史学や考古学の分野において，②は地理学分野において，それぞれ主要に取り上げられてきた。これら分野の成果をより吸収しつつ社会学分野における災害分野の掘り下げがいっそう必要かと考える。とりわけ災害史観という新しい概念の提示には，①の時間軸は，今後いっそう重要視されなければならないであろう。

　いうまでもなく，社会学の分野では③社会軸④文化軸の両軸が重要視されるが，本章のテーマ設定にかかわりしばしば指摘しているように，③に対して④の取り上げ方の立ち遅れがあるといわざるをえない。両者が重なり合うこともあることから，災害研究における文化軸の位置づけと独自の論点は，問題提起がされながらも，これまで必ずしも掘り下げられてきていないように思われる。

　社会軸は，被災家族の生活再建，被災地域・被災コミュニティの復旧・復興，被災後の自治体行財政，災害に対する政策のあり方，社会階層と脆弱性の関連等，多くの論議が積み重ねられ，イメージがされやすい。しかし，これに対して文化軸は，設定それ自体が明示的になされてきていない。災害事象における人々のかかわりの文化的意味，そして災害に対する制度的取り組みや態勢は，社会軸と重なりながらも，文化軸としての掘り下げが必要な内容であろう。文化軸の独自性には，このような作業が急がれる。このような問題意識に依拠し，「災害の文化」や「災害の下位文化」の概念を今一度，検討しておく必要がある。とりわけ「3・11」以降，歴史学分野の資料，史実に即した知見について，文化軸の設定と四つの軸におけるその位置づけを社会学的な分野から考察することが急がれるのではないかと考える。

3）災害文化に関する論考として，一般的には，文化人類学者 Anderson, W. J.（1968），"Cultural Adaptation to Threatened Disaster," *Human Organization*, Vol. 27, No. 4, pp. 298-307 が挙げられる。しかし，「災害文化」という概念の最初の言及は，Moore, E. H., "The Concept of Disaster"（.....*And the Winds Blew*, 1964, The University of Texas における第 10 章，pp. 195-213）と思われる。また，「災害の下位文化」の概念は，発刊年次が曖昧であるが，Wenger, E. D., *Disaster Subcultures: The Cultural Residues of Community Disasters*, University of Delaware Disaster Research Center, Preliminary Paper #9, pp. 1-18 が最初の論考と思われる。

　比較的最近時における「災害の文化」に関する論考として，Gary, R. W. and Anne E.（2000），"Bringing Culture Back In: Exploring the Cultural Dimensions of Disaster," *International Journal of Mass Emergencies and Disasters*, March, Vol. 18, No. 1, pp. 5-19，および Greg B.（2003），*Cultures of Disaster: Society and National Hazard in the Philippines*, Routledge Curzon がある。

4）我が国において，災害文化に言及した最初の論考は，林春男「災害文化の形成」（安倍北夫他編（1988）『自然災害の行動科学』（応用心理学講座 3，福村出版，第 16 章，246-261 頁）である。比較的最近では，関矢直也「災害と防災教育」が，大矢根淳他編（2007）『災害社会学入門』（シリーズ『災害と社会』1）弘文堂，122-131 頁にみられる。いずれにしても災害文化に関する言及は，残念ながら乏しい。

5）Taylor, J. W. A（1989）, *Disaster and Disaster Stress*, NY：AMS Press. 第2章において，災害の分類が提示され，災害の基本的な原因（①自然的，②産業的，③人間的）と災害の基本的な要素（①地表，②空気，③火，④水，⑤人）を軸に，それぞれの内容3×5を組み合わせた都合15のセルについて，それぞれ具体的な災害事例が明示されている。いうまでもなく，前者の②と③，後者の⑤，そしてこれらの組み合わせがポイントとなっている。

Blaikie, P., T. Cannon, I. Davis and B. Wisner（1994）, *At Risk*, Routledge の第1章「災害に関する挑戦と我々のアプローチ」において，災害の原因として自然的ハザードに対する社会的・政治的・経済的・環境の産物に着目している。

6）ウルリヒ・ベック著，東廉・伊藤美登里訳（1998）『危険社会』（叢書ウニベルシタス 609）法政大学出版会。オリハ・V・ホリッシナ著，西谷内博美・吉川成美訳（2013）『チェルノブイリの長い影』新泉社所収，舩橋晴俊「放射能汚染被害の科学的解明のために，どういう取り組みが必要か？」102-109頁参照。

7）北原糸子編（2006）『日本災害史』弘文館所収「2　災害と環境」。保立道久（2012）『歴史のなかの大地動乱』岩波新書は，7世紀から9世紀に関する論及であるが，これらに先立つ世紀の神話に関する言及は，ここでの論点を想起させる。小説とはいえ，五木寛之著（2003～2014）『百寺巡礼』（全10巻シリーズ）講談社文庫にも，作家ならではの感覚による興味深い示唆が随所にうかがわれる。

8）三松三朗（1990）『火山一代——昭和新山と三松正夫』北海道新聞社。伊藤和明著（2002）『地震と噴火の日本史』岩波新書。随所に「災害の二面性」に注目しつつ行論している。北海道新聞社編（2002）『2000年有珠山噴火』北海道新聞社。池谷浩（2003）『火山災害——人と火山の共存をめざして』中公新書。また，注11にも関連するが，『有珠山火山防災教育副読本　中学生版』において，「有珠山の恵み」に関する記述が明示されている。

9）平朝彦（1990）『日本列島の誕生』岩波新書。尾池和夫（1992）『日本地震列島』朝日文庫。石橋克彦（1994）『大地動乱の時代——地震学者は警告する』岩波新書。寺田寅彦（2011）『天災と国防』講談社学術文庫。安田政彦（2013）『災害復興の日本史』吉川弘文館。

10）災害観の類型については右の図を参照。

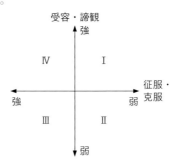

災害の「二面性」（災害観）に
関する意識・態度の類型

11）ここでいう文化的装置および社会的装置の「装置」とは，次のように考える。まず前者の文化的「装置」とは，繰り返す災害因に関する伝承，記念碑，記録，より積極的に災害の常襲性に対する減災・防災のために制度化された災害教育の取り組み（過去・現在・未来における）を指す。たとえば，周知の東北地方において伝承されてきた，津波に対してまず何はともあれ逃げることを意味する「テンデンコ」，学校教育の教材として取り上げられた和歌山県における「稲村の火」に類する記念碑や記録は，津波災害の常習性に対する文化的装置である。台風災害の常襲性に対して，沖縄地方における住宅の低い屋根，防御土塀等は，建築物とともに建築様式として文化的装置に含まれる。河川の決壊に対する対処は，河川工学という科学的の分野の蓄積によることはよく知られている。地震災害や火山噴火の常襲性に関していえば，それぞれの観測所の設置は，文化的装置であるとともに社会的装置の内容である。文化的装置と社会的装置の重なりは，否定できない。

このことを踏まえつつ，後者の社会的装置について敷衍しつつ補足しておきたい。災害の常襲性に対す

る社会的装置は，主として，政治，経済，法律といった分野における諸制度とその設定や制定の取り組みみ，そして災害の常襲性に対する社会的活動とそれを支える社会組織・集団・団体の取り組みを指している。したがって，災害の常襲性による被災からの復旧・復興のあり方（特に創造的復興や事前復興の概念），減災・防災への取り組みへの枠組みは，この社会的装置の内容を構成する。ただこの社会的装置は，先に指摘したように，文化的装置と重なり合う部分がある。こうした重なりによる両者の曖昧さを軽減する手掛かりとして，従来，後者の社会的装置に力点を置く「脆弱性」の概念が位置づけられるように思われる。河田惠昭（2010）『津波災害――減災社会を築く』岩波新書。

12）成美堂編集部 SEIBIDOO MOOK（2011）『地図で読む　東日本大震災――Part 1 大地震，Part 2 福島原発，Part 3 災害予測』（「今がわかる時代がわかる」日本地図　別冊，成美堂出版）は，三陸海岸を中心に東日本大震災エリアに関する凝縮された情報（数値情報，空間情報，被災情報，予測情報）が収録され，大変重要な資料的価値が高い文献である。ちなみに，この文献（20-21 頁）では，三陸沖海岸の津波に関して，1890（明治 29）年 6 月 15 日に発災した地震（明治三陸地震）・津波は，綾里地区で最大 38.2 m，このたびの「3・11」地震・津波の最大は，姉吉地区で 38.9 m であった。両地区は，いずれも釜石市と気仙沼市との間に位置する。鈴木康弘（2001）『活断層大地震に備える』ちくま新書。島村英紀（2012）『直下型地震――どう備えるか』花伝社／共栄書房。

　三陸大震災史刊行会・樋浦守治代表編者（1933）『三陸大震災史』友文堂書店は，数多くの示唆に富む貴重な文献である。「緒論」，「災害篇」，「哀話・美談篇」，「救済復興篇」，「雑篇」に分けて記述されている。「緒論」において繰り返される三陸海岸における地震・津波災害を「呪われる三陸沿岸」と，心情を率直に吐露した表現がみられる。

13）石黒耀（2002）『死都日本』講談社。これは，宮崎県における火山噴火を取り上げた大変興味深い SF 小説である。この小説が刊行された時点において，特定の火山災害に焦点を当てつつ，他の火山災害，東海，東南海，南海の連動地震による発災の可能性をすでに提起している。作者は勤務医であるが，当時，火山学者・地震学者・地質学者等の専門家はともかくとして，一般的にはマスコミでもあまり取り上げられなかった火山噴火と地震との関連，連動地震災害の発災への言及は，今日の状況を先取りする程の反響を呼ぶものであり，専門学会のテーマにされるとともに，日本地質学会賞はじめいくつかの賞を受賞した。わずか 2 年後に刊行された同氏の『震災列島』（2004, 講談社）は，東海地震災害と浜岡原発災害の巨大複合災害を想定して取り上げた前作以上の衝撃的な SF 小説であるが，「3・11」は，まさに現実の超巨大複合災害となった。高嶋哲夫（2013）『東海・東南海・南海　巨大連動地震』集英社新書。鎌田浩毅（2011）『火山と地震の国に暮らす』岩波書店。この石黒の作品（2004）に先んじて，浅石紘爾編著（1999）『六ヶ所核燃施設を大地震が襲うとき――危険な「安全審査の実態」』創史社は，原発ではないが，核燃料施設と大地震との巨大複合災害の危険性に警鐘を発したことに注目しておきたい。藤井陽一郎（1997）『地震と原子力発電所』新日本出版社は，多くの示唆に富む大変貴重な文献である。

14）ここでいう脆弱性の対象レベルとは，ミクロレベルの個人(A)，家族・世帯(B)，組織や団体(C)，地域コミュニティ(D)，マクロレベルの国家(E)や国家間(F)の各レベルを想定している。本文中において示した災害因に関連づけた脆弱性の類型（図 11・1）は，(A)〜(F) における脆弱性の各対象レベルにおいて，四つのタイプの類型として適用しうると考える。

　ちなみに，個人レベル(A)の脆弱性には，高齢者や心身に障がいをもつ人たち，そして乳幼児・女性等のいわゆる災害弱者が主要に含まれる。家族・世帯レベル(B)の脆弱性は，劣位の社会階層の住民が多く居住する地区は，災害に襲来されやすい地形・地質的環境にあることがしばしば指摘されている。加えて，被災後の復旧・復興に際して，低い社会階層の家族・世帯は経済的理由から生活再建が立ち遅れ，取り残されることもよく指摘されるところである。組織や団体レベルの脆弱性(C)は，阪神淡路大震災で深刻な事態となったが，中小企業が密集した都市的エリアを大地震と火災が襲った場合にみられる。延焼の回避，資材調達や製造工程のあり方が問われた。地域コミュニティレベル(D)の脆弱性は，先に指摘した社会階層レベルの脆弱性と重なる。加えて，地域コミュニティの災害に対する取り組み方が，しばしば課題として指摘されている。国家レベル(E)における脆弱性は，いうまでもなく，減災・防災に対する各種の制度の枠組みの整備，財政的裏づけ，専門的な人員とその配置等の量的・質的な進展度合い如何によって大きく異なる。国家間(F)レベルの脆弱性は，複数の国家に事態対処が求められるような巨大災害の場

合（たとえば「3・11」にみるような巨大複合災害，今日続く紛争，テロ，そして戦争，さらにはパンデミックや大旱魃等），先の(E)レベルの脆弱性はいっそう深刻であるが，国家間のレベルにおいても深刻な事態の回避は避けがたい。

15）ソローキン，P. A.（1998）『災害における人と社会』大矢根淳訳，文化書房博文社。

16）広河隆一（1991）『チェルノブイリ報告』岩波新書。広河隆一（1995）『チェルノブイリから広島へ』岩波ジュニア新書。高木仁三郎（2000）『原発事故はなぜくりかえすのか』岩波新書。小出裕章・黒部信一（2011）『原発・放射能　子どもが危ない』文春新書。石橋克彦編（2011）『原発を終わらせる』岩波新書。小出裕章（2011）『原発のウソ』扶桑社新書。

17）ここでいう「協助」とは，地縁による「共助」と異なり，自発的な事縁を原理とする結合に基づく支援活動を指している。この「協助」には，地域性を必ずしも条件としない支援活動，専門的な技術・技能・資格を有する人や組織・団体の諸援助活動が主要に含まれる。阪神淡路大震災では，周知のごとく「ボランティア元年」といわれ，被災者および被災地域へのボランティア活動が多くみられた。こうした活動も，ここでいう「協助」の内容に含まれる。岩崎信彦他編（1999）『阪神・淡路大震災の社会学』第 2 巻，昭和堂，同書における菅磨志保「仮設住宅におけるボランティア」（300-321 頁）および鵜飼孝造「震災から NPO へ」（356-368 頁）。岩崎信彦他編（1999）『阪神・淡路大震災の社会学』第 1 巻，昭和堂における Ⅵ 章「震災とボランティア」および Ⅶ 章「理論への歩み」も合わせて参照。山下祐介・菅磨志保（2002）『震災ボランティアの社会学』ミネルヴァ書房。菅磨志保他編（2008）『災害ボランティア論入門』（シリーズ『災害と社会』5）弘文堂。

18）Prinnce, H. S.（1920），*Catastrophe and Social Change—Based Upon a Sociological Study of the Halifax Disaster*, Columbia University. 被災後のコミュニティづくりに関して，倉田和四生「震災後の『防災福祉コミュニティ』の展開」（岩崎信彦他編（1999）『震災ボランティアの社会学』第 3 巻，昭和堂所収）における「防災福祉コミュニティ」は，「災害とコミュニティ」に関する議論として，見逃しえない重要な概念といえる。

19）田中幹人・標葉隆馬・丸山紀一朗（2012）『災害弱者と情報弱者』筑摩書房。NHK 神戸放送局（1999）『神戸・心の復興——何が必要なのか』日本放送出版協会。被災時の災害史に向き合うために「心のケア」が問われる。被災による「無念の死」は，筆者が被災者と被災地域にかかわり，つねに問い続けてきたテーマの一つである。解答は容易ではないが，畏友，宇都宮輝夫（2015）『生と死を考える』北海道大学出版会は導きの糸である。

20）冊子体は，平成 17 年 10 月，同 18 年 7 月に発刊された。しかし，3 ヵ年目はネット配信となった。少なくともこれらの冊子体の本文では，個人情報保護法との関連を考慮して，災害時要援護者に関する明確な言及はみられない。しかし，2 年目に刊行された災害応急対策制度研究会編著『高齢者・障害者の災害時の避難支援のポイント』（初年度のタイトルは『災害時の情報伝達・避難支援のポイント』）では，いくつかの自治体の取り組みが，先駆的事例として紹介されている。たとえば，宮城県石巻市の場合，災害時要援護者として①高齢者，②身体にハンディを持つ者，③精神に疾病を有する者，④知的障がいをもつ者，⑤難病者を挙げている。

　札幌市では，筆者が委員会の委員長としてかかわった『災害時要援護者避難支援ガイドライン』（平成 20 年 3 月作成）をもとに作成した『災害時支えあいハンドブック』（平成 22 年 3 月）において，先の①〜⑤のほかに⑥妊産婦，⑦乳幼児・児童，⑧外国人を挙げている。また①と②は，それぞれ細分化されて，前者①は，一人暮らし，要介護（寝たきり），認知症に区分されている。後者②は，視覚障がい，聴覚・言語障がい，肢体不自由，内部障がいの方々に区分されている。いずれも疾病の症状に応じたきめ細かい対応の必要性が指摘されている。

21）災害弱者への言及は，予想される以上に少ない。ちなみに，シリーズ『災害と社会』全 8 巻では，大矢根淳他編（2007）『災害社会学入門』（シリーズ 1，弘文堂）第 5 章第 1 節において，田中淳「災害弱者問題」（136-141 頁），同シリーズ 6，山下祐介（2008）『リスク・コミュニティ論』，第 6 章第 3 節「手がかりとしての防災・福祉・環境コミュニティ」（208-218 頁）において言及がなされているが，いずれにおいても課題の広がりと掘り下げは，大きく残されているように思われる。また岡田広行（2015）『被災弱者』岩波新書には，災害時要援護者への言及はみられない。「被災弱者」には，災害前と災害後のいずれ

であれ，災害時要援護者，いわゆる災害弱者が含まれると考えるが，残念ながら言及がなされていない。関西大学社会安全学部編（2012）『検証　東日本大震災』ミネルヴァ書房においても同様である。しかし青田由幸・八幡隆司（2014）『原発震災，障害者は…──消えた被災者』解放出版社は，数少ない問題提起をしている。

22) 関西の各大学では，阪神淡路大震災以前からの京都大学防災研究所を除くと，阪神淡路大震災以降，災害に関する研究所が設立されるとともに学部・学科・講座等において災害にかかわる教育コースが設けられた。ちなみに一例として，関西学院大学では，新しく災害復興制度研究所が設立された。設立後，日本災害復興学会の事務局が当該研究所に置かれた。災害の制度的教訓化に関して，学校教育における防災・減災教育の取り組みが，大学教育に留まらず，義務教育や高等学校における教育のカリキュラム内容に組み入れられることは重要である。ちなみに，兵庫県教育委員会が発刊している①『学校防災マニュアル（平成 24 年度改訂版）』，②「兵庫の防災教育」小学校用『あすにいきる』（平成 9 年・平成 24 年改訂），③「兵庫の防災教育」中学校用『明日に生きる』（平成 9 年・平成 25 年改訂）は，よく考えられた内容であり，災害の制度的教訓化の好例である。

　火山噴火災害に焦点を当て中学生向けに編集された有珠山防災教育副読本『火の山の奏（かなで）』（2004，北海道地域総合振興機構）もまた，工夫された好教材であり，これも学校教育における災害の制度的教訓化の事例として位置づけられる。

　また兵庫県立舞子高校（全国の高等学校で唯一，災害に関する教育コースを有している）の実践教育は，今後の世代における災害の制度的教訓化の担い手を考えるとき，きわめて示唆に富む。詳細は，兵庫県教育委員会資料『平成 25 年度特別支援学校と防災教育・実践記録集』参照。「3・11」前に出版された河田惠昭（2008）『これからの防災・減災がわかる本』岩波ジュニア新書，河田惠昭（2010）『津波災害──減災社会を築く』岩波新書の両書は，公教育をはじめ，一般市民が幅広く学びうる好著である。災害の制度的教訓化および災害の伝承的教訓化の双方に活用されうる。

　災害の制度的教訓化と伝承的教訓化の両者を考えるうえで，入手が難しいが，三陸大震災史刊行会・樋浦守治代表編者（1933）『三陸大震災史』友文堂書房は，貴重な示唆が多く見出される。

23) 1993 年 7 月 12 日夜に発災した「北海道南西沖地震」の激甚被災地奥尻における慰霊碑 “時空翔” の設立は，自治体による復興宣言のきっかけとなったと受け止められている。慰霊碑の正面に位置する追悼碑には，判明しえた犠牲者 198 名全員の名前が刻まれている。この慰霊碑には，天皇・皇后両陛下をはじめ皇族の行幸・行啓があった。これは，大正期に奥尻沖でイギリスの海軍艦船が座礁したとき，奥尻漁民が救助活動をしたことがあり，当該艦船に皇族が偶然乗り合わせたことをきっかけに奥尻と皇族との交流が始まったといわれている。

24) AERA 臨時増刊 No.18『震度 7 を生き残る』（2012，425 号，朝日新聞社）やすでに注 12 において指摘した SEIBIDO MOOK（今がわかる時代がわかる「日本地図別冊」）『地図で読む東日本大震災』（2011，成美堂出版），また NHK の特集番組で報道された巨大災害のシミュレーションでは，高度な画像技法が用いられているように思われた。

25) 周知のごとく，2000 年 3 月 31 日の有珠山西山火口群の噴火に関する予知・予測は，難しいといわれる火山噴火の予知・予測に成功したきわめて数少ない事例である。北海道新聞社編，『2000 年有珠山噴火』（2002，北海道新聞社）。神沼克伊他編著『地震と火山の 100 不思議』（2004，東京書籍）。

26) 注 6 および注 16 参照。

27) Wisner, B.（1993），"Disaster Vulnerability"，*GeoJournal*, 30-2, pp. 127-140 において The State of Hazard という表現がある。この考え方を参照した。

28)「災害の下位文化」の展開に際して，ここでの「災害因に注目した下位文化」をより明確にするために，災害因をハザードと表現することがある。これは，自然的な災害因に対して，産業的ないし災害因や社会的な災害因，そして人為的な災害因をより意識して用いることによる。

29) 関孝敏（2000），「激甚被災地における地域生活の再建過程──北海道南西沖地震における奥尻町青苗地区の場合」，『北海道大学文学研究科紀要』102，129-136 頁（本書第 3 章に再録）に展開した災害復興モデルを指している。このモデルを比較的新しい概念である「事前復興」の概念に照らし合わせて検討することも必要かと考える。自治体として，東京都がこの概念をいち早く減災・防災計画のプランニングに組

み入れたといわれている。「事前復興」の概念については，吉川忠寛「「事前復興」の到達点と災害教訓から見た課題」（浦野正樹・大矢根淳他編『復興コミュニティ論入門』シリーズ『災害と社会』2，66-75頁）を参照。なお「事前復興」の概念には，阪神大震災の復興に際して，貝原兵庫県知事が提唱したとされる「創造的復興」の考えもこの事前復興の概念には一部組み込まれているように思われる。「創造的復興」の概念・考え方については，塩崎賢明他・兵庫県震災復興研究センター編（2010）『大震災 15 年と復興の備え』クリエイツかもがわ発行，加茂川出版を参照。

第 4 部

激甚被災地の記憶・記録・教訓化

第 12 章

災害復興と被災自治体の首長

鴈原　徹

は じ め に

　人は，苦しみや悲しみを時とともに忘却の彼方に追いやる習性をもっているのかもしれない。1993（平成5）年7月12日の「北海道南西沖地震・津波災害」から早20年以上になる今日，激甚災害であったにもかかわらず，記憶は薄れた感じがする。

　しかし，日本災害史におけるこの激甚災害は，島民にとって忘れられない出来事であった。21世紀を目前にして，平穏な島のたたずまいの奥尻町はマグニチュード7.8の地震とそれにより引き起こされた巨大な津波に襲われ，多くの尊い命と父祖伝来の財産が一瞬のうちに奪い去られた。

　自然の秘めたる猛威と恐怖におののき，失望・焦燥・不安の中で，かつて「夢の島」といわれた島の再建は，あまりにも大きな課題であった。災害からの再建過程において，私は町職員として行政に携わり，また一人の被災者として復興過程を直視してきた。震災時点に総務課長であり，その後は助役・町長を拝命することになるが，その間，私は町行政を預かる一人として地震・津波災害から復興し，「蘇った夢の島・奥尻」の実現を目指してきた。とりわけ，震災から復興宣言に至った5年間は，自然の織りなす春夏秋冬の季節の変化よりはむしろ，変わりゆく島の再建・復興の姿に思いを馳せた歳月であった。

　1998（平成10）年3月，復興宣言をしたとはいえ，完全復興にはいまだ道半ばの状況にあった2001（平成13）年4月，震災から8年後，はからずも町長に就任することになった。人口わずか4,000半ばの島にあって，172名の死者と今なお26名の行方不明者の無念さに思いを馳せるとき，離島という宿命の地で，かつて経験したことがない未曾有の自然災害に対する，行政の対応と復興の過程を記すことが，島内外の関係者にいささかの資するところがあれば，と思い筆をとった次第である。

1. 北海道南西沖地震・津波災害前の島の状況

　総務課長に就任した1991（平成3）年当時，島の地域経済の状況は，大きな転換期であった。

基幹産業の水産業は，200 カイリ規制で沖合漁業の範囲が狭められた。農業はコメ余りの減反政策により水田面積 40％の転作が余儀なくされた。農業収入を補うために大規模国営事業による肉牛飼育が奨励され，畜産業の振興が図られることになった。しかし，離島ゆえのコスト高に加えて，貿易自由化によって低価格の外国産物が出回り始めたことから，国内の食料自給率 4 割は，島の第一次産業にとって大きな打撃となった。

　このような状況下にあって，私は総務課長として町の財政運営を担当する立場にあり，各担当課から要求される予算は，当然のことながら歳入の確実性を考えた編成作業にならざるをえなかった。従来，社会基盤・産業基盤が脆弱な離島の町として，基幹産業の水産業と観光産業に財政需要は大きく依存していた。他方，島民の健康と命を守る病院運営には，毎年，約 3 億円の財源繰り出しが恒常的となっていた。ちなみに，震災前の奥尻町の 1992（平成 4）年度普通会計（一般会計・バス整備工場等の特別会計を含む）決算額は，例年ほぼ 40 億円半ばを推移していた。こうした町財政における主要財源は地方交付税であり，普通会計に占める割合は例年ほぼ 50％超となっていた。

　先に指摘したように，被災直前の奥尻町における基幹産業は第一次産業であったが，200 カイリ規制に加えて漁業者の高齢化，後継者不足等の深刻な課題があった。他方，折からの離島ブームに端を発した観光産業の振興が進展し，年間入り込み客は 5 万〜6 万人になっていた。しかし観光スポットに乏しい島にあって，従来のセールスポイントである自然の景観，そしてウニ・アワビ等の新鮮な高級魚介類といったグルメ志向に加えて，さらなる観光スポットの開拓が必要であった。

　そうした観光スポットとして，また従来，町民の憩いの場となる公園的な公的施設がないことから，こうした公園整備を兼ねた構想があった。おりしも竹下内閣のばらまき目玉と揶揄された，各自治体への 1 億円の提供による「ふるさと創生事業」と連動した公園整備化が進められた。この公園化には，5 年以上の歳月を要したが，1992（平成 4）年度の管理棟の完成によって一連の事業は終了した。完成した公園は「うにまる公園」と命名された。翌年の 1993（平成 5）年度には，落成祝賀会として町の大きなイベントが計画された。このイベントの開催月は，観光シーズンの幕開け，島内外の関係者招待，そして役所の業務遂行に支障をきたさない，といったことを考慮して，最終的に「7 月 10 日」となった。

　この日程の如何では，後に言及するように，私にとっても，また多くの方々にとっても，運命の分かれ目になったかもしれないのである。「7 月 10 日」のイベントは無事終えることができ，翌 7 月 11 日の日曜日，落成祝賀会に参加した多くの方々は，島を離れた。私たちが来賓招待者の見送りを終えたのは，当日の夕方近くであった。その後，一大イベントを無事終えた安堵感から，地元有志とまだ滞在中の島外の要人とのささやかな打ち上げを「ホテル洋々荘」で行った。普段であれば，日曜日の「ホテル洋々荘」は観光客はむしろ少なかった。しかしすでに第 40 回衆議院議員選挙が公示され，投票日まであと 1 週間と迫ったことから，後援会の集まりがあり賑わっていた。

　もしイベントが 7 月 11 日に設定されていたならば，激甚災害の『運命の日』となった『7

月 12 日』にこそ，「ホテル洋々荘」で打ち上げが行われたはずであった。この「ホテル洋々荘」は，地震の衝撃から，道路を挟みすぐ裏手にある観音山が崩落し，これにより当該ホテルの経営者を含む観光客，合わせて 20 名が犠牲となった場所であった。人の運命における幸・不幸のめぐり合わせに思いを馳せるとき，イベントの設定日時と打ち上げ場所は，私にとって決して忘れることができない刻み込まれた記憶となった。

2.　運命のあの日あの時

　「7 月 12 日」は，島民にとって運命の日である。この日は朝から穏やかな天候であり，昨夜の打ち上げも手伝って，私は少し疲れを感じていた。担当している衆議院選挙の準備は終盤を迎えていた。7 月 18 日の投票日に向けて，選挙事務がスムーズに進展しているかが気になり，庁舎の隣にある選挙管理委員会事務所に出向いた。

　業務は日程表に従って順調に進展していることが確認され，公示後のために，委員会事務所に不在者投票に訪れる有権者は少なくなかった。イベント業務のために選挙事務を離れていた私は，夕方，事務担当者にささやかな慰労の品を携え激励した。このときが，これまで選挙事務を任せていた職員との最後の別れの酒になろうとは予想していなかった。私は，午後 8 時半，事務所を後にした。帰り道，沖合にイカ釣りの漁火がこうこうと列をなしている静かな海を見やっていた。運命の時が刻々と迫っていた。

　自宅に戻りしばらくした午後 10 時 17 分，ドーンという音と共に激しい縦揺れが続いた。それに続きかつて経験したことがない強い横揺れに襲われ，歩行できる状態ではなく，しばらくは揺れが収まるのを待った。当時，私の家族は私たち夫婦，2 人の子ども，そして母の 5 人であった。ちょうど 10 年前，日本海中部沖地震・津波災害を経験していたために，このたびの規模は揺れからしてその比ではなく，とっさに地震＝津波が頭に浮かんだ。先にまず，子どもと母を高台に避難させた。私と妻は，火元の確認のためにプロパンガスの元栓を閉めて外に出たとき，通路は濡れていたので，津波の第一波はすでに来ていたのである。私たちはともに着の身着のままのパジャマ姿であった。途中，妻が着替えのために家に戻ると言う。早く避難するように促して，私は高台に向かった。

　高台には，すでに多くの近所の方々が集まっていた。その中には 7〜8 人の観光客もいた。聞くと，釣りを楽しむ観光で，つい先ほどまで港湾の防波堤で釣りをして宿に戻ったばかり，とのことであった。それを聞き，間一髪，観光客の命は救われた，と思った。

　眼で確認はできなかったが，津波の第二波第三波は，異様な海鳴りを伴った。波が海底の岩にぶつかる轟音から，相当規模の大きな津波であることは想像できた。しばらくして津波は収まり，道路の街灯で海面が映し出され，一面瓦礫が漂っていることが判明した。高台に避難していた娘が「お母さんは？」と私に尋ねた。私は，妻が避難した家族と一緒にいるはずだと思っていたので，胸騒ぎがした。

　私が住む球浦地区は，約 50 世帯からなる集落である。集落には 5 人の役場職員が居住して

いた。町の防災無線では，町職員は緊急に役場に集合するよう，繰り返し叫んでいた。しかしこの地区においてさえ，安否確認ができない住民がすでに多く，この場を離れることは到底できない状況にあった。避難場所の高台から数分のところに私の自宅があったので，同僚職員から「課長の自宅を見に行きましょう！」と言われ，同僚数人とともに我が家に着いたとき，唖然とした。住宅は押しつぶされ，中は空洞状態であった。「妻は津波に流された」と直感した。避難している家族には，この状況をすぐに伝えることができなかった。

　津波が収まってから，1時間が経過したであろうか？　海面に浮いた車が波打ち際まで流れ着いた。運転手はいないが，後部座席には人がいるらしい！　懸命な救出にもかかわらず，近所のお婆さんはすでに亡くなっていた。2時間が経過した頃，「奥さんが，近くの海岸で無事救助されました」と無線で伝えられた[1]。

　振り返って今思うと，被災時とその直後において，恐怖心が限界を超えると，人は喜怒哀楽を表すことが薄れ，「妻が救助された」という喜びを表すことができないということに気づかされた。加えて，すでに多数の死傷者や行方不明者が生じた状況において，自分の妻は救助されたとは，表現することができなかった。

　悲惨な光景から夜明けを待ち，無事であった妻と会い，高台に避難していた家族の無事と自宅は津波で流されたことを伝えた。「後は頼む」と言い残し，パジャマの上にジャンパーを着て，役場まで2km，道なき道を辿りつつ役場に向かった。道路には瓦礫が散乱し，港湾の頑強な防波堤は倒壊していた。津波がいかに強大な力で襲って来たかを知ることができた。港湾施設内にあった工事事務所，レストラン，灯油備蓄タンク2基，フェリーターミナルやフェリー接岸岸壁は，液状化で無残な姿であった。昨夜，打ち上げの会場であった「ホテル洋々荘」は，裏山の山腹の崩落で完全に土砂に埋もれていた。消防団員・建設業者などが宿泊客の救出に懸命な救出作業を続けていた。一日ずれていたならば，私も犠牲者の一人であったかもしれないと思うと，震撼を覚える光景であった。

3．被災直後の混乱と自治体業務

　やっとの思いで辿り着いた役場は，外壁が崩れ落ち，庁舎内の書類棚からは書類が落ち，床に散乱していた。落ちた書籍類は急遽，段々に積み上げられていた。待機中の役場職員から各地区の被害状況の概要を知らされたとき，島の沈没を思わせる状況であった。とりわけ深刻であったことは，死者・行方不明者が100人を超え，さらに安否確認さえできない被災者が相当多くいる，ということであった。

　庁舎外では，救急車のけたたましいサイレンの音が行き交っていた。「ホテル洋々荘」での犠牲者の搬送も含まれていると思われた。昨夜のうちに自衛隊への災害派遣要請は済んでいたが，ライフラインは，すべて壊滅状況であった。わずかに，地元の自衛隊基地からの浄水車により，炊き出しの水だけが確保されているにすぎなかった。

　私が港で見た土砂に埋まった観光バスは，おそらく「ホテル洋々荘」の宿泊客の利用したバ

スであろうと思われた。楽しいはずの島での観光は，一命を取り留めた客がいないという無残な結末となった。刻々と入る情報は，行方不明者の生死の確認情報であった。緊急救援物資が，海上保安庁の巡視船でまもなく届くという情報も加わった。

　職員の一人が「安達が行方不明になっています」と報告してきた。彼とは，昨夜，選挙事務の打ち合わせをしたばかりであった。被害状況から彼は青苗支所に詰めていると信じていたが，不幸にも，まもなくして彼の乗用車が発見され訃報が伝えられた。昨晩の姿が目に浮かび，涙が頬を伝った。飛んでいきたい気持ちであったが，職責上，役場を離れることはできなかった。「許してくれ」と心の中で叫んでいた。役場でただ一人の犠牲者が私の直属の職員であったとは。あの辛さは今も忘れられない。職員たちの中には，きょうだいや親戚を亡くした者，行方不明者を抱えた者がいたけれども，誰一人として職務を離れる職員はいなかった。

　日を追うごとに次々と行方不明者の遺体が収容された。青苗地区では学校の体育館，奥尻地区では町民センターが遺体の安置所であった。警察の鑑識による身元確認のうえ，遺体は遺族に引き渡されていった。当時，奥尻町には火葬場はあったが，一基の炉しかなく，一日 3 遺体の火葬が限度であり，しかも毎日稼働すると炉が耐えられなかった。にもかかわらず，遺体の数は日ごとに増した。茶毘に付すことは，島ではもはや無理であった。さらに夏場であったために遺体の損傷が早く，対岸の北海道本土に移送し火葬せざるをえなかった。島の周辺では，行方不明者の捜索活動が，陸と海においてヘリコプターや巡視船などにより広範囲に展開されていた。私の目の前にある，犠牲となった職員の机には，いつしかお花とタバコ，そしてビールが供えられていた。

　被災と被災後の緊急の事態対処に追われる中で，担当する国政の衆議院選挙業務の履行がはたして滞りなくできるのかを判断しなければならなかった。投票所の流失，そして予定された投票所がすでに避難所になった施設がみられたからであった。そもそも災害で国政ないし地方選挙を辞退するとか，選挙自体が不可能になるといった過去の例の有無はともかくとして，災害による国政選挙の不履行が生じたならば，国民の基本的な参政権を奪うことになる。いわんやこれまで業務として準備してきた状況と担当職員，とりわけ当該業務に没頭しつつ帰宅途中に津波災害禍にあった亡き部下のことを思うと，万難を排しても，選挙の履行を果たさなければならなかった。

　実施された選挙は，予想されたこととはいえ，投票率の低下は否めず，49％であった。しかしこのたびの選挙は，世論調査によれば高い関心が寄せられており，全国の投票行動から，連立政権誕生のさきがけといわれた。選挙期間中，宮澤喜一首相が災害見舞いのため空路，ヘリコプターで現地を視察したことは，自民党政権の危機感の表れであったと指摘された。役場に到着した首相は，一斉にマスコミに取り囲まれ，選挙や政局についてインタビューがなされた。総理大臣の奥尻町訪問は，島始まって以来のことであった。その来町は，衆議院選挙投票 3 日前のことであった。

　被災直後の 13 日早朝より役場庁舎に詰めて 3 日間，この間，仮眠こそしたが，家族の元に帰ることは出来なかった。役場に出向いて以来初めての帰宅は 16 日になった。

災害から 3 日が経過した。津波により多くの町民が海上に流されたけれども，そうした被災者の中には，数は定かではないが，スルメイカ漁をしていた漁船に救助されたものが少なからずいた。他方，100 人を超える多数の行方不明者があった。そのために地元消防団員，陸・海・空の各自衛隊，海上保安庁による捜索が懸命に行われていたが，被災時点から 4 日目に至り，島の状況から，行政として人命捜索態勢の限界が明確になった。

被災住民 2,014 人は，17 ヵ所の避難所での生活を余儀なくされた。炊き出しによる食料は充分ではなかったが，幸いにも地元住民の相互の手助けによって何とかしのいでいた。いうまでもなく，人が生きるために衣・食・住は欠かせないが，着の身着のままの避難所生活は，肉親を亡くしたことに加えて行方不明者も多いことから，計り知れない肉体的精神的な負担を被災者に強いていると感じた。北海道の夏は短く，8 月末ともなると涼しい秋風が吹き，被災者が避難所生活にいつまで耐えられるか心配であった。この時点では，被災者の状況から，避難所生活の期間の限度は 2 ヵ月かと思われた。そのためにはたして何戸の仮設住宅の確保ができるのかが最大の課題となった。

国政選挙が終わり，災害視察に訪れた新政権下の閣僚に対して，当時，町長は最大の陳情目的として災害救助法，特に激甚災害の指定を強く訴えた。後にふれる仮設住宅 330 戸の確保は町長の粘り強い要請であったし，新閣僚の「超法規的に対処する」という回答は，町長の訴えが実現することにつながったといえる。

4．仮設住宅確保・入居者選考・両陛下の行幸啓

あらかじめ調べた被災者の仮設住宅入居希望者は 330 戸であった。当時，厚生省の災害時における仮設住宅建設基準は，全壊戸数の 30％であった。奥尻町の全壊戸数は 437 戸であったから，この規定に依拠すると，仮設住宅設置の認可戸数はわずか 130 戸にすぎなかった。仮設住宅入居希望数とのずれは如何ともなしがたしの状況であった。都市部の場合であれば，仮設住宅の確保に際して，不足分の穴埋めとして，アパート・マンション・公営住宅の空き室利用等，取りうる選択肢は広がる。しかし，島嶼部の奥尻町においては，そうした選択肢はきわめて制約された。町長はこの差を埋めるために，被災者の入居希望数に近づけるための要請を繰返し続けた。一度は 300 戸の線が出たけれども，さらなる要請の結果，最終的には 330 戸の仮設住宅の建設が許可されることになった。

こうして仮設住宅の建設数が確保され，次に工期が課題となった。というのも小・中学校が避難所であったから，夏休みの繰り上げなどしてやりくりし対処をしてきたが，児童・生徒の教育の場を長く占拠することはできなかった。不自由な避難所から一日も早く住民を解放し，さらに北国の早い秋から冬の季節の到来を考えると，とにもかくにも仮設住宅の建設が急がれた。仮設住宅の建設開始は，被災後 5 日目であった。工期は 2 ヵ月と設定された。仮設住宅の建設条件は，平地でライフラインが整っていること，津波の到来の危険性がないこと等であった。こうした条件を満たす土地の確保には，特に苦慮した。

　被災から半月後の 7 月下旬，第一次仮設住宅 100 戸の完成が予定され，その 1 週間前に入居選考会が各避難所で行われた。被災から 10 日が経過していた。選考基準は，あらかじめ，世帯員数が多い多家族，高齢者，生活保護の該当各世帯が優先されるということであった。町長から私への指示は，最大の避難所青苗中学校に出向くように，ということであった。私は，被災後，避難所に一度も出向いていなかった。しかし各避難所には，職員が 2 名配置されていたので，彼らからの報告により，おおよその状況は把握していた。避難所の生活は，1 週間，10 日と経過するにつれて，体調の変調，ストレス，行政対応などについての不安や不満が募っていた。

　選考に先立ち，まず町内会長，民生・児童委員に選考内容を説明し了解を得なければならなかった。第 1 回目であったが，選考会といってもそれは優先順位が高い被災者のリストがあらかじめ用意されていたから，最大被災地区におけるその報告会でもあった。しかし役場が用意した案に，参加してくれた被災者ははたして納得してくれるだろうかと，不安であった。是が非でも説得することを使命として，その旨町長からの指示を受けて避難所に来た責任上，覚悟を決めざるをえなかった。

　まもなくして選考会の時間ですと伝えられた。会場の避難所となった体育館では，600 人以上の疲れ果てた目線が私に注がれた。会場の中央に長机，椅子ひとつ，ワイヤレスマイク 1 本，随行した職員は誰もいない。見渡すと初めての選考会とあってマスコミのカメラ，取材陣が目に入った。大変驚いたのは，家族に見守られて真新しい布に包まれた遺骨箱を目にしたときであった。ここにいる人たちは，幸い命は助かったものの，多くの肉親を亡くした人たちであり，さらにまだ 50 人近くは，家族に行方不明者がいる人たちであった。もはや生存を諦めつつも，せめて遺体だけでも見つかってほしいと切なる思いを抱いている人たちばかりであった。避難所生活 10 日目，この間の事情は聞いていたし，心の準備もしてきたつもりであったが，焦燥感漂う現場を初めて目の当たりにして大きな衝撃を受けた。

　青苗地区仮設住宅入居希望者は 263 世帯であった。今回のリストは 100 世帯に至っていないのである。私は，今回の選考に至った経緯と今後の仮設住宅の完成予定等を述べ，入居者を発表した。選考基準こそあれ，ここに居る人は，等しく弱い立場の被災者なのであると，心の中でつぶやいていた。選考に当たっては，異論は出なかった。しかし，会場にいる一人から，仮設住宅入居後の生活支援について，質問が出された。「テレビ・冷蔵庫・洗濯機」については用意されることが予定されていると言えたが，今後のその他の生活支援については検討段階であったので，立場上一存で回答することができなかった。

　この対応に，不安・不満・やるせなさを抱く被災者の群集心理が働いたのか，行政への批判・将来への不安が次々に意見として出された。その中でも「お前，俺たち被災者の心情が本当に解って来ているのか！」と厳しい言葉が飛び交った。私は，これほど激しい言葉が浴びせられることは避難所生活の限界をうかがわせるものである，と受け止めた。一時騒然となったが，ここは冷静さを失ってはいけないと自分自身に言い聞かせ，少し間を置いて「私も住宅を流された被災者の一人です。今，4 畳半に 4 人の家族で暮らしています。このような皆さんの不自由な生活を強いられる心情は，充分心得て来ているつもりです。」これが精一杯の言葉で

あった。この言葉で，一瞬，会場が静まりかえり騒然さが収まった。

　選考会が，こうした人々のいわゆるガス抜きの場となったことを，自分自身では納得しえた。選考会を終えて会場を巡り「がんばりましょう！」と声をかけると，握手を求める人さえいたのである。会場を後にするとき，どこからともなく拍手が起こりその拍手で見送られた。これで被災者同士の心情を分かち合うことができたと思った。

　初の仮設住宅入居予定日は，この選考会から 1 週間後とした。この間，天皇皇后両陛下がお見舞いに行幸啓されることは，事前に知らされていた。宮内庁・北海道・道警・町間の密接な協議が続き，その行程が決定された。奥尻町にとって初めての行幸啓であった。まだ余震が続く中，両陛下はできるだけ多くの被災住民に接見したいという意向であった。それならば，避難所での接見が望ましい，ということになった。接見日が，ちょうど仮設住宅の入居日であったため，すでに予定されていた仮設住宅の鍵の受け渡しを午前から午後に変更することになった。

　ところが，あるマスコミ関係者から，宮内庁に苦言が寄せられたという。それは，行幸啓によって，不自由な避難所生活から一刻も早く仮設住宅に移りたいと願う被災者の入居を半日遅らせるということになり，接見が被災者に不都合をきたすのではないか，という趣旨であった。このために，宮内庁からは，仮設住宅の入居は予定どおり行ってほしいという申し出があった。しかし被災者にはすでに了解済みであり，もし入居を予定どおり行うならば，瓦礫の除去が完全でないという道路事情から，入居者の車両が込み合い，かえって混乱を招きかねない旨の説明をした。宮内庁はこの説明に納得し了解した。

　行幸啓の当日，各避難所では，天皇・皇后両陛下はひざまずかれ優しい励ましのお見舞いのお言葉を被災者にかけられた。このお言葉に被災者がどれほど勇気づけられたか計り知れない。移動行程は順調に進められ，私は昼食の場となる役場でお出迎えすることになった。昼食は，近所のボランティアが炊き出し用として作ったカレーライスという質素なものであった。

　両陛下の無事の帰路を願いながらお見送りを済ませた後，完成した仮設住宅 100 戸の鍵が被災者に手渡された。この仮設住宅は 3 タイプで，単身者・普通家族（2DK）・多家族（3DK）の各仕様であった。真新しい住宅にはテレビ・洗濯機・冷蔵庫・日用品等が配分され，被災者には待ちに待った日となった。悶々とした集団での避難所生活から解放されて，家族ともども辛さ・苦しさ・悲しさを分かち合いながらの生活へと移った。しかし他方で，行方不明となり，いまだ安否が確認されない方々が 40 人近くにも達していた。

　その後，仮設住宅は順調に完成し，混乱もなく，各学校に設けた避難所は 2 学期に備えて次々に明け渡されることになった。20 世紀末というよりは 21 世紀を目前にして，町にとって未曾有の大震災「北海道南西沖地震」により，地震・津波・火災という三重苦を背負いつつ，被災者は短い秋の訪れを待つのであった。

5.　救援物資・義援金・捜索活動

マスメディアによる災害と被災状況の報道は，連日全国に発信されていた。役場内における

取材活動はすさまじい光景であった。マスコミ関係者は 200 人を超えていたように思われた。

　こうした報道により，全国各地からの物心両面の救援は後を絶たなかった。物質面では，5,000 t ともいわれる救援物資が届けられた。保管場所が町内では不足し，対岸の町にも及んだことから，マスコミ等を通じて物資の救援を断らざるをえない一幕がみられた。物資の 7 割は衣類が占めた。ボランティア等による仕分け作業はおぼつかなかったことから，救援物資をいったん札幌にまで移送し，仕分けをした品々を再び奥尻に送るという手順をとることになった。

　これら物資の保管費と札幌からの移送費には 1 億円を要した。しかし救援物資の中には，残念ながら善意とはいえない使用できないものが含まれていた。あふれんばかりの大量の救援物資の保管に手間取ったことから，保管されないで雨ざらしのまま放置していたことや，利用できない救援物資について焼却処分をしたことなどが，マスコミに一部スクープされ，善意を踏みにじるものと批判された。しかしその時点では，そうした処理のあり方は，やむをえない措置であった。必要な物資だけを送っていただくことを願っても，不特定多数の善意には様々なものが含まれ，これをどのように仕分けるかは，きわめて難しい課題であった。

　一方，義援金は被災から 1 年を待たずして，北海道南西沖地震被災町村に対して 200 億円を超える金額が寄せられた。奥尻町に配分された金額は 190 億円となった。この額は，町の一般会計としていえば，災害前の平常予算総額の 4～5 年分に相当した。この義援金は，被災住民に対する手厚い救済のための大きな財源となった。

　8 月に入り，島では旧盆の時期を迎え，各地区の墓地では犠牲者の霊を弔う人の列ができた。他方，救助・救援活動に従事していた自衛隊・海上保安庁・北海道警察などからは，活動業務を終了し，島から撤退する旨の通告がそれぞれなされるに至った。もはや近海における行方不明者の発見は無理だと状況判断されてのことであった。8 月時点では，行方不明者はまだ 40 名近くあった。行方不明者の大半は，青苗地区に集中していた。関係諸機関による捜索の打ち切りの決定は，まず行方不明者の家族に伝えなければと考え，町長と私は青苗地区に出向いた。会場に入ると，大変重苦しい雰囲気であった。

　町長は次のような報告を始めた。①これまでの関係諸機関による行方不明者に関する困難を極めた捜索活動の経緯について。②島の海岸線とその周辺海域における行方不明者の今後の発見は，残念ながらきわめて望み薄ということ。③こうしたことから，関係諸機関より特別態勢の捜索を打ち切り撤退することの通告について。行方不明者がいる家族は皆うつ向き，すすり泣く声さえ聞こえた。

　「今，町行政に何をして欲しいのか，皆さんの意見を聞かせて下さい」と，町長は尋ねた。「青苗周辺をもう一度捜索して欲しい」という切なる願いが出された。被災後，いつも頭を離れなかったのであろう。説明会から帰りの車の中で，町長が「辛いなあ」とつぶやいたその心境は，私も同じであった。町長自身，島の周辺での行方不明者の発見は，望みが薄いと覚悟している様子であった。しかし，被災家族からの切なるこの願いを踏まえ，町からの最終的な捜索の要望が関係諸機関に伝えられた。

　青苗漁港は瓦礫が堆積し，ダイバーによる捜索が何度も行われ，多くの行方不明者が発見された場所であった。港周辺は大型テトラポットに囲まれていたから，大変難しい捜索作業であった。最終的な捜索活動が行われたが，残念ながら，行方不明者の発見には至らなかった。しかし，行方不明者を抱えた被災家族との約束は果たされ，捜索活動の一つの大きな区切りとなった。

　被災からひと月半の8月末には，330世帯の仮設住宅への入居が完了した。一家団欒の生活に笑顔がみられるようになった。しかし，犠牲者198名の慰霊祭をまだ行っていなかったために，被災約2ヵ月後の9月10日，最大の被災地，青苗地区の避難所になった青苗中学校の体育館において，慰霊祭がしめやかに行われることになった。当日，会場は被災者，被災者にゆかりのある方々をはじめ多くの町民，そして救援・救助・救護の諸活動に参加した各関係機関の関係者，合わせて約1,000人の参列者であふれた。

　私は司会進行の任についたが，遺族席に目を向けると，被災により遺影の写真すら持ち合わせることができなかった遺族の姿に万感胸にせまる思いがした。犠牲になった方々一人ひとりの名前を読み上げると，犠牲者のありし日の姿が眼前に浮かび，重苦しくそして長く感じられる時間が続いた。式典が終わると，私は緊張の連続から解放されて思わずその場に立ちすくんでしまった。今もなお，あの慰霊祭の光景が鮮明にフラッシュバックしてくる。

　被災から3ヵ月が慌ただしく過ぎ，北海道の短い夏は走り去った。振り返ると，行方不明者の捜索，災害復旧によるライフラインの回復，避難所生活から仮設住宅へ，救援物資，日赤やボランティアの活動，犠牲者合同慰霊祭等，多くのハードルを乗り越えて，いよいよ具体的な復興への道のりを歩み始めることになった。

6. 災害復興プロジェクトと基本計画の策定

　奥尻町は10月1日に「災害復興対策室」を設置したが，北海道庁ではすでに「南西沖地震災害特別対策室」プロジェクトチームが編成されていた。当該プロジェクトの目的は復興基本計画の策定であり，いかにして被災者の自立支援と地震・津波から安心・安全な町づくりを目指すのかが，大きな課題であった。

　基本計画は三つの柱すなわち①「生活の再建」，②「防災まちづくり」，③「地域振興」を大項目として掲げた。①「生活の再建」では，住宅の再建，基幹産業の再建，生活の安定および社会生活基盤の確保が含まれた。②「防災町づくり」では，各地区のまちづくり，避難対策，防災活動体制の強化がうたわれた。③「地域振興」では，水産業，農業，観光の各振興に文化振興が加えられた。

　当初，この復興計画の目標達成には，被害の惨状からして10年が必要といわれた。しかし，高齢化がいっそう進行している島にあって，復興の姿を見ずして世を去るという，悲しい運命に追い打ちをかけることは絶対に避けなければならなかった。復興計画の目標年次は5ヵ年と定められた。そのための目標は，まず，最大の災害要因であった地震・津波からいかにし

て島を守るか，であった。

　私たちは，専門的知識をまったく持ち合わせていなかったために，大学・国の研究機関からなる「津波検討委員会」において対策を検討し，防潮堤を建設することになった。津波の痕跡や海底勾配から各地区の防潮堤の高さは，5 m から最大 11.7 m とした。漁業と観光の町は，コンクリートの擁壁に囲まれた島になるのであった。

6−1　被災地区のまちづくり事業

　各地区の説明会では，異論もあったが，死者・行方不明者は 198 名，住宅 437 棟が全壊という事実からして，擁壁の築堤の延長距離は 14 km となった。特に稲穂，初松前，青苗の 3 地区は，集落の体をなさない壊滅的な被害状況であったから，これらの地区のまちづくりは，防潮堤や道道の整備計画を図りながら事業化を進めることになった。

　なかでも青苗，稲穂の各地区は，漁港があることから，水産庁の補助事業すなわち漁業集落整備事業とし，これに対して初松前地区は，町単独事業のまちづくり集落事業として，それぞれ実施されることになった。いずれの事業も，津波の高さにより築堤された防潮堤の背後に盛り土をし，一定の高さに整備がなされた。道道奥尻島線の改良，集落道路，生活排水処理施設，避難広場，防災安全施設などの事業が，防災・安全面に配慮した復興基本計画に基づき実施された。

　さらに青苗岬地区では，国土庁の補助事業による防災集団移転事業が実施されることになった。特にこの地区は低地の集落であったために，10 年前の日本海中部沖地震による津波被害を受けていたし，このたびの重ねての被災から，当該地区（旧 5 区）全体を公園化することになった。今日当該地区は，津波館，犠牲者慰霊碑等非住宅地として利用され，被災前の全住民は高台地区へ集団移転することになった。青苗地区のまちづくりについては，高台へ旧 5 区全住民が移転することになった。

　青苗地区のまちづくりについては，高台へ全住民移転か，それとも一部移転かで意見が分かれたため，相当の苦労があった。住み慣れた土地への愛着があり，また犠牲者が最も多かった地区だけに，安全・安心を重視する意見等，何度となく住民との対話をした。こうしたことから，青苗地区全体では防潮堤の後背地 180 区画，高台地区には 95 区画の団地造成を行い，さらに道営住宅 82 戸を建設することになった。

　先に指摘したように，復興計画の目標達成年次は 5 ヵ年と定めたが，各地区のこれらまちづくり事業は，3 ヵ年とした。というのも，仮設住宅入居期限が 3 年であったので，この期限との整合性に配慮したからであった。特に青苗地区は，人的被害（死亡）が 107 名，全半壊戸数は 342 戸，そして仮設住宅入居世帯が 270 世帯という最大の被災地区であり，この被災状況を考えると，まちづくり事業は急がねばならなかった。

6−2　義援金と被災者支援・まちづくり事業

　全国津々浦々から，当時，予想もしなかった莫大な義援金が寄せられた。総額は 190 億 4,000 万円であった。その使途は，まず死者行方不明者および住宅被害などに 40 億 2,000 万円

が見舞金として計上された。これに対して，復興基金として 133 億 3,000 万円（義援金総額の 7 割）が当てられた。義援金の他の主要な使途としては，後継者育成基金 10 億円，育成基金 5,000 万円，奨学金 5,000 万円，災害復旧・防災対策等 6 億円が，それぞれ配分されることになった。これがおおよその使途であった。こうした多額の義援金の配分は町議会災害特別委員会で決められたが，残念なことに，義援金の配分は人心を惑わす結果を招いた。私は，町の行財政運営に携わる者として，義援金は被災者だけのものとして配分することに多少の疑念を抱いていた。というのも，被災者の中には，義援金は被災者のものと決めつけ，公共的事業や町の経費に義援金を支消することは認められないといった意見が多くみられたからであった。町としても，町内のインフラ，ライフライン，公共施設等が相当な被害を受けたし，これらの復興過程において，たとえ激甚災害の指定を受けたにせよ，すべてが国による負担でなされるというわけではなかった。一例を挙げると，震災で壊滅した 3 地区すなわち稲穂地区・松江地区・青苗地区における集落のまちづくり復興に要した予算総額は 40 億円で，国の補助財源は 2 分の 1 であったので，町の負担は 20 億円であった。町の負担のほとんどが町債であったから，当然のことながら，将来の償還は町の大きな負担となった。

　義援金が見舞金として被災者に手渡されたのであるが，見舞金の配分に関連して指摘しておくと，被災当時，町職員による被害状況調査が目視で行われた。私もその調査に加わっていた一人である。全壊の判定に関して問題はなかったが，形を留めている建物について（半壊・一部損壊）の判定は，調査員の町職員が被災者に会い，両者の合意によってなされた。被災者への配分額は，この被災判定に基づき，日本赤十字社から町に配分された義援金の基準額に応じて手渡された。住宅でいえば，全壊世帯が 400 万円，半壊と一部損壊はそれぞれ 150 万円，30 万円であり，床上浸水は 50 万円であった。

　残念ながら，この見舞金の判定は，後の復興基金の中での住宅再建助成に大きな格差を生み出した。そのためにこの被災状況の判定結果について，数多くの再調査の申し出があった。それは，判定そのものが被災直後の混乱時の目視調査によるものであり，厳密な基準によるものではなかったことに起因した。公正・公平さを欠く結果にならないために，厳正な調査体制で臨むべきであったと反省した。

　町の行財政の担当者として，振り返っていうならば，これまでの復興計画の策定および義援金を原資とした被災者救済措置については，いち早く町民に伝え，将来への希望と復興政策への理解を深めたものと思っている。特に，本町の基幹産業の一つである漁業における特産のウニとアワビの両資源が壊滅的な被害を受けたこと，さらに漁船においては 8 割に及ぶ 591 隻が失われたこと，これらのことから，来年の漁期までに何としても漁船を確保するべく，国・道と連携しながら，しかも被災前の漁船とは異なる高性能の漁船を確保し，漁獲高と漁業収入の安定への取り組みを図ることを，まず大きな第一歩として位置づけた。しかしながら，漁業資源の回復には相当の期間が求められることから，特にアワビについてはあわび種苗育成センターを建設し，被災前の獲る漁業から育てる漁業への転換を図り，種苗生産による資源回復とともに，より確実な漁業経営への道のりを進めることになった。

7.　復興計画 5 ヵ年の始動

　1994（平成 6）年度から本格的な復興事業が開始された。当時折しもバブル経済が崩壊し，特に北海道では経済効果が高いといわれた公共事業は減少の一途を辿っていた。こうした状況下にあって，防潮堤建設という基本方針の実行と，これに並行して壊滅した集落（稲穂・初松前・青苗）のまちづくりなどは，災害特需の始まりとなった。離島の激甚被災自治体において，数知れない業界の往来が激しさを増しつつあった。地域社会としての奥尻町は，量と質の両側面において，過去に経験したことがない大きな社会変動を歩み出した。その歩みの一端は，奥尻町災害復興計画によって道筋を辿ることができる。そこで以下において，奥尻町災害復興計画を手掛かりにして，当該計画に基づく目標年次 5 ヵ年間における主要な事業と財政支出に焦点を当て，災害復興過程の歩みを跡づけておきたい。

　まず，1993（平成 5）年度から 1997（平成 9）年度までの 5 ヵ年間における，町の基本会計である一般会計決算書を取り上げる。その総額は 689 億円であった。歳入の主な費目は，地方交付税交付金 134 億円（総額の 19.4 ％），国道支出金 110 億円（同 16.0 ％），繰入金 141 億円（同 20.5 ％），諸収入 161 億円（同 23.4 ％），地方債 71 億円（同 10.3 ％）となっていた。

　地方交付税は，特に災害による特別交付税が伸びた。国道支出金は，災害救助法の激甚指定によるものであった。繰入金・諸収入では，義援金が主な財源であった。地方債の 71 億円は，後年度において重い負担となった。

　他方，歳出の主な費目は積立金の 176 億円であった。この原資は義援金が主であった。物件費の 49 億円，補助費等の 126 億円は，歳入費目で言及した災害救助法に基づく被災者に対する救援措置費であった。普通建設事業でみると，173 億円が町づくり事業，稲穂・青苗・宮津の各小学校，海洋研修センター，高齢者生活福祉センター，公営住宅，公園，集会所，慰霊碑建立等に充てられた。

　こうした財政運営の過程は，復興の姿を是が非でも可視化し，確認するための苦難の道であったように思われた。それだけに将来の財政破たんも覚悟しなければならない，という心境にあった。次々と真新しい住宅・店舗が立ち並び，下水道敷設により，これまでの生活環境が一変した。これは，たしかに災害復興の姿であったが，他方で被災者の負担を伴うことにもつながった。

　基幹産業の漁業においては，ウニ・アワビの資源が甚大な被害を受けたことに加えて，風評被害を懸念する向きもあった。しかし幸いにも，新造船が確保され，無事着業できる体制が整った。入り込み数からみた観光面では，一般観光客とは別に，災害特需による工事関係者，全国自治体の視察団が多く訪れる状況が出現した。この 5 年間において，復興計画のほぼ 8 割は達成されたように思われた。この判断に基づき，一応の区切りとして，復興宣言を全国に発信することになった。折しも 1998（平成 10）年 1 月，これまで上司であった助役が脳梗塞で倒れた。残念ながら助役は公務に復帰がかなわなかったことから，退職までの間，総務課長の私が助役を兼務することになった。とりわけ 1 月は次年度予算の編成時期であり，議会では復興宣

言が予定されていた。予算編成はさることながら，復興宣言の草案も私が作成することになった。この復興宣言の草案作りは，初めての経験であり，しかも全国ほかに例のないことでもあった。長からず短からずの文面で1998（平成10）年第1回定例町議会において町長による高らかな復興宣言が行われた。その宣言文は，次のような文章で表現された。

復 興 宣 言

　　1993年7月12日午後10時17分，奥尻町にとっては永遠に忘れることのできない日となった。自然の恵みに包まれた平穏な島のたたずまいが，大地の鳴動とともに一瞬にして廃墟と化したあの日，あの時の悪夢を……。焦躁と悲惨さにあえぎ，さながら瓦礫のマチをさすらった島民が，その再起・再生の悲願に燃え立ち上がったのは，全国から差しのべられた救援のあたたかい手のぬくもりであり，島民にとって決して忘れることのない人間愛の尊さだった。

　　人は苦しみ・悲しみを時として忘却の彼方に追いやる。しかし家族や友人など198名の尊い人命を失った冷徹な事実を，私たち生きながらえた島民は長く後世に語り継ぐ責務がある。私たち島民は，あの辛さ・苦しみに耐え，希望と勇気を今，21世紀の新しいスタートに向け，未来「奥尻創造」の大いなる理想に英知と総力を結集することを誓い，ここに［完全］復興を宣言する。

　この復興宣言の文面作成それ自体が，被災から5年目の私の総括であった。この5年間こそが，地震・津波災害から島の復興の基礎を築いた期間であった。この期間は，希望への架け橋を果たした5年間であり，生活や産業基盤を整え直した期間でもあった。当時，復興には10年間がかかるという大勢の声があったけれども，多くの課題を一つ一つ乗り越えた町民の熱意と理解によって裏打ちされた成果があった。とはいえ，多くの課題がまだまだ山積した状況は継続した。

8. 地震・津波被災後の町財政運営

　災害復興には，種々の事業が伴う。いうまでもなく，事業の立案と実施は，財政運営の裏づけが必須不可欠である。そこでここでは，被災から10ヵ年間，つまり1993（平成5）年度から2002（平成14）年度までの一般会計における決算から予算執行状況を跡づけてみたい。

　一般会計総額は983億円であって，これは1992（平成4）年度の40億円をもとにして比較すると，24年分以上に相当した。この総額は，災害に要した経費ばかりではないが，大部分は災害関連であったから，奥尻町にとって災害による財政負担リスクがいかに大きかったかを物語っている。

　それではまず，10ヵ年の決算における歳入面から取り上げる。最も多い項目は地方交付税264億円であり，ついで国道支出金167億円，繰入金188億円，諸収入182億円，町債109億

円の順となった。他方，歳出面では，普通建設事業費が 274 億円，以下補助費等 177 億円，公債費 89 億円，物件費 84 億円，そして災害復旧費 24 億円であった。

　歳入面に注目すると，国・道からの支出金も大きいが，義援金 190 億円は，被災者の自立支援にその大部分が支消された。しかしなんといっても町債が 109 億円となり，10 年間に町民一人当たり一様に 250 万円の借金を背負う，という厳しいものであった。町民にとってこれが，後年度償還金として大きな負担となった。

　この 10 ヵ年の予算総額のピーク時は，当然ながら被災当該年次の 1993（平成 5）年度および翌 1994（平成 6）年度であり，それぞれ 175 億円，184 億円となった。これは災害直前のほぼ 4〜5 倍である。1995（平成 7）年度以降，予算総額は漸次減少した。1993 年度と 1994 年度の両年度においては，150 億円の義援金が災害復興基金による財源措置となり，73 項目に及ぶ支援対策費として支消された。膨れ上がった予算総額は，10 年経過した 2002（平成 14）年度では 54 億円となり，災害前の水準に近づき，ピーク時の 3 分の 1 となった。このような予算・決算の大幅な変動が復興過程に伴った。

　古くからの言葉に「一水 20 年，一波 25 年」がある。「一水 20 年」とは水害を，「一波 25 年」とは津波災害を表すものと受け止めている。それぞれの年数は，このような災害を被った場合，その災害から完全に立ち直る期間の目安とされてきた。私は，1991（平成 3）年 7 月に総務課長の職責についた。2 年後のちょうど 50 歳のとき，北海道南西沖地震に遭遇した。惨状を思うと，定年退職までに島の再建・復興の姿を見ることはできないのではないか，と悲痛な思いに駆られたときもあった。しかし，失われた多くの人命を思うとき，何としても再建・復興を成し遂げなければ，と思いを新たにした。悲しさに怯む余裕などないと日々思うようになった。

　私は，役場に勤め始めた 1961（昭和 36）年以来，これまで社会基盤が整っていない島にあって，大火・台風・豪雨など幾多の自然災害を経験してきた。しかし，北海道南西沖地震・津波ほど自然の秘めたる計り知れないエネルギーの恐怖を感じたことはない。

　私たちの震災（1993 年）以来，三陸はるか沖地震（1994 年），阪神淡路大震災（1995 年）と「災害は忘れた頃に」から「震災はいつ来るかわからない」といったほうが適切なほど，自然災害が多く発生している。こうした災害状況にあって，地震・津波災害への関心から，本島には多くの視察団が来町し，正直なところ対応に苦慮したこともあった。しかし 5 年が経過し，復旧・復興の姿を見て，これがあの廃墟と化した島であったかと，驚くほどであった。

　この間，私に数多くの講演の要請があり，その講演先は北海道はもとより青森・岩手・山形・東京・兵庫・徳島の都県に広がった。慣れない講演ではあったが，どの会場でも温かく迎えられ，熱心に聞いていただいた様子は，今なお目に浮かぶ。講演では，実際の被災体験を通じて見聞きしたことを飾ることなく率直に話すことにした。とりわけ，「自助」「共助」「公助」，つまり住民・地域・行政が一体にならないと，復興はなしえないということを強調した。このことは，公務を退いた今日においても座右の銘となっている。

　講演の内容において，義援金による被災者の救済については，言及することを控えた。とい

うのも，阪神淡路大震災の激甚被災地兵庫県では，被災規模は奥尻町の比ではなかったことから，被災者個々人への救援措置が奥尻町のそれとはあまりにも大きな格差がみられ，この点に配慮したからであった。

　被災から 10 年間においては，私の人生にも大きな転換があった。1998(平成 10)年 3 月，町による復興宣言がなされ，一連の災害復興計画 5 ヵ年が終了した。先に言及したごとく，この年の 1 月，当時の上司であった助役が脳梗塞で倒れ，職場復帰を果たすことなく不帰の人となった。災害による重圧から心労が重なったことが間接的な原因であったのではないかと思っている。その結果，同年 5 月，急遽，私は議会で助役に選任されることになった。

　復興宣言に引き続き，1998(平成 10)年度においては，全国からの支援に感謝するイベントが計画された。追悼式典には秋篠宮紀子妃殿下をお迎えし，音楽家の姫神による追悼コンサートを催し，そして復興ハーフマラソンを企画した。このマラソンにはオリンピックのメダリスト有森裕子氏を招くなど，元気になった奥尻町の姿を全国にアピールする狙いがあった。しかし，復興宣言をしたとはいえ，まだ行政上の課題は多く，当初，積み立てた基金残高は，1998(平成 10)年度末では 37 億円程度に減少していた。

　この 1998(平成 10)年度は，高齢化社会に向けてのゴールドプランが国の福祉政策として打ち出されたことから，これに伴い奥尻町でも老人福祉に要する費用の予算化，ダイオキシンによる法的施設廃棄物処理施設，特産品あわび種苗育成センター，北部奥尻地区公共下水道事業，海洋センター，津波館建設など大きな財政需要が見込まれた。とりわけ 2000(平成 12)年度には，北海道南西沖地震・津波災害による被災地に天皇皇后御両陛下の再度の行幸啓がなされた。町としては，被災時点とは大きく変わった復興の姿をお見せすることができ，被災当時の行幸啓とは違い，町民は晴れやかな気持ちで両陛下を歓迎することができた。

9.　不祥事にみる大きな権力と重い責任

　地震・津波の被災から 8 年が経過した。災害の傷跡を見ることができないほど，ようやく復興の姿が現れた。町財政の決算状況では，災害後の町の公共事業は，8 年間で約 250 億円になった。国および北海道の公共事業と合わせると，災害後 1,000 億円近い公共投資がなされた。従来，公共工事にかかわる入札制度では，国や地方公共団体において，天の声，官製談合，業者間談合などに関する刑事事件が発覚した例は少なくなかった。こうした事例からすると，軽々にはいえないが，相当古くから慣例が根深く残っていたように思えてならなかった。

　私は，1998(平成 10)年 6 月，助役に就任したが，就任 3 年目を半年後に控えた 2001(平成 13)年 1 月，当時の町長が入札妨害の罪により突然逮捕された。その後，これは収賄事件に発展した。以来，警察の家宅捜査，私を含む関係職員の連日の事情聴取に加え，マスコミ報道により，町民の動揺はただならぬ様相となった。私は助役という町行政にかかわる職階上の地位と立場から，事件に対する責任は重大であった。マスコミや住民集会で糾弾の矢面に立たされた私は，謝罪の言葉しか語れなかった。

公判が進むにつれて事件の事実関係が明らかになり，無念さと情けない心境の日々となった。しかし，私よりむしろ家族の者の方が，いっそう苦しさが募っていたと思っている。特に，北海道南西沖地震の最大の激甚被災地として，復興という高いハードルに取り組む最中，全国津々浦々から物心両面における救援の手が差し伸べられた奥尻町であっただけに，その反響はきわめて大きかった。

私は，この不祥事を記すにあたり，当時，助役という立場での事件であっただけに，戸惑いと自責の念に駆られた。というのも，復興過程において，公共工事にかかわる業界の熾烈なまでの戦いを目にしてきたからであった。加えて，私は町職員として，係長，総務課長，そして助役に至るまで事務畑が多かったので，公共事業といえば，公営住宅建設を所管し，業者との接見も多く，歳暮や会食を共にする機会は少なからず経験していたからであった。幸いこれまで司直に委ねる行為はなかったにせよ，職務権限が大きくなればなるほど，職責上重い責任が課せられると受け止めていた。後に，私は町長という町政執行の最高責任者となるが，このとき行政トップの不祥事は自らの政治生命を断たれるばかりでなく，地方自治行政の根幹である町政に対する不信を招くという，大きなリスクを負うことをつくづく実感した。

こうした過程を顧みるとき，今は亡き町長とあの大震災から復興への道のりを共にし，ありし日のあの抜群ともいえる決断力と指導力，そして行動力は，懐かしく思えてならない。しかし，今もなお先に言及した類似の事件が他の自治体において発生することを考えると，行政のトップリーダーとして，毅然とした態度で公正・公平な行政執行がなされることを願わずにはいられない。

10. 町長としての4ヵ年

不祥事の結末は，町長の辞任となった。これに伴う町長選挙日は，2001（平成13）年3月18日と選挙管理委員会で決定された。この間，私は町長の職務代理者として町政の執行にあたった。通常，3月には予算編成の骨格が策定される。そのための新年度予算や補正予算が議事日程となり，大事な議会をも控えていたが，私は淡々と職務を行った。巷では，議会もさることながら，町長選挙候補者が最大の関心事であり，水面下での動きがみられ，すでに2名が名乗りを挙げていた。

先の2000（平成12）年9月における町長選挙の際，現職は，対立候補者に500票の差をつけて当選した。しかしこのたびの選挙は，不祥事発覚後の選挙であるだけに町民の関心は高かった。助役の私を押して下さる声があることを充分知っていたが，不祥事による責任を感じ，迷いに迷った末に決断をせざるをえず，私は，最後に立候補することにした。この結果，26年ぶりの三つ巴の選挙となった。激しい選挙戦となったが，2人の候補者を制し，私が当選した。

私の公約の柱は，混乱している町民に対する不信，不安の払拭にあった。2001（平成13）年3月18日選挙日の翌日，手渡された当選証書の重みと私に投票された1,699票の得票は，生涯決して忘れることはないであろう。

　2001（平成 13）年度から奥尻町長として町政の執行者となったが，不祥事発覚から日も浅く，町民や議会における動揺は収まる気配はなかった。加えて，復興のために膨大な予算を投じてきただけに，町財政指標はことごとく悪化していた。2007（平成 19）年度を目標とした財政健全化計画を策定したが，国・地方を通じて構造改革の潮流の中，大災害の後だけに厳しいものがあった。なかでも公共事業，道路特定財源，主要財源である地方交付税の見直しは，激甚被災自治体の財政運営や地域経済にとって死活問題であった。災害当初から心配されたことであった財政危機が現実味を増してきた。かくして 2001（平成 13）年度の一般会計総額は，56 億円と緊縮財政にせざるをえなかった。

　一方で，2001（平成 13）年度は，当該年度を初年度とする「第 4 期奥尻町発展計画」を策定した。この策定には，従来の産業振興，第 7 次空港整備計画による奥尻町町空港の整備，第 9 次港湾整備計画に沿った継続事業等の社会資本の充実，そして不祥事の反省から町政への信頼回復のための入札制度改善，こうしたことに加えてさらに町政の透明性を高める情報公開条例策定など，実に多くの山積した重要課題が策定内容として盛り込まれることになった。いうまでもなく，これらの個別の事業は，何よりも町政への信頼回復を最優先課題とし，これに続く課題として位置づけられるものであった。

　私の町長就任と時を同じくした小泉内閣の発足に伴う一連の構造改革の波は，都市から地方へと加速されつつあった。2002（平成 14）年度においては，被災から 10 年目ということもあり，地震・津波災害に対する災害復興という言葉が町政の中でやや薄れてきたように感じられた。しかし，地方自治体は，依然として続く景気低迷と「骨太方針」という国の構造改革に起因した地方分権の推進，公共事業の縮小，地方交付税の減額，市町村合併の促進等の重い課題に直面していた。2004（平成 16）年度，1 期 4 年の町長任期を終えるまで，私は，こうした課題と日々格闘し続けざるをえなかった。

　1）津波に流され九死に一生を得た妻は，海中の瓦礫の中を漂った 2 時間半について，本人しか知りえない漂流の様子を私に語ってくれた。その抜粋を以下に掲げ，激甚災害の衝撃直後における生死をめぐる限界状況の一端を記すと共に，今後の災害予防，避難行動，被災時の行動のよすがとなれば幸いである。
　　「（着の身着のまま）パジャマ姿で避難したことから，着替えのために自宅に戻ると，電話が鳴っていた。札幌に住む弟から心配の電話であった。こちらの家族は無事であることを伝え，部屋で着替えをしていたとき，不気味で異様な波の音を耳にした。とにかく早く避難をしようとして，裏口に出たところ，津波に足をすくわれ，そのまま海まで流された。今にして思えば，大変幸いなことが 4 点あった。その第 1 は，瓦礫にぶつかることなく海面上に浮き上がりえたこと。第 2 に，そのとき，流れて来た長い流木に捕まりえたこと。第 3 は，どこからともなくサーチライトが流れてきたこと。第 4 に，助けを求めてこのサーチライトを振り続けていると，津波で流された磯船が近づいてきてくれたこと，であった。この磯船には人が乗っていたが，すでに船の半分ほどまで海水が浸水していた。磯船の浮力でかろうじて持ちこたえていた。
　　暗闇の中を磯船で漂っているとはいえ，海上から陸地を望む左手に青苗地区の火災の様子，前方には自衛隊の基地の灯りが見えたこと，そして防災無線の音をキャッチしたとき，磯船は陸地に近づいていることを感じ取ることができた。助けを求めて懸命にサーチライトを振り続けたところ，地元自衛隊や東風泊地区の人たちが気づき，救助された。沖合 2〜3 km 流されたが，まさに奇跡と幸運が重なり一命を取り留めることができた。」

第**13**章

激甚被災地奥尻の災害復興・生活再建事業の検証

関　孝敏・新村卓実・明上雅孝

は じ め に

　第1部の各章において，1993年7月12日夜に発災した北海道南西沖地震による地震・津波災害に対して，激甚被災地奥尻町の自治体行政，地区，各種団体・組織，世帯・家族，そして個々人といった様々なレベルにおける種々の，しかも比較的初期の取り組みを，災害前後の時間軸に即して考察を加えた。そこでは，主要には，復旧・復興の諸事業，生活再建の諸施策にからみ急がれた取り組みの位置づけが明白であった。そうした初期の取り組みから本年，2016 (平成28)年は，被災後，すでに23年目を迎える。改めて，経過した時の流れは大きいと実感せざるをえない。しかも今年の奥尻町は，町制施行後50年という節目の年である。この間，全国津々浦々においても，種々の災害事象が生起し，多くの犠牲者とともに様々な財や資源の喪失がみられた。世界の各地においても同様のことが見出された。とりわけ，我が国では，2011年3月11日の東日本大震災は，地震・津波を災害因とした災害史における未曾有の大災害であった。しかもそれは，原子力災害を伴った人類史上における最初の複合災害であった。

　本書の考察対象である激甚被災地奥尻町は，東日本大震災と同様，第一次的災害因が地震・津波であった。被災地奥尻町の多くの被災者が「3・11」を契機に過去の被災経験に改めて目を向け，複雑な想いを抱きつつ，振り返ることは自然なことかと思われる。他方，東日本大震災による被災自治体，被災地区，そして被災者，さらにはこの大震災にかかわり合う関係者，関係諸組織・団体，諸機関が，同じ災害因による激甚被災地の奥尻に改めて注目し直すこともあながち不自然ではない。奥尻から災害後の復旧・復興，そして生活再建への取り組みにヒントや手掛かりをたぐり寄せながら，そしてより積極的には，過去の被災地と被災者に範を求めることが，意図的・意識的になされることも生じえたのではなかろうか。

　本章の主題は，こうしたことを念頭に置き，改めて，経過した時間の流れを踏まえつつ，そして先に指摘した「3・11」にも目配りをしながら，第1部の諸章，そしてこのたび第2部および第3部の各章において，改めて被災後20年を視野に執筆していただいた方々の主張に目を向けて，奥尻町の災害復興の諸事業や生活再建の取り組みを確認しつつ見直し，今後の奥尻町と島民の生活展望に少しでも近づいてみたい，という願いにある。このような位置づけと意

図を含意し，章の標題とした。

　そこで以下では，次の3点に注目して行論したい。第1点目は，時間軸に即して三つのステージを設定し，災害からの復興と生活再建のあり方を見届け確認すること。そのために質的量的両側面よりみた変化，変容の跡づけが求められる。第2は，過去の災害経験に学ぶという視点に立つとき，激甚被災地奥尻における地震・津波からの災害復興・生活再建が「奥尻モデル」としていかに提示されうるのか，その蓋然的な可能性を探ること，である。これらを踏まえて，第3に，我が国の災害史に奥尻の被災経験とそれに対する取り組みをどのように組み入れていけばよいか。そのために，被災経験とその後の取り組みに関する記憶と記録をより確かなものにしつつ，いずれの内容の伝達と継承に心がけていくべきか。本章では，これらのかなり欲張ったテーマに接近することが狙いである。

1．時間軸よりみた災害復興・生活再建事業の検証

　本節の時間軸は，被災後今日に至るまでの23年間を三つのステージとして設定する。そして検証は，災害後，いち早く取り組まれた国の直轄事業に焦点を当て行論したい。

　第1ステージは，被災直後から5年が経過した1998(平成10)年度までである。第2ステージは，1999(平成11)年度からさらに5年が経過した2003(平成15)年度までの被災後10年である。そして第3ステージは，2004(平成16)年度から2013(平成25)年度までの10年間，つまり被災後20年の節目の年次までである。先にふれたように，執筆時点は，被災後，すでに23年目であるので，この三つのステージの設定によると，激甚被災地奥尻町は，次の第4ステージに入っている。しかし，本節のテーマに関する言及は，第1ステージから第3ステージの各ステージに焦点を当て，災害復興事業や生活再建事業に関する主要な二つの取り組みを確認しながら，各ステージの特徴的な変化をまず質的に検証し，そして最後のむすびにおいて，最小限の量的な統計的データを取り上げて見届けることにしたい。

1−1　第1ステージ

　このステージは，被災直後から5年目の1998年度までが該当する。このステージの1998年3月17日に，町長による「復興宣言」が出された。この期では，「防災集団移転促進事業」（国土庁）と「漁業集落環境整備事業」（水産庁）が，最も重要でかつ主要な災害復興・生活再建事業としてスタートし，展開した。

　これら二つの国主導の事業は，被災後の奥尻の災害復興と生活再建の取り組みに関する文字どおりの中核であった。

　前者の事業には，被災世帯300戸のための早急な仮設住宅の建設と入居，そして道営の災害復興住宅の建設，仮設住宅から災害復興住宅への入居，防災集団高台移転と下町居住地再編のための奥尻町による土地取得，義援金を活用した恒久住宅の新築と移転・入居，激甚被災地区であり町内第2の拠点地区青苗の下町における商店街の街づくり，といった具体的な関連諸事

業が進展した。

　他方，後者の事業として，津波被害による港湾整備，漁業従事者の緊急避難施設の建設，喪失した漁業倉庫の新築，漁船・漁具の貸与（5年経過後，漁船は漁家に無償提供）がなされた。町内の河川が海にそそぐ河口には，頑丈で高い水門が建設された。そして海岸線沿いには，高くて長い防潮堤が建設された。防潮堤の建設は，過去の三陸津波を経験した岩手県宮古市田老地区をモデルに，島の北東部に位置する稲穂地区，島の南西部に近い松江地区において進展した。さらに，町内の激甚被災地，島の北西部，神威脇地区には，あわび種苗育成センターが建設された。第1ステージ最後の被災5年目の7～8月には，待ち望まれたウニ漁，アワビ漁が再開された。ウニとアワビは，基幹産業の一つ，漁業の象徴的魚種目であるだけに，漁家のみならず，町行政および多くの町民にとっても災害後の復興・生活再建への第一歩を実感として印象づけた。

　壊滅的な津波被害を被った青苗旧5区は全戸移転となり，その居住地区跡には，被災の象徴とされる慰霊碑「時空翔」が第1ステージの5年目，1998年6月に完成した。この慰霊碑には，次の第2ステージにおいて，天皇・皇后両陛下が奥尻町への行幸に際してご供花され，さらにその後，秋篠宮ご夫妻も足を運ばれた。

1-2　第2ステージ

　1999年度から2003年度までの5年間は，第1ステージの骨格であった「防災集団移転促進事業」と「漁業集落整備事業」という，災害復興と生活再建に関する両事業の仕上げの時期であった。それとともに，2000年度に予算化された奥尻空港の滑走路延長の調査費が新しく認められ，これに続く延長工事の槌音は，災害復興と生活再建のたしかな歩みをいっそう刻印づけた時期でもあった。

　前者の両事業の仕上げにおいては，海抜0mであった青苗の旧5区に盛り土がなされたことから，当該エリアの一部からは周囲が一望できるようになり，計画されていた公園化が一段と進展した。第1ステージにおける慰霊碑の建設から約2年，第2ステージの注目施設であり，災害の爪痕に関する記憶と記録を残し伝えるための「奥尻津波館」が完成した。さらに公園の南端の一画には，集団移転によって災害後に新築された高台地区の住宅および下町地区の店舗・住宅に上下水道が完備されたことから，下水道処理施設が建設された。

　他方，後者の事業，奥尻空港の滑走路延長に関する調査の予算化，そしてこれに続く本工事は，交通アクセスが厳しい離島に暮らす住民にとって大きな期待の一つであった。この空路は，函館と奥尻を40分ほどで一往復する路線であるが，延長工事が完成すると，従来の滑走路の約2倍の長さになり，就航する飛行機の規模が大きくなる。その結果，搭乗者の定員数も従来に比べて倍増することが確実視された。島と渡島半島を結ぶ通常の交通アクセスは，海路に就航するフェリーであり，奥尻―江差の1日2便（往復）と奥尻―瀬棚の1日1便（往復）のみである。しかし，冬期間（10月～翌年4月まで）の6ヵ月間は，日本海が荒れ，就航にリスクが加わることから，瀬棚便は休止し江差便のみとなる。

　海路の交通アクセスを補う空路の貴重さは，災害時の緊急時に痛感されたし，急病や大病には空路の利用は欠かせない命綱である。それだけに，最近時の奥尻訪問（2012年6月）の際に見た，延長された滑走路に就航する飛行機の姿は，立派な空港事務所とともにまばゆいほどの印象さえ与えた。

　第2ステージの最終年度の2003年においては，災害復興と生活再建の2大骨格事業，そして追加された滑走路の延長工事，これらがほぼすべて終了した。この期の5年間は，島外からの工事関係者はもとより，事業にかかわる物資の搬入，商取引の営業活動も大変活況を呈した。島内の民宿を中心とした宿泊施設および飲食店は，利用客がひしめくほどであった。いわゆる災害特需とその高揚感が被災地奥尻を包み込んだ。

　ちなみに，この期における奥尻町の災害特需により上昇した景気は，主要な景気判断の基準となる①観光客の入り込み数が5万7,000人台，②漁獲高が9〜10億円，③商工会員数が170名であった。参考のために，これらの項目に関する数値を被災前の1990（平成2）年について示すと，①は5万7,000人であったから，ほぼ災害前の水準である。②は，同年では，16億3,000万円であるので，災害前のほぼ6割にとどまっている。③の商工会員数は津波のため資料が不明となったために正確ではないが，160〜170名であった。

　災害復興と生活再建に関する両事業，それに続く奥尻空港の滑走路延長関連の事業は，たしかに公共的な土木事業を中心とした災害特需を生み，多くの工事関係者の来町をもたらした。これら工事関係者や商談関係者，そして諸官庁の関係者の来町は，統計上，観光客入り込み数として計上されていることに注意したい。

　工事関係者の大半は，工事期間中，島内に滞在し生活を続けた。工事が完了すると，彼らは離島した。先に指摘したごとく，宿泊や飲食にかかわる事業もこの期には災害特需が実感された。災害後，いち早く民宿や旅館を再開した被災者について，当時の聞き取り調査結果がこのことを教えてくれた。予約がなければ宿泊ができないほど，満室が続いた。しかし，工事の完了とともに引き潮のごとく，工事関係者は引き上げて行った。規模が大きかった民宿，旅館，ホテルは，空き室が目立つことになった。前庭に大型観光バスが乗り入れるほどの活況や，駐車場が満車になるまで利用されることは徐々に少なくなった。工事関係者で溢れた飲食店も客数が減少した。災害特需へのこのような反動は，次の第3ステージにおいて顕著になっていく。

1−3　第3ステージ

　このステージは，これまでの二つのステージの各々とは，時間軸の幅が異なる。上述の二つのステージはそれぞれ5年間であったが，この第3ステージの期間は10年間（2004〜2013年度）と2倍になっている。この期間は，第2ステージの災害特需の時期から一転して，その反動が鮮明になった時期である。第2部第5章の調査結果が示すように，災害復興と生活再建を歩みだした時間的経過に伴い，様々なレベルにおいて取り組まれてきた事業に関する評価は多様化し，個々の被災地区や被災住民には，予想された以上に複雑な実感として受け止められていることが明らかになった。

　さらに従来，奥尻町の二大拠点地区である奥尻地区と青苗地区の両者における社会的な構造的特徴がいっそう顕著になってきた。第1部でも言及したが，前者の地区は役場所在地であり，国保病院をはじめ各種の公共施設が多くみられる。そして地方公務員宿舎，さらには航空自衛隊の官舎も近くにある。職業上からすると，公務員を中心とした給与生活者層が多い地区である。他方，後者の青苗地区は基幹産業の漁業基地である。高度経済成長期前半では，江差―奥尻間のフェリーには，江差―青苗航路も含まれていた。調査訪問時に，被災住民が感慨を込めて，山田洋二監督による「寅さんシリーズ」の舞台に，かつて青苗港が選ばれていた，とDVDの映像を見せて教えてくれた。しかし，江差―青苗航路の廃止とともに，200カイリ規制，漁業の後継者不足等が，災害前において，すでに奥尻地区に対する青苗地区の相対的地位の低下を導き，さらには奥尻地区に社会的比重が徐々にシフトするという変動の方向性が底流としてみられた。

　こうした状況下において災害復興・生活再建の各種の事業が取り組まれたことも，確認しておく必要があろう。したがって，災害特需がみられた第2ステージは，奥尻地区に対する青苗地区の相対的地位の低下への歯止めという，隠れた重要な意味もあったといえる。こうしたことから，この第3ステージに注目される災害復興特需に対する反動は，町内二大拠点地区間のダイナミズムが背景にあることを注視しつつ，次の2点に焦点を当て展開してみよう。

　第1点目は，災害復興特需の反動の諸相である。これは，(1)地区レベル，(2)世帯・家族，(3)地域社会における住民相互の関係レベルにおいて取り上げる。(1)は以下の本節において言及するが，(2)と(3)は，次節において改めて取り上げる。そして第2点目は，災害復興特需の反動下における主要な模索と新しい挑戦的な取り組みについてである。これらを確認しつつ，これらへの取り組みにかかわる担い手についても論及したい。この2点目は，第3節において言及する。

　さて，地区レベルにおける災害復興特需の反動として，顕著に確認しうることは2点である。その一つは，「防災集団移転事業」（国土庁）の骨格事業に関連して，高台地区と下町地区とのエリアの分離がなされたことである。これに関して，後者の地区からふれると，下町地区には，商店街を主要に構成した事業主住宅兼店舗が含まれた。この店舗は，災害後の第2ステージでは14軒（店舗）あったが，第3ステージに至り，6軒が廃業したことから8軒となった。このような廃業に伴い，いわゆる商店街のシャッター化や空き店舗化が進んだ。さらには更地化がみられるに至った。

　廃業の理由としては，主に次の3点が指摘されている。①同じ商品を扱う商店間の競合が激化したこと。②函館に本店があるスーパーが，この第3ステージ期において青苗地区の東端に進出し，多品種低価格商品を扱うことから，従来の地元商店の販売額と販路が縮小し，経営の悪化が進んだこと。そして③災害前の住宅兼店舗の面積は，平均してほぼ50坪であったが，災害後，土地面積は倍増し100坪となり，ここに新築がなされた。このことによって，補助金の比率や額は大きくなったけれども，返済額も高額化した。合わせて，固定資産税，光熱費等のランニングコストも予想以上に膨らむことになった。皮肉なことに，外見の真新しさと立派

な店舗住宅を維持するための負荷が経年的に過重化し，経営を圧迫することにつながった。

　もう一つの地区である高台地区には，災害復興事業として全戸移転した青苗地区のコミュニティセンターが，新しい造成地に建設された。集団移転による新しいコミュニティの形成と発展を願う中心的な施設として，「新生ホール」と命名された立派な建物が建設された。この「新生ホール」という名称は，大きな期待の表れであった。しかし残念なことに，第2部第5章で言及されたように，全町民調査の結果，災害復興事業として建設された諸施設のうち，このホールは，利用されていないとする回答が最も多い施設となっている。このような結果は，下町地区からの被災住民が利用するためには距離があること，しかも標高20mとはいえ，坂道や，所によっては100段を超える急な階段を登らなければならないことが主要な原因であった。これが，新しいコミュニティセンター「新生ホール」に足を運ぶことをためらわせた。併せて，多くの被災住民は，災害前に利用していた青苗支所や敷設の関連施設になじみがあり，これらの施設利用で事が足りるのではないか，という受け止め方も加わった。しかも，鳴り物入りの斬新な工法がかえって災いし，建設後の早い時期に，建物の保守や補修がしにくいという皮肉な事態が見出されるに至った。そして建物の大きさがかえって，いわゆる「箱物」の課題を曝け出すことになった。

　以上に言及した諸点は，青苗地区に限定し，地区レベルにおける災害復興特需の反動の諸相について，マイナス評価の内容として位置づけられる。災害復興や生活再建にかかわる主要な諸事業に注目し，時間的経過を踏まえた検証には，いずれの時点で，どのようなレベルのいかなる内容を確認しつつ，実態に即して評価していくかということが求められる。災害後の第3ステージは，実態に即していえば，たしかに反動のマイナスの側面が浮き彫りになりがちである。しかし他方で，プラス評価の側面も確認しつつ指摘しておかなければならないであろう。

　そこで，やはりひとまず地区レベルに限定すると，青苗地区では，減災・防災にかかわる港湾の整備が格段に図られたし，青苗郵便局が新築された。この郵便局は，政令都市札幌市内の個別の郵便局よりはるかにモダンで明るく利用しやすい施設に様変わりした。また青苗診療所が，海面より6mの高さに盛り土された道路沿いに新築された。高齢化がますます進展する状況下において，島の西部地区や南西部地区の住民にとって，増大する医療ニーズとともに，最寄りの唯一の医療機関（施設）であることから，この施設は住民が会って会話を交わし合うコミュニティセンターの役割を担う存在になっている。

　プラス評価の側面に関して，注目しておかなければならないことは，全戸集落移転した青苗旧5区（通称，岬地区）が盛り土され，災害メモリアル公園（徳洋記念緑地公園）となったことである。当該公園内に新しく建設された記念碑と奥尻津波館が，第3ステージの段階に至り，災害の爪痕とともに災害後における減災と防災のための記憶と記録を残し，町外からの来町者に災害学習の機会を提供する役割を担っている，ということである。実際，その役割は，今日ますます増大している。したがって，このメモリアル公園が，災害復興の反動に関する諸相のマイナス評価とは異なる災害文化の主要な内容につながり，今後にいっそう期待されるプラス評価としての意味を持っているということを指摘しておきたい。

　地区は異なるが，町内の二大拠点地区における奥尻の港湾整備事業にかかわり新設された，研修を主要な目的とする「ワラシャード」は，町内で最も利用されている施設として評価が高い。しかもこの施設には，教育委員会という町行政の一部局が管理運営を兼ねて常駐していることからも，当該部局や他部局，さらには町民の各種イベント企画事業等が，この施設を利用して行われている。この「ワラシャード」は，町内で際立つ利用度がみられる施設であり，文字どおり多目的ホールとなっている。災害後に建設された施設として強調されるべきであろう。

2.　災害復興の反動とひずみの諸相——世帯・家族のレベルを中心として

　災害復興という場合，そもそも復興の概念は多義的であり曖昧である。どの時点でいかなるレベルのどのような状態が復興として認識されるのかは，必ずしも容易ではない。本書においては，執筆者それぞれが自問しつつ行論している。第2部第5章において言及されているが，「3・11」後に全町民を対象に実施した調査において，「復興のきっかけは何ですか？」として尋ねた項目を中心に得られた調査結果を読み直すと，大雑把な一つの帰結は，災害復興とは，結局突き詰めると，町民ひとりひとり，世帯・家族それぞれの受け止め方による，ということのように思われた。したがって，災害復興の反動の諸相もこのような文脈に位置づけられるのではなかろうか。この文脈に立って前節は，ひとまず時間軸を設定し，町レベル，地区レベルにおける災害復興の諸相に接近した。その際，冒頭で断ったごとく，町内の二大拠点地区である激甚被災地区青苗と町内では被害が比較的少なかった奥尻地区，両地区間のダイナミズムを背景に，時間軸に沿い区分された三つのステージを辿りながら，災害復興の反動の諸相について，主として，国主導による二つの事業により建設された諸施設（いわゆる「モノ」）に焦点を当て言及した。その際，(2)世帯・家族のレベルおよび(3)移転後の新しい地区における近隣関係のレベルに関する災害復興の反動の諸相の検討は，第2節において改めて取り上げる，と断っていた。本節は，まずその課題の（2）にアプローチする。

2−1　世帯・家族のレベルにおける災害復興の反動とひずみについて

　このテーマの一部分に関しては，第3ステージにおいて，災害復興の反動の側面として，青苗地区の下町で顕著になってきた被災住民の店舗兼住宅の空き店舗化について，すでに指摘している。しかし，大多数の被災世帯・家族に関する筆者らのこれまでの質的調査の結果は，災害復興の「反動」に加えて，災害復興の「ひずみ」と表現することの方が，実態に即してより適切な場合が少なくない，ということを教えてくれた。このことを考慮して，本節のタイトルは，「災害復興の反動とひずみに関する諸相」と表現し，「ひずみ」の文言を付け加えることにした。そこで，本節において，災害復興の反動とひずみと名辞することについて，理解を得るための一例を以下に挙げておきたい。

　すでに指摘したように，下町の店舗兼住宅では，災害復興の反動とひずみに該当する事例は，前節で行論したところから理解が可能かと思われる。このような事例に最も類似するの

は，高台地区に移転した民宿・旅館を経営する被災世帯・家族である。このような世帯・家族では，移転後の経営に関して，大規模と中小規模のいずれを志向するかによって，災害復興の反動とひずみに違いが生じている。すなわち，前者の大規模化を選択した民宿兼住宅の世帯・家族は，庭先に観光バスが少なくとも1台停車することが可能なオープンスペースを持っていることから，多数の団体客の入り込みを考慮し期待もしている。したがって，建物の規模は大きく，部屋数を多く有している。一部屋当たりの面積も大きくし，宿泊客の大量確保が可能な態勢をとっている。このようなタイプの被災世帯・家族は，一般被災世帯・家族に比べて，一足早く新築し，仮設住宅を退去していた。このことは，災害前の居住地が下町か高台かはともかくとして，高台地区に観光バスが停車するほどの私有地を持っていたという災害前からの条件がかかわっていた。大規模な民宿・旅館の建設には，当然のことながら，バス・トイレ，食堂といった内部設備も大規模化と複数化が伴う。大規模な私有地を有していることとともに建設のための財力が当然求められた。こうした条件を備えたタイプの民宿・旅館においても，事業経営者の住宅を兼ねることが一般的である。

　第1節で言及した第1ステージおよび第2ステージでは，とりわけ後者のステージにおいて，このような民宿・旅館は工事関係者中心に災害復興の特需を享受しえた。しかし，災害後10年を経過した第3ステージに至って，工事関係者は激減する。この入り込み数の減少は，奥尻における基幹産業の一つである観光事業にかかわる観光客（観光漁業も含む）によってカバーされるわけではない。このような事態が，大規模な民宿・旅館においては，よりいっそう経営を圧迫することになった。

　中小規模の民宿・旅館においては，類似の経営圧迫がみられるにしても，大規模なタイプに比べて，災害復興特需による反動の衝撃は少なかった。しかし，中小規模の民宿・旅館であっても，災害後に新築した場合，初期投資がローン返済という負債となり，これがひずみとして顕在化したことは，規模のタイプによる違いはあるにしても，民宿・旅館経営の世帯・家族において共通にみられた。

　飲食店経営の世帯・家族においても類似の現象が見られた。たとえば，第1ステージの比較的早い時期において，高台地区においてラーメン店を狭い仮店舗で経営していた被災者の場合，当時，工事関係者のひっきりなしの顧客があり，年間1,000万円を超える収益が数年間続いた。この収益を元手に，下町地区で新店舗をオープンした。新しい調理台や調理器具類を整えるには，初期投資が必要であった。しかし，第2ステージでは，なんとか凌ぐことができたものの，第3ステージに至って客足が激減したことに加えて，初期投資，新築店舗兼住宅のローン負債が過重負担となり，短期間に廃業に追い込まれた。この事例は，残念なことに，災害復興の反動とひずみが顕著となった悩ましい状況を示した。

　ところで，すでに本書の第1部の第1章および第3章，本章の第1節・第2節において繰り返し言及したが，国の直轄事業であり，災害復興・生活再建の基軸になった「防災集団移転促進事業」と「漁業集落環境整備事業」に関連し移転した地区は3地区である。各地区の移転規模には大中小の違いがみられる。文字どおりの大規模移転は青苗地区，中規模が松江地区，そ

して小規模が稲穂地区であった。中小の両地区では，商店は含まれず，漁家がほぼすべてであった。これに対して，大規模移転の青苗地区では，職業が商店，漁家，民宿・旅館，土木建設，ガソリンスタンド，プロパンガス取り扱いといった事業経営，さらに電器店，薬局，飲食店と多様な事業所がみられた。寺院も四つ含まれたし，神社も一つあった。

　しかも青苗地区では，移転先として下町地区と高台地区の分離があった。加えて，それぞれの地区で，居住地先の選択にも分離がみられたし，住宅形態に関して公営災害復興住宅と一般住宅のいずれかを選択しなければならなかった。これらの移転した被災住民の住宅規模，職業構成の多様性，居住地先の選択，さらに住宅形態の選択に関する特性は，世帯・家族レベル，そして住民間の近隣関係レベルにおける第 3 ステージの災害復興の反動とひずみの諸相，とりわけ，ひずみとして反映した。こうした意味で，顕著な事例がみられた青苗地区を中心に取り上げ，他の 2 地区（松江地区と稲穂地区）は比較の観点から必要に応じて言及することにとどめたい。

　さて，移転した世帯・家族においては，予想外の過重負担が，第 3 ステージにおいて明らかになってきた。義援金の配分や災害後の町による土地の買い上げが，被災世帯・家族の移転先における新しい持ち家住宅の建設を後押しした。下町地区の店舗兼住宅に比べると，一般住宅は 30 坪の土地に 3DK のコンパクトな平屋建てがスタンダードであった。新居への転居は，被災世帯・家族にとって災害からの復興を実感しうるものであったし，生活再建への大きな第一歩であった。しかし残念なことに，被災者には，心労から新居に入居間もなくして他界するという事例や新居の完成間際に死去するという事例がいくつかみられた。こうした事例は，すでに第 1 ステージから第 2 ステージにおいても確認されていた。第 3 ステージでは，このような被災という衝撃，仮設住宅の不自由な生活を乗り越えて，被災後 10 年余を経たところで今度は，新築住宅による予想以上の高額な固定資産税や光熱費，そして住宅の維持・管理に関するコストが嵩むという事態が，重荷となってきた。

　災害前の軒が重なり合うほど密集した漁業集落の形態と異なり，移転先の住宅では区画割が明白であり，隣家との間にはオープンスペースがしっかり確保されていた。このことはプライバシーの保護や減災・防災にはプラスであったが，住宅それ自体にはマイナス面が生じてきた。周囲を海に囲まれているため，繰り返される強い潮風は，建物の外壁の劣化を予想以上に早めた。特に高台地区の住宅では，冬季における日本海からの風は強く，建物への悪影響は大きくなりがちであった。屋根と外壁の補修には 200 万円が必要であったという事例報告があった。

　被災住民のいっそうの高齢化と生業収入の減少，そして年金暮らしは，住宅が建設されてから 10 年余を経過した段階において，その維持と管理のための必要条件を徐々に過重なものにしてきた。こうした状況下において高齢化した被災住民の死去が続くとともに，少ないとはいえ，都市部への転居により空き家が増えてきた。30 坪の土地付き空き家住宅は，200 万円という評価額が示されても買い手がつかないという厳しい実態が少しずつ顕在化してきた。生涯現役と称せられる漁師という生業においては，他の職業に比べて生活の糧が下支えされる基盤が

315

ある。とはいえ，高齢化に伴う体調の維持と管理には限度がある。第3ステージにおいて，生活再建の要の一つであった，移転後に新築された住宅それ自体のもつ課題が，一般世帯・家族においてもこのように顕在化してきた。

2－2　近隣関係レベルにおける災害復興の反動とひずみについて

　ところで，集落全戸移転は，災害後10年が経過すると，先に指摘した新築住宅それ自体が持つ課題とともに居住者相互の近隣関係にも微妙な違和感が生じ始めてきた。一般的に，漁村集落の形態は集村であり，隣家が軒を交叉させるほど，住宅が密集している。しかも仕事場である海に近接するという地理的位置の特徴がある。奥尻町の地震・津波による激甚被災地の3集落（青苗地区，松江地区，稲穂地区）は，すべてこうした居住空間の集落形態であった。青苗地区については，災害前の集落を写真で見ると，高台地区から，そしてまた海側からもこのような状況が確認できる。

　このような集落形態においては，隣近所の壁は低くプライバシーの保障は小さくなりがちである。しかも多くの人がお互いを熟知し合う。このように近接した近隣関係の存在から安心感があり，昼夜を問わず施錠することはなかった，というのが一般的であった。これに対して，移転後においては，一部のごく少数事例とはいえ，親戚同士隣り合わせに土地を選択した場合がみられたけれども，大多数が，災害前の近隣とは移転先住宅が異なっていた。そのために，移転後の近隣はたとえ顔見知りであったにしても，言葉を交わす機会は少なくなったし，所用で島外に出かける際，留守になる旨の連絡をし合うことは，まずなくなったという。普段，島内に出かけるときにおいても，ほとんどの住民が住宅に施錠するように変化してきた。

　店舗兼住宅に関しては，高台地区であれ下町地区であれ，土地の規模が一般住宅に比べて大きい。しかも当該店舗兼住宅と隣家との間には，減災・防災を考慮したオープンスペースがしっかり確保されている。このために，いずれの住民がどの店舗に出入りするかは，明白に確認されやすくなった。このために，災害前には店舗の出入りは比較的自由であったけれども，災害後では，特定の店舗への出入りは意識されるようになり，利用がしにくくなったという。

　このような状況下に加え，第3ステージに至って函館からスーパーが進出してきた。このスーパーに行き買い物をすると，災害後の個別店舗間への気配りや気兼ねという微妙な違和感は，大いに軽減されるという新しい事態が顕在化してきた。しかも，スーパーで購入する商品の価格は，災害後再開した店舗における価格より安いことから，災害前より利用していた馴染みの店舗に買い物に出かける機会は，おのずと減少しがちであった。結果として，被災店舗の販売額が減少することになった。

　同じ被災世帯・家族とはいえ，店舗と顧客という被災世帯・家族間においてうかがわれる微妙な関係，そして先に言及した一般被災世帯・家族間の近隣関係にみられた言葉を交わす機会の減少や外出時には施錠をするようになったという新しい事態の出現は，近隣関係が都市的様相を呈してきたとも表現しうる。こうした状況は，災害後，新築の戸建て住宅を選択せず，災害復興住宅（公営住宅）に入居した被災世帯・家族では，一部が2階建ての鉄筋住宅に入居し

た。そのために，災害前の密集した漁業集落にみられた近隣関係とは大きく異なる，お互いが鉄の扉で分離された事態に一挙に突入することになった。都市的地域における近隣は，物理的距離は近いけれども社会的心理的距離は遠いということが指摘されて久しい。青苗の災害復興住宅においても類似した近隣関係のあり方がうかがわれた。このような事態は，繰り返し調査訪問させていただいた被災世帯・家族から何度も聞かされた。

　本節では，災害復興の変動とひずみについて，被災世帯・家族のレベルを中心に言及した。併せて，近隣関係のレベルについても目を向け，被災後 10 年を経過した第 3 ステージの実相の一端にふれた。このステージ（2004〜2013 年）における 10 年間の後半，2011 年 3 月 11 日に，周知のとおり東日本大震災が起きた。災害因となった地震・津波は，北海道南西沖地震と同じであったことから，過去の被災経験に想いを馳せる奥尻の被災住民が多くみられた。2012年 6 月に奥尻訪問をし，「3・11」がかつての被災者にどのように受け止められたかについて意見収集をさせていただいた。この予備調査の結果を手掛かりにして，翌年の 2013 年 1 月，町の協力を得て全町民調査を実施した。この分析結果は，本章で繰り返し言及した第 2 部第 5 章に詳しい。奥尻町における災害後の第 3 ステージの主題を考えるとき，この「3・11」が，かつての被災者にフラッシュバック症候群を引き起こした事例報告が複数寄せられた。とりわけ，町内で医療や福祉の業務にかかわる関係者から，PTSD（心的外傷後ストレス障害）を抱える患者の事例も報告された。

　東日本大震災の映像によるテレビ報道に際して，思わず目を背けチャンネルを変更した，あるいはスイッチを切ったという事例が多く報告された。新聞についても，「3・11」の記事は，しばらくの間，あえて見ないようにしたという報告があった。阪神淡路大震災後，「ココロの復興」という課題が突きつけられた。「3・11」は，20 年余を経過しても，奥尻の被災者に「ココロの復興」が持つ重く長く引きずる課題の一端を物語ることになった。第 3 ステージの最後の年である 2013 年 1 月に実施した調査は，付録 2 として収録した調査票において確認されるように，設問を厳選した比較的短い項目であったが，その結果の内容は，すでにふれたように貴重なメッセージを伝えてくれているように思われた。

3. 奥尻の「災害復興・生活再建」モデルの吟味

　本章で取り上げる主な論点の目的が 3 点にあったことは，冒頭においてすでに指摘したとおりである。繰り返しておくと，①災害復興・生活再建の過程について，被災直後から時間軸に即して三つの段階区分を設定し，各段階において取り組まれた主な事業に着目しつつ，各期を跡づけること。②過去の災害経験に学ぶという視点において，奥尻における地震・津波の被災経験から今後の類似した災害に対する「教訓化」は，どのように考えられるのか。これを「奥尻モデル」としていかに提示しうるか，その可能性を探ること。そして③我が国の災害史に奥尻の被災とその後の取り組みをいかに位置づけ，それをどのように伝達・継承していくかを心がける，ということであった。これは，いわゆる災害文化の形成・継承・伝達にかかわる。

317

　これらのテーマのうち，①は，すでに第1節において言及した。そして②の一部は，第2節において，災害の「教訓化」のために，被災経験とそれに対する取り組みにおける主要な課題を，主として町レベルと地区レベル，世帯・家族レベルと近隣関係レベルにおいてそれぞれ確認した。しかし，そこでは，論点となりうる課題を指摘し記述するにとどめた。したがって，「教訓化」という表現を用いることをあえて控えた。このように限定された言及においても，改めて残された論点，すなわち何をどのように「教訓化」していくべきか，ということについての示唆は，かなり得られるのではないかと考えたからである。もちろん，他の章においても，くみ取るべき災害の「教訓化」は，各執筆者の意図や問題意識に沿いつつ種々の論点を見極めながら，確認することが可能であろう。

　そこで本節では，②について，第2節の展開を補うために奥尻の「災害復興・生活再建」モデルという主題を設定し直して，これにかかわる分析的枠組みを改めて提示する。これを手掛かりにした考察を加えたい。

3－1　分析的枠組み

　被災後において災害復興と生活再建のために取り組まれた事業は，国の省庁レベル，北海道庁レベル，奥尻町レベルの三つが主要な実施主体である。繰り返し指摘したように，第1節と第2節において，これら各レベルにかかわる主要な事業を取り上げ，それらの各事業を奥尻町レベルと各地区レベル，そして世帯・家族レベルと近隣関係レベル，それぞれにおいて見極めつつ，各レベルにおける大まかな評価を確認してきた。ここでは，それらの諸事業に関連した内容を具体的な28項目に集約した[1]。各項目は相互に多面的に重なり関連し合うが，六つのグループ化（A〜F）が可能である。グループ化の基準と項目間の意味は，集約した項目（①〜㉘）を例示しながら言及したい。

3－2　諸事業の28項目化と六つのグループ化

　Aグループは5項目からなる。これらの項目は，①仮設住宅の設置と撤去の時期，そして仮設住宅の構造について，②高台移転をめぐる意思決定と合意形成，新しい住宅地の選定・新しい住宅の諸形態と規模について，③商店街（街並み）地区の設定・造成に関する意思決定と合意形成，地区内の個別区画割の策定について，④防潮堤（水門を含む）の設置場所と高さについて，⑤義援金の使途，生活再建への配分について，である。他のグループに比べて，このグループの項目には，災害復興・生活再建のために，被災世帯・家族が奥尻町によって実施された種々の説明会に直接参加し，意思表示をしつつ，各種の事業に対する意思決定と合意形成にかかわったという，最も実感しうる内容が含まれている。

　これらの項目に関して，お互いが可能な限り納得する結論に至るまで激論が交わされたことは，度重なる聞き取り調査からも確認された。時間軸からすると，これらの項目は，被災後最も早い段階の第1ステージに集中した。しかも，それは当該段階の初期に位置づけられる。これらの諸項目は，被災者にとって，災害復興・生活再建のための最も基本的かつ決定的に重要

なスタートラインの項目といってよい。

　Bグループは，⑥全戸移転後における災害メモリアル公園の建設・整備とともに慰霊碑の建設について，⑦当該公園内における奥尻津波館の建設について，⑧公園内における下水処理場の建設について，⑨「新生ホール」と命名され地区民の活用を願う多目的ホールの建設について，以上の青苗地区に関する4項目と，⑩奥尻地区に立地する「ワラシャード」と命名された研修を目的とした施設の建設について，である。このホールは，全町民および島外からの参加者を含めた各種の研修を主要な利用目的とした多目的ホールである。このグループの項目に関しては，さらに奥尻地区に関する⑪「サムーン」という項目を追加しておきたい。というのも，この「サムーン」は，現在，残念ながら撤去されてしまったが，フェリーで奥尻港に近づくにつれて目にとまったし，「奥尻来島」歓迎のシンボルともいわれたパネルであったからである。このパネルは，奥尻港近くに位置する海抜200mほどの観音山の中腹に設置され，カラフルで明るいデザインの大きなパネルであった。この「サムーン」についてさらに補足すると，このパネルは，観音山の崩落による多くの犠牲者を悼むとともに，町内の激甚災害地区における多くの被災者が災害から早く立ち直り，しかもその災害を風化させない，という願いを込めてデザインが公募され，採択されたものであった。

　以上の6項目からなるBグループは，災害後に種々取り組まれた，いわゆる「ハコモノ」といわれがちな建築物のうちで，被災コミュニティ・被災自治体の再生を願い，これらのコミュニティが災害後の創造的コミュニティとして歩むための種々の社会的文化的活動が行われる建物や施設にかかわっている。このような意味づけを考慮してグループ化した。

　Cグループは，⑫あわび種苗育成センターの建設について，⑬青苗港における漁業倉庫・漁業従事者の避難場所の建設について，⑭奥尻空港の滑走路延長と新奥尻空港・空港事務所の建設について，⑮観光業を中心にした基幹産業について，⑯漁業（観光漁業を含む）を中心とした基幹産業について，⑰基幹産業の担い手・後継者，減災・防災に取り組む人員を含む人材育成について，の6項目である。

　これらの項目は，災害復興・生活再建に直結する基幹産業および島内外の流通・販売・そして交通アクセスにかかわる。⑰の項目については，補足説明が必要である。すなわち人材育成は，災害後の基幹産業の担い手・後継者を含むことはいうまでもないが，他の分野における多面的な人材育成という内容をも含んでいる。この項目では，若い年齢層の有為の今後の人材育成を考えやすい。しかし，減災・防災にかかわる広義の災害教育は，幅広い年齢層にわたる人材育成を含んでいる。たとえば，奥尻町における「語り部隊」の結成とその活動は，どちらかといえば中高年齢層が多いけれども，今後，公教育の災害学習や島民による島外の関係者との幅広い減災・防災に関する交流を通じて，年齢層の広がりを有する災害教育が期待される。

　Dグループは以下に示す⑱，⑲，⑳の3項目である。このグループは，激甚被災地奥尻町全体に等しく関連するにしても，町内において激甚被災地区とそうでない地区があること，そしてたとえ同じ被災者，被災世帯・家族であるにしても，被災の内容は必ずしも一様ではなく，予想される以上に多様であるという，「被災の温度差」にかかわる項目が含まれている。

項目数は少ないが，いずれも補足説明が必要な内容を有している。それぞれの項目について，以下，具体的に取り上げることとする。

　まず⑱の項目，遺族会についてである。この遺族会は，主として津波による犠牲者を抱える世帯・家族によって構成された。これらの遺族は，激甚被災地区の青苗地区，松江地区，稲穂地区に圧倒的に多い。しかし，すでに言及した B における慰霊碑の建設は，町全体における犠牲者はもとより，被災時に島外から種々の所用のために島内に滞在し犠牲となった人たち，これらの犠牲者すべての追悼をするための慰霊碑である。町の復興宣言を契機に，それまで町主催によって行われてきた慰霊祭は，その後，遺族会主催によってなされることになった。しかし，犠牲者が多かった青苗地区や松江地区では，地区独自の慰霊碑を設置しているということもあり，遺族会が統一的に追悼の慰霊祭を主宰するという体制が整っているわけではない。加えて，遺族会は必ずしも一枚岩ではないことから，復興宣言後の時間的経過につれて，遺族それぞれが犠牲となった故人を個別に追悼するという志向がいっそう強まってきている。

　⑲は，激甚被災地区間の違いについて，の項目である。すでに一部ふれたように，同じ激甚被災地区であるにしても，青苗地区と他の地区との違いは鮮明である。前者の規模の大きさと職業の多様性に対して，後者は中小規模の地区でかつ漁業者がすべてというように大きな違いがみられた。このために，災害後の取り組みは，後者の被災世帯・家族においては，住宅を中心とした生活再建にあった。これに対して，青苗地区では，一般被災世帯・家族に，民宿・旅館，各種の商店や事業所，そして漁業者等が入り混じっていた。しかも災害後には，高台地区と下町地区との居住地分離があった。復興住宅という住宅形態を選択するか否かの選択もあった。これらの違いが，災害復興への取り組みにおいて種々の違いをもたらした。さらに，すでに指摘したことではあるが，居住地の選択と分離，そして住宅形態の選択は，近隣関係のあり方にも微妙な違いをもたらした。これが激甚被災地区内における微妙な「温度差」につながっているように思われる。

　⑳は，激甚被災地区と島内他地区との違いについてである。この項目は，本章の「はじめに」において断ったように，本章展開の背景として指摘した島内二大拠点地区（奥尻地区と青苗地区）間の「温度差」を念頭に置いている。被害が最小限にとどめられた奥尻地区と激甚被災地区の青苗とでは，災害の被害と災害後の取り組みに大きな違いがみられたことから，代表的に両地区間に注目せざるをえない。災害後に取り組まれた種々の事業は，当然のことながら，奥尻地区に比べてはるかに青苗地区に集中している。

　奥尻地区では，研修を目的とした「ワラシャード」の建設，奥尻港の一部手直し，崩落した観音山の下と奥尻港につながる周辺の部分的な整備，といった事業にとどまった。老朽化した奥尻町役場庁舎の建て替えは，なされないままである。

　E グループに含まれる項目は㉑，㉒，㉓，㉔，㉕の 5 項目である。これらは，町内の主要な公共施設と行財政運営，そして議会運営に関する内容である。いずれの自治体であれ，被災の有無にかかわらず，これらの項目は共通する。

　一島一郡一町の自治体である奥尻町は，平野部が大変少ない。二大拠点地区の奥尻，青苗の

両地区とも海岸線からごく近い高台下や山裾につながる狭い空間に住宅や各種の事業所，諸施設が立地している。他の中小の地区も同様に，典型的な集村形態の漁業集落の特徴が随所にうかがわれる。その形態は，地震・津波災害により激甚被災地区が集落全戸移転となったことから変化した。しかし，二大拠点地区という，いわゆる「へそ」が二つあることは変わらない。しかも両地区間の距離は 17 km ある。海岸線を走る狭い幹線道路（道道）は，災害後，一部拡幅されたが，島内の交通アクセスには制約が少なくない。そのために，両地区間を結ぶ新しい高台コースの道路建設が進められている。島特有の地形的特徴から，町役場所在地の奥尻地区に対して，町役場機能をカバーするために E グループ内の項目，㉑青苗高台出張所・消防署分署，㉒青苗診療所・郵便局等，住民への公共サービスの確保のために必須不可欠な公共施設が青苗地区に設けられてきた。特に離島における地域医療の整備・確保は，最も重要な課題である。

　公共サービスの効率という面では，二つの拠点地区の存在は，町の財政（E グループ 5 項目のうちの㉓），町の行政上の諸施策や人員配置（同㉔）にかかわり負担が伴いがちである。災害後，町議会議員の定数削減（同㉕）を実施し，行財政のスリム化を図りつつ，公共サービスの質を確保・維持し続けることは，激甚災害を経験した小規模自治体であるがゆえに，すでに第 2 節で言及したように，課題を引きずることが少なくない。自治体行財政担当者は，種々の克服の手立てを町議・町民とともに，町内外からの文殊の知恵を求める模索が続いている。

　最後の F グループは，㉖（災害後から現在における）新しい挑戦・取り組みについて，㉗町内の事業主・各種団体について，㉘商工会・観光協会・漁協（観光漁業との関連）のあり方について，という三つの項目が含まれる。先の E において指摘したいくつかの課題に向けて取り組むことに直結する項目である。

　各種の助成金や補助金の後押しを得て取り組まれた新しい事業，これらに依拠しない手作りの自律的挑戦も少しずつ始めている。たとえば，前者で注目される事業は，官民連携して，地熱利用の開発に乗り出したことである。後者では，ブドウ栽培を手掛けながら，奥尻ワインの醸造を開始したこと，島内産のお米と水を利用した日本酒の醸造，奥尻の良質な水のペットボトル化，潮風で育った飼育用の草を食した良質の奥尻牛の育成・出荷（東京のレストランへの直送が主である），これらを「奥尻ブランド」としてアピールし，販売を軌道に乗せつつあるという挑戦がある。いずれも民間事業所による精力的な取り組みである。

　民宿・旅館の中には，インターネットを活用して情報発信し，顧客のさらなる拡大と確保を図る試みが実績を上げ始めている。また自治体行政による「フットパス」という，島内に三つのコースを設定し，奥尻の自然を満喫する探索コースの企画がなされた。この「フットパス」には，すでにシニア層を中心とした参加が多くみられ，注目されている。

　基幹産業として位置づけられる漁業の進展が難しいことから，観光業に比重がシフトしてきている。豊富な海の資源に陰りがみられるという指摘があることから，魚種目のいっそう工夫された選定と組み合わせ，そして養殖漁業にさらなる企業努力が求められている。観光漁業の本格的な見直しも官民挙げて求められている課題の一つであろう。

こうした課題への取り組みや挑戦には，島内総力の結集はもとより，島外における支援者の参加，より多くの支援者との連携・ネットワーク化は欠かせない。激甚災害を経験し，災害からの復興・生活再建を歩み続けてきた島民だけに，さらに多くのエネルギーの補充と補強を求めるには制約や限界がある。そのためには，島民のアクションを引き出し，それを応援・支援するアクターやコーディネーターを資源としつつ，それらをエネルギーの源泉に集約する営みは欠かせないように思われる。

3－3　被災者による各項目の評価の度合い

節を閉じるに際して，被災後，災害復興・生活再建に積極的にかかわったことから，各種の媒体より度々取材や講演依頼を受けた被災者に，被災者の目線で，これまで取り上げてきた28項目に関して，次のような手続きによってそれぞれの評価を執筆時点（2016年1月～2月）において尋ねてみた。すなわち，これらの項目に関して，どのような頻度で取材を受けたか，講演ではいかなる頻度で情報発信を続けるように努めてきたか，というように各項目に関する素朴な評価を尋ねた。

（1）取材と講演の両者において，「それぞれ多かった」項目は，Aグループ：①仮設住宅について，②高台移転について，③商店街地区（街並み）について，④防潮堤について，⑤義援金についての5項目であり，これらに集中している。

（2）逆に，まったく取材がなかった項目は，Bグループにおける⑪サムーン（公募による「災害復興と来島歓迎のシンボルマーク」）のみである。講演においては「まったく言及しなかった」項目は，皆無であった。まったく取材がなかった項目の⑪は，当該のシンボルマークが途中で撤去されたことによるものと受け止められる。

（3）取材と講演の両者とも「比較的多かった」項目は，Bグループ：⑥慰霊碑について，⑦奥尻津波館について，⑧下水処理場について，⑩ワラシャードについて，Cグループ：⑫あわび種苗育成センター，⑬青苗港の漁業者避難場所について，⑭奥尻空港について，⑮基幹産業（観光業），⑯基幹産業（漁業），⑰人材育成，Dグループ：⑲激甚被災地区間の違いについて，⑳激甚被災地区と他の地区との違いについて，Eグループ：㉒青苗診療所と郵便局について，㉓町の財政について，㉔町の行政上の施策について，Fグループ：㉖新しい挑戦・取り組みについて，㉗事業主・各種団体について，㉘商工会・観光協会・漁協について，の18項目であった。

（4）取材と講演とも「ほとんどなかった」項目は，Bグループ：⑨新生ホールについて，Dグループ：⑱遺族会について，そしてEグループ：㉑高台青苗出張所・消防署分署について，の3項目であった。

（5）以上に対して，取材は「ほとんどなかった」が，講演で「比較的多く取り上げた」項目は，唯一，Eグループ：㉕町の議会運営について，であった。

これらの項目間における評価の現れ方は，インフォーマント（調査対象者）が異なる場合，多少のずれが生じるかと思われるが，大方，同様の評価に落ち着くのではないかと受け止めら

れる。ただ断っておきたいことは，対象者が，取材はそれなりに多く受けたけれども，講演は経験がない，あるいはまれであった，というような場合，評価にばらつきがみられたということである。この点は，改めて個別の検討が必要かと思われた。

　いずれにしても，こうした評価の結果は，地域社会に根を張って生き抜いてきた人々が被災の衝撃を強く受けながら，災害復興・生活再建の諸課題に対峙してきた，その過程における生の声を反映しているように思われる。したがって，節のタイトルにおいて設定した「モデル化」ということのいっそうの吟味は，先に取り上げた諸項目間，そして各グループ間，それぞれにおける力点の違い・受け止め方の違いをいかに汲み取るかにかかっているのではなかろうか。

む　す　び

　すでに言及したごとく，現在（2016 年 3 月執筆時点）は，激甚被災地奥尻の被災後を時間軸に即して設定した 3 段階を踏まえると，すでに第 4 ステージ（2014 年度〜）に位置づけられる。本章の冒頭で，時間軸に依拠した各ステージの量的な変化は，むすびにおいて取り上げると断っていた。そこで，役場の協力により得られた統計的資料を手掛かりにして，大まかになるが，最小限の量的な直近の変化を示し，時間軸に即した災害後における奥尻町の現況の一端を把握しておきたい。併せて，その量的変化の状況から，現時点における激甚被災地奥尻の位置づけを今後への展望に重ね合わせながら指摘し，むすびに代えたい。

　量的な変化による現況は，8 項目について，2010 年度と 2015 年度の両年度を基準に大きく把握した。前者から後者への変化は矢印で示した。なお，役場資料で確認できない項目は，2015 年度の産業別就業人口比率とその全就業者数における比率（第一次産業・第二次産業・第三次産業の各構成比率：ただし 2010 年度では，それぞれ 13.1％，14.1％，72.8％であった），そしてサービス部門（民宿・旅館）における売上状況であった。以下では，これらを除き言及している。

　確認しえた項目としては，まず「国勢調査」結果から①人口：3,197 人→ 2,880 人，②高齢者人口比率（全人口における 65 歳以上人口の占める比率）：31.7％→ 36.0％，③年少人口比率（全人口における 15 歳未満人口の占める比率）：10.2％→ 9.0％，④高齢者世帯数：736 世帯→ 739 世帯が得られた。ついで「市町村課税状況調」から⑤納税者一人当たりの所得（総所得金額÷納税義務者数）：3,028 千円→ 2,949 千円が確認された。

　役場資料による⑥自治体財政の主要な費目：A）総歳入における地方税の比率：6.9％→ 8.4％，B）総歳入における交付金の比率：53.1％→ 53.9％，C）総歳入における地方債の比率：7.5％→ 12.0％，D）総歳出における公債比率：14.8％→ 12.5％が得られた。そしてひやま漁協奥尻支所調べより⑦奥尻の漁業：A）漁業組合員数：193 人→ 161 人，B）漁業生産額：8 億 1,658 万 7 千円→ 5 億 9,175 万 6 千円，C）水産養殖（アワビ・ウニ）の就業者数：41 人→ 13 人（A）アワビ：6 人→ 6 人，B）ウニ：35 人→ 7 人）が示された。観光客の入り

込み数は，昨年度は約 26,000 人にとどまっている。

　以上の大まかな量的変化を，第 1 部第 3 章において言及した災害前の 1990 年度の資料（すべてではないが，一部について）に，さらに照らし合わせながら，奥尻町の現況を概括的にとらえておこう。

　町全体の人口は直近の 5 ヵ年間に 3,000 人を切り，町レベルでは全国でもかなり小規模な自治体の一つとなっている。高齢化は確実に進み，約 3 人に 1 人が 65 歳以上となっている。災害前の 1990 年度（4,604 人）に比べると，人口はほぼ半分となった。人口の高齢化率（1990 年度は 17.6％）は倍増した。税収にかかわる，納税者一人当たりの所得は，1990 年度が 2,869 千円であったから，やや増加している。自治体財政の主要な費目では，総歳入における地方税の比率は，1990 年度の 6.7％から 8.4％へと持ち直している。交付金の比率は 57.7％から若干，減少している。地方債の比率については，1990 年度が 19.5％であったけれども，直近の 2015 年度の 12.0％にまで 7.5 ポイント減少している。公債比率は，1990 年度は 13.0％であったので，ほぼ横ばいである。

　基幹産業の漁業関係についてみると，漁協組合員数は，1991 年度に約 450 人であったから，おおよそ 3 分の 1 近くにまで減少している。また漁獲高は，1990 年度が 16 億 3,391 万円であったので，2015 年度の約 6 億円に比べると 10 億円少なく，大幅な減少である。今一つの基幹産業である観光客の入り込み数は，先に言及したように，第 2 ステージから第 3 ステージにかけて大きく減少しているが，直近の昨年では約 26,000 人となり，減少傾向がやや加速している。

　量的な変化では，項目によって小規模自治体といえども，行財政の立て直しという案件に懸命に取り組んできている状況と成果がうかがえる。しかし，総じて，激甚被災地奥尻は，第 1 部第 3 章における理論的な「復興・再建過程のモデル」で示された上昇・停滞・下降といった単純化した三つの変化の方向性からすると，残念ながら衰退化に向かっている変動が指摘されざるをえない。

　しかし，このモデルにおいては，停滞や衰退から上昇に向かう可能性も含意し指摘している。すでに，本章第 3 節の最後段における F グループの項目（新しい挑戦や取り組み）において言及したように，単純な衰退ではなくて，上昇に向かうための手立てがすでに講じられてきている。したがって，激甚被災地奥尻町を，第 3 ステージにおける「災害復興・生活再建の反動とひずみ」という変化をもって「衰退化」として規定するのではなくて，種々の項目を点検し直しつつ，第 4 ステージにおける現時点の奥尻町は，改めて「縮小社会」として位置づけてみることが必要かと思われる。というのも，「縮小社会」として規定した場合，このような社会における生活の質とは何か，その質の維持と向上には何がどのように必要か，このような問いかけが可能になり，そのために必要な戦略や戦術を改めて求める姿勢につながるのではないかと考えるからである。このような模索の過程において，優先順位をつけた具体的な取り組み——すでに着手されている取り組みが一部に見受けられる——を通じて，島民にとっての「縮小社会」の姿を徐々に創りあげていくことが求められる。このような作業は，決して平た

んな道のりとはいえないが，島内外の文殊の知恵を借りつつ，従来の被災後の大きな変化を問い直し，乗り越える契機にしていくことは回避できないように思われる。

　最後に，少し長くなるが，以下の課題にふれ「むすび」の補足をしておきたい。それは，本章の冒頭および第 3 節の初めにおいて，奥尻の被災経験とその後の取り組みを我が国の災害史にどのように組み入れ，位置づけ，そして伝え継承していくか，ということに注目し・心がけて行論していきたい，と述べたことにかかわる。

　この視点は，本章の担当者のみならず，編著者，そして他の執筆者においても通底しているのではないかと思われる。本書の「まえがき」と「あとがき」は，そうしたことの願いをも込めた一文である。

　執筆がかなり遅れたために，4 月中旬に至って，やっと本章の初校ゲラの送付を終えたとき，偶然にも「平成 28 年熊本地震」が発災した。この地震は従来の発災パターンとは異なることが，専門家より指摘されている。発災からすでに 10 日が経過しているけれども，震度 3 を含む余震が，その後も広範囲に発生し続けている。

　このたびの地震災害に関する連日の報道に接するにつけ，本章で繰り返し言及した視点は，「想定外」や「震源域の空白地帯」といった受け止め方をいかになくしていくか，ということに直結する。そして「（過去の）歴史の教訓に学ぶ」という教えが，また強調されることになった。

　「3・11」東日本大震災においても繰り返し指摘されたけれども，熊本地震の発災を契機にして，改めてまた，我が国は，地球という「生き物」がもつ四つのプレートがせめぎ合うことに依拠する震災列島である，ということを自覚化する必要性が明示された。そしてあらゆる機会に可能な手立てを通じて，こうした自覚化を確認しあうことの必要性が，重ねて明示された。

　減災・「縮災」・防災にかかわる教訓化の過程として，こうした自覚化が，日常生活にいかに組み込まれなければならないかを，我々はまた突きつけられた。激甚被災地奥尻の経験とその後の取り組みをいかに伝え・継承していくか，という本章で指摘した視点は，改めて問い続けられなければならない課題として，残されることになった。

　　1）役場資料によると，本章で取り上げる 28 項目の諸事業に関して，町の事業として展開された事業は，予想以上に多いことが判明した。ちなみに，主な事業を指摘しておくと，仮設住宅の建設・被災した元の居住地の買い上げ・慰霊碑の建設・奥尻津波館の建設・あわび種苗育成センターの建設の項目が該当した。北海道庁による主な事業は，防潮堤の建設・奥尻空港の整備であった。なお，28 項目に関して檜山支庁が管轄した項目はみられなかった。

災害年表（1993 年 7 月 12 日～1998 年 3 月 17 日）

災害年表の作成にあたっては，次の資料を参考にした。

奥尻町『北海道南西沖地震奥尻町記録書』（1996 年），都市防災美化協会『北海道南西沖地震復興過程に関する調査研究』（1995 年），北海道新聞社編『1993 年 7 月 12 日北海道南西沖地震全記録』（1993 年），日本赤十字社北海道支部『平成五年　北海道南西沖地震救護・救援活動記録集』（1994 年），奥尻町「広報おくしり」。

災害年表では災害が発生した 1993 年 7 月 12 日午後 10 時 17 分から 1998（平成 10）年 3 月 17 日の復興宣言までの出来事を記述している。年表の作成にあたっては「救援・救護・救助活動」と「復旧・復興過程」の二つを中心に据え，奥尻町の対応を時系列にたどり，それに国や北海道の諸機関・諸組織がどのようにかかわったかが分かるようにした。

ただし時刻の特定できない事項については，月の最初やその日の最初にまとめて記載している（表内灰色部分）。また，現在は省庁再編や機構改革などで変更された国や北海道の組織名は，建設省，国土庁，檜山支庁など当時の名称を使っている。法改正で看護婦が看護師に変わっているが，これも当時の表記のまま使っている。

	国	北海道	奥尻町	奥尻町内各地域
1993 年 （平成 5 年）				
7 月 12 日				
22:17			奥尻地区の一部（役場付近）を除く全地区で停電	**地 震 発 生**
22:20			通じるかどうかわからない防災無線で「津波発生の恐れあり，避難せよ」の放送を成田課長（防災担当）と協議のうえ織戸課長が流す	
22:22	札幌管区気象台：北海道の日本海沿岸域に「オオツナミ」の津波警報発令 海上保安庁：大津波警報発令に対し，無線通信，無線電話を使って，直ちに航行船舶にこれを周知する 管区海上保安署：関係各所に周知するとともに，巡視艇により在港船舶や釣り人にスピーカーで津波警報を伝達する			
22:24	NHK 札幌放送局：津波警報をテレビとラジオで全国に向け放送			

	国	北海道	奥尻町	奥尻町内各地域
1993 年 **7 月 12 日** 22:27		北海道総務部防災消防課: 札幌管区気象台からの津波情報をファックスで入電，各支庁に対策通報として警報を伝えた		
22:30	海上保安庁: 職員が自主的に集まり，直ちに状況調査にあたる（各巡視艇は緊急出港して津波に備えたため被害は皆無）	北海道総務部防災消防課:「北海道災害対策連絡本部」を設置 空知支庁，上川支庁を除く 12 支庁および東京事務所に「災害対策地方連絡本部」設置 北海道檜山支庁:「北海道災害対策檜山地方連絡本部」設置 北海道警察（道警）本部:「災害警備対策本部」を設置	町長，役場に駆けつける	青苗漁港に停泊中の漁船 2 隻から火災発生（原因不明）
22:31			テレビで津波警報の発令を確認。防災無線にて一斉避難の命令を出す	
22:33		檜山支庁: 北海道からの警報を防災行政無線で管内各自治体に伝達	大津波警報発令による避難命令を流す（消防署から町職員が消防無線にて放送） 町広報車により，避難命令を流す（危険度が高かったので，とりあえず奥尻〜武士川までの地区のみ）	
22:35		檜山支庁: 航空自衛隊北部航空方面隊に対し災害派遣の要請 ・派遣場所: 奥尻町および北海道西海岸 ・要請内容: 捜索救助活動，被害復旧活動，応急医療救護活動，人員および物資の緊急輸送，その他必要な事項	奥尻分屯基地の自衛隊・西森司令に被災者救援の派遣要請	奥尻町字青苗 233 番地付近の住宅から，一斉に火の手が上がる
22:47		北海道: 第 1 回目の被害状況を報道発表		
22:50	第一管区海上保安本部:「第一管区北海道南西沖地震対策本部」設置		町長立ち会いのもと，役場内に緊急災害対策本部を設置（防災無線で町職員に緊急出動命令を発令） 津波第 2 波襲来の報告を確認する 救急車の出動要請が相次ぐが，洋々荘の裏山が崩れているため，出動できずとの報告が入る 広報車が洋々荘付近で倒れていた被災者 1 名を救助，病院に収容するとの報告が入る	
23:00	政府: 23 時過ぎ，国土庁長官を本部長に「非常災害対策本部」を設置		消防からの無線放送で，青苗地区の火災発生を確認する	
23:15			檜山支庁より一斉指令（江差地区で震度 4 の情報入る）	
23:17			青苗市街地の被災状況が増田町職員より無線で入る	

	国	北海道	奥尻町	奥尻町内各地域
1993 年 **7月12日**				
23:17			青苗灯台下より農協までの地区に津波被害の報告入る	
23:30	警察庁:「北海道南西沖地震災害警察本部」を設置			
23:32			檜山支庁より, 災害状況についての照会あり	
			消防より重機の手配について要請が入る(建設課の上野係長が手配する)	
			再度, 檜山支庁より被害状況の問い合わせが入る	
			青苗地区の住民は支所横のゲートボール場などに避難しているとの情報が入る	
23:39			吉沢町職員より, 奥尻地区については水道の断水以外に被害がないらしいとの情報が入る	
23:40			消防の若山署員より, 青苗地区の火災および津波による負傷者が多いので医師を確保してほしいとの要請が入る	
23:43			企画課の山本, 酒谷両職員, 病院の状況を調査するために出動する	
23:45			土木現業所の藤谷氏より, なべつる地区の南谷薫宅がつぶれて道路にはみ出し進行ができないとの報告が入る	
23:47			洋々荘の現場より, 重機とジャッキの要請が入る	
23:54			青苗地区でプロパンガスの元栓締め作業を実施中との連絡が入る	
23:55			町職員木村主事からの連絡で宮津地区および東風泊地区の住民が宮津小学校に無事避難との連絡が入る	
23:57			青苗地区の火災が病院にまで延焼中との報告が入る	
		*檜山支庁管内各自治体の対策本部設置状況 江差町 22:40 上ノ国町 22:25 厚沢部町 22:50 乙部町 22:40 熊石町 22:30 大成町 22:30 奥尻町 22:50 瀬棚町 22:30 北檜山町 22:30 今金町 22:25 (7/14 9:00 奥尻災害支援本部設置)		
7月13日	北海道開発庁長官視察(政務次官同行)(奥尻, 大成, 瀬棚, 今金)(7/13〜7/14)	横路北海道知事視察(奥尻, 檜山北部)(7/13〜7/14)	主要道路(奥尻〜青苗間)開通	

	国	北海道	奥尻町	奥尻町内各地域
1993年 **7月13日**			乙部町：飲料水，カップ麺，牛乳を救援物資として奥尻町に届ける	
	海上保安庁：第1期捜索活動開始（～7/16，ヘリコプター搭載型巡視船を指揮船とする4船隊に編成，さらに，人員，物資輸送を任務とする1船隊を別に編成）	北海道南西沖地震災害対策檜山地方本部：救援物資の受付を開始		
	建設省：復興区画整理の検討を指示	北海道住宅都市部都市整備課：建設省に出向き，「災害復興区画整理の検討指示」を受ける（～7/15）		
0:00		北海道：0時現在の被害状況取りまとめを指示		
		道警本部：「奥尻町で大規模な火災発生。津波の被害で壊滅状態」と情報が入る		
0:05	海上保安庁：奥尻航路標識事務所から専用回線を通して「青苗灯台は倒壊，同島の航路標識は消灯中，島全体が停電し，火災が発生している。地元住民が同事務所に避難してきている」との第1報が入る			
0:06			青苗冷蔵庫のアンモニアガスが流出中。危険なので近寄らないでほしいとの連絡が入る	
0:08			仏沢地区では被害なし，の報告が入る	
0:10			なべつる地区の南谷宅から佐藤宅までは全壊との情報が入る。住民の避難状況については不明	
0:15				奥尻町字青苗160番地付近一帯の住宅から火災が発生
0:18		＊檜山支庁：陸上自衛隊第11師団に対し災害派遣の要請 ・派遣場所：奥尻町および大成町 ・要請内容：給水，人命救助，救護，緊急患者輸送，行方不明者捜索，緊急物資輸送，防疫		
0:19			洋々荘のガレキの下より1名救出，今なお2名の救出作業中との連絡が入る	
0:23			自衛隊にヘリコプターでの医師の派遣を要請する	
0:26			宮津地区から球浦の雁原勇作宅までは通行可能との連絡が入る	
0:29			青苗地区担当者にヘリコプターによる医師の派遣が決定したことを無線で連絡する	

	国	北海道	奥尻町	奥尻町内各地域
1993年 **7月13日** 0:30		道警ヘリが被害調査のため出発 北海道：奥尻町に災害救助法適用（災害救助法施行規則第5条第1項の適用地域として指定）を決定	洋々荘の現場より負傷者1名を救出，国保病院に収容するとの連絡が入る	
0:37			檜山支庁より，ヘリコプターで医師と救急隊員が奥尻空港に来るとの連絡が入る	
0:38			稲穂地区で住民が多く流された模様との連絡が入る	
0:45		北海道災害対策本部：「奥尻町のホテル洋々荘が全壊。20～30人が生き埋め」との情報が入る		
0:46			洋々荘より1名救出，なおまだ1名が土砂に埋もれながらも声を出しているとの情報あり	
0:56			消防（若山署員）から，青苗地区の火災は農協まで延焼中，けが人がかなり出ている模様との連絡あり	
1:03			球浦地区の住民2名が東風泊方面で救助されたとの情報が入る	
1:05			青苗地区漁協付近で大規模な火災発生との連絡あり	
1:09			球浦地区で死亡者1名ありとの報告が中村町職員より入る	
1:10			檜山支庁より，医師派遣のヘリコプターのフライトについて連絡あり 2:00に丘珠空港を発ち，奥尻空港には3:40頃に到着の予定（医師4名，看護婦6名，救急隊員5名）	
1:15		渡島支庁：陸上自衛隊第28普通科連隊に災害派遣要請	青苗地区住民が，米岡自治会館にも避難しているとの連絡が入る	
1:23			青苗地区の水の確保がなんとかなりそうだとの連絡が入る	
1:25			洋々荘の現場より，灯油備蓄タンク1基が全壊との連絡が入る。灯油が流出している模様	
1:32		北海道災害対策本部：青苗地区の駐在所から「680戸のうち3分の1は津波で損壊，火災で340戸くらいが燃えている。被害は把握不能」と連絡が入る		
1:34			奥尻空港の照明設備は異常ない模様。これから点灯するとの連絡が入る（安藤寛氏より）	
1:42			洋々荘の客1名が，仏沢地区で無事発見との連絡が入る	

	国	北海道	奥尻町	奥尻町内各地域
1993 年 **7 月 13 日**				
1:48			米岡自治会館に重傷者 7 名が収容されたとの連絡が入る 空港の照明 OK との連絡あり	
1:54			洋々荘の現場より 1 名救出の連絡。なお, 現在, 自衛隊による生存者確認作業が続行中とのこと	
2:00		後志支庁: 陸上自衛隊第 29 普通科連隊に災害派遣要請	洋々荘の現場より 1 名収容するの情報入るも, 容体は不明	
2:03			洋々荘の現場より 2 遺体収容の連絡入る	
2:20		北海道消防相互応援協定により, 近隣消防機関が出動		
2:22			球浦地区の明上清孝一家は無事との連絡が入る。避難場所は堀水組倉庫	
2:24			檜山支庁より, 海上保安庁の巡視船が江差を出航, 奥尻到着は 6:30 頃の予定(警察官 36 名乗船)との連絡あり	
2:27			野名前地区で 4〜5 名が行方不明の情報。20 数戸あった住宅が, 5 戸しか残っていない模様	
2:30		北海道:「0 時現在の被害状況」を報道発表		
2:40	海上保安庁:「付近のイカ釣り漁船 3 隻が発見収容していた海上漂流者 9 人を本船に収容した。他にも漂流者がいる模様なので警備救難艇と付近漁船により捜索中」との情報が入る			
3:06			木村主事より, 稲穂漁協付近の家屋が全壊の模様との連絡が入る	
3:50			檜山支庁より, 青森県大湊港から護衛艦「ゆうぐも」が出港との情報入る	
3:52			自衛隊に給水車を要請する	
3:54			洋々荘の現場で生存者を発見, 救出作業続行中との連絡が入る	
4:20		北海道: 防災無線により, 津波に関する避難命令を解除	津波に関する避難命令が一斉解除される	
4:25	自衛隊ヘリコプター到着		幌内地区より, 電灯による光の信号が確認されたので, 生存者がいる模様との連絡(ヘリコプターからの通報)	
4:30				奥尻町字奥尻 309 番地の 3 にて車両が出火
4:36			青苗沖で漁船が重傷者を救助したが, 船からヘリコプターに移送できないかどうかとの連絡入る。自衛隊本部に早速連絡する	

	国	北海道	奥尻町	奥尻町内各地域
1993 年 **7 月 13 日** 4：40			檜山支庁へ消火剤の散布を依頼する	
4：45		＊檜山支庁：海上自衛隊大湊地方総監に対し災害派遣の要請 ・派遣地区：奥尻町および奥尻島近海 ・要請内容：人員・物資の輸送及び警戒，行方不明者の海上捜索 （7/15　12：30　追加要請）		
4：47	海上自衛隊：青森県大湊港から，医官 1 人と医薬品，8,500 食分の非常食，衣服 1,200 着や毛布 1,300 枚を積んだ輸送艦「ねむろ」が出港（同日 15：17 に奥尻に到着）			
4：49			球浦地区の細田区長より，家屋 7 戸が全壊との報告入る	
4：58			東風泊地区と宮津地区の消防団員，出動可能になったとの連絡	
4：59			米岡地区の旧会館に避難している人に負傷者なしとの連絡入る	
5：00			宮津地区，東風泊地区の消防団に，洋々荘の現場での人命救助作業のための派遣要請をする	
			球浦地区の出崎トメコさんが行方不明との情報が入る（坂本氏より）	
			藻内地区の行方不明者を確認。近藤己之助さん，近藤光雄さん，近藤輝子さん，厚谷サヨさん，田沢末太郎さん，木村ハツさん……。	
			球浦地区で子供の遺体収容との連絡入る	
5：06			洋々荘の現場から 1 遺体収容の情報あり	
5：07			青苗地区の遺体収容場所を研修センターに決定	
5：21			洋々荘の現場から 1 名救出の報告あり	
5：30			檜山支庁より，自衛隊輸送艦「ねむろ」が救援物資を積載して大湊港を出港したとの連絡。到着時間は未定	
			なお，物資は衛生関係資材 164 kg，食料（缶詰）8,500 缶，衣服 1,200 着，毛布 1,300 枚とのこと。奥尻港での物資の受領責任者を佐々木課長に決定	

	国	北海道	奥尻町	奥尻町内各地域
1993 年 **7 月 13 日** 5：35			陸上自衛隊倶知安駐屯地普通科連隊が，青苗地区商店街における生存者ならびに遺体の確認調査作業開始との連絡が入る	
5：40			神威脇地区の住民 14 名が船で沖に避難しており，全員無事だとの連絡が入る	
5：43			赤石地区（坪谷氏）から，炊き出し用の生イカの差し入れあり	
5：48			野名前地区において，身体の不調者 3 名ありとの連絡。町職員の木村氏が自家用車で病院に移送する	
5：53	海上保安庁より，小樽港から巡視船が出航し，沖で救助作業を行ってから江差に向かったとの連絡			
6：06			神威脇地区のホテル緑館に重傷者がいるため，ヘリコプターで救助できないかとの問い合わせが入り，空港にヘリコプターできている自衛隊に連絡する	
6：11			医師が到着。松江地区の負傷者救護に向かう。防災無線で松江地区の住民には周知済み	
			行方不明だった出崎トメコさんの生存が確認される	
6：12			初松前地区から赤平宅，山崎宅にかけての地域が津波で全壊との連絡が入る	
			青苗港の火災が激しく，巡視船は青苗港に入港できないとの連絡が入る	
6：20	自衛隊札幌病院：医療支援に入る（医官 7 人，薬剤官 1 人，看護婦 5 人，救護員 17 人）			
6：26			青苗灯台周辺は全壊らしいとの情報が入る	
6：33			医師 5 名，看護婦 5 名が奥尻空港に到着。そのうち医師 4 名，看護婦 4 名は青苗支所に向かう。	
7：00	気象庁：今回の地震を「北海道南西沖地震」と命名 気象庁：大津波警報を解除	北海道：「災害対策連絡本部」→「北海道南西沖地震災害対策本部」設置，「北海道南西沖地震災害対策地方本部」設置（渡島，檜山，後志，宗谷，胆振の 5 支庁および東京事務所）（1994 年 8 月 2 日 15 時廃止）		
7：05			避難場所になっていた青苗研修センターを遺体収容所にするため，避難所を青苗小学校に移す	
7：12			津波警報が解除される	

	国	北海道	奥尻町	奥尻町内各地域
1993 年 **7 月 13 日** 7:18			国保病院の水道が復旧との連絡	
7:20			奥尻から谷地間の道路がようやく開通。なおもショベルドーザーが長浜に向け作業中との連絡が土木現業所の所長より入る	
7:29			自衛隊のヘリコプターより，林野火災の通報入る(15 分後に誤報であることを確認)	
7:35			漁船コウヨウ丸で収容した負傷者は巡視船に乗り換え，江差港に向かっているとの連絡あり	
7:50			自衛隊ヘリコプターにより，ホンマヒデコさん，イタバシリョウコさん，小寺とおるさん，阿部さだ子さんなどの重傷者を函館に移送したとの連絡あり	
7:51			上野，佐藤両町職員，奥尻中央線の被害状況調査に向かう	
7:53			輸送船「ねむろ」，16:30 頃に到着予定との連絡あり	
			安達忠登町職員，赤川地区の車中にて死亡が確認される	
8:03			護衛艦「ゆうぐも」来島キャンセルの報あり	
8:14			青苗支所より，津波の恐れがあるので避難放送の要請あり。放送を実施する(約 30 分後に解除)	
8:16			宮津小学校避難所より，稲穂・野名前地区におにぎり等の輸送を完了	
8:25			町職員が海面の監視に出発する(奥尻港)	
8:35			赤石港より漁船で松江，青苗方面の被害状況調査に向かう(須田町議，和田水産課長など 6 名)	
8:45			松江，青苗方面の被害状況調査に陸路より向かう(下倉，荒谷，工藤の 3 氏)	
9:00		＊江差保健所において，所員を緊急召集し，所内防疫対策本部の設置を宣言(毎朝 9 時からの定例開催)	奥尻港の潮位上昇。満水状態になりいまだ上昇中との通報入る	
		道警本部，第 1 管区海上保安本部の連絡官が北海道庁に常駐し，連絡調整を図る		
9:04			青苗地区より食料および飲料水について緊急手配の要請あり	
9:13			海面監視員帰庁。現在の状況は小康状態との連絡	

	国	北海道	奥尻町	奥尻町内各地域
1993年 **7月13日**				
9:20				青苗地区全域の火災が鎮火する
9:24			松江地区の遺体収容所を児童館に決定する	
9:34			松江地区からの情報では，小松・野呂・山崎宅全壊，その先については電柱の倒壊やがれき等で前に進めないとのこと	
			町職員，安達忠登さんの遺体が富里の安達鶴吉氏宅に収容されたとの連絡あり	
9:40			檜山支庁より，巡視船「しれとこ」パンと牛乳2,000食分を積んで10:00に出発との連絡	
9:45	消防庁長官は東京消防庁に航空応援を要請	北海道(知事)：消防庁(長官)に航空応援を要請		
9:47			乙部町より漁船で食糧輸送の件を佐々木課長に依頼	
9:50			消防からの連絡で，道南地区の消防隊員50名が巡視船にて救援に来るとの連絡あり	
10:00		北海道：災害対策本部会議を開催し，北海道知事に被害状況などを報告		
10:35			稲穂地区で発見の遺体を国保病院安置所に移送するとの連絡が木村主事より入る	
10:38			青苗支所より特養の入居者は米岡自治会館に収容，中に死亡者がいる模様との連絡	
10:52			重傷患者，ヘリコプターにより函館に移送(野中マサエさん，工藤マサヨシさん，佐藤隆之さん，サワダ順子さん，増田ヒロシさんを確認)	
11:00	海上保安庁：「北海道南西地震対策室」設置			
11:06			松江方面の被害状況調査班が帰庁。まもなく青苗方面の通行が可能になる見込みである旨の報告あり	
11:07		北海道知事：防災ヘリで被災地調査(奥尻町，大成町，瀬棚町)に出発		
11:17			自衛隊・西森司令より，赤十字関係者を国保病院へ移送するとの連絡あり	
11:21			上記内容を国保病院に連絡完了	
11:36			洋々荘の現場で遺体収容	
11:40			稲穂方面はまもなく開通見込みとの報告あり	

	国	北海道	奥尻町	奥尻町内各地域
1993 年 7 月 13 日 12:15		北海道知事: 奥尻町に到着, 町内を視察		
12:44			青苗地区の避難場所として青苗中学校を開放する。また, 発電機の手配要請あり	
12:53			自衛隊給水車, 奥尻十字街で住民に給水作業中との連絡	
13:10			自衛隊基地に避難している町職員 7 名を迎えに行く	
13:42			防災無線放送で, 観光客は巡視船で帰れることを一斉通知(14:15 までに漁協冷蔵庫前に集合)	
14:08			国保病院断水のため, 自衛隊の給水車を手配	
14:35			北海道知事役場に到着	
14:52			青苗地区の観光客離島について, 防災無線で通知	
14:55			発電機を手配。青苗避難所に届ける	
21:55		北海道: 20 時現在の被害状況を報道発表		
7 月 14 日	郵政省: 檜山支庁・日赤北海道支部宛の救急用郵便料金を無料とする	北海道南西沖地震災害対策檜山地方本部: 奥尻町への救援物資の搬送を開始	奥尻町の避難状況(16 時現在調): 青苗中学校(450 名), 奥尻空港(50 名), 宮津小学校(270 名), 奥尻高校(15 名), 米岡自治会館(150 名), 青苗支所(50 名), 球浦自治会館(40 名), 母子健康センター(30 名) 計 1,055 名が避難中	
	政府: 激甚災害法, 天災融資法の適用と遺族・負傷者への弔慰金, 見舞金の支給の方針を発表		合同通夜が営まれる 上ノ国町: 漁船を借り上げ, 助役をはじめ町職員 5 人が米, 味噌, 醤油, ミネラルウォーター, ジュース, カップ麺を奥尻町に届ける	
9:00	宮澤首相と政府調査団が奥尻島入り		江差町: 江差町災害支援対策本部を設置(事実上, 13 日から支援体制が敷かれていた)	
13:00	気象庁: 地震観測班が奥尻に上陸, 観測をはじめる			
7 月 15 日	東京消防庁: 自治省から派遣を受け乙部町に到着, 同庁ヘリに捜索機材を搬入し奥尻町に空輸する	北海道住宅都市部住宅課: 災害応急仮設住宅技術支援・災害公営住宅建設調査を行う	瀬棚・奥尻間フェリー臨時運行(1 便)	
		北海道: 災害復興住宅資金貸付適用発表		
		＊江差保健所の緊急派遣チーム(保健所長, 医薬係員, 衛生係長, 保健婦 3 名等計 8 名)が, 海上保安庁の巡視船で奥尻に到着		

	国	北海道	奥尻町	奥尻町内各地域
1993 年 **7 月 15 日** 11：30	政府：北海道南西沖地震非常災害対策本部の第 2 回会議を開催			
16：00		北海道：奥尻町に「北海道南西沖地震災害対策檜山地方本部奥尻対策部」を設置		
17：00	林野庁視察（管内全域，ヘリコプター）	奥尻町への道の派遣職員状況（17：00 現在調） 総務部 1 名，生活福祉部 13 名，保健環境部 3 名，江差保健所 6 名，檜山支庁 3 名（農振部長ほか），合計 26 名		
夕方			青苗地区：送電再開	
7 月 16 日	北海道運輸局函館陸運支局：自動車車検証の有効期間の 1 ヵ月伸長を公示（該当地区奥尻町） 警視庁水難救助隊：先遣 4 名が航空機で奥尻入りし，現地災害警備本部との連絡，捜索担当箇所の実地調査，派遣部隊宿舎の整備を行う 郵政省：奥尻町に仮設郵便局を開設	道議会総務委員会（委員長ほか）視察（奥尻，檜山北部）	瀬棚・奥尻間フェリー通常開始（1 日 2 便） 江差・奥尻間フェリー臨時運行（1 便） 乙部町：奥尻町からの遺体 11 体が搬送され，乙部町内専得寺へ安置。南部檜山葬祭場（江差町）で荼毘にふされる 今金町：奥尻町において遺体の火葬が追いつかない状況の中，支援協力を申し出，12 遺体の火葬を行う（7/16，7/17） 災害住宅復興資金貸付受け付け開始 上水道再開（全島の 3 分の 2）	
15：55			電気復旧	
7 月 17 日	海上保安庁：第 2 期捜索救助活動開始，沿岸海域の捜索は実施しながらも捜索を奥尻島北側海域に展開（～7/20） 警視庁：ヘリコプター，丘珠～奥尻，1 機 1 往復（災害用資機材）（炊き出し釜など）		江差・奥尻間フェリー通常運行開始（1 日 2 往復） 函館・奥尻間（エアーニッポン）通常運行開始（1 日 2 便） 奥尻町町民浴場営業再開 夜，島内の電話 9 割方復旧	
7 月 18 日	救援機関活動状況（7/18 現在）： ・陸上自衛隊：航空機 25 機，車両 68 台，人員 891 名（内現地活動 285 名） ・海上自衛隊：艦艇 11 隻，人員 730 名 ・航空自衛隊：航空機 11 機，車両 30 台，人員 130 名 ・海上保安庁：船艇 28 隻，航空機 10 機，人員 1,043 名 ・警察：航空機 4 機，人員 300 名 ・消防：航空機 3 機，人員 68 名 ・警視庁水難救助隊：第 1 次派遣部隊 23 名フェリーで奥尻に到着（第 2，第 7，第 9 機動隊水難救助隊員ならびに警備第一課員で構成，8/2 まで）		第 1 次仮設住宅建設開始（100 戸）	

	国	北海道	奥尻町	奥尻町内各地域
1993 年 7 月 18 日	第 40 回衆議院議員総選挙実施			
7 月 19 日 午前 夜	建設省住宅局視察(奥尻町)(7/ 19~7/21)	知事奥尻町視察	南部地区の一部で給水開始 避難所になっている青苗小学 校・青苗中学校で給水開始	
7 月 20 日	消防庁長官視察(奥尻) 建設省土木研究所(日米合同調 査団)視察(江差, 奥尻, 瀬棚) (7/20~7/24) 警視庁: ヘリコプター, 丘珠~ 奥尻, 1 機 1 往復, 救援物資 (ドライアイス, 防腐剤, 食器, 洗濯機など)と日赤救護班要員 を輸送	北海道都市整備課・奥尻町長・ 奥尻町企画課長: 「区画整理の 方針」を協議	江差町: フェリーターミナルに 現場対応の本部テント設置, 臨 時電話 1 台設置 厚沢部町: 奥尻町への救援物資 を搬入, 旧富里小学校, 町民体 育館, 本町の土木現業所車庫の 3 ヵ所に保管する(この日から 4 日間)	
7 月 21 日	海上保安庁: 第 3 期捜索救助活 動開始, 北緯 43 度海域付近を 集中的に捜索(~8/2) 警視庁: ヘリコプター, 丘珠~ 奥尻, 1 機 1 往復, 救援物資(風 呂湯沸かし器, 水槽など)と日 赤現地災害対策本部要員を輸送	*北海道(檜山地方本部)救援物 資の発送自粛を呼びかける(保 管所がパンク) 北海道水産部長視察(江差, 奥 尻, 瀬棚, 大成, 上ノ国)(7/ 21~7/22) 北海道住宅都市部長視察(瀬 棚, 北檜山, 大成, 江差, 奥 尻)(7/21~7/22) 北海道都市整備課: 建設省区画 整理課へ「区画整理の方針決定」 を連絡する 北海道立寒地住宅都市研究所: 青苗地区の整備方針の検討を始 める(事業手法の検討は 8 月半 ばから)	電気完全復旧(発電所からの送 電) 奥尻町地震災害対策連絡調整会 議設置(第 1 回会議開催, 毎週 月曜日 19 時奥尻町役場にて開 催, 構成員は各救援機関) 生活資金支給(1 世帯 5 万円)	
7 月 22 日	日本共産党調査団視察(管内全 域) 参議院議員団視察(奥尻, 江 差, 大成, 北檜山, 瀬棚)(7/ 22~7/23) 警視庁: ヘリコプター, 丘珠~ 奥尻, 1 機 1 往復, 救援物資 (米, 紙おしぼりなど)と日赤現 地災害対策本部要員を輸送		第 1 次仮設住宅入居説明会, 選 考会	
7 月 23 日		北海道: 「復興区画整理(建設 省)の方針」を決定	宅配便再開	
7 月 24 日			奥尻町被災者の住宅対策のため 住民アンケート調査実施(27 日 回収) 電話全面復旧	

	国	北海道	奥尻町	奥尻町内各地域
1993年 7月25日	札幌管区気象台: 奥尻に関する地震情報は気象官が無感であっても震度4以上の場合，地震情報を発表することとなった	台風4号北海道に接近:「二次災害の防止について」関係機関に災害対策檜山地方本部長名で通知	第2次仮設住宅建設開始(100戸) 青苗地区: 水道復旧 奥尻近海にサメ出現　海中捜索一次中断	
7月26日	民社党議員団視察(奥尻) 科学技術庁防災科学研究所視察(大成，瀬棚，江差，奥尻)(7/26〜7/29) 警視庁水難救助隊: 新たに8名の隊員が航空機で奥尻入りして先遣隊の9名と交替(第2次派遣部隊)	全国消防長会(神奈川県，埼玉県，名古屋市，北九州市ほか)視察(管内全域)	静岡県三島市役所調査団視察(奥尻，檜山北部)	
7月27日 10:40	建設省住宅局視察(奥尻，瀬棚，北檜山)(7/27〜7/28) 天皇・皇后両陛下奥尻空港に到着，行幸啓	＊檜山地方本部物資保管仮設倉庫建設開始(江差町で18棟) 義援金配分(道扱い分第1回)	第1次仮設住宅完成(100戸)	仮設住宅に入居開始(第1次)
7月28日			青苗地区: 給水完全復旧	
7月29日	日本社会党調査団視察(檜山全域)		被災者世帯に対しアンケート調査を開始	
7月30日	国土庁視察(奥尻，大成，瀬棚)(7/30〜7/31)	北海道住宅都市部:「奥尻町災害復興支援プロジェクトチーム」設置	仮設住宅第3次建設開始(100戸) 青苗中(避難所)に無料理髪店	
7月31日	自衛隊出動状況(7/12〜7/31)(陸自は檜山支庁以外も含む): ・陸上自衛隊: 人員延べ19,709名(うち奥尻3,536名)，車両延べ961台，航空機延べ113機 ・海上自衛隊: 人員延べ12,993名，航空機延べ113機，艦船延べ200隻 ・航空自衛隊: 人員延べ5,456名(うち奥尻4,912名)，車両延べ668台，航空機延べ211機	静岡県庁調査団視察(奥尻，檜山北部)		
7月末		北海道企画振興部南西沖地震災害復興対策室: 建設省区画整理課に対し，「大正の頃の地籍しかなく，土地所有権不明なものが多い。したがって，区画整理は難しい」と報告		

	国	北海道	奥尻町	奥尻町内各地域
1993 年 **8 月**		全国消防会:「住民行動, 意向調査」 北海道: 奥尻空港滑走路等復旧工事着工 北海道指導漁連など系統 5 団体「奥尻対策班」を発足		青苗地区高台に商店, 飲食店仮設営業
8 月 1 日			避難状況: 奥尻町 9 ヵ所 605 名 厚沢部町: 保管されていた救援物資の仕分け作業を行う(この日から 1 週間)	
6:40	陸上自衛隊: 奥尻町から撤収(7/31 7:00 檜山支庁の撤収要請)			
8 月 2 日	武部運輸政務次官視察(奥尻)(8/2〜8/3) 水産庁視察(奥尻)(8/2〜8/4) 警視庁水難救助隊: 新たに 17 名(第 3 次派遣部隊)が航空機で奥尻入り, 第 2 次までの 18 名と交替(差し引き 25 名, 8/5)	北海道住宅都市部: 北海道立寒地住宅都市研究所と共同で第 1 回災害復興支援プロジェクトチーム打ち合わせを行う		
8 月 3 日	海上保安庁: 第 4 期捜索救助活動開始, 重点海域をそれまでの洋上から奥尻島および北海道南西地区の沿岸海域に移す(〜8/31)			
8 月 4 日		北海道: 第 1 回北海道議会臨時会 道議会災害対策各常任委員会視察(奥尻, 大成, 北檜山, 瀬棚)(8/4〜8/5)	滅失住宅査定(〜8/5)	
8 月 6 日	建設省住宅局視察(奥尻)		義援金配分	
8 月 8 日			第 2 次仮設住宅完成(100 戸)	
4:42				＊最大の余震発生 ・震源地: 北海道南西沖(北緯 42 度 00 分東経 139 度 60 分) ・震源の深さ: 20 km ・地震の規模: マグニチュード 6.5 ・震度: (奥尻町 5)
4:47	津波注意報(札幌管区気象台発表)北海道の日本海沿岸			
5:32	津波注意報解除(札幌管区気象台発表)			
8 月 9 日		北海道:「北海道南西沖地震災害復興対策推進委員会」を設置(委員長: 企画振興部長),「まちづくり対策」「水産業振興対策」「生活支援対策」の 3 プロジェクトチームを置く	第 2 回町議会臨時議会 第 1 回地震災害対策特別委員会	仮設住宅に入居開始(第 2 次)

	国	北海道	奥尻町	奥尻町内各地域
1993 年 8 月 10 日			避難状況: 奥尻町内 4 ヵ所 170 名	
8:00	海上自衛隊: 奥尻町から撤収 (8/10 8:00　撤収要請)			
8 月 12 日	郵政省: 郵便料免除期間延長 (～9/13)		第 3 次仮設住宅完成(100 戸) 町有バス有料再開 町浴場無料サービス打ち切り	
8:00	航空自衛隊: 奥尻町から撤収 (8/12 8:00　撤収要請)			
8 月 13 日	自治省視察(江差, 奥尻, 瀬棚, 北檜山, 大成)(8/13～8/14)			仮設住宅に入居開始(第 3 次)
8 月 15 日	畑農林水産大臣視察(奥尻, 瀬棚, 北檜山, 今金)			
8 月 17 日	上原国土庁長官視察(奥尻, 瀬棚, 北檜山, 大成)(8/17～8/18)		奥尻町第 4 次仮設住宅建設開始 (30 戸)	
8 月 18 日		北海道: 第 1 回まちづくり対策 プロジェクト会議	奥尻町長: 岬地区(第 5 区)80 戸の移転方針を表明 第 2 回地震災害対策特別委員会 (青苗岬地区全戸移転案)	
8 月 19 日		北海道住宅都市部・寒研: 盛り 土, 高さなど, 防潮堤の技術面 の検討会を開く		
8 月 20 日		北海道企画振興部:「北海道南 西沖地震災害復興対策室」設 置: 事務処理と北海道南西沖地 震災害復興対策推進委員会の運 営事務を掌握することとする 北海道住宅都市部: 奥尻町に対 し, ①全戸高台案, ②折衷案(旧市 街地は漁師まちとする), ③旧市街地 再生の 3 案の基本的考え方を説明	避難状況: 奥尻町内 1 ヵ所 15 名	
8 月 21 日	五十嵐建設大臣視察(奥尻)			
8 月 24 日			行政相談所開設	
8 月 25 日	国土庁より奥尻町に対し激甚災 害等の指定通知	防災集団移転促進事業に関する 説明会実施(場所: 檜山支庁, 説明者: 北海道企画振興部地域 振興課) 北海道: 道営住宅建設開始(建 築, 電気, 設備工事)60 戸計画 中, 1993 年度分 52 戸, 完成 1993 年 12 月 10 日	行政合同相談所, 臨時職安開設	
8 月 26 日			第 4 次仮設住宅完成(30 戸)	
8 月 27 日		関係機関に「平成 5 年度北海道 南西沖地震に係る 2 次災害の防 止について」を通知 (台風 11 号)		仮設住宅に入居開始(第 4 次)

	国	北海道	奥尻町	奥尻町内各地域
1993年 **8月28日**		横路知事，企画振興部長視察 (奥尻) 北海道知事: 奥尻町青苗，稲穂 地区住民および業界団体と行う 対話集会が開催される		
8月29日			救援物資一斉配布 行方不者捜索打ち切り	
8月30日	海上保安庁: 青苗漁港における 港内捜索を打ち切る	北海道: 大学や国立研究機関の 専門家による「北海道南西沖地 震津波検討委員会」を設置 北海道住宅都市部: 災害復興支 援プロジェクトチーム設置	奥尻町長: 青苗部分移転構想 (低地に300戸確保)表明 第3回地震災害対策特別委員会 (青苗部分的移転案)	
8月31日 17:00	第一管区海上保安本部:「第一 管区北海道南西沖地震対策本 部」を解散(巡視船延べ677隻， 航空機延べ219機，特殊救難 隊，潜水士延べ984人，総人員 延べ40,042人)			
9月			仮設住宅改修工事始まる(玄関 フード，物置など)	
9月1日		北海道: 北海道災害対策交付金 を交付 奥尻町(1,000万円)，大成町・ 瀬棚町・北檜山町(各600万円) 北海道: 北海道災害弔慰金・住 宅被害見舞金支給(第1期) 北海道: 道議会建設常任委員会 視察(今金，瀬棚，北檜山，大 成，江差，奥尻，乙部，厚沢 部)(9/1～9/3) 北海道: 第2回災害復興対策推 進委員会		
9月2日	衆議院災害対策特別委員会視察 (瀬棚，北檜山，大成，江差， 奥尻)(9/2～9/3)			
9月4日		関係機関に対し「台風13号の接 近に伴う風水害警戒態勢の強化 について」を通知		
9月6日			奥尻町保健環境課: 住民健康診 査(江差保健所も協力)(～9/ 12)	
9月7日	自治省消防庁視察(奥尻，江差) (9/7～9/8)	愛知県庁調査団(愛知県庁，新 城市)視察(奥尻，檜山北部) 北海道地方非常無線通信協議会 視察(管内全域)		
9月8日			神奈川県横須賀市役所調査団視 察(奥尻，檜山北部)	

	国	北海道	奥尻町	奥尻町内各地域
1993 年 9 月 9 日		管内各町に対する激甚災害制度説明会実施(場所: 檜山支庁, 説明者: 北海道総務部防災消防課) 災害復興支援ワーキング・グループ幹事会で, ①全戸高台案, ②折衷案(旧市街地は漁師町とする), ③旧市街地再生の3案を検討		
9 月 10 日		北海道: 北海道災害弔慰金・住家被害見舞金支給(第2期)		
9 月 11 日	鳩山官房副長官視察(奥尻, 瀬棚, 北檜山, 大成)		合同慰霊祭(青苗中学校12: 30〜)	
9 月 12 日			第4回地震災害対策特別委員会	
9 月 13 日		北海道住宅都市部・北海道立寒地住宅都市研究所:「旧市街地再生案は捨てる」「北海道庁住宅都市部としては, 高台移転案とする」ことを決める		
9 月 14 日		北海道住宅都市部・奥尻町: 奥尻町住民意向調査(〜9/25)	第5回地震災害対策特別委員会	
9 月 15 日		北海道水産部・奥尻町: 奥尻漁協組合員意向調査(〜9/17)		
9 月 16 日		道議会水産林務常任委員会視察(奥尻, 江差, 熊石, 大成, 北檜山, 瀬棚) (9/16〜9/17)		
9 月 17 日		北海道: 第2回まちづくり対策プロジェクトチーム会議開催案は, ①全戸高台移転, ②一部高台移転(低地に漁師町), ③旧市街地再生で, このうち①②でいくことを決める 北海道立寒地住宅都市研究所: ①高台移転, ②一部高台移転(低地に漁師町)という2案を作成し, 青苗地区復興計画素案とする(〜21日)		
9 月 24 日		北海道: 奥尻町に復興計画素案(第一次案)を提示し, 10月25日までの回答を求める。①案: 全戸高台移転, ②案: 一部高台移転(低地に90戸の漁師町)		奥尻町青苗地区復興対策打ち合わせ会議(札幌市, 檜山支庁長・奥尻町長出席)
9 月 25 日				奥尻の復興を考える会: 準備会発足(会長: 明上雅孝)
9 月 29 日		北海道: 青苗地区復興計画案を建設省, 国土庁に説明	第3回町議会定例(〜9/30)	
9 月 30 日			町議会で復興計画素案(第一次案)が話題となる	

	国	北海道	奥尻町	奥尻町内各地域
1993 年 10 月		北海道：奥尻空港滑走路等復旧完成 北海道：神威脇川緊急砂防工事着工(1994 年 12 月完成予定) 北海道：災害関連緊急治山着工(奥尻，球浦，湯ノ浜，松江の各地区)(1994 年 3 月完成予定) 北海道・奥尻町：農業用施設災害復旧事業着工(緊急地すべり，青苗川頭首工，用水路工，青苗地区)	奥尻，谷地地区港湾護岸着工(1994 年 12 月完成予定) 稲穂小学校改築着工(1994 年 3 月完成予定) 稲穂小学校教員住宅改築着工(1994 年 3 月完成予定) し尿処理施設小破修繕着工(富里地区) ごみ処理施設小破修繕着工，完成(富里地区) 生活排水処理施設小破修繕着工，完成(青苗地区) 灯油備蓄施設着工(奥尻地区)	
10 月 1 日		北海道：奥尻町に職員派遣 北海道：第 2 回津波検討委員会	「災害復興対策室」設置	
10 月 4 日				青苗診療所診察再開
10 月 5 日		住民健診結果説明会と精神科医(精神保健センター)による診察		
10 月 8 日		義援金配分(道扱い分第 2 回) 北海道：第 3 回まちづくり対策プロジェクト会議		
10 月 9 日				奥尻の復興を考える会：設立総会 ・会則案の提案と質疑，役員の選出，運動方針に対する質疑 ・復興基金について，雲仙普賢岳噴火災害における復興政策を参考に意見を求める ・この時点において日赤義援金の一次，二次配分はすでに確定
10 月 12 日			北海道知事，北海道議会議長・副議長に対し支援お礼挨拶(檜山町村会長，各町長，支庁長)	
10 月 13 日	防衛庁防衛研究所視察(奥尻，檜山北部)		福井県福井市役所調査団視察(奥尻，檜山北部) 第 6 回地震災害対策特別委員会	
10 月 19 日			説明会〔対象地区：青苗，開催場所：青苗総合研修センター，内容：防災集団移転について(全戸，一部移転案提示)，220 人参加〕 青苗地区住民を対象に，青苗地区復興計画素案を提示し，防災のための集団移転促進事業について説明会を行う 奥尻町長：集団移転促進事業(国土庁)で高台移転し，跡地を公園化することを住民に説明	奥尻の復興を考える会：第 2 回総会：役員会協議による災害復興基金の試算表を配布

	国	北海道	奥尻町	奥尻町内各地域
1993年 10月20日			第3回町議会臨時議会(〜10/26)	
10月22日				「火災保険を請求する会」設立
10月25日	消防庁，国土庁視察(江差，奥尻) (10/25〜10/26)	北海道: 学識経験者による「北海道南西沖地震災害復興計画(まちづくり)検討委員会」		
10月26日	函館土木現業所: 防潮堤案を提案		愛知県豊田市役所調査団視察(奥尻，檜山北部)	
10月28日			説明会〔対象地区: 青苗(区別)，場所: 青苗総合研修センター，内容: 防災集団移転・まちづくり計画・復興基金案について，1〜2区70人・3〜4区60人・5区25人・6〜7区11人参加〕	奥尻の復興を考える会: 町長に質問状提出
			青苗岬地区(5区)の集団移転促進事業が決定	
10月29日		北海道: 第1回災害復興計画(まちづくり)検討委員会	説明会〔対象地区: 松江・初松前，場所: 松江老人憩いの村・松江児童館，内容: 防災集団移転・まちづくり計画・復興基金案について，松江17人・初松前16人参加〕	
10月末		北海道住宅都市部: 建設省区画整理課に，「青苗地区での区画整理は難しい」と伝える		
11月			青苗臨海地区の漁業集落環境整備事業の検討開始(〜1994年1月)	
			奥尻町・漁協: 共同利用施設災害復旧着工	
			奥尻町・奥尻商工会: 奥尻商工会館着工(奥尻地区)	
11月1日			第7回地震災害対策特別委員会	
11月2日				奥尻の復興を考える会: 「まちづくり講演会」: 防災・建築の専門家(東京・札幌)3人による学習会
11月3日				奥尻の復興を考える会: 町長との意見交換: 災害復興金，集団移転について
11月6日			・説明会〔対象地区: 仏沢・奥尻・谷地・武士川，場所: 奥尻町公民館，内容: まちづくり計画・復興基金案について，14人参加〕	
			・説明会〔対象地区: 赤石・恩顧浜，場所: 奥尻町民センター，内容: まちづくり計画・復興基金案，9人参加〕	

	国	北海道	奥尻町	奥尻町内各地域
1993 年 11 月 6 日			・説明会〔対象地区: 宮津・恩顧浜・球浦, 場所: 球浦自治振興会館, 内容: まちづくり計画・復興基金案, 20 人参加〕 ・説明会〔対象地区: 海栗前・稲穂・勘太浜, 場所: 稲穂自治振興会館, 内容: まちづくり計画・復興基金案, 26 人参加〕	
11 月 8 日				奥尻の復興を考える会: 街づくりアンケート(~11/12)〔主に居住地の選択について〕
11 月 9 日				奥尻の復興を考える会・災害保険を請求する会: 島原・深江訪問〔交流会, 被災地・仮設住宅視察(代表合計 10 人)〕
11 月 12 日			・説明会〔対象地区: 富里, 場所: 富里へき地保健福祉館, 内容: まちづくり計画・復興基金案, 12 人参加〕 ・説明会〔対象地区: 米岡, 場所: 米岡自治振興会館, 内容: まちづくり計画・復興基金案, 15 人参加〕 ・説明会〔対象地区: 神威脇, 場所: 神威脇生活改善センター, 内容: まちづくり計画・復興基金案, 14 人参加〕	
11 月 16 日			第 4 回臨時町議会 奥尻町長: 「第一次案の②: 一部高台移転で, 低地に 300 戸建設したい」と表明	
11 月 19 日		北海道・北海道住宅都市部: 第 4 回まちづくり対策プロジェクトチーム会議を開催 奥尻町青苗地区は移転を含めた新たなまちづくりを行う, 奥尻町稲穂, 大成町太田地区では, 「漁業集落環境整備事業」, その他 17 地区では, 災害復旧, 避難路対策を行うことを決める	説明会〔対象地区: 野名前, 場所: 稲穂自治振興会館, 内容: 移転問題・今後の対応, 21 人参加(町内会より開催要請)〕	
11 月 20 日				奥尻の復興を考える会: 第 3 回総会〔全戸高台移転, 一部高台移転の違いについての比較, アンケート結果を発表〕
11 月 21 日				奥尻の復興を考える会: 全戸移転は困難との見解表明
11 月 22 日			第 8 回地震災害対策特別委員会で, 一部高台移転の基本方向が承認(12/3 道に回答)	青苗住民が一部高台移転案を承認

	国	北海道	奥尻町	奥尻町内各地域
1993 年 11 月 22 日			・説明会〔対象地区: 青苗, 場所: 青苗総合研修センター, 内容: まちづくり計画・復興基金案, 200 人(「奥尻の復興を考える会」共催)〕 一部高台移転案が賛同を得る 町長: 建設可能の 200 戸に加え, さらに 100 戸の上乗せを検討中と表明 町はこの時点で住民の再居住希望数は約 200 戸と予想	
11 月 24 日		北海道: 第 3 回災害復興対策推進委員会		
11 月 25 日		埼玉県庁調査団視察(奥尻, 檜山北部) 北海道: 道営住宅の入居募集始まる		
11 月 26 日			第 4 回町議会臨時議会	
11 月 29 日	大蔵省・建設省・水産庁: 青苗地区を含め, 防潮堤建設が検討されている稲穂, 松江地区など 10 数ヵ所について査定	北海道: 第 2 回災害復興計画(まちづくり)検討委員会		
12 月		北海道: 急傾斜地崩壊対策事業着工(青苗地区, 1994 年 12 月完成予定)	町は青苗臨海地区の復興を漁業集落環境整備事業(水産庁)で行う意向を固める(～1994 年 1 月) し尿処理施設小破修繕完成(富里地区) 灯油備蓄施設完成(奥尻地区) 奥尻町・漁協: 資材保管施設着工(青苗地区) 奥尻町・漁協: 漁船上架修理施設着工(青苗, 稲穂地区) 奥尻町・漁協: 製氷・貯氷施設着工(奥尻地区) 奥尻町・漁協: 共同利用小型漁船災害復旧事業着工	
12 月 1 日			総務課: 災害道営住宅入居の当選者発表	
12 月 3 日		北海道・北海道住宅都市部: 第 5 回まちづくり対策プロジェクトチーム会議を開催。11/16 の奥尻町長の意向表明を踏まえ, 道としては「低地=旧市街地に 195 戸(漁師町は 140 戸), 防潮堤の高さ」を決める		
12 月 4 日		北海道: 奥尻町から一部高台移転の方向で進める旨の回答を受ける〔12 月 9 日に奥尻町に対して, 復興計画素案を示す予定〕		

	国	北海道	奥尻町	奥尻町内各地域
1993年 12月7日				奥尻の復興を考える会: 第4回総会 ・定例町議会 12/16(予): 災害復興基金の条例案・町の案についてと, 役員会の案についての説明と報告
12月8日				奥尻の復興を考える会: 町長に対し復興基金に関する要請
12月9日			第9回地震災害対策特別委員会	
12月10日		北海道: 道営住宅完成(52戸)		
12月11日			奥尻町災害復興対策室: 住宅に関する意向調査: 旧区別区分毎に集計(～12/12)	
12月14日		北海道: 第6回まちづくり対策プロジェクト会議		
12月16日		北海道: 第4回災害復興対策推進委員会		
12月19日		北海道: 奥尻町に修正案(第2次案)を提示, 226戸(漁師町204戸)を計画	第10回地震災害対策特別委員会	
12月20日			町議会で修正案(第2次案)を承認。住民の反対はほとんどなし。災害復興基金条例可決(20,21日)	
12月21日			「災害復興基金」設置(原資90億円, 支援策61事業)	
12月22日		北海道: 道営住宅(52戸)の入居が始まる		
12月27日				青苗町内会: 区長会 ・青苗町内会会長の互選・青苗町内会各区区長の選出
12月31日				奥尻の復興を考える会: 会長辞任
1994年 (平成6年) **1月**		北海道・建設省区画整理課: 青苗臨海地区の事業手法として, 区画整理を最終的に再検討	奥尻町住まい・まちづくり推進協議会設置〔奥尻町・北海道などの行政, 住民, 研究機関や住宅供給機関などの構成による協議機関〕	
1月17日			第11回地震災害対策特別委員会(1/17, 1/18)	
1月23日			説明会〔対象地区: 初松前, 場所: 松江児童館, 内容: 宅地問題・今後の対応, 25人参加(町内会より開催要請)〕	
1月27日			第12回地震災害対策特別委員会〔災害復興基金支援事業決定〕	

	国	北海道	奥尻町	奥尻町内各地域
1994年 1月31日			説明会〔対象地区：青苗，場所：青苗総合研修センター，内容：まちづくり計画・復興基金案・今後の対応，15人参加（町内会長・区長からの総会要請により出席説明）〕	
2月				
2月2日			第1回臨時町議会	
2月4日		北海道：防潮堤事業計画決定（最終）〔青苗臨海地区の防潮堤が6mと決定〕		
2月22日		北海道住宅都市部都市整備課：建設省区画整理課に対し「青苗臨海地区の復興事業は，区画整理でなく，漁業集落環境整備事業で行いたい」と申し出，了解を得る		
2月25日			第13回地震災害対策特別委員会	
2月28日			・説明会〔対象地区：赤石・恩顧浜，場所：奥尻町町民センター，内容：防潮堤など，14人参加（北海道函館土木現業所共催）〕	
			・説明会〔対象地区：球浦，場所：球浦自治振興会館，内容：防潮堤等，15人参加（北海道函館土木現業所共催）〕	
			・説明会〔対象地区：海栗前・稲穂・勘太浜，場所：稲穂自治振興会館，内容：防潮堤等，22人参加（北海道函館土木現業所共催）〕	
3月		北海道・奥尻町：農業用施設災害復旧事業完成（緊急地すべり，青苗川頭首工，用水路工，青苗地区）	奥尻町・漁協：共同利用小型漁船災害復旧事業着工	
			奥尻町・漁協：共同利用施設災害復旧完成	
			奥尻町・漁協：資材保管施設完成（青苗地区）	
			奥尻町・漁協：漁船上架修理施設完成（青苗，稲穂地区）	
			奥尻町・漁協：ウニ作業施設着工（青苗2，松江1，稲穂1）	
			奥尻町・漁協：漁具保管施設着工（青苗4）（平6年8月完成予定）	
			奥尻町・奥尻商工会：奥尻商工会館完成（奥尻地区）	

	国	北海道	奥尻町	奥尻町内各地域
1994 年 3 月 1 日			・説明会〔対象地区: 谷地, 場所: 谷地生活館, 内容: 防潮堤等, 19 人参加(北海道函館土木現業所共催)〕 ・説明会〔対象地区: 松江・初松前, 場所: 松江老人憩いの村・松江児童館, 内容: 防潮堤等, 24 人参加(北海道函館土木現業所共催)〕 ・説明会〔対象地区: 青苗, 場所: 青苗総合研修センター, 防潮堤等, 101 人参加(北海道函館土木現業所共催)〕	
3 月 21 日			「新生ホール・青苗」完成	
3 月 25 日		北海道: 第 3 回災害復興計画(まちづくり)検討委員会		
3 月 30 日			稲穂小学校が完成	
4 月	水産庁: 第 9 次漁港整備長期計画		復興計画第 2 次案を修正し, 第 3 次案を作成, 180 戸計画 復興基金支援ガイドブック配布	奥尻の復興を考える会: 会長に町議会議員制野氏就任
4 月 13 日				火災保険を請求する会: 損害保険会社を提訴
4 月 25 日			奥尻町・奥尻商工会: 奥尻商工会館落成(奥尻地区)	
4 月 26 日			住宅建設資金制度説明会, 住宅建築講習会および相談会(道, 公庫, 町共催) 災害復興基金説明会	
5 月		北海道: 道道奥尻島線(米岡)スノーシェルター着工(1995 年 3 月完成予定)		
5 月 15 日				青苗町内会: 区長会〔5/20 における町議員との懇談会の議案について・これを受けて 5/16 松田逸松会長から町議会議長へ概要の送付〕
5 月 18 日			奥尻治山監督員詰め所落成式	
5 月 20 日				青苗町内会区長と奥尻町議会議員との懇談会: 義援金, 復興基金支援事業, 中小企業事業再開費助成事業
5 月 29 日	佐藤北海道開発庁長官来町			
6 月		北海道: 災害公営住宅着工(青苗地区 26 戸)(1994 年 11 月完成予定)	青苗臨海部の盛土が始まる(1995 年 3 月末までが工期) 奥尻町・漁協: ウニ作業施設完成(青苗 2, 松江 1, 稲穂 1)	

351

	国	北海道	奥尻町	奥尻町内各地域
1994 年 6 月 1 日				奥尻の復興を考える会: 制野会長から越森町長へ支援策の改善に関する申し入れ〔・住宅支援 700 万円 →1,200 万円　・家財道具の購入支援など〕
6 月 3 日			町議会特別委員会: 住宅取得費助成事業助成額増額についての審議	
6 月 10 日		北海道: 第 5 回災害復興対策推進委員会が開催され, 資料として第 3 次案が出る	青苗地区住民に対する工事開始についてのお知らせ〔・6/20 前後〜住宅基礎などの撤去, 宅地造成(旧市街地) ・7 月後半〜旧市街地の道路整備, ニュータウン A 団地・望洋台団地の宅地造成, 防潮堤, 道道奥尻島線の整備〕 賽の河原休憩所落成式	
6 月 12 日			稲穂小学校落成式	
6 月 13 日	水産庁: 漁業集落環境整備事業大臣承認			
6 月 14 日			防潮堤現地説明会	
6 月 16 日				奥尻の復興を考える会: 災害対策室と打ち合わせ
6 月 20 日				奥尻の復興を考える会: 上野議長と話し合い
6 月 22 日				賽の河原法要
6 月 23 日				奥尻の復興を考える会: 区長と南部町議 4 人との懇談会
6 月 28 日			防潮堤現地説明会	
7 月		北海道: 災害公営住宅着工(青苗地区 4 戸)(1994 年 11 月完成予定)	青苗小学校改築着工(1995 年 3 月完成予定) 災害公営住宅着工(稲穂地区 4 戸, 松江・初松前地区 4 戸)(1994 年 11 月完成予定) 冷凍・冷蔵施設着工(青苗 1)(1995 年 3 月完成予定) 奥尻町・漁協: ウニ作業施設着工(稲穂 1)(1995 年 3 月完成予定) 奥尻町・漁協: 漁具保管施設着工(青苗 3)(1995 年 3 月完成予定) 奥尻町・漁協: 出荷資材保管施設着工(青苗 1, 松江 1)(1995 年 3 月完成予定)	高台に民宿や商店が移転し営業
7 月 4 日			保健環境課: 住民健康診査(江差保健所も協力)	
7 月 6 日		北海道知事: 奥尻島訪問	漁業集落環境整備事業認可 第 2 回臨時町議会	

	国	北海道	奥尻町	奥尻町内各地域
1994 年 7 月 7 日		北海道: 北海道知事懇談会(奥尻町関係者)		
7 月 8 日			青苗用地説明会	
7 月 9 日			奥尻港フェリー岸壁竣工式・旅客ターミナル落成祝賀会	
7 月 10 日			北海道南西沖地震奥尻島一周年追悼洋上慰霊祭: 奥尻町と奥尻島観光協会との共同主催	
7 月 12 日			震災 1 周年黙祷	
7 月 16 日			第 1 回明るいまちづくり懇談会	
7 月 20 日			第 3 回臨時町議会	
7 月 29 日		北海道: 第 7 回まちづくり対策プロジェクト会議	町議会災害対策特別委員会〔・助成事業の削除, 追加　・住宅の新築, 家財家具購入の支援〕	
8 月			復旧, 復興事業を町の広報に掲載	
8 月 8 日			奥尻町集落センター, 奥尻農協事務所・店舗落成式	
8 月 9 日			青苗旧 4 区漁業集落環境整備事業現地説明会	
8 月 11 日			初松前地区区割り説明会	
8 月 12 日			奥尻島復興記念音楽祭	
8 月 16 日			災害道営住宅入居者募集予定のお知らせ〔・建設地: 奥尻町字米岡 88 番地ほか, 奥尻町字米岡 1 番地 1 ほか　・9/5〜案内書交付, 9/19〜9/21 申し込み受付, 12 月下旬入居予定〕	
8 月 19 日	国土庁: 集団移転促進事業計画大臣承認		集団移転促進事業(国土庁)の事業認可(大臣承認)を受ける	
8 月 22 日		北海道: 住宅意向調査(道, 町共催)		町内会: 住民アンケート調査(〜9/5)
8 月 30 日			青苗旧 5 区防災集団移転促進事業説明会	
			奥尻町・漁協: アワビ全島調査(〜9/3)	
8 月 31 日			まちづくりセミナー(檜山支庁共催)〔まちづくりの進め方についての講演〕	
9 月		北海道・奥尻町: 農業用施設災害復旧事業着工(排水路工, 青苗地区)(1995 年 3 月完成予定)		復興基金を利用して, 青苗高台地区に移転し家を建てた人が 40 人以上いる
9 月 2 日			まちづくり住民説明会(初松前)	
9 月 6 日			防潮堤住民説明会(勘太浜), 勘太浜自治振興会館	
9 月 10 日			青苗 B 団地説明会	

	国	北海道	奥尻町	奥尻町内各地域
1994 年 9 月 14 日			防災集団移転促進事業説明会（青苗），総合研修センター	
9 月 16 日			住宅建設にかかる建設事業者説明会	
10 月				
10 月 1 日			災害危険区域（建基法 39 条）条例施行	
10 月 13 日			まちづくり相談会〔用地売買，区画割り問題，復興基金，その他〕	
10 月 17 日		北海道：住宅建設に係る住民説明会（道，町共催）		
10 月 18 日		北海道：住宅建設に係る住民説明会（道，町共催）		
10 月 26 日	大島北海道開発局政務次官来町			
10 月 29 日	日本共産党奥尻支部：赤旗ニュース号外〔奥尻町災害対策室作成による復興基金の使途・明細についての資料を配布〕			
10 月 31 日			町はこの時点で住民の希望は最大 100 戸程度にとどまると予測	
11 月				
11 月 1 日			小規模住宅の建築相談会（青苗）	
11 月 15 日			奥尻町災害復興対策室：望洋台，高台 A，C 団地区画説明会	
11 月 21 日			震災復興お礼キャンペーン（福岡市）	
			第 5 回臨時町議会	
11 月 22 日				青苗の町並みを作る会：総会 ・青苗を安全で快適な町並みにすることを目的とする ・上の目的のために研究・調査などを行い，先進地視察研修を行う
11 月 26 日			町政懇談会：各会（区）長，町理事者及び各課担当職員が出席。各町内会（区）町からの要望や意見	
12 月				
12 月 7 日	建設省国土地理院：奥尻検潮場開所式			
12 月 10 日			観音山壁画除幕式	
12 月 14 日			七飯町よりリンゴ成木寄贈を受け植樹	
12 月 15 日			青苗地区住民説明会：望洋台，高台 A，C 団地区	

	国	北海道	奥尻町	奥尻町内各地域
1994 年 12 月 16 日			奥尻町災害復興対策室: 青苗地区住民説明会: 盛土工事, 住宅建築, 用地売買等	
1995 年 (平成 7 年) **1 月**		道立精神保健センターと江差保健所が精神健康調査		
1 月 16 日				奥尻町内会連合会: 島原市・深江町視察(～1/20)(各町内会長 18 人と事務局 1 人, 町住民福祉課 1 人, 災害復興対策室 2 人)
1 月 20 日			奥尻町災害復興対策室〔望洋台, 高台 A 団地の区画申し込み締切日: 望洋台: 10 区画, 高台 A 団地: 15 区画〕	
1 月 24 日		北海道: 小規模住宅のモデルプランの住民説明会(24, 25 日)		
1 月 30 日				青苗町内会: 定期総会〔1/16～1/20 の雲仙視察の報告, その他〕
2 月				
2 月 7 日	江差港湾建設事務所: 奥尻分駐所落成			
2 月 13 日			奥尻町の医療支援班, 淡路島北淡町にて医療支援活動を行う 医療支援班: 国保病院医長・立花正, 施設医事係長・白田満, 看護婦長・松田道子, 奥尻町災害復興対策室調整課長・織戸清, 観光交通課運行主査・小林賢三, 保健婦・小倉こずえの計 6 名	
2 月 22 日			住宅等まちづくり説明(青苗)	
2 月 23 日			住宅等まちづくり説明会(稲穂)	
3 月				
3 月 2 日			復興計画を檜山支庁と打ち合わせ まちづくり説明会(青苗支所)	
3 月 13 日			奥尻町災害復興対策室: 青苗旧市街地の区画分配説明会 ・区画の決定方法, その他 ・4/15, 17 区画決定(くじ引き)	
3 月 20 日			青苗住民区画説明会(青苗支所)	
3 月 23 日	北海道開発局・函館開発建設部・江差港湾建設事務所: 北海道南西沖地震奥尻港湾漁港災害復旧工事技術報告会		奥尻島復興記念碑の除幕式(奥尻港フェリー岸壁)	

	国	北海道	奥尻町	奥尻町内各地域
1995 年 **4 月**			奥尻町製氷貯氷・冷凍冷蔵施設完成	盛土の上に住宅建設始まる
4 月 5 日			青苗旧市街地区画決定(抽選)	
4 月 28 日			第 2 回奥尻島災害復興記念植樹	
5 月				住宅建設ラッシュ
5 月 20 日			奥尻町製氷貯氷・冷凍冷蔵施設落成式	
5 月 23 日	檜山営林署: 奥尻島復興記念植樹祭(奥尻町国保病院裏国有林)			
6 月				
6 月 5 日			奥尻町災害復興対策室: 青苗・松江地区分譲予定地の申し込み締切日; 青苗・松江地区に係る宅地残区画の募集	
6 月 15 日			青苗 C 団地・商店街住民説明会	
7 月				
7 月 3 日			宮津小学校地鎮祭	
7 月 12 日			北海道南西沖地震奥尻島 2 周年追悼式(奥尻町民センター) 奥尻島追悼洋上慰霊祭(奥尻島観光協会共催)	
7 月 18 日				青苗地区まちづくり会議
7 月 27 日			海洋研修センター地鎮祭	
7 月 29 日			青苗小学校落成・祝賀会	
9 月				
9 月 2 日				青苗小学校: おりづる集会(全国からの折りづると激励の手紙を燃やし慰霊, 青苗前浜海岸にて)
9 月 12 日				青苗町内会まちづくり事務局: ボランティア宛の復興状況の報告とお礼
11 月				
11 月 15 日			奥尻町災害復興対策室: 青苗地区 C 団地の分譲予定地の申し込み締切日; C 団地に係わる宅地残区画の募集	
12 月				
12 月 10 日			町政懇談会	
1996 年 (平成 8 年)				
2 月				
2 月 5 日			防潮堤住民説明会(野名前)	

	国	北海道	奥尻町	奥尻町内各地域
1996 年				
2 月 6 日			防潮堤住民説明会(稲穂)	
2 月 20 日			ボランティア宛のお礼: 災害時の救援活動についてのお礼	
2 月 23 日			防潮堤住民説明会(谷地, 武士川地区)	
2 月 26 日			防潮堤住民説明会(松江)	
2 月 27 日			防潮堤説明会(初松前地区)	
3 月			土盛工事, 防潮堤工事, 下水道工事終了	
3 月 12 日			し尿処理ボイラー施設完成火入式	
3 月 20 日			宮津小学校新校舎完成	
3 月 24 日			奥尻町・北淡町: 友好姉妹町提携調印式(北淡町)	
3 月 27 日			奥尻町防災会議にて, 奥尻町地域防災計画大幅改訂(昭和 58 年以来)	
4 月				
4 月 1 日			青苗地区漁業集落排水処理場竣工式, 供用開始	
4 月 23 日	衆議院災害対策特別委員会佐今委員長: 奥尻町視察			
5 月				
5 月 15 日		道議会総合開発調査特別委員会: 視察(5/16 懇談会)		
5 月 18 日			高齢者生活福祉センター落成式	
5 月 26 日	菅厚生大臣来町			
5 月 27 日			災害復興対策特別委員会	
7 月				
7 月 4 日			米岡地区営農用水通水式	
7 月 6 日			北淡町より町長含む 12 名が来町(～8 日)	
7 月 7 日			奥尻町海洋研修センター落成式・祝賀会	
7 月 12 日			北海道南西沖地震奥尻島 3 周年追悼式(町民センター)	
7 月 31 日			北淡町漁業振興協議会来町(～8/2)	
8 月				
8 月 26 日	三井前国土庁事務次官: 災害復興状況視察			

	国	北海道	奥尻町	奥尻町内各地域
1996年 **9月**				青苗町内会まちづくり事務局：こころのアンケート（小学校の児童に対し，精神的・心理的な問題についてのアンケート）
9月1日			津波流失物調査（〜9/6日）	
9月2日			アワビ資源量全島調査（〜9/6日）	
9月10日	北海道開発庁政務次官：災害復興状況視察			
9月12日	厚生省：災害復興状況視察			青苗町内会まちづくり事務局：ボランティア宛の復興状況の報告とお礼
9月23日			宮津小学校校舎落成記念式典，祝賀会	
10月				町内会：青苗小中学校生徒にアンケート調査
11月			奥尻町消防団第5分団（稲穂地区）：消防格納庫，小型動力ポンプ付き積載車配備	
11月6日			震災後初めての防災訓練	
11月10日			第1回北淡町産業文化祭へ奥尻町参加	
12月				住宅新築ほぼ終了，仮設住宅撤去
12月8日			町政懇談会	
1997年 （平成9年） **1月**				
1月6日			青苗診療所落成・祝賀会，診察再開	
5月				
5月1日				町内会：住民アンケート調査（〜5/5）
5月11日				町内会：植樹
5月17日			稲穂夕なぎ会館落成・祝賀会	
6月				
6月22日			賽の河原公園竣工式，慰霊碑（稲穂地区）除幕式	
7月				
7月3日			第7回全国沿岸市町村津波防災サミット（〜7/4，於奥尻町海洋研修センター）	

	国	北海道	奥尻町	奥尻町内各地域
1997 年 7 月 12 日			北海道南西沖地震奥尻島 4 周年追悼式	
8 月 8 月 11 日			奥尻町・北淡町の子供たちの交流「奥尻・北淡サマーキャンプ」（〜8/13, 奥尻町）	
9 月 9 月 12 日				町内会: ボランティア宛に通信文を作成
1998 年 （平成 10 年） **3 月** 3 月 17 日			**復 興 宣 言**	

（松田光一・関 孝敏）

2013 年 1 月「住民意向調査」調査票

「北海道南西沖地震・津波災害からの復興の歩み」に関する
― 住民意向調査 ―

「災害復興の 20 年のあゆみ」町民調査のお願い

　奥尻は来年、1993 年 7 月 12 日の激甚災害から 20 年という大きな節目の歳を迎えます。この間、私どもは、奥尻町のご協力のもと 17 年間奥尻に通い続け、多くの方々から大変貴重なご意見を伺い、その結果を『災害復興の 20 年』として取りまとめる計画をしてきました。

　しかし 2011 年 3 月 11 日の東日本大震災は、同じ地震・津波災害を経験された奥尻の方々に災害をどのように受け止め、そしていかなる復興の歩みをされたのかを改めて尋ねているように思われます。併せて、東北の被災地と被災者の方々に奥尻からどのようなメッセージを伝えうるのか、ということを町民の方々にお伺いしなければならない、そのような事態を東日本大震災は引き起こしたように思います。

　このような考えから、町民の皆さん方のお考え、お気持ち、そしてお知恵をお借りして我が国の災害史の中に激甚被災地奥尻の経験を風化させず伝えるために、このたび町民調査を計画いたしました。この趣旨をご理解いただき、何とぞ調査にご協力下さいますようお願い申し上げます。

　なお、この調査は 30 歳以上のすべての人を対象に無記名でお願いしております。ご家族の中で当てはまる方が複数おられる場合は、それぞれの方が自分のお考えを調査票に記入して町内会の方へ提出していただけると幸いです。

2012 年（平成 24 年）12 月

北海道大学名誉教授　　関　　孝敏
北海学園大学教授　　　松田　光一
奥尻町長　　　　　　　新村　卓実

最初にあなたご自身のことについてお尋ねします。あてはまる番号に○をつけるか、（　）の中に記入してください。

F1　性別　⇒　①男性　　②女性

F2　現在の年齢　⇒　満（　　　　）歳

F3　現在の住所

　　①稲穂　　　②宮津　　　③球浦　　　④奥尻　　　⑤赤石　　　⑥松江　　　⑦富里
　　⑧青苗　　　⑨米岡　　　⑩湯浜

F4　震災の時と今の住所が異なる人は震災時にお住まいの住所を（　）内に記入してください。
　　（　　　　　　　　　　）

F5　あなたは奥尻町に何年住んでおられますか。

1. 震災前から住んでいる　⇒　①40年以上　　②30年以上　　③19年以上
2. 震災後に住んでいる　　⇒　④10年以上　　⑤5年以上　　⑥5年未満

F6　あなたは、現在どなたとお住まいですか？　あてはまる番号に○をつけてください。

1. ひとり暮らし　　2. 夫婦のみ　　3. 夫婦と子ども　　4. 夫婦と子ども、そして父母
5. 父母ときょうだい　　6. 父母ときょうだい、そして祖父母　　7. その他（　　　　）

F7　現在のお仕事を次の中から選んでください。経営している人も含めます。

①漁業　　②農林業　　③水産加工　　④旅館・民宿　　⑤商業（商店）　　⑥その他個人経営
⑦その他会社経営　　⑧会社員・団体職員　　⑨公務員　　⑩自衛官　　⑪専業主婦
⑫無職　　⑬その他（具体的に：　　　　　　　　　　　　　　　　　　　　　）

- -

ここから質問です。震災後に奥尻へ住まわれた方も答えられる範囲でご回答お願いします。

Q1　あなたは、北海道南西沖地震・津波で次の内、いずれの被害を受けましたか？　あてはまる
　　番号に○印をつけてください。

1. 建物の被害を受けた　　2. 親戚・友人・知人をなくした　　3. 仕事上被害を受けた
4. ケガをした　　5. 体調をくずした　　6. 漁船や漁具をなくした　　7. その他（　　　　）

Q2　あなたは、北海道南西沖地震・津波災害後、どのようなことをきっかけに、災害から復興し
　　たと思われましたか？　もっとも近いと思われるものを一つ選んで○をつけてください。

1. 仮設住宅から自分（たち）の新しい住宅に入居した時　　2. 町による復興宣言が出された時
3. 町と遺族会による慰霊祭が行われた時　　　　　　　　4. 下町に商店街が出来た時
5. 持ち船の番号が（元の）船名に変わった時　　　　　　6. 仕事や営業を再開した時
7. 金融機関などからの借入金を返済し終えた時
8. 「東日本大震災」が発生し、被災者や被災地に思いをいだいた時
9. まだ復興していない

Q3　災害復興に次の5つの復興があると考えますと、あなたにとってもっとも重要と思われる復
　　興を3つ選んで○をつけてください。

1. モノ（物）の復興　　　2. ヒト（人）の復興　　　　3. マチ（町、コミュニティ）の復興
4. ココロ（心）の復興　　5. ソシキ（組織）の復興

Q4　災害復興のために多くの事業がなされましたが、次のことにつきましてあなたは、それぞれ
　　どのように受け止めていますか？　項目ごとに①と②のうちどちらかを選んで○をつけてく
　　ださい。

1. 奥尻空港について：①よく利用するようになった　　②以前と変わらない
2. アワビの種苗育成センターについて：①漁業の底上げと発展に役立っている
　　　　　　　　　　　　　　　　　　　②あまり役立っていない
3. 津波館について：①災害学習や観光に役立っている　　②あまり役立っていない
4. 新生ホールについて：①激甚被災地区の施設として大切になっている
　　　　　　　　　　　　②あまり大切となっていない
5. ワラシャードについて：①激甚被災地奥尻町のイベント施設としてよく利用されている
　　　　　　　　　　　　　②あまり利用されていない
6. 公営住宅について：①道営住宅と町営住宅のいずれもが、まずまず利用されている
　　　　　　　　　　　②いずれの住宅もいっそうの有効利用が必要である

7.　人材育成について：①潜水の資格は大切である
　　　　　　　　　　　　②今まで以上に潜水の資格を活かした職業につなげる必要がある
8.　被災経験を活かすことについて：①語り部の役割は島内を中心にする
　　　　　　　　　　　　　　　　　②語り部の役割は島外にも広げることが必要である

Q5　震災後にさまざまな復興事業が行われ奥尻の町は変わりましたが、地域の経済（漁業や観光
　　など）は震災前と震災後の現在とでは変わったと思いますか。1 から 4 の項目についてあて
　　はまる番号に○をつけてください。

　　1.　奥尻の漁業を震災前と現在とで比較すると：
　　　　①震災前の方が盛んであった　②変わらない　③現在の方が盛んになった　④分からない
　　2.　奥尻の観光を震災前と現在とで比較すると：
　　　　①震災前の方が盛んであった　②変わらない　③現在の方が盛んになった　④分からない
　　3.　奥尻の雇用を震災前と現在とで比較すると：
　　　　①震災前の方が雇用はあった　②変わらない　③現在の方が雇用はある　　④分からない
　　4.　奥尻町全体の経済活動を震災前と現在とで比較すると：
　　　　①震災前の方が盛んであった　②変わらない　③現在の方が盛んになった　④分からない

Q6　災害を活かした「マチづくり」についてお尋ねします。次のようなことについて、あなたは
　　どちらのお考えが近いですか？　近いものを 3 つ選んで数字に○をつけてください。

　　1.　島内と島外との交流とネットワークの促進　　2.　島から島外への積極的な情報の発信
　　3.　奥尻島人会と同窓会の関連を深める　　　　　4.　観光資源の開拓と創造
　　5.　島サミットの積極的活用　　　　　　　　　　6.　被災地サミットの提唱
　　7.　奥尻のブランド化の工夫　　　　　　　　　　8.　交通アクセスの課題克服の工夫
　　9.　地域医療と地域福祉の進展

Q7　少し話が変わりますが、あなたには、「東日本大震災」で被災した方々の中に他出した家族成
　　員、親戚、友人、知人の方がいましたか？　あてはまる数字にまる印をつけてください。

　　1.　岩手県に（①他出した家族成員　②親戚　③友人　④知人）がいた。
　　2.　宮城県に（①他出した家族成員　②親戚　③友人　④知人）がいた。
　　3.　福島県に（①他出した家族成員　②親戚　③友人　④知人）がいた。

Q8　あなたは、昨年東日本大震災が起きた時、北海道南西沖地震・津波のことを思い出しましたか？

　　1.　思い出した　　　　2.　思い出さなかった

Q9　東日本大震災が起きてから、次のようなことがありましたか？　あてはまるものすべてに○
　　印をつけてください。

　　1.　テレビの震災関係のニュースを見ることを控えた
　　2.　新聞の災害の記事を見ること控えた
　　3.　テレビの震災関係のニュースで気分が悪くなった
　　4.　新聞の災害の記事で気分が悪くなった

Q10　あなたは、東日本大震災によって、北海道南西沖地震・津波災害からの災害復興の受け止め
　　方が、変わりましたか？

　　1.　大変変わった　　　　2.　少し変わった　　　　　3.　どちらともいえない
　　4.　あまり変わらない　　5.　まったく変わらない

　⇒　ＳＱ1　問 10 で 1 と 2 を選んだ方にうかがいます。それでは、あなたは奥尻が復興したと思
　　えるようになりましたか？　次のどちらですか？

　　1.　大いに思えるようになった　　　　2.　少し思えるようになった

⇒　SQ2　問10で4と5を選んだ方にうかがいます。それでは、あなたは、奥尻がすでに復興していたと受け止めていましたか？　次のどちらですか？

　　1．復興したと受け止めていた　　　2．まだ復興していないと受け止めている

Q11　岩手県や宮城県の被災者や被災地の方々（とくに海岸線に住む方々）が、かつての奥尻町の地震・津波災害から復興のための手掛かりやヒントを求めるとしますと、次の内どれがあてはまりますか？　主なものを3つ選んで、数字に○印をつけてください。

　　1．海岸線に盛り土を4メートル〜6メートルにしたこと
　　2．海岸線の防潮堤の高さを8メートル〜10メートルにしたこと
　　3．漁港のすぐ側に6メートルの高さの避難所を建設したこと
　　4．漁業者の住宅地と作業所を分けたこと
　　5．地震・津波で被災した住宅から公営住宅に入居したこと
　　6．地震・津波で被災した住宅から住宅を新築したこと
　　7．被災者の住宅が高台地区と下町に別れたこと
　　8．商店街を下町につくったこと
　　9．義援金が災害後、早く支給されたこと
　10．復興への取り組みが住民の意向を吸い上げてなされたこと
　11．仮設住宅が早期に設置されたこと

Q12　あなたは、次のような考え方についてどのように受け止めますか？　①から⑤のうち1つを選んでください。

　　1．日本で生涯を過ごすためには、災害にいつも向き合わなければならない。
　　　①まったくそう思う　　②少しそう思う　　　③どちらともいえない
　　　④あまり思わない　　　⑤まったく思わない
　　2．日本では、自然災害に比べて人の判断ミスによる災害が軽く扱われているように思われる。
　　　①まったくそう思う　　②少しそう思う　　　③どちらともいえない
　　　④あまり思わない　　　⑤まったく思わない
　　3．防災・減災に対応するため、まず自分の命と財産を守るように心と身体の備えをすべきである。
　　　①まったくそう思う　　②少しそう思う　　　③どちらともいえない
　　　④あまり思わない　　　⑤まったく思わない

Q13　次の世代に被災経験を伝えるやり方として、次のようなやり方が挙げられることがあります。あなたにとって、どのやり方が望ましいと考えますか？　主なものを3つ選んで下さい。

　　1．防災・減災のイベントに参加する
　　2．被災を記念するモニュメントや施設を設置する
　　3．学校での災害教育を工夫する
　　4．日ごろ家庭で防災・減災の話をするようにする
　　5．地域社会で安心安全の生活をするための取り組みをする
　　6．被災経験をもつ語り部による活動を積極的にする

- -

調査は以上で終わりです。ご協力ありがとうございます。

＊念のために調査票に記入もれがないかどうかをご確認いただけると幸いです。

あ と が き

　穏やかな日常生活を一瞬のうちに破壊され，深い悲しみと絶望の淵に沈められた人々の心は容易に癒やされるものではない。そのため我々が現地調査を始めた頃は，震災時のことに深く立ち入ることを極力避けてインタビューしたものである。その後，足繁く訪れていく中で多くの被災者は問わず語りに辛い体験を淡々と話してくれるようになり，それが非常に印象的であったことを 20 年以上過ぎた今思い出している。

　震災に打ちひしがれていた人々に大きな希望を与え生活再建に向けて背中を押したのは全国から寄せられた義援金であり，その使途を住民生活支援に特化させた奥尻町の決断であった。まさにこれは奈落の底に届いた一条の光だったといえる。奥尻町の役場庁舎が今もって老朽化した震災前のままであるという事実はその象徴といえる。これが奥尻町の震災復興に対する基本姿勢であり，それは住民生活最優先の選択であった。

　しかし，熱気に満ち溢れた復旧・復興の槌音が止み都会風な街並みが完成した後は，時間がたつに従って当初の期待とは裏腹の寂寥感が街に漂い，復興とは何であったのかと考えさせる状況が目立つようになってきた。そのようなときに東日本大震災が発生し，震災復興の参考にするために多くの被災地域から視察団やマスコミ関係者が奥尻島を訪れるようになり，それを契機に奥尻の復興のあり方が改めて問い直されていくことになった。奥尻町が善かれと思って決めた選択も，時代の変化の中でその評価が変わってくることはやむをえないことである。それは時代の先を見通して復興計画を立案することの難しさを物語っているともいえる。

　バブル経済崩壊後の日本社会では長期にわたる経済の停滞が続き，奥尻に限らず全国的に地域社会が疲弊していった。そこには従来型のハード面を重視したまちづくりには限界があり，視点を変えた新たな取り組みの必要性が求められているのである。

　その意味では奥尻町の事例から学ぶべきものは多く，20 年以上にわたる奥尻の軌跡を外部に発信する意味は大きいと思っている。本書を通して東北地方の被災地へ少しでもその教訓を届けることができるならば，復興への夢と想いを熱く語ってくれた奥尻の人たちの願いにも叶い，奥尻町へのささやかな応援になるのではないかと考えている。

　本書の刊行で長年の宿題をやっと果たせるという安堵感と長い奥尻島への旅が終わるという若干の寂しさを感じつつ，ご協力いただいた奥尻町のすべてのみなさんに心より感謝申し上げたい。また，歴代の奥尻町長と奥尻町役場職員の皆様には物心両面で大変お世話になり，心より感謝申し上げる次第である。併せて檜山振興局，ひやま漁協，奥尻商工会，奥尻島観光協会など資料を提供していただいた各機関にも謝意を表したい。なお，本書には震災

で亡くなられた人々への鎮魂と，調査にご協力いただきその後他界された方々への追悼の意味も込められていることを最後に記しておきたい。

松 田 光 一・関 　 孝 　 敏

執 筆 者 紹 介 (執筆順)

関　孝 敏(せき たかとし)［第 1〜4 章，第 11, 13 章，付録 1, 2］　＊編著者
　　1946 年生まれ。北海道大学名誉教授。
　　単著に『家族と都市移住』（古今書院，2009 年）など。

松 田 光 一(まつだ こういち)［第 5, 6 章，付録 1, 2］　＊編著者
　　1943 年生まれ。北海学園大学名誉教授。
　　論文に「漁村地域における出稼ぎ労働市場の変化と生活——北海道・熊石町の事例」（『村落社会研
　　究』No. 2，日本村落研究学会，1995 年)，「高等学校におけるキャリア教育の可能性——職業観・
　　職業意識を育てる視点から」（『北海学園大学学園論集』第 143 号，2010 年)，共著に『北海道　季
　　節労働者白書　第 3 集』（建設政策研究所北海道センター，2003 年）など。

横 山 純 一(よこやま じゅんいち)［第 7 章］
　　1950 年生まれ。北海学園大学法学部 教授。
　　単著に『介護・医療の施策と財源——自治体からの再構築』（同文舘出版，2015 年)，『地方自治体と
　　高齢者福祉・教育福祉の政策課題——日本とフィンランド』（同文舘出版，2012 年)，『現代地方自
　　治の焦点』（同文舘出版，2006 年）など。

祖 田 亮 次(そだ りょうじ)［第 8 章］
　　1970 年生まれ。大阪市立大学大学院文学研究院 准教授。
　　共編著に『ボルネオの〈里〉の環境学——変貌する熱帯林と先住民の知』（市川昌弘・祖田亮次・内藤
　　大輔編，昭和堂，2013 年)，単著に *People on the move: rural-urban interactions in Sarawak*（Kyoto
　　and Melbourne: Kyoto University Press and Trans Pacific Press, 2007)，共著に『広島原爆デジタル
　　アトラス』（竹崎嘉彦・祖田亮次著，広島大学総合地誌研究資料センター，2001 年）など。

前 沢 政 次(まえさわ まさじ)［第 9 章］
　　1947 年生まれ。北海道大学名誉教授，京極町国民健康保険診療所長。
　　共編に『診療所で教えるプライマリ・ケア——地域で医師を育てるために』（前沢政次・藤原靖士・
　　高屋敷明由美編，プリメド社，2007 年)，『家庭医療学ハンドブック』（前沢政次・津田司編著，中
　　外医学社，2004 年)，共著に『地域空洞化時代における行政とボランティア』（小笠原浩一編，中
　　央法規出版，1996 年）など。

橋 本 雄 一(はしもと ゆういち)［第 10 章］
　　1963 年生まれ。北海道大学大学院文学研究科 教授。
　　編著に『四訂版　GIS と地理空間情報——ArcGIS10.3.1 とダウンロードデータの活用』（古今書院，
　　2016 年)，『QGIS の基本と防災活用』（古今書院，2015 年)，『東南アジアの経済発展と世界金融危
　　機』（古今書院，2014 年）など。

鴈 原　徹(がんばら とおる)［第 12 章］
　　1943 年生まれ。元奥尻町長。

新 村 卓 実(しんむら たかみ)［第 13 章］
　　1953 年生まれ。奥尻町長，北海道自治体病院開設者協議会理事，北海道漁港漁場協会理事。

明 上 雅 孝(あけがみ まさたか)［第 13 章］
　　1950 年生まれ。奥尻商工会会長，㈱明上石油店代表取締役。

北海道南西沖地震・津波と災害復興
激甚被災地奥尻町の 20 年

2016 年 5 月 25 日　第 1 刷発行

編著者　関　　孝　敏

　　　　松　田　光　一

発行者　櫻　井　義　秀

発行所　北海道大学出版会
札幌市北区北 9 条西 8 丁目　北海道大学構内（〒060-0809）
Tel. 011（747）2308・Fax. 011（736）8605・http://www.hup.gr.jp

㈱アイワード／石田製本　　　　　　　　©2016　関　孝敏・松田光一

ISBN978-4-8329-6824-0

北 海 道 の 地 震	島村　英紀 森谷　武男	著	四六・234頁 価格1800円
北海道の地すべり地形 —分布図とその解説—	山岸　宏光	編	B 4・426頁 価格50000円
北海道の地すべり地形 デ ジ タ ル マ ッ プ	山岸　宏光	編著	A 5・112頁 価格6000円
北海道の地すべり地形 デ ー タ ベ ー ス	山岸　宏光 川村　信人 伊藤　陽司 堀　　俊和 福岡　　浩	編著	B 4・350頁 CD-ROM付 価格26000円
地震による斜面災害 —1993〜94年北海道三大地震から—	地すべり学会 北 海 道 支 部	編	A 4・304頁 価格25000円
21世紀の安全を考える —安心して暮らせる社会をめざして—	栃内　香次 木村　　純	編著	四六・232頁 価格1800円
コモンズ 地域の再生と創造 —北からの共生の思想—	小磯　修二 草苅　　健 関口麻奈美	著	四六・308頁 価格2600円
観 光 と 北 海 道 経 済 —地域を活かすマーケティング—	佐藤　郁夫	著	A 5・226頁 価格2700円

〈価格は消費税を含まず〉

―――――― 北海道大学出版会 ――――――